로마인 이야기

로마인 이야기 8
위기와 극복

시오노 나나미 지음 · 김석희 옮김

한길사

ROMA-JIN NO MONOGATARI VIII
KIKI TO KOKUFUKU
by Nanami Shiono

Copyright © 1999 by Nanami Shiono

Original Japanese edition published by Shincho-Sha Co., Ltd.
Korean translation rights arranged with Nanami Shiono
through Japan Foreign-Rights Centre

Translated by Kim Suk-hee
Published by Hangilsa Publishing Co., Ltd., Seoul, Korea, 1999

塩野七生, ローマ人の物語 VIII（危機と克服）, 新潮社, 1999

로마인 이야기 8
위기와 극복

- 책머리에 • 9

제1부 갈바 황제 ·· 19

네로의 죽음이 로마인에게 제기한 문제 • 21
민심장악책 • 27
협력자 인선 • 28
비텔리우스, 황제를 자칭하다 • 34
갈바 살해 • 41

제2부 오토 황제 ·· 45

인간 오토 • 49
'라인 군단' 대 '도나우 군단' • 56
무력 충돌을 향하여 • 60
포강을 사이에 두고 • 64
제1차 베드리아쿰 전투 • 74
오토의 자살 • 80

제3부 비텔리우스 황제 ·································· 83

패자에 대한 처우 • 87
시리아 총독 무키아누스 • 93
이집트 장관 알렉산드로스 • 99
베스파시아누스, 황제를 자칭하다 • 102
본국 이탈리아에서는 • 108
제국의 동방에서는 • 116
'도나우 군단' • 122
제2차 베드리아쿰 전투 • 126
비텔리우스 살해 • 137

제4부 제국의 변경에서는 ················· 149

속주병 반란 • 154
율리우스 키빌리스 • 159
공격당하는 로마군 • 167
'갈리아 제국' • 170
로마 역사상 최초의 치욕 • 175
반격이 시작되다 • 180
승리와 관용 • 185
'라인 군단' 재편성 • 195
유대 문제 • 197
반란 • 206
유대인 요세푸스 • 210
유대 전쟁 • 212
예언 • 220
전쟁 중단 • 224
전쟁 재개 • 226
예루살렘 함락 • 229

제5부 베스파시아누스 황제 ················· 239

로마로 가는 길 • 241
제국의 재건 • 244
인간 베스파시아누스 • 253
'황제법' • 257
후계자 문제 • 266
원로원 대책 • 267
인재 등용 • 269
'기사계급'과 평민에 대한 대책 • 271
유대의 공주 • 274

콜로세움 • 277
재정 재건 • 283
'빵과 서커스' • 290
교육과 의료 • 293
재원을 찾아서 • 299
죽음 • 302

제6부 티투스 황제 305

폼페이 • 308
현장 증인 • 312
첫 번째 편지 • 315
두 번째 편지 • 320
진두 지휘 • 325
죽음 • 331

제7부 도미티아누스 황제 335

'기록말살형' • 337
인간 도미티아누스 • 340
로마 황제란 • 344
공공사업(1) • 348
봉급 인상 • 351
'게르마니아 방벽' • 353
카티족 • 359
내각 • 364
사법 • 368
지방자치 • 371
공공사업(2) • 373
'야간경기' 개최 • 376

브리타니아 • 378
　　　다키아 전쟁 • 385
　　　반란 • 390
　　　행운의 여신 • 392
　　　평화협정 • 393
　　　하나의 '계측기' • 397
　　　교육 개혁 • 402
　　　공포정치 • 406
　　　'델라토르' • 410
　　　종신 재무관 • 415
　　　암살 • 419

제8부 네르바 황제 ········ 429

　　　'구원 투수' • 431
　　　트라야누스의 등장 • 434
　　　로마의 인사 • 436

● 덧붙이는 글 : 한 시인의 삶과 죽음 • 441
● 연표 • 451
● 참고문헌 • 457
● 플라비우스 왕조 계보 • 465
● 제정 초기 황제 일람 • 466

책머리에

　이 책에서 다루게 될 시대는 네로 황제가 죽은 뒤부터 트라야누스가 등장할 때까지 30년도 채 안 되는 기간이다. 정확히 말하면 서기 68년 여름부터 서기 97년 가을까지 29년 동안이다. 이 기간 제위에 오른 사람은 갈바, 오토, 비텔리우스, 베스파시아누스, 티투스, 도미티아누스, 네르바 등 무려 일곱 명에 이른다.
　제정 로마 시대의 최고 역사가라고 일컬어지는 타키투스의 저술 가운데 바로 이 시대를 다룬 『역사』(*Historiae*)가 있다. 영어의 'history'에도 과거를 기록한 '역사'라는 의미 외에 '기록할 만한 사건'이라는 뜻도 있듯이, 13세부터 40대 초반까지 한창 시절을 이 시대에 보냈을 것으로 여겨지는 타키투스는 『역사』를 쓰면서 '동시대인의 증언'을 기록하는 심정이었을 게 분명하다.
　그러나 타키투스의 또 다른 대표작 『연대기』(*Annales*)는 후세의 우리가 생각하는 '역사'에 가깝다. 티베리우스 즉위부터 네로 사망까지를 다룬 이 저술은 타키투스가 태어나기 40년 전부터 10대 전반까지의 시대를 대상으로 삼았기 때문이다. 타키투스에게는 한마디로 말해서 '가까운 과거'에 해당한다.
　타키투스는 '동시대'를 다룬 『역사』 첫머리에서 그 30년이 어떤 시대였는지를 개괄했다. 요컨대 이 시대를 그 자신은 어떻게 보았는지를 정리해준 셈이다. 그 대목을 번역하면 다음과 같다.

"내가 이제부터 서술하고자 하는 것은, 로마 제국에는 고뇌와 비탄으로 가득 찬 시대의 이야기다. 적과의 참혹한 전쟁, 동포들 사이의 불화와 반목, 속주민의 반란이 되풀이되었고, 본국의 평화조차 많은 피를 흘린 뒤에야 겨우 확보할 수 있었기 때문이다. 황제가 넷이나 비명에 죽고(갈바, 오토, 비텔리우스, 도미티아누스의 죽음을 말한다), 로마 시민끼리 전투를 벌인 것도 세 차례나 된다. 속주민이나 외적을 상대로 한 전쟁은 그보다 훨씬 많았지만, 그것도 로마인끼리 벌인 전쟁의 여파에 불과했다.

제국 동방에서 벌어진 전쟁(유대 전쟁)은 로마에 바람직한 결과로 끝낼 수 있었지만, 제국 서방에서는 그렇게 되지 않았다. 도나우강을 건너 침입해온 야만족에 대해 대책을 세우느라 고심하고, 제국에 대한 갈리아 속주의 충성심은 흔들리고, 브리타니아는 제패가 이루어졌는데도 방치되고, 사르마타이족과 수에비족은 로마 군단에 손해를 끼치고, 다키아족은 로마에 패했을 때도 기세를 올리고, 파르티아 왕국은 네로 황제를 자칭하는 가짜를 옹립하여 로마에 반기를 들려 하고 있었다.

게다가 본국 이탈리아도 잇따라 일어나는 재해에 시달렸다. 캄파냐 지방의 풍요로운 도시들은 매몰되고(베수비오 화산 폭발로 폼페이와 헤르쿨라네움 등이 매몰된 것을 가리킨다), 수도 로마에서는 대화재가 일어나고, 유서 깊은 신전들은 파괴되고, 카피톨리노 언덕에 서 있는 최고신 유피테르의 신전까지도 같은 로마인의 손으로 불타버렸다.

신들에게 바치는 제사는 소홀히 하고, 거리낌 없이 간통을 저지르고, 바다에는 불쌍한 자들을 추방지로 실어나르는 배가 넘쳐나고, 암초는 이런 희생자들의 피로 물들었다.

수도 로마에서 자행되는 극악무도한 행위는 제국의 다른 어느 곳보다도 무시무시했다. 고귀한 신분도, 재물도, 공적도, 공직을 거부하는 것조차도 죄로 간주되었다. 고발자에게 금품을 주어 그들의 공격에서 벗어나려 해도, 그 결과는 더 많은 악을 낳을 뿐이었다. 고발자들은 사제나 집정관 같은 명예직만이 아니라 황제 재무관을 비롯하여 실권을 가진 관직까지 대가로 요구하고, 그리하여 사회를 온통 증오와 공포로 가득 채웠기 때문이다. 노예들은 돈에 매수되어 오랫동안 모셔온 주인을 배반하고, 해방노예는 옛 주인에게 반항하고, 적이 없었던 사람조차 친구 때문에 파멸당했다.

그렇긴 하지만, 악덕이 횡행한 이 시대에도 고결한 이들이 없었던 것은 아니다. 추방된 아들을 따라간 어머니, 추방된 남편을 버리지 않고 본국의 편안한 생활을 버린 아내, 용기를 보여준 친척, 장인이 실각했는데도 아내와 이혼하지 않은 남편, 고문을 당하면서도 끝까지 주인에 대한 충절을 지킨 노예도 있었다. 자살 명령을 받은 이들도 옛사람들 못지않은 호탕함을 보이며 스스로 목숨을 끊었다.

그러나 이 시대에 하늘과 땅이 보여준 조짐이나 경고는 수없이 많았다. 신들의 뜻이 로마인의 안전보다 로마인에 대한 징벌에 있다는 사실이 조짐을 통해 그렇게 명확히 드러난 시대도 없었다."

이것만 읽으면 누구나 서기 1세기 말의 30년 동안은 로마 제국이 정말로 엉망이었구나 하고 생각할 것이다. 게다가 타키투스는 '가까운 과거'를 기록한 『연대기』에서도 티베리우스부터 네로에 이르기까지의 로마 제정을 극단적으로 비난했다. 그의 비난이 옳다면 로마 제국은 무려 82년 동안이나 악덕과 패륜이 횡행한 나라라는 얘기가 된다. 그리고 저술 곳곳에 얼굴을 내밀고 있는 그의 생각을 더듬어가면, 이처럼 절망적인 상태에서 로마 제국을 구해낸 것은 네르바와 그 뒤를 이은 트라야누스라는 결론에 이르게 된다.

타키투스의 이런 역사관이 로마 제국에 대한 후세의 평가를 결정지었다. 네르바, 트라야누스, 하드리아누스, 안토니누스 피우스, 마르쿠스 아우렐리우스를 후세가 '오현제'(五賢帝)라고 부르게 된 것도 타키투스의 역사관이 후세에 미친 뿌리 깊은 영향을 보여준다.

물론 이 다섯 사람은 현제라고 불릴 만한 기량을 갖추고 있었다. 하지만 이 다섯 사람만 현제이고, 그 전후의 황제들은 모두 폭군이나 우매한 황제였을까? 그렇다면 왜 로마 제국은 더 일찍 무너지지 않았을까? 오현제의 치세 기간은 83년이지만, 로마가 제정이 된 뒤 붕괴할 때까지의 기간은 500년에 이른다. 80년의 선정으로 그 전후의 420년을 버틸 수 있을까. 그것은 절대로 불가능한 일이다.

칼레도니아(오늘날의 스코틀랜드) 정복은 단념했어도 브리타니아에서 완전히 철수한 것은 아니기 때문에, "브리타니아는 제패가 이루어졌는데도 방치했다"는 타키투스의 기술은 사실에 어긋나지만, 이것을 제외하면 타키투스가 거짓말을 한 것은 아니다. 어두운 면에만 조명을 비추는 것은 타키투스 개인의 성격이다. 타키투스와 동년배로서 그의 친구이기도 했던 소(小)플리니우스는 타키투스처럼 현실에 분노하거나 절망하지 않는다. 다만 소플리니우스는 서간집만 남겼을 뿐 역사는 쓰지 않았다.

또한 위기는 언제나 부정적인 현상일까 하는 의문도 생긴다. 인간은 자기가 살았던 시대의 위기를 다른 어느 시대의 위기보다 가혹하게 느끼는 경향이 있다. 게다가 로마는 만사가 좋은 방향으로 순조롭게 진행되었기 때문에 융성하고, 그 후에는 만사가 나쁜 방향으로 나아갔기 때문에 쇠퇴한 것은 아니다. 로마인은 기원전 753년에 나라를 세운 뒤 수없이 닥쳐온 위기를 극복해가는 과정에서 융성을 이룩한 민족이다.

기원전 390년에 일시적이나마 수도를 켈트족에게 점거당했을 당시는 위기가 아니었을까. 그 전후에 로마인을 괴롭힌 귀족과 평민의 투쟁은? 40년에 걸쳐 삼니움족과 벌인 전쟁은? 이탈리아로 쳐들어온 에피로스 왕 피로스에게 고전했을 때는?(제1권 참조)

강대국 카르타고와 100년 동안 사투를 벌였을 때, 특히 명장 한니발과 맞선 제2차 포에니 전쟁으로 16년 동안 고생했을 때는 위기가 아니었을까(제2권 참조).

숙적 카르타고를 제압하고 지중해 서부의 패권을 차지한 뒤에도 로마가 위기에서 영원히 탈출할 수 있었던 것은 아니다.

로마 사회의 불공정함을 세상에 드러낸 그라쿠스 형제의 시대. 이탈리아반도의 여러 부족이 일치단결하여 로마에 반기를 든 기원전 90년 당시의 '동맹시 전쟁.' 그리고 마리우스와 술라가 서로 상대편의 유력자 수천 명을 숙청한 10년 동안의 내전. 이 모두가 로마 국가의 토대를 뒤흔들 수도 있는 위기였다(제3권 참조).

게다가 폼페이우스와 카이사르가 국가 형태 자체를 둘러싸고 벌인 투쟁(제4권과 제5권 참조). 그 투쟁이 카이사르의 승리로 결말이 났다고 생각한 것도 잠시뿐, 카이사르 암살로 다시 안토니우스와 옥타비아누스 사이에 불이 붙은 14년 동안의 권력투쟁(제5권 후반 참조).

이런 사건들은 그 하나하나가 당대의 로마인이 그대로 짓눌려 쇠퇴의 길을 걷느냐, 아니면 이겨내고 재기의 길로 돌아가느냐 하는 선택을 로마인에게 강요한 '위기'였다. 그리고 이 '위기'와 '극복'의 되풀이는 오현제 시대가 끝날 무렵부터 쇠퇴기에 접어든 뒤에도 변함이 없었다. 로마인의 역사는 곧 '위기와 극복의 역사'라고 바꿔 말해도 좋다는 생각마저 든다.

다만 융성기의 위기와 극복은 번영으로 이어지지만, 쇠퇴기에 들어서면 위기는 극복할 수는 있어도 번영으로 이어지지 않는다. 위기를 극복했는데 왜 그것이 번영으로 이어지지 않았을까. 이 의문에 대한 해답을 추구하는 것이야말로 로마 제국이 멸망한 요인에 다가가는 길이 아닐까.

나는 지금부터 서기 1세기 후반의 30년을 서술할 작정인데, 그 기간에 위기를 겪은 로마인이 그 직후에는 유례없는 번영을 누렸다는 점에는 타키투스도 동의하지 않을 수 없을 것이다.

그러나 이 시대의 첫해인 서기 69년에만 국한해서 말하면, 타키투스가 "하마터면 로마 제국의 마지막 1년이 될 뻔했다"면서 분노와 절망감을 표명한 것도 당연하다고 여겨질 만큼 로마 제국의 혼미는 극심했다. 2천 년 뒤인 오늘날에도 1년 동안 세 번이나 정부가 쓰러지면, 타키투스처럼 만사를 어두운 쪽으로만 해석하는 성향을 지닌 사람이 아니더라도 지독한 시대에 태어났다고 한탄하지 않을까.

(숫자는 재위기간, 모두 서기)

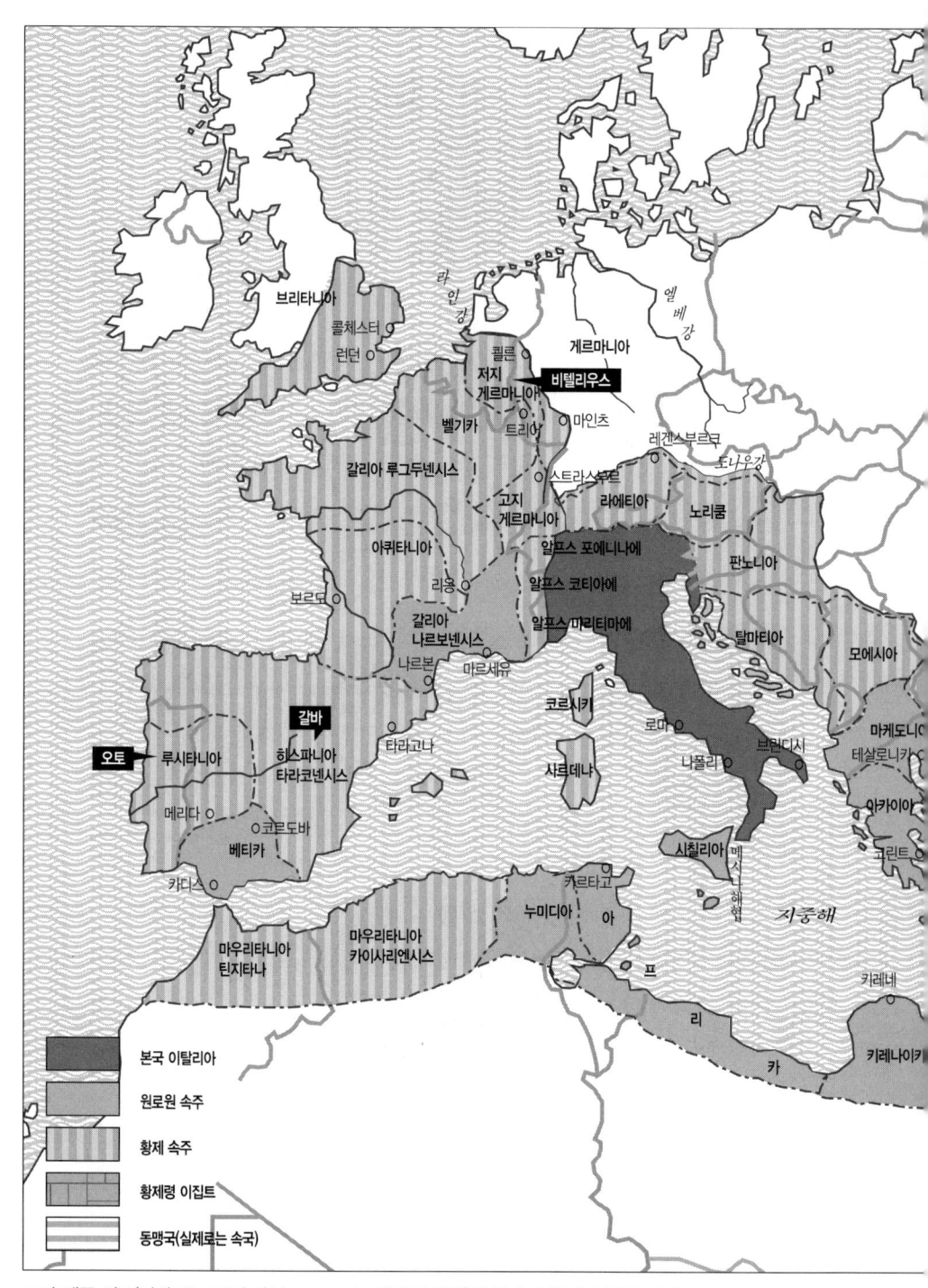

로마 제국 전도(서기 68~69년 당시, ━━ 는 현재의 국경)와 황제가 된 네 사람의 임지

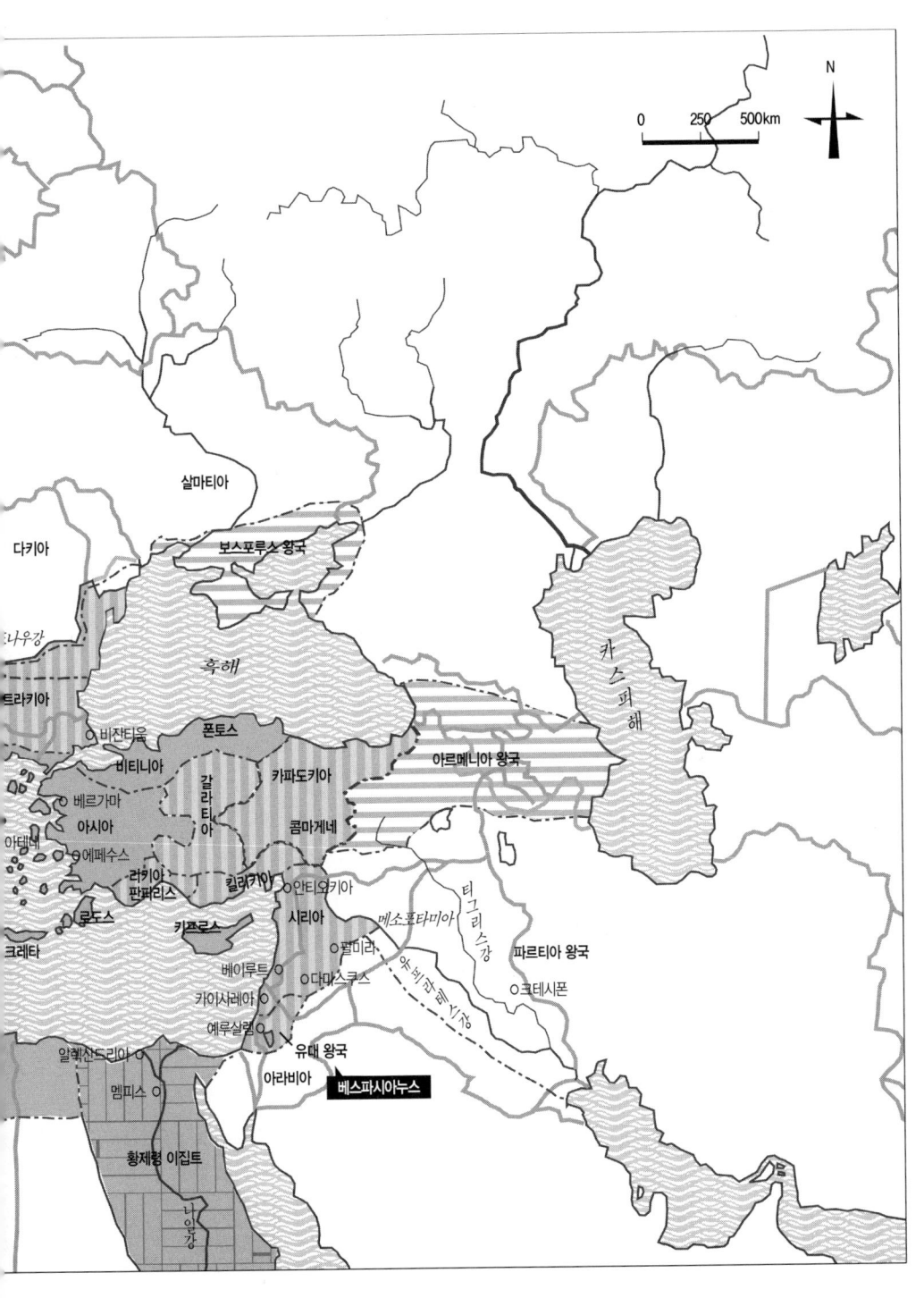

제1부
갈바 황제
〔재위: 서기 68년 6월 18일~69년 1월 15일〕

네로의 죽음이 로마인에게 제기한 문제

서기 68년 6월 9일, 네로 황제가 죽었다. 에스파냐 주둔군이 황제로 옹립한 갈바가 군단을 이끌고 로마로 진군해올 거라는 소문에 원로원은 재빨리 갈바를 '제일인자'로 인정했고, 로마 시민들도 나몰라라 하는 소극적인 방식으로 네로를 버렸기 때문이다. 궁지에 몰린 네로는 결국 30세의 젊은 나이에 스스로 목숨을 끊을 수밖에 없었다. 로마 제국의 2대 주권자인 원로원과 시민 양쪽에서 불신임을 받은 것이다. 군단병이나 근위병의 첫 번째 자격 조건이 '로마 시민권 소유자'인 이상, 이들도 어엿한 '유권자'였다.

그러나 네로를 제거하는 데에는 성공했지만, 원로원도 시민도 사태를 정확히 인식하지는 못한 것 같다. 네로 대신 갈바가 제위에 앉기만 하면 로마 제국의 통치는 순조롭게 이어지리라고 믿었던 모양이다. 하지만 사태는 그렇게 단순하지 않았다.

인류는 지금까지 온갖 형태의 정치체제—왕정, 귀족정, 민주정, 나아가서는 공산체제까지—를 생각해내고 실행했지만, 통치하는 자와 통치받는 자로 양분되는 체제를 해소하는 데에는 끝내 성공하지 못했다. 그것을 꿈꾼 사람은 많았지만, 그것은 유토피아일 뿐 현실 사회를 운영하는 데에는 적합하지 않았기 때문이다.

그렇다면 정치체제가 어떻든 간에, 통치자와 피통치자로 양분되는 체제는 존속한다는 얘기가 된다. 그런 체제가 존속할 수밖에 없는 것이 현실인 이상, 피통치자는 통치자에게 다음 세 가지 조건을 요구한다.

통치의 정당성과 권위와 역량이 그것이다.

아우구스투스가 창설한 로마 제정에서 '정당성'은 원로원과 시민의 승인이고, '권위'는 아우구스투스의 피를 이어받았다는 것이고, '역량'

은 로마 황제의 두 가지 책무인 안전보장과 식량보장을 비롯하여 제국을 운영하는 데 적합한 능력을 의미했다. '권위'는 지니고 있었지만 '역량'이 모자란다고 판단되었기 때문에 '정당성'을 잃은 것이 네로의 운명을 결정했다. 네로 이후의 황제들도 위의 세 가지 조건을 모두 충족할 것을 요구받았다는 점에서는 네로 이전의 황제들과 전혀 다를 게 없었다. 아니, 정당성과 능력만이 아니라 아우구스투스의 '피'를 대신할 수 있는 새로운 권위까지 창출해야 했기 때문에 문제는 더욱 심각했다.

우선 황제를 자칭한 갈바 자신이 누구보다도 사태의 심각성을 깨닫지 못했다.

군단이 그를 황제로 옹립한 것은 서기 68년 초여름이다. 그리고 오래지 않아 네로가 자살한 것을 알았다. 갈바는 당장 로마로 갔어야 했다. 제국의 수도 로마에 들어가 황제의 지위를 확실히 굳혀놓아야 했다. 원로원이 그를 승인하고 로마 시민인 근위병들도 갈바의 즉위를 환영했으니까 '정당성'은 얻은 셈이다. 아우구스투스의 피를 이어받지 않았으니까 그런 종류의 '권위'는 없었지만, '역량'은 갈바 자신에게 달려 있었다. 되도록 빨리 로마에 들어가 황제에 걸맞은 능력을 보여주었어야 했다. '타라코넨시스 속주'라고 불린 이베리아반도 북동부가 그의 임지였지만, 총독 주재지인 타라코(오늘날의 타라고나)에서 로마의 외항 오스티아까지는 순풍을 타고 직항로를 따라가면 닷새밖에 안 걸린다. 불안한 해로를 피해 육로를 택한다 해도, 남프랑스를 돌아 이탈리아로 들어가서 로마에 도착하는 데 한 달이면 충분하다. 북이탈리아와 남프랑스 사이에 가로놓인 지역—로마인들이 '바닷가의 알프스'라고 부른 지역—의 가도가 아직 충분히 정비되지 않았던 100년 전에도 율리우스 카이사르는 로마에서 마르세유까지 가는 데 12일밖

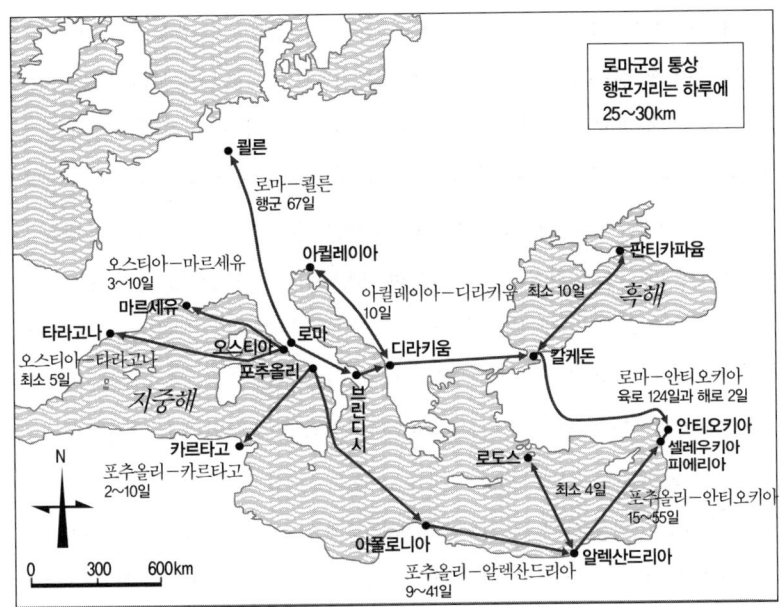

제국 각지와 연락하는 데 걸리는 시간

에 걸리지 않았고, 마르세유에서 에스파냐 북부 산지에 있는 레리다까지는 17일밖에 걸리지 않았다. 그로부터 100년 뒤에는 로마의 도로망이 훨씬 잘 정비되어 있었을 테니까, 갈바가 서두를 마음만 먹었다면 타라고나에서 로마까지 간선도로를 따라 편하게 여행할 수도 있었을 것이다.

그런데 갈바가 로마에 도착한 것은 가을로 접어든 뒤였다. 정확한 날짜는 알 수 없지만, 아무래도 갈바는 7월부터 9월까지 석 달 이상을 허비해버린 모양이다. 로마 도착이 늦어진 것도 단지 느긋하게 여행했기 때문이고, 에스파냐에서 이탈리아까지 가는 시간을 활용하여 필요한 조치를 내리는 배려조차도 하지 않았다. 한 세기 동안이나 지속된 '율리우스-클라우디우스 왕조'의 붕괴라는 중대사에 대처하지 않으면 안 될 막중한 시기에 석 달 동안이나 권력을 공백 상태로 방치해둔 셈이다.

세르비우스 술피키우스 갈바(Servius Sulpicius Galba)는 원로원이 일찌감치 인정해준 '정당성'을 과대평가한 게 아닌가 싶다. 원로원이 승인해준 것만으로도 자신의 지위는 확고해졌다고 생각한 게 아닐까. 또한 로마의 귀족으로 태어나 자란 갈바는 네로를 대신할 황제를 뽑는다면 자기야말로 가장 적임자라고 과신한 게 아닐까. 게다가 72세라는 고령 때문에, 이런 경우 가장 필요한 과단성을 잃었던 게 아닐까.

로마가 제정으로 이행한 뒤에도 수도 로마 출신의 귀족이라는 신분은 제국의 최고 권력자가 되는 데 무시할 수 없는 위력을 발휘하고 있었다. 피통치자를 납득시키는 데에도 효과가 컸기 때문이다. 실제로 태어난 곳이 칼리굴라나 네로처럼 로마 근처의 소도시 안치오라 해도, 또는 클라우디우스처럼 갈리아 속주의 주요 도시 리옹이라 해도 상관없다. 요컨대 '본적지'가 수도 로마라는 게 중요하다. 제정을 맨 먼저 착상한 율리우스 카이사르가 아우구스투스를 후계자로 지명했을 뿐 아니라 양자로 삼아서 본적지를 로마로 옮긴 것도 아우구스투스의 본적지가 지방인 벨리트라이(오늘날의 벨레트리)였기 때문이다. 카이사르 집안은 오래전부터 수도 로마에 뿌리를 내린 명문 귀족이었다.

건국한 지 800여 년이 지나자, 자연의 흐름에 따른 소모와 권력투쟁으로 말미암은 소모 때문에 로마 출신의 명문 귀족은 계속 줄어들었다. 갈바 가문은 그 얼마 안 되는 명문 귀족 가운데 하나였다. 제정 시대의 로마에서는 명문 귀족이라는 신분만으로는 자신의 통치권을 피통치자에게 납득시킬 수 없었다. 명문 출신이라는 것 외에 국가 요직을 경험한 경력도 중요한 조건이 되었다.

이런 면에서도 갈바는 자격이 충분했다. 인재 등용의 흐름 속에서 속주 총독이나 사령관에는 본국 이탈리아의 지방 출신이나 속주 출신이 기용되는 경우가 많았던 제정 시대, 수도 로마 출신의 명문 귀족으로 속주 총독을 지낸 갈바는 역사가 타키투스에 따르면 사람들이 황제가 되기에 적합하다고 생각한 유일한 인물이었다.

네로 타도의 선봉장이었던 갈리아 총독 빈덱스도 네로를 대신할 황제로 갈바를 천거했다. 빈덱스는 속주 총독이라는 요직을 맡고는 있었지만 갈리아 출신이었기 때문에, 네로에게 반기를 들어도 자신이 황제가 된다는 건 생각할 수도 없다고 스스로 믿었을 것이다. 라인강 방위를 맡고 있는 로마군 사령관 루푸스는, 당신에게 황제가 될 용기가 있다면 지지를 아끼지 않겠다는 부하 장병들의 제의를 거절했다. 루푸스는 로마군에서도 최강으로 알려진 라인강 방위군 사령관을 맡을 만큼 유능한 장수였지만, 출신지가 북이탈리아의 코뭄(오늘날의 코모)인데다 신분도 로마 사회에서는 제2계급인 기사계급이었다.

네로는 이들과 달리 어머니를 통해 아우구스투스의 피를 이어받았고, 친가인 아헤노바르부스 집안도 공화정 시대부터 줄곧 수도 로마 출신의 명문 귀족이었다. 시대는 변하고 있었지만, 그 시대에 사는 사람들이 갖고 있는 가치관까지 바꾸기는 쉽지 않다. 네로가 죽은 뒤, 로마인들이 수도 출신 귀족으로 요직 경험자라는 조건을 갖춘 갈바의 즉위에 거부감을 갖지 않았던 것도 충분히 이해할 수 있다. 당시 사람들의 생각으로는 그것이 과거와 급격히 단절되지 않는 무난한 선택이었을 것이다.

이런 상황에서 황제의 지위를 확립하는 것은 갈바 개인의 '역량'에 달려 있었다. 서기 68년 여름에 베스파시아누스가 황제를 자칭하고 나섰다 해도 절대 성공하지 못했을 것이다. 그의 출신지는 본국 이탈리아의 지방도시인 리에티였고, 아버지는 원로원에 의석을 갖기는커녕 군단에서 퇴역한 뒤 스위스로 가서 고리대금업을 하고 있었던 모양이다. 형은 수도 로마에서 행정관—요즘으로 말하면 공무원—으로 출세를 꿈꾸었고, 동생 베스파시아누스는 군대에서 출세하는 길을 선택했으니까, 그의 집안은 지방의 전형적인 중류층 가정이라고 말할 수 있다.

　이들과 달리 갈바는 수도 로마의 상류층 가정에서 태어나 자랐다. 태어난 해는 확실치 않지만, 기원전 3년께로 되어 있다. 아우구스투스의 노력으로 평화를 되찾은 로마에서 인격 형성기를 보낸 셈이다. 공직에 나설 자격이 있는 30세부터는 티베리우스 황제에게 등용되어, 갈리아의 아퀴타니아 속주에서 공직 생활을 시작했다. 그 후에는 역시 티베리우스 황제 밑에서 집정관을 지냈다.
　서기 39년에 칼리굴라 황제는 그를 라인강 방위군 지휘관으로 임명했다. 4년의 근무를 마치고 귀국한 갈바는 브리타니아 제패를 마무리하기 위해 클라우디우스 황제를 따라 브리타니아에 가게 되었다. 실제로 브리타니아를 제패하는 일은 플라우티우스나 베스파시아누스 같은 직업군인들이 맡았기 때문에 명문 귀족인 갈바는 황제 수행단의 일원이 되는 게 어울렸을 것이다. 갈바가 47세 때의 일이다.
　그 후 아프리카 속주 총독에 선임되어 카르타고로 가서 1개 군단을 지휘하며 1년의 임기를 마쳤다. 아프리카 속주는 원로원 속주로 분류되어 있어서, 공화정 시대와 마찬가지로 임기가 1년이었다. 그 후 본국으로 돌아와 한동안 원로원 의원 생활을 계속한 모양이다. 그런데 서기 60년에 네로 황제는 환갑이 지난 갈바를 황제 속주인 에스파냐 북동부의 타라코넨시스 속주 총독에 임명했다. 갈바의 에스파냐 생활은 이때부터 네로가 죽을 때까지 8년 동안 계속되었다.
　총독은 속주 통치의 최고 책임자다. 갈바는 아프리카에서 1년, 에스파냐에서 8년 동안 총독을 맡았다. 그동안 한 번도 속주민에게 고발당하지 않았다. 로마는 총독의 통치를 견제하는 수단으로 속주민에게 총독을 고발할 권리를 인정했기 때문에, 속주민에게 한 번도 고발당하지 않은 것을 보면 갈바의 통치는 속주민들도 만족할 만큼 선정이었다고 생각해도 좋다. 갈바는 황제를 자칭한 뒤 에스파냐에서 1개 군단을 편성했는데, 그 작업이 쉽게 이루어진 것은 갈바의 요청에 따라 군단병을 지원한 에스파냐인이 적지 않았기 때문이다.

다만 북아프리카나 이베리아반도는 로마의 방위전략상으로 볼 때 '최전방'이 아니었다. 갈바가 맡고 있던 타라코넨시스 속주에는 3개 군단이 배치되는 게 보통이지만, 그중에서 2개 군단이 브리타니아에 파견된 뒤로는 이베리아반도 전체에 1개 군단밖에 주둔하지 않는 상태가 오랫동안 지속되었다. 갈바는 문제가 별로 없는 속주를 통치해본 경험밖에 없었다. 최전방에 근무하는 장병들이 갈바의 즉위를 열광적으로 지지하지 않은 것은 그 때문이었다. 그렇기 때문에 갈바는 한시라도 빨리 황제의 지위를 확고부동하게 만들어둘 필요가 있었다.

그런데 화려한 행렬을 거느리고 느긋하게 로마로 들어간 갈바는 이런 경우에 꼭 해야 할 일은 하지 않고, 반대로 해서는 안 될 일을 해버렸다.

민심장악책

로마가 제정으로 바뀐 뒤, 황제가 새로 즉위하거나 나라에 경사스러운 일이 생기면 수도의 평민이나 속주의 군단병들에게 보너스를 나누어주는 관습이 생겼다. 기쁨을 함께 나눈다는 것은 겉으로 내세운 명분이고, 실제로는 민심을 장악하기 위한 방책이었던 것은 말할 나위도 없다. 일인당 보너스는 군단병 연봉의 3분의 1 정도였다. 이 정도 금액이라면 소비 활성화에도 도움이 되었을 게 분명하다. 제정 창시자인 아우구스투스는 물론이고, 철저한 긴축재정을 실시한 티베리우스조차 이 인기 정책을 채택했다.

이런 정책이 오현제 시대에는 필요 없었을 거라고 생각하면 오산이다. 기독교를 공인한 콘스탄티누스 대제라면 돈으로 '유권자'의 마음을 사는 짓은 하지 않았을 거라고 생각하는 것도 오산이다. 4세기 이후의 로마 제국은 경제 쇠퇴에 따른 인플레이션에 시달렸기 때문에 단순 비교하기가 어렵지만, 기독교도인 황제도 푸짐한 보너스를 나누어주었다는 점에서는 이교도 황제들에게 조금도 뒤지지 않는다. 독일의 카를 W. 베버가 쓴 연구서에 따르면, 로마의 역대 황제들이 나누어준 보너스는 다음 쪽의 표와 같다.

필요악이라고 해도 좋지만, 어쨌든 이것이 로마 제국 황제 자리에 앉은 사람이 '해야 할 일'이었다. 그런데 갈바는 병사들에게 보너스를 주지 않았다. 병사는 돈으로 사는 사람이 아니라 스스로 지원한 사람이라는 게 그 이유였다. 물론 틀린 말은 아니다. 아니, 그것이 정론(正論)이다. 그러나 정치는 정론만으로 할 수 없다. 타키투스는 갈바를 단 한 줄로 처리하고 있다.

"좋은 자질을 타고났다기보다 나쁜 자질이 전혀 없었던 데 불과한, 요컨대 평범한 인물이었다."

100년 동안이나 지속된 '율리우스-클라우디우스 왕조'의 뒤를 잇는 것은 갈바에게는 너무 무거운 짐이었다.

보너스 문제야 그렇다 치고, 그의 실책은 그것만이 아니었다.

협력자 인선

아무리 뛰어난 인물도 혼자서는 나라를 다스릴 수 없다. 협력자를 선택하는 것은 통치자에게 아주 중요한 일이다. 그래서 피통치자들은 협력자 선발이라는 '리트머스 시험지'로 통치자의 역량을 헤아리는 것이 보통이다. 갈바는 제1협력자로 당연히 오토를 선택했어야 한다.

오토는 황제가 되겠다고 나선 갈바에게 속주 총독으로서는 누구보다

역대 황제들의 보너스 지급

(단위: 데나리우스 은화)

	황제	재위(연수)	횟수	총액
클라우디우스 왕조 율리우스-	아우구스투스	전31~후14(44)	7	139,950,000
	티베리우스	후14~37(23)	4	52,000,000
	칼리굴라	37~41(4)	2	30,000,000
	클라우디우스	41~54(13)	2	30,000,000
	네로	54~68(14)	1	20,000,000
	갈바, 오토, 비텔리우스	68~69	—	—
플라비우스 왕조	베스파시아누스	69~79(10)	1	15,000,000
	티투스	79~81(2)	—	—
	도미티아누스	81~96(15)	3	50,000,000
오현제 시대	네르바	96~98(2)	1	15,000,000
	트라야누스	98~117(19)	3	130,000,000
	하드리아누스	117~138(21)	7	195,000,000
	안토니누스 피우스	138~161(23)	9	160,000,000
	마르쿠스 아우렐리우스	161~180(19)	7	250,000,000
	콤모두스	180~191(11)	6	170,000,000
세베루스 왕조	셉티미우스 세베루스	193~211(18)	6	220,000,000
	카라칼라	211~217(6)	4	80,000,000
	알렉산드로스 세베루스	222~235(13)	5	120,000,000
				(이후 인플레)
	디오클레티아누스	285~305(20)	?	310,000,000
	콘스탄티누스 대제	306~337(31)	?	300,000,000

먼저 지지를 표명한 인물이었다. 오토를 제1협력자로 선택했을 경우의 이점은 세 가지다.

(1) 마르쿠스 살비우스 오토는 갈바만큼 명문 귀족은 아니지만, 수도 로마를 '본적지'로 하는 원로원 계급에 속해 있다. 따라서 네로의 뒤를 이은 갈바가 제2인자로 오토를 발탁하면 피통치자가 거부반응을 일으킬 가능성이 낮다.

(2) 게다가 오토는 10년 동안이나 루시타니아(오늘날의 포르투갈) 속주 총독을 지냈고, 그동안의 선정은 수도 로마에서도 평판이 나 있었다.

이베리아반도는 서기 1세기 당시의 로마 제국에서는 '전방'이 아니었다. 하지만 속주 통치를 잘하느냐 못하느냐가 제국 전체에 가장 중요한 사항인 것은 변함이 없다. 속주민이 반란이라도 일으키면 '전방'을 지키고 있는 군사력의 일부를 이동시켜 진압해야 하기 때문이다. 총독이 속주민도 만족할 만한 선정을 계속하는 한, 저 넓은 이베리아반도 전체에 병사를 6천 명만 주둔시키면 충분하다. 로마 제국이 속주민에게 총독 고발권을 인정한 것은 공정을 기하기 위해서라기보다 제국 전체의 안전보장비를 절약하기 위해서였다. 속주가 조용해야 병력을 동원하는 비용이 줄어들기 때문이다.

갈바가 오토를 제2인자로 선택했다면, 오랫동안 속주를 공정하게 다스린 실적을 자랑하는 두 사람이 제국 통치의 제1인자와 제2인자 자리에 앉게 된다. 갈바 혼자서는 제국 최전방 지역의 속주 총독에 비해 '무게'가 떨어지지만, 오토와 짝을 이루면 이런 불리한 요건도 희석된다. 로마 제국의 '전방'은 라인강과 도나우강과 유프라테스강이다.

(3) 오토는 36세의 젊은이였다. 황제를 자칭하고 나선 갈바에게 속주 총독으로는 가장 먼저 지지를 표명한 것으로도 알 수 있듯이, 오토는 야심을 갖고 있기는 했지만 그 야심을 당장 실현해야 한다고는 생각지 않았다. 갈바는 72세의 노인이니까 당분간은 협력해도 좋다고 생각했

을 것이다. 실제로 오토는 갈바의 로마행에 동행하여 함께 수도에 들어갔고, 68년 겨울에는 수도 로마에 머물고 있었다. 이 오토를 제1협력자로 선택했다면, 갈바로서는 경쟁자 후보를 자기편으로 끌어들일 수도 있었을 것이다.

그런데 갈바가 이듬해인 서기 69년에 자신과 함께 나라를 다스릴 동료 집정관으로 선택한 것은 비니우스였다. 비니우스는 총독 시절의 갈바 밑에서 군단장을 지낸 인물로 갈바에게 두터운 신임을 얻고 있었지만, 문제가 별로 없는 속주의 일개 지휘관에 불과하다. 제국의 '전방'을 지키는 장병들은 비니우스라는 이름도 들어본 적이 없었다.

이 인사로 갈바는 자신의 지지자가 될 수 있었던 많은 사람을 잃게 된다.

첫째, 배신감을 느낀 오토.

둘째, 제국 방위를 짊어지고 있다는 자부심에 상처를 입고 실망한 최전방 기지의 장병들.

셋째, 집안이 좋다는 이유로 갈바를 지지했는데, 어디서 굴러먹던 말뼈다귀인지도 알 수 없는 자를 제1협력자로 선택한 것을 보고 갈바에게 불안과 불신감을 품게 된 원로원 의원들. 70세가 넘은 갈바의 나이가 이 경우에는 불안 요인으로 바뀌었다.

넷째, 수도 로마의 서민들. 이들에게 네로는 무슨 짓을 해도—그것이 좋은 일이든 나쁜 결과로 끝났든 간에—황제다운 황제가 아니었다. 로마 시민들은 되도록 좋은 일을 하는 황제다운 황제를 고대했다. 그런데 갈바가 하는 일은 소극적인 노인이 할 만한 일뿐이었다. 어쨌든 보너스도 주지 않으니 더 말해 무엇하겠는가.

이렇게 되면, 제2인자로 발탁된 비니우스 개인의 역량으로 해결할 수 있는 문제가 아니었다. 하지만 비니우스 자신도 황제의 동료 집정관으로 선임되자마자 사리사욕을 채우는 것밖에 모르는 인물이었으니, 갈바의 인사는 이중으로 잘못된 셈이다.

갈바는 재정 재건책에서도 실수를 저질렀다. 재정을 재건하겠다고 선언한 것까지는 좋았지만, 구체적인 방책은 사람들의 냉소를 샀을 뿐이다. 그가 내놓은 시책은 네로한테 받은 금품을 반납하라는 것이었다. 네로는 선물하기를 무척 좋아했지만, 유력자나 부자에게 선물한 것은 아니다. 로마 사회에서 하층계급에 속하는 가수나 배우, 기수(騎手), 검투사 등에게 선물하기를 좋아했다. 그리고 네로의 통치 기간은 14년이나 된다. 수년 전에 선물받은 것을 반납하라면, 곤혹스럽다 못해 난처해하지 않을 사람이 있을까. 게다가 돌려받는 데 성공했다 해도 그 정도 금액으로는 대제국 로마의 재정에 얼마나 도움이 되었을지도 의심스럽다. 갈바의 재정 재건책은 화젯거리만 제공하는 것으로 끝났다. 갈바는 수도에 들어온 이후 황제 자리에 앉아 있었던 석 달을 줄곧 그런 실수만 하면서 보낸 셈이다.

그래도 '전방'에 나가 있는 사령관들은 갈바에 대한 충성 서약을 계속 보내오고 있었다. '계속 보내오고 있었다'라고 쓸 수밖에 없는 까닭은 68년 말 현재 갈바에게 도착한 충성 서약은 수도 로마에서 가장 가까운 거리에 있는 라인강 방위군 사령관 루푸스가 보낸 것뿐이었고, 머나먼 시리아나 전쟁 중인 유대에서 보낸 충성 서약은 지중해를 건너오는 중이었기 때문이다.

제국 최전방의 방위를 책임지는 이들이 갈바의 역량을 인정해서 충성을 서약한 것은 아닌 듯하다. 그들은 제2대 황제 티베리우스의 철저한 실력제일주의 노선을 이어받은 사람들이었다. 신분이나 출신지와는 관계없이 실력만 충분하면 등용될 수 있었다. 이런 경향은 특히 실력을 인정받기 쉬운 군사 분야에서 두드러졌다. 물론 그들도 제국의 요직에 취임할 때의 자격 조건인 원로원 의석을 갖고 있긴 했다. 하지만 '신참자'(호모 노부스)인 그들은 조상 대대로 원로원 의원을 지낸 명문 출신도 아니고, 본적지도 수도 로마가 아니다. 제국 방위를 떠맡고 있다는 자부심은 남달랐지만, 신참자인 만큼 기성체제의 상징인 원로원을 존중하는 마음이 더 강했다. 갈바는 그 원로원의 지지를 받은 사람이었다.

'전방' 사령관들이 갈바에게 호의적이었던 또 다른 이유는 네로에게 실망한 반동으로 갈바에게 기대를 품었기 때문이 아닌가 싶다. 역사가 몸젠이 말하는 '티베리우스 문하'는 많은 직업군인을 배출하여 제국 방위에 이바지했지만, 그중에서도 가장 유명한 인물은 역사적으로 로마의 가상적국 제1호인 파르티아 왕국과 항구적인 우호관계를 확립한 코르불로다. 실력파 장군들의 존경을 한 몸에 받고 있던 코르불로에게 네로는 아무 증거도 없이 의심만으로 자살 명령을 내렸다. 불과 1년 전에 일어난 이 사건의 충격을 그들이 잊을 리는 없었다.

그런데 갈바는 이들의 호의에 찬물을 끼얹는 짓을 해버렸다. 라인강 상류를 지키는 고지 게르마니아군 사령관 루푸스를 해임하고 본국으로 소환한 것이다. 게다가 본국으로 불러들여 다른 요직에 앉힌 것도 아니다. 그냥 해임하고 귀국을 명령했을 뿐이다.

루푸스의 후임으로는 나이도 많고 성격도 소극적인 플라쿠스를 보냈다. 플라쿠스라면 경쟁자가 되지는 않을 거라고 생각했기 때문일 것이다. 또한 공석이었던 저지 게르마니아군 사령관에는 비텔리우스를 임명했다. 자기와 같은 원로원 계급 출신인 비텔리우스라면 끝까지 자기를 지지해줄 거라고 기대했기 때문이다.

그러나 이 인사(人事)는 병사들의 분노만 샀을 뿐이다. 루푸스는 병사들에게 인망이 높았다. 로마 제국의 '전방' 중에서도 라인강 연안은 기후가 혹독하고 지형도 험한 열악한 여건에서 용맹한 게르만족을 상대하는 만큼, 다른 어느 지방보다 중요시되었다. 필요에 따라 군단을 이동시키는 경우는 있었지만, 7개 내지 8개 군단, 4만 2천 내지 4만 8천 명의 상비군 병력이 언제나 집중되어 있는 곳은 제국에서 이 일대뿐이었다.

'게르마니아 군단' 또는 '라인 군단'이라고 불린 이 군단에 소속된 병사들은 최전방을 맡고 있다는 자부심이 강했다. 그들의 심중에는 안전하고 평화로운 에스파냐 속주를 통치해본 경험밖에 없는 갈바가 제국을 어떻게 통치할지 두고 보자는 생각이 있었을 게 분명하다. 갈바에 대한 반감이 라인강 전선에서 맨 먼저 폭발한 것은 이런 이유 때문이었다.

서기 69년 1월 1일, 수도 로마에서는 신임 집정관을 맞아 그해의 첫 원로원 회의가 열렸다. 고대 로마에서는 1월 1일이 업무를 시작하는 날이었지만, 역시 그날만은 의제 토의를 뒤로 미루고 신임 집정관의 취임식 같은 분위기로 하루를 보낸다. 심복인 비니우스와 함께 집정관에 취임한 갈바에게는 유쾌한 하루였을 것이다. 로마의 정치체제에서 공식적으로 최고위 공직인 집정관에 취임한 것은 갈바 치세의 본격적인 출발을 의미했기 때문이다. 아우구스투스 이후 역대 황제들도 즉위와 함께 집정관을 겸하는 것이 보통이었다. 그러나 그날 라인강 연안의 마인츠에 있는 군단기지에 모인 병사들은 황제에 대한 충성 서약을 거부하는 방식으로 갈바에 대한 반대를 분명히 했다.

비텔리우스, 황제를 자칭하다

특히 격동기에는 정보전달 속도가 사태 진전에 중요한 역할을 맡게 된다.

고대 로마에서는 낮에는 연기로, 밤에는 봉화로 요새와 요새 사이에 정보를 전달하는 체계가 마련되어 있었다. 하지만 이 방식은 적의 내습 같은 단순한 정보전달에 한정되고, 게다가 최전방에서만 사용된다. 드넓은 제국 안에서는 역마를 이용하여 정보를 전달하는 방식에 의존할 수밖에 없었다. 로마 가도에는 10킬로미터 내지 15킬로미터 간격을 두고 역참(Mutationes)이 설치되어 있었고, 역참마다 말이 대기하고 있었다.

그렇다면 말을 이용한 경우의 정보전달 속도는 어느 정도였는지가 중요한 문제가 되지만, 여기에 대한 정확한 사료는 남아 있지 않다. 따라서 짐작할 수밖에 없는데, 많은 역사책의 공통된 기록은 기원전 49년에 율리우스 카이사르가 로마에서 아우렐리아 가도를 따라 북상하여 남프랑스의 마르세유까지 갔을 때의 기록뿐이다. 이때 카이사르는 짐을 싣지 않고 전속력으로 말을 달려 하루에 100밀리아(마일)가 넘는 거리를 소화했다. 1로마마일은 1,480미터니까 100밀리아라면 약 150킬로미터에 해당한다. 당시의 고속도로인 로마 가도를 짐도 없이 질주했을 뿐이지만, 최고 사령관 카이사르에게는 참모에서부터 호위병인 게르만 기병에 이르기까지 부하가 수백 명 따랐다. 역참마다 이 많은 사람이 갈아탈 말이 준비되어 있을 리는 없으니까 같은 말을 타고 하루에 150킬로미터를 달렸을 것이다. 그리고 2천 년 뒤의 고속도로와 달리 로마 가도에는 조명시설이 없었으니까, 밤중에 말을 달리는 것은 불가능하다. 또한 열흘 이상 잠도 자지 않고 계속 달릴 수도 없었을 테니, 150킬로미터는 낮에만 달린 거리였을 것이다.

이에 비해 서기 69년에 게르마니아 군단이 황제에게 충성을 거부했다는 중대 뉴스를 가지고 로마로 달려간 전령은 카이사르와 달리 역참마다 말을 갈아타는 체제를 활용할 수 있었겠지만, 야간에 달릴 수 없는 것은 카이사르와 마찬가지다. 게다가 카이사르가 로마에서 마르세유까지 말을 달린 것이 5월인 데 비해 지금은 계절이 1월이다. 오늘날의 독일 마인츠에서 이탈리아 로마를 향해 남하한다고는 하지만, 한겨울의 알프스를 넘어야 하는 절대적인 불리함을 셈에 넣어야 한다. 따라서 하루에 소화할 수 있는 거리는 카이사르와 같은 150킬로미터 정도가 아니었을까.

오늘날의 프랑크푸르트에서 서남서쪽으로 40킬로미터가량 떨어진 마인츠는 로마 시대에는 프랑크푸르트가 뒤꿈치도 따라가지 못할 만큼 중요한 군단기지인 모곤티아쿰이었다. 여기서 로마까지는 거리가 얼마나 될까. 로마 시대의 가도가 전부 확인되지 않은 현재로서는 정확한 거리를 파악하기가 불가능하지만, 쾰른에서 로마까지 행군하는 데 67일이 걸렸다는 사실은 사료로 입증되어 있다. 로마 군단은 시속 5킬로미터 정도로 하루에 보통 대여섯 시간 행군했으니까 하루에 소화할 수 있는 거리는 25킬로미터 내지 30킬로미터라고 생각할 수 있다. 그런 속도로 67일이 걸렸다니까, 대충 계산하면 1,800킬로미터 안팎이다. 쾰른에서 마인츠까지 거리를 200킬로미터로 보고, 그것을 뺀 1,600킬로미터를 하루에 150킬로미터씩 소화했다면, 마인츠에서 로마까지 최소한 열흘은 걸렸다는 얘기가 된다.

그런데 이 숫자도 상상의 영역을 넘어서지 못한다. 마인츠는 라인강 방위군의 최대 거점인 만큼, 여기서 제국의 수도 로마까지 가는 길은 하나가 아니다. 크게 보아도 길이 두 개 있다. 이 두 길은 처음부터 끝까지 로마 가도, 즉 고속도로라는 공통점이 있었다.

첫 번째 길은 라인강 연안의 마인츠에서 서남서쪽에 자리 잡고 있는 모젤강변의 주요 기지인 아우구스타 트레베로룸(오늘날의 트리어)으로 간 다음, 곧장 남쪽으로 방향을 돌려 베손티오(오늘날의 브장송)와 레만호를 지나 알프스산맥을 넘어서 이탈리아의 아우구스타 프라이토리아(오늘날의 아오스타)를 거쳐 아우구스타 타우리노룸(오늘날의 토리노)에 이른다. 토리노에서 게누아(오늘날의 제노바)까지는 물론 가도로 이

라인강 연안에서 이탈리아까지(●은 라인 군단 기지 소재지)

어져 있고, 게누아에 오면 로마까지는 아우렐리아 가도를 따라 곧장 남하하기만 하면 된다.

또 하나는 마인츠에서 라인강 상류의 군단기지인 아르겐토라툼(오늘날의 스트라스부르)으로 가는 길이다. 스트라스부르에서 라인강을 따라 계속 올라가 보덴호에 이르면, 오늘날의 스위스를 가로질러 알프스산맥을 넘어서 코모호를 거쳐 이탈리아로 들어간 다음, 코모에서 밀라노와 제노바를 지나 로마에 이른다.

마인츠 군단기지를 떠난 전령이 어느 길을 택했는지는 알 수 없지만,

어쨌든 군단병들이 황제에 대한 충성을 거부한 중대 사건은 적어도 1월 10일께는 수도에 전해진 게 분명하다. 그 무렵부터 15일까지 며칠 사이에 정국이 급변해가기 때문이다.

제국의 후방 부대라 해도 좋은 이베리아반도의 1개 군단이 현직 황제였던 네로에게 '노'(No)라고 말한 반년 전과는 사정이 다르다. 제국의 최전방으로 자타가 공인하는 라인강 연안의 7개 군단이 현직 황제인 갈바에게 '노'라고 말한 것이다. 게다가 불신임을 받은 것은 갈바만이 아니었다. 유권자이기도 한 이들 군단병에게 불신임을 받은 것은 갈바를 승인한 원로원도 마찬가지였다.

또한 마인츠에서 겨울을 나는 군단병들이 1월 1일 결의한 것은 갈바에 대한 충성 거부만이 아니었다. 거부의 뜻을 수도 로마에 전달한 문서에는 갈바를 대신할 '제일인자'(실제로는 황제)를 선정하는 일을 원로원에 맡기는 것이 군단병들의 뜻이라는 내용도 들어 있었다. 따라서 이 시점에서는 갈바만 불신임을 받았을 뿐, 원로원은 아직 불신임을 받지 않았다.

그런데 집회가 끝난 뒤 각자 막사로 돌아간 병사들은 끼리끼리 모여 이야기를 나누었을 것이다. 로마군 통수권자인 황제에 대해 충성 서약을 거부한 행위는 요즘 같으면 군법회의에 회부되고도 남을 만큼 중대한 규율 위반이었다. 그것을 결행한 병사들이 흥분 상태에 빠져 있었을 것은 쉽게 상상할 수 있다. 그리고 흥분 상태는 언제나 불안을 동반하게 마련이다.

이튿날인 1월 2일, 다시 모인 군단병들은 갈바 황제에 대한 충성 서약을 거부한다는 뜻은 바꾸지 않았지만, 갈바의 후임자 선정을 원로원에 맡긴다는 항목을 철회하고, 후임 황제로 저지 게르마니아군 사령관인 비텔리우스를 옹립하기로 결의했다. 또다시 전령이 이 결의문을 가지고 수도 로마로 떠났다.

왜 갈바는 싫은데 비텔리우스는 좋았을까. 여기에 대해서는 타키투스도 설명해주지 않기 때문에 역시 상상할 수밖에 없지만, 몇 가지 이유를 들 수 있다.

갈바가 지휘한 에스파냐의 1개 군단 병사들도 로마군 통수권자였던 네로 황제를 제거하고 그 대신 갈바를 옹립했지만, 그때는 갈리아인이면서도 로마 제국에 대한 우국충정으로 네로에 반기를 든 빈덱스의 호소에 갈바가 응했고, 군단병들은 거기에 동의하는 의사표시만 했을 뿐이다. 다시 말해서 에스파냐 주둔군이 현직 황제 네로를 불신임한 것은 그들의 직속상관인 갈바가 주도적으로 이끌어낸 결과였다.

이와는 반대로 라인강 연안의 군단병들이 현직 황제 갈바에게 충성을 거부한 것은 일반 병사들이 주도권을 발휘한 결과였다. 사령관도 군단장도 대대장도 적극적으로 관여하지 않았다. 요즘 군대로 치면 하사관 역할을 맡고 있던 백인대장들조차 일반 병사들의 뜻에 따랐을 뿐이다. 그렇기 때문에 일반 병사들은 불안했을 것이다. 이 불안을 해소하는 가장 간단한 방법은 자기네 사령관을 추대하는 것이다. 그렇게 되면 사령관에서부터 졸병에 이르기까지 모든 장병이 통수권자에 대한 충성 거부의 공범자가 되기 때문이다.

그들의 사령관이 루푸스였다면, 그들은 진심으로 루푸스를 황제로 추대했을 것이다. 그러나 루푸스는 해임되어 본국으로 소환된 상태였다. 루푸스에 대한 갈바의 이런 처사도 병사들 마음속에 갈바에 대한 반감을 심어준 요인이 아니었을까.

제국의 최전방인 라인강 방위를 맡은 '게르마니아 군단'은 라인강 상류와 하류로 담당 구역이 나뉘어 있다. 상류 지역을 지키는 것은 '고지 게르마니아군', 하류 지역을 지키는 것은 '저지 게르마니아군'이라고 불렸다. 양군 모두 4개 군단으로 구성되는 것이 원칙이었다.

라인 군단의 배치(●은 기지)와 주요 도로망

　서기 69년 1월 현재 고지 게르마니아군 사령관은 갈바가 임명한 플라쿠스, 저지 게르마니아군 사령관도 역시 갈바가 임명한 비텔리우스가 맡고 있었다.
　고령에다 소극적이고 인망도 없었던 플라쿠스는 병사들에게도 부적격자로 보였다. 그렇다면 남는 것은 비텔리우스밖에 없다. 비텔리우스는 54세니까 나이도 적당하고, 부임한 지 얼마 되지 않아서 아직 특별히 한 일이 없으니까 판단 자료가 풍부하다고는 말할 수 없었지만, 점수가 깎일 이유도 없었다. 다만 비텔리우스의 아버지는 '티베리우스 문하'의 걸물로 두각을 나타냈고, 클라우디우스 황제의 협력자로 중용된 인물이었다. 단순하게 생각하기 쉬운 병사들은 그만한 인물의 아들이라면 괜찮겠지 하고 생각한 게 아닐까.
　어쨌든 남국 에스파냐에서 안전하고 편안한 병영생활을 하는 병사들

40

에게 로마 황제를 결정할 권리가 있다면, 위험하고 열악한 환경을 견디며 최전방을 지키는 자기들한테는 더 큰 권리가 있을 거라고 믿어버린 병사들에게는 비텔리우스가 아니라 누구라도 상관없었다. 그리고 비텔리우스는 하늘에서 넝쿨째 굴러떨어진 이 호박을 이게 웬떡이냐 하고 냉큼 받아먹었다. 로마인들이 백 년 동안 잊고 있었던 내전의 먹구름이 또다시 로마 제국의 하늘을 뒤덮기 시작했다.

갈바 살해

상상하건대, 마인츠에서 이루어진 '라인 군단'의 결의는 불과 하룻밤 사이에 더욱 강력한 내용으로 바뀌었지만, 두 차례 결의가 수도 로마에 전해진 시점에는 최소한 하루나 이틀, 어쩌면 사흘의 차이가 있었던 게 아닌가 싶다. 이 사태에 대한 갈바의 대책이 1월 1일의 결의만을 고려한 것이었기 때문이다.

1월 1일의 결의에는 갈바 황제에 대한 충성은 거부하되 갈바를 대신할 황제를 선정하는 일은 원로원에 맡긴다고 되어 있었다. 그래서 갈바는 원로원의 지지를 재확인하는 것이 선결문제라고 생각했다. 원로원은 기득권 세력의 아성인 만큼 본능적으로 내란을 싫어한다. 내란은 최고 권력자의 후계자가 불투명할 때 일어나기 쉽다.

갈바는 아들이 없었기 때문에, 이제 갓 서른 살이 된 피소를 양자로 맞아들여 후계자로 삼겠다고 공표했다. 피소는 갈바와 마찬가지로 공화정 시대부터 내려오는 명문 귀족 출신이다. 철학자 세네카도 연루된 저 유명한 '피소 음모'가 탄로나는 바람에 피소 집안의 남자들은 어린 애까지 모두 추방되었지만, 네로가 죽은 뒤 귀국했다. 피소를 후계자로 삼은 것은, 전방에 근무하는 군단병들의 심정은 조금도 헤아리지 않고, 명문 귀족을 좋아하고 네로를 싫어하는 원로원의 호의를 얻는 것만 염두에 둔 조치였다. 아우구스투스의 피도 이어받지 않았고 군단 경험도 전혀 없는 상류층 출신의 '도련님'을 전방에 근무하는 병사들이 쌍수를 들어 환영할 리는 없기 때문이다.

1월 1일과 2일의 결의가 둘 다 동시에 로마에 도착했다면 갈바의 후계자 선택은 달라졌을까. 비텔리우스가 일어났다는 것은 그를 옹립한 게르마니아 군단이 황제와 중앙정부에 대항하여 군사행동을 일으킨다는 뜻이다. 그런 사태를 피할 수 있는 길은 게르마니아 군단 병사들이 기대를 걸 만한 인물을 공동 황제로 발탁하는 것뿐이다. 속주를 통치한 경험도 풍부하고 나이도 젊은 오토나, 게르마니아 군단 병사들에게 인망이 있는 루푸스 같은 인물을 선택했다면 재난을 피할 수도 있었을 것이다. 게르마니아 군단 병사들이 비텔리우스를 황제로 추대한 것도 원래는 그에 대한 존경심 때문에 그런 것이 아니었다. 전방에 근무하는 병사들이 사정을 납득하고 칼을 거두면, 벌써 황제가 된 양 우쭐대던 비텔리우스의 기반은 저절로 무너졌을 것이다.

하지만 갈바가 군단병들의 두 가지 결의를 동시에 알았다 해도 그의 후계자 지명은 바뀌지 않았을 거라는 생각이 든다. 평범한 자질을 지닌 사람은 본능적으로 자기보다 뛰어난 자질을 지닌 사람을 피하는 법이다. 평범한 사람은 자신에게 없는 재능이나 자질을 가진 사람을 받아들여 자신의 입장을 강화할 생각을 하지 못한다. 하기야 그런 생각을 할 수 있다면 평범한 사람도 아니겠지만.

이리하여 갈바는 또다시 인사에 실패했다. 하지만 이때의 실패는 이제까지 갈바를 지지해온 오토가 더 참지 못하고 그에게 등을 돌리는 계기가 되었다.

게르마니아 군단 병사들의 결의는 갈바만이 아니라 원로원도 알고 있었으니까, 원로원 의원인 오토도 당연히 알고 있었을 것이다. 갈바는 벌써 72세니까 그리 오래 살지는 못하겠지만, 그가 후계자로 지명한 피소는 30세의 젊은이다. 그리고 갈바에 반대하여 일어난 비텔리우스는 54세다. 37세인 오토가 이 기회를 놓치면 자기한테는 영영 기회가 돌아오지 않을 거라고 생각한 것은 당연하다.

근위병들은 반년 동안 모신 갈바에게 벌써 실망하고 있었다. 젊고 활기에 넘치는데다 적극적이고 개방적인 성격 때문에 병사들에게 인기가 높았던 오토가 그들을 회유하기는 식은죽 먹기였다. 게르마니아 군단이 비텔리우스를 황제로 옹립했다는 소식에 아연실색할 뿐 아무런 대책도 세우지 못하는 원로원은 무시해도 좋았다. 갈바가 수도에 들어왔을 때는 열렬히 환영했던 일반 시민들도 모두 갈바에게 등을 돌렸고, 이제는 네로를 그리워하는 목소리까지 들리게 되었다. 황제를 제거하기 위한 쿠데타 계획은 불과 사나흘 만에 구체적인 형태를 갖추어 결행에 옮겨졌다.

서기 69년 1월 15일, 암살자들은 로마의 중심인 포로 로마노에서 가마에 타고 있던 갈바 황제를 끌어내려 살해했다. 갈바와 함께 보름 전에 집정관에 취임한 비니우스도 계획대로 살해되었다. 가엾은 피소도 갈바의 양자가 되었다는 이유만으로 목숨을 잃었다.

수도 로마의 교외에 있는 근위대 막사에서 보고를 기다리던 오토는 결과를 알자마자 "황제 만세!"라는 근위병들의 환호를 받으며 곧장 포로 로마노에 있는 원로원으로 달려갔다. 이제 기정 사실을 사후 승인하는 것밖에는 할 일이 없어진 원로원 의원들은 오토를 '제일인자'로 승인했다.

제2부

오토 황제

〔재위: 서기 69년 1월 15일~4월 15일〕

최고 권력자의 교체는 그리 많은 피도 흘리지 않고 이루어졌다. 하지만 이때도 그 시대의 정보전달 속도가 사태를 필요 이상으로 악화시킨 요인이 아니었을까 하는 생각이 든다.

　마인츠에서 로마까지 정보가 전달되는 데 열흘이 걸렸다면, 로마에서 마인츠로 전달되는 데에도 열흘은 걸렸을 것이다. 그렇다면 오토가 황제에 즉위한 것을 마인츠에 있는 게르마니아 군단 병사들이 안 것은 1월 말께였을 것이다. 로마 제국에서 가장 막강하고 가장 규모가 큰 군단의 동향을 좌우할 수 있는 중대사인 만큼, 오토도 서둘러 그 정보를 전달했을 것이기 때문이다.

　그러나 게르마니아 군단이 비텔리우스를 옹립하기로 결의한 것은 1월 2일이었고, 군단병들에게 이런 결의까지 하게 만든 장본인인 갈바가 살해되었다는 사실을 그들이 안 것은 1월 말이었다. 그사이는 약 한 달. 그 한 달 사이에 게르마니아 군단 전체가 로마로 진군하기 위한 준비 작업은 이미 시작되었다. 7개 군단 4만 2천 병력에, 그것과 거의 같은 수의 보조병이 참가하는 대규모 군사행동이다. 일단 움직이기 시작하면 멈추는 것은 쉽지 않다. 사령관으로 부임하자마자 아직 낯도 익지 않은 병사들에게 황제로 추대되어 기고만장해진 비텔리우스는 하루라도 빨리 로마로 가서 황제로 군림하는 것말고는 아무것도 염두에 없었다. 새 황제 오토는 죽은 갈바가 뿌린 씨를 거두어야 하는 처지가 되고 말았다.

　이건 여담이지만 로마는 공화정 시대만이 아니라 제정으로 바뀐 뒤에도 전방에 파견한 사령관이나 속주 총독, 원주민을 중심으로 한 지방자치단체(무니키피아)나 퇴역병을 이주시킨 식민도시(콜로니아)에 후세의 제국주의 국가에 비하면 놀랄 만큼 많은 재량권을 부여했다. 마키아벨리는 이 방식이 책임체제 확립에 도움이 된다고 예찬했지만, 이

것이 로마의 전통이 된 까닭은 단순히 책임체제 확립에만 있었던 것은 아니다. 물론 중앙정부에 일일이 훈령을 요청할 필요가 없으니까 전방 사령관들은 상당히 자유롭게 행동할 수 있었을 것이다. 따라서 돌발 사태가 일어나면 임기응변으로 대처할 수도 있고, 각자의 재능도 충분히 살릴 수 있었을 것이다. 또한 티베리우스 황제의 집착이 보여주듯, 이런 책임체제가 확립되지 않으면 그 넓은 제국을 통치하기는 불가능했다.

그러나 로마인이 현지에 그렇게 많은 재량권을 준 것은 그 시대의 기술 수준으로 가능했던 정보전달 속도도 고려했기 때문이 아닐까. 같은 유럽 안에서도 열흘, 제국 동방에 자리 잡고 있는 중근동과 연락을 주고받으려면 한 달은 족히 걸렸다. 그렇긴 하지만 결과적으로 이 방식 덕택에 제국 각지의 개별적인 책임체제가 명확해지고, 그에 따라 각 책임자의 행동도 활기차게 전개된 것은 분명하다.

서기 69년 1월로 다시 돌아가보자. 고대 로마의 역사에서 이 한 달은 정보전달의 지체가 사태의 주요 원인이 된 대표적 기간이 아닐까 싶다. '길이 어긋나다'는 표현을 쓰고 싶어질 정도다. 길이 어긋나서 오해나 충돌이 생기는 것을 막으려면 신중하게 행동할 수밖에 없다.

로마 제국에서 라인강 방위선 다음으로 중요한 전선은 도나우강 일대와 시리아 및 팔레스타인이었다. 이 '동방 전선'의 책임자는 시리아 총독 무키아누스와 팔레스타인 지방에서 유대 전쟁을 치르고 있는 베스파시아누스였다. 무키아누스는 4개 군단, 베스파시아누스는 3개 군단을 거느리고 있었다.

이들 두 사령관이 갈바 황제에게 보낸 충성 서약은 아직 지중해를 지나고 있었지만, 이것을 가지고 서쪽으로 항해하던 베스파시아누스의 맏아들 티투스가 그리스의 코린트에 들렀다가, 갈바가 죽고 오토가 즉위하고 비텔리우스가 궐기했다는 정보를 입수했다. 티투스는 이 세 가지 정보를 동시에 입수한 모양이다.

당시 30세였던 티투스는 한동안 망설인 것 같다. 이대로 로마까지 가서 제위에 오른 오토에게 시리아와 유대에 주둔해 있는 7개 군단의 충성 서약을 전달할 것인가. 아니면 충성 서약은 사절을 시켜 오토에게 보내고 자기는 오리엔트로 돌아갈 것인가. 베스파시아누스의 맏아들인 티투스는 단순한 '심부름꾼'이 아니었다. 그가 직접 오토에게 충성 서약을 전달하는 것은 오토에 대한 '동방 군단'의 적극적 지지를 의미한다. 하지만 사절을 시켜 충성 서약만 보내면, 원로원이 승인한 사람이니까 지지한다는 '소극적 지지'를 의미하게 된다.

결국 티투스는 서쪽으로 가지 않고 동쪽으로 되돌아가는 길을 택했다. 그리고 이것이 아버지 베스파시아누스를 동족상잔의 피비린내나는 내전에서 구해내는 결과가 되었다.

로마 제국의 최고 통치자를 결정하는 주도권이 군단으로 넘어간 이상, 각 군단의 배치 상황을 다시 한번 정리해둘 필요가 있을 듯하다. 서기 69년 이전의 추이도 함께 기록했는데, 이 배치표를 보면 제정으로 바뀐 뒤의 '전방' 추이와 함께, 로마 제국이 군사력의 활용을 얼마나 중시했고, 기존의 군사력을 최대한 활용함으로써 군사력 증강을 억제하려고 애썼는지도 알 수 있다. 또한 내전이 일어나면 자연히 군사력이 증강되어 국력이 낭비된다는 사실도 분명해질 것이다.

인간 오토

마르쿠스 살비우스 오토(Marcus Salvius Otho)는 공화정 시대부터의 명문 귀족 출신인 갈바와 달리 신흥 원로원 계급에 속해 있었다. 할

로마 군단 배치표

(괄호 안은 내역)

방면		서력	전30~후9 *1	후9~42 *2	43~47 *3	48~68 *4	69 *5
서방	브리타니아		—	—	4	2	3
	이베리아반도		4	3	3	1	2
	라인강 방위선		7	8	7	7	7
	(저지 게르마니아)		(5)	(4)	(4)	(4)	(4)
	(고지 게르마니아)		(2)	(4)	(3)	(3)	(3)
	도나우강 방위선		8	7	6	7	7
	(판노니아)		⎫(5)			(2)	(2)
	(달마티아)		⎬			(2)	(2)
	(모에시아)		(3)			(3)	(3)
동방	시리아		4	4	4	4	4
	유대		—	—	—	3	3
	이집트		⎫ 5	2	2	2	2
	북아프리카		⎭	1	1	1	1
계			28	25	27	27	29

*1 아우구스투스 시대(게르마니아를 엘베강까지 제패하려고 시도한 시대)
*2 티베리우스·칼리굴라 시대(게르마니아 제패를 단념하고 라인강을 방위선으로 결정한 시대)
*3 클라우디우스 시대(브리타니아를 제패하러 간 시대)
*4 클라우디우스·네로 시대
*5 내전 시기

아버지 때까지는 로마 사회에서 원로원 계급에 버금가는 제2계급인 '기사계급'에 속해 있었지만, 아우구스투스에게 등용되어 원로원 계급으로 올라갈 수 있었다. 그 아들, 즉 오토의 아버지는 이른바 '티베리우스 문하생'으로 아프리카 속주 총독을 비롯하여 많은 요직을 거친 인물이다. 물론 원로원 의원이었다. 티베리우스의 실력제일주의를 계승한 클라우디우스 황제 덕분에 귀족(파트리키)의 반열에 오르는 영예도 누렸다.

이리하여 수도 로마의 상류층 가정에서 태어난 오토는 소년 시절부터 장난이 심한 개구쟁이여서 부모나 선생이 좋아하는 타입은 아니었지만, 다섯 살 아래인 네로와는 죽이 맞았을 것이다. 황제가 된 네로가 밤마다 친구들과 함께 거리로 몰려나가 젊음을 발산할 때 늘 함께 어울린 친구 가운데 하나였다.

그런데 네로가 이 친구의 아내인 포파이아에게 홀딱 반해버렸다. 네로는 아우구스투스가 24세 때 유부녀인 리비아를 사랑한 나머지 그녀의 남편과 직접 담판하여 양보받은 것을 흉내내어, 오토에게 포파이아를 양보해달라고 부탁했다. 그러나 리비아의 남편이자 티베리우스 황제의 친아버지는 아우구스투스의 요구에 순순히 응했지만, 오토는 네로 황제의 부탁을 거절했다. 당시 22세였던 네로는 그 정도로 쉽게 물러서지 않았다. 오토를 제국의 서쪽 끝에 있는 루시타니아 속주 총독으로 임명하여 로마에서 쫓아내기로 했다. 27세인 오토는 아직 원로원 의원도 아니다. 루시타니아는 원로원이 관할하는 속주니까, 집정관이나 법무관을 지낸 원로원 의원밖에는 총독이 될 수 없다. 그런데도 포파이아에 대한 연정에 불탄 네로는 오토에게 '전직 법무관' 자격을 주라고 원로원에 부탁하여 그를 루시타니아 속주 총독으로 쫓아내는 데 성공했다.

'팍스 로마나'(로마에 의한 평화)가 제국 전역에 미친 덕택에 최전방이 아닌 루시타니아 같은 속주에 부임하는 총독은 처자식을 데려가는 게 보통이었다. 하지만 포파이아 사비나는 수도 로마에 남았다. 27세의 젊은 나이에 변방으로 파견되는 것은 오토의 나이를 생각하면 유배형에 처해진 거나 마찬가지다. 오토가 자포자기한 심정으로 총독의 임무도 내팽개치고 대서양이나 바라보며 방탕하고 타락한 생활을 했다 해도 비난보다는 오히려 동정을 받았을지 모른다. 그러나 오토는 과거의 그를 아는 사람들이 경탄할 만큼 생활을 완전히 바꾸어버렸다.

수도 로마의 이름난 플레이보이가 활력에 넘치는 공정한 행정관으로 탈바꿈한 것이다. 루시타니아 속주 총독의 관저는 에메리타 아우구스타(오늘날의 메리다)에 있다. 퇴역병을 이주시켜 속주 통치의 '핵'으로 삼는 것이 제국의 일관된 방침이었다. 이베리아반도의 요지를 점하고 있는 '핵'을 북쪽에서부터 차례로 열거하면, 카이사르 아우구스타(오늘날의 사라고사)·타라코(타라고나)·톨레툼(톨레도)·코르두바(코르도바)·카르타고 노바(카르타헤나)·히스팔리스(세비야)·말라카(말라가) 등인데, 메리다도 이들과 마찬가지로 이베리아반도를 망라하는 로마 도로망의 '요충'이 되어 있었다. 서쪽으로 뻗어 있는 로마 가도를 따라가면 올리시포(오늘날의 리스본)에 이른다.

황제 속주와 달리 원로원 속주에는 '전방'이 아니라는 이유로 군단을 주둔시키지 않는다. 변경인 루시타니아의 경우, 총독 휘하의 군사력은 기껏해야 1개 중대 정도였을 것이다. 로마군에서는 병력 80명으로 구성되는 '백인대'(켄투리아)가 중대에 해당하는데, 지휘는 백인대장이 맡는다. 갈리아의 주요 속주인 '갈리아 루그두넨시스'에도 1개 대대, 1천 명의 병사밖에 주둔시키지 않는다. '전방'에 병력을 투입해야 하는 제국 전체의 방위전략에서는 로마화가 진행되어 평온한 속주에까지 군사력을 배치할 여유가 없었다. 루시타니아 속주에 근무하는 군단병들도 본국 이탈리아 출신은 전혀 없다고 해도 좋을 정도였다.

로마 시민권은 세습권이다. 군단에서 만기 제대한 뒤 퇴직금으로 땅

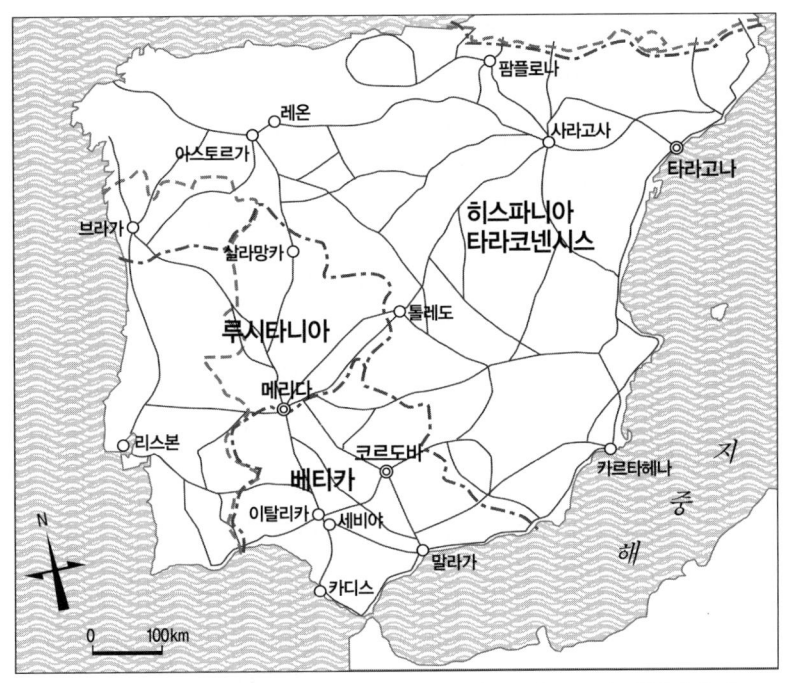

에스파냐 속주의 주요 도로망(오현제 시대에 건설된 가도도 포함. ---는 현재의 국경)

을 받아 이주한 퇴역병들은 현지 여자를 아내로 삼는 것이 보통이었지만, 그 사이에 태어난 아들이나 손자나 증손자도 어엿한 로마 시민이다. 로마 시민권을 가져야만 군단병이 될 수 있다. 오토 휘하에서 루시타니아 속주의 질서를 지키는 것도 에스파냐 태생의 로마인들이었다. 100명도 채 안 되는 군단병을 거의 같은 수의 보조병이 지원하는 체제는 전방에 배치되어 있는 군단과 마찬가지였다. 보조병은 퇴역한 뒤에 로마 시민권을 얻을 수 있지만, 현역으로 있는 동안은 로마 시민이 아니다. 속주민들 사이에 반(反)로마 움직임이 일어나는 경우, 공격의 표적이 될 게 뻔한 총독을 지켜주는 것은 군단병이지만, 이들은 현지와 관계가 깊어서 현지인 쪽에 붙을 가능성도 있다. 생각하기에 따라서는 낙하산을 타고 적진 한복판에 뛰어드는 거나 마찬가지다.

속주 총독들이 선정을 베풀려고 애쓰는 것은, 임기를 마치고 로마로 돌아온 뒤에 속주민에게 고발당하여 법정에 서기가 싫기 때문이기도 하지만, 임기 중에 자신의 신변 안전을 위해서라도 속주민의 불만을 사지 않는 것이 상책이었기 때문이다.

동기가 무엇이든, 젊은 총독 오토는 속주 통치를 성공적으로 수행했다. 게다가 속주민의 뜻에 영합하는 데에만 급급하지 않고, 속주를 구석구석 시찰하면서 필요한 지시를 내리고 그것을 실행에 옮기는 로마식 통치법을 관철했기 때문에 수도 로마에서도 평판이 났다. 플레이보이의 표변이라고, 여자들 사이에서도 화제가 될 정도였다.

그 10년 동안, 오토는 아내 포파이아가 네로 황제의 공공연한 애인이 되었다가 나중에는 정식으로 결혼한 것을 알았다. 오토는 계속 독신으로 남아 있었다. 홀아비로 6년을 살았을 즈음에 포파이아가 죽었다는 소식을 들었다. 하지만 네로는 오토를 로마로 불러들이려 하지 않았다. 그리고 3년 뒤 갈리아 속주 총독 빈덱스가 네로 타도의 기치를 들었고, 타라코 속주 총독 갈바가 거기에 호응하여 일어났다. 그때 어느 속주 총독보다 먼저 갈바에 대한 지지를 표명한 사람이 10년째 루시타니아 속주를 통치하던 오토였다. 속주 총독이 세 명이나 반기를 들고, 원로원도 등을 돌리고, 근위병들한테도 버림을 받은 네로가 자살한 것은 서기 68년 6월이다. 그로부터 7개월 뒤에 오토는 갈바를 죽이고 제위에 앉아 있었다.

난세의 황제가 아니라 평온한 시대의 황제였다면 오토는 꽤 훌륭한 군주가 될 수 있었을 거라고 평하는 역사가도 적지 않다. 하지만 오토의 불행은 황제로서 제대로 정치를 시작하기도 전에 남쪽으로 달려 내려오기 시작한 '게르마니아 군단'에 대한 대책에 전념해야 했다는 점이다.

사실 오토에게는 휘하 병력이 전혀 없었다. 10년 동안이나 로마를 떠나 있었으니까 근위병들과 친분이 있었던 것도 아니다. 그런데도 그는 근위병들을 돈으로 매수하지도 않고 자기편으로 만들어버렸다. 그들이 오토에게 진심으로 심취하지 않았다면, 오토의 명령에 따라 현역 황제를 암살하는 따위의 중죄를 지을 턱이 없다. 중죄를 짓고 흥분한 병사들이 갈바파 원로원 의원들도 모조리 죽이자고 주장했지만 오토는 허락하지 않았다. 갈바의 시신을 가족에게 넘겨주고, 화장한 유골을 매장하는 데에도 지장을 받지 않도록 배려해주었다. 황제라고는 하지만 갈바의 유골은 네로와 마찬가지로 황제묘(마우솔레움)에 들어가는 영예를 누리지 못하고, 로마 교외에 있는 갈바의 별장 정원에 매장되었다.

오토는 병사들의 마음을 사로잡는 솜씨가 좋긴 했지만, 남하해 오는 게르마니아 군단은 총병력이 10만 명에 가까웠다. 오토는 먼저 남하 자체를 저지하는 방책을 쓴다. 비텔리우스에게 공동 황제 자리를 제안한 것이다. 그러나 생각지도 않았던 황제에 추대된데다 최강인 '게르마니아 군단'의 지지를 얻어 그 힘으로 로마에서 황제에 오르는 것밖에는 염두에 없는 비텔리우스는 그 제의를 일축한다. 이제는 누가 보아도 로마인끼리 정면으로 부딪치는 내전이 불가피했다.

오토에게 그나마 다행인 것은 계절이 한겨울이라는 점이다. 2월부터 3월까지 대군을 이끌고 알프스를 넘는 것은 여간 어려운 일이 아니다. 지휘관이라면 누구나 피하고 싶을 것이다. 한니발은 그렇게 어려운 일을 시도하여 성공했기 때문에 동시대인을 경악시켰을 뿐 아니라, 그 후에도 오랫동안 사람들의 입을 통해 전해 내려온 것이다.

하지만 그것은 300년 전의 얘기다. 지금은 알프스 이북에 있는 갈리아와 연락로를 확보해야 할 필요성도 있었기 때문에, 알프스를 넘는 산길도 그때보다는 훨씬 정비가 잘되어 있었다. 길이 전부 포장된 것은 물론 8킬로미터 내지 24킬로미터, 평균 16킬로미터마다 알프스를 넘는

데 필요한 물자를 구하고 휴식을 취할 수 있는 시설이 갖추어져 있었다. 개인적으로 여행하는 사람이라면 엄동설한에도 열흘이면 알프스를 넘을 수 있었다.

하지만 둘로 나뉘어 남하해 오는 '게르마니아 군단'은 양쪽 다 수만 명에 이르는 규모다. 봄까지 기다리는 게 상식이지만, 비텔리우스는 길을 서둘렀다. 장병들도 하루 빨리 로마에 가고 싶은 일념에 불탔다. 실제로 그들은 쏟아지는 눈도 아랑곳하지 않고 남쪽으로 행군을 개시했다.

오토는 절체절명의 위기에 직면한 느낌이지만, 구원은 아직 남아 있었다. 도나우강 방위를 맡고 있는 7개 군단이 오토에 대한 지지를 밝혔기 때문이다. 그것도 '동방 군단' 같은 소극적인 지지가 아니라, 오토의 지위를 확실히 굳히기 위해서라면 '라인 군단'과 무력 충돌도 불사하겠다는 적극적인 지지였기 때문에 마음이 든든했다.

'라인 군단' 대 '도나우 군단'

도나우강 방위를 맡고 있는 '도나우 군단'은 왜 비텔리우스가 아니라 오토를 지지했을까.

루시타니아 속주를 훌륭하게 다스린 오토의 치적을 인정하고, 황제로는 비텔리우스보다 오토가 적임자라고 판단한 결과는 아닐 것이다. 멀리 떨어진 지방의 총독이라도 전쟁에서 화려한 전과를 올렸다면 병사들의 화젯거리가 되었겠지만, 일반 병사들은 행정면에서의 업적에는 주목하지 않는 법이다. 그리고 루시타니아 속주에 파견될 때까지만 해도 오토는 네로 황제의 놀이 친구였기 때문에 '전방'에서 군단을 지휘한 경험이 전혀 없다. '전방'을 지키는 병사들은 오토가 갈바를 죽이고 제위에 오른 뒤에야 비로소 그의 이름을 알았을 것이다.

그런데도 새 황제 오토에게 지지의 뜻을 밝힌 것은 도나우강을 방위하는 그들의 심중에 '라인 군단'에 대한 반발심이 있었기 때문이 아닐까.

갈리아 전역을 제패한 율리우스 카이사르 이후, 제국의 '북부 전선'은 라인강이라는 게 로마인의 상식이 된 지 한 세기가 지났다. 게르마니아를 엘베강까지 제패하겠다는 아우구스투스의 생각도 결국 꿈으로 끝나고, 티베리우스가 엘베강에서 교묘하게 철수하여 북쪽 방위선을 라인강으로 정착시킨 지도 어언 반세기가 지났다.

선견지명에서는 타의 추종을 불허하는 율리우스 카이사르는 라인강만이 아니라 도나우강도 로마의 '북부 전선'이라는 사실을 꿰뚫어보았다. 하지만 그 시점에서 도나우강 이남을 제패하는 일은 카이사르 암살로 말미암아 뒤로 미루어졌다.

아우구스투스는 엘베강까지 제국 영토에 편입시켜 북부 전선을 단축하려고 생각했을 정도니까, 도나우강 방위선의 중요성은 충분히 인식하고 있었다. 하지만 그의 시대에도, 그를 뒤이은 티베리우스에서 네로에 이르는 시대에도, 카이사르처럼 단기간에 넓은 땅을 제패해버리는 군사적 천재는 나타나지 않았다. 뛰어난 장수는 얼마든지 있었지만 천재는 없었다. 그리고 게르만족이 침공을 거듭한 라인강 유역과 달리, 아우구스투스 시대부터 네로 시대까지 도나우강 유역 야만족은 로마인이 정신을 바짝 차려야 할 만큼 위협적인 존재가 아니었다. 그 결과, 도나우강까지의 제패는 서서히 진행되었고, 도나우강을 제국의 국경으로 확립하는 사업도 좋게 말하면 '느리지만 확실하게' 진행되고 있었다.

이런 사정은 라인 전선과 도나우 전선을 맡고 있는 군단기지들이 당시 어디에 자리 잡고 있었는지를 보면 명백해진다. 라인 전선의 군단기지들은 거의 다 라인강 연안에 자리 잡고 있다. 이와는 반대로 도나우 전선의 군단기지들은 당시만 해도 아직 도나우강에서 떨어진 내륙 지역에 자리 잡고 있었다. 도나우강 유역의 레겐스부르크·빈·부다페스트·베오그라드는 모두 로마의 군단기지에서 발달한 도시들이지만, 이런 곳에 로마가 상설 군단기지를 두게 된 것은 그 후의 일이다.

하지만 라인강 방위선이 철벽이 되면, 야만족은 아직 철벽이 아닌 도나우강 방위선 쪽으로 공격 방향을 돌릴 게 뻔하다. 그렇기 때문에 라인강과 도나우강의 방위선을 확립하는 작업은 계속 이루어질 필요가 있었지만, 선견지명은 아무나 갖고 있는 게 아니다. 서기 69년 당시, 제국의 안전을 보장하기 위해 누구보다 많은 피를 흘리는 것은 라인강을 지키는 병사들이 아니라 도나우강 방위선의 병사들이었다.

하지만 고정관념과 현실 사이에는 언제나 오차가 존재한다. 로마인에게 가장 중요한 '북부 전선'은 여전히 라인강이었고, 제국의 최전방을 지키는 정예부대는 그 라인강 연안 기지에 주둔해 있는 '게르마니아 군단' 병사들이었다.

그래도 당사자들은 실정을 알고 있었다. 도나우 전선의 병사들이 보기에, 오토 황제가 건재하는데도 자기네 사령관이라는 이유만으로 비텔리우스를 옹립하고 본국 이탈리아로 진군하여 무력으로 결판을 내려 하는 게르마니아 군단의 행동은 오만불손하고 아니꼬운 월권행위였다. 실제로 피를 흘리며 야만족의 침입을 저지하는 것은 도나우 전선을 지키는 우리들이고, 너희들은 완전히 철벽이 된 라인강 방위선에서 안전하고 쾌적한 도시 생활을 즐기고 있지 않느냐. 이런 생각을 했기 때문에 본 적도 없고 이름조차 들어본 적도 없는 오토를 지지하고 나선 게 아닐까.

도나우 전선에 투입된 군사력은 모두 7개 군단이다. 수적으로는 비

라인 군단과 도나우 군단의 배치 약도(●는 기지 소재지)

텔리우스를 옹립한 라인강 방위군과 같다. 이만한 병력이 자신을 지지했다는 소식은 휘하 병력을 갖지 못한 오토에게 더없는 낭보였을 것이다. 하지만 불리한 점도 있었다. 우선 라인강 연안에서 남하해 오는 거리보다 도나우강 유역에서 이탈리아까지 오는 거리가 더 멀다. 그리고 '라인 군단'은 자기네가 옹립한 비텔리우스를 중심으로 통일된 행동을 취하는 반면, '도나우 군단'은 달마티아 속주에 2개 군단, 판노니아 속주에 2개 군단, 모에시아 속주에 3개 군단으로 분산되어, 세 총독의 지휘를 받고 있었다. 세 총독이 오토를 지지하는 태도도 제각각이었다. 아직은 군단장급 지휘관들만이 지지의 뜻을 분명하게 밝혔을 뿐이다.

어쨌든 오토는 도나우 방면에서 7개 군단이 도착할 때까지 어떻게든 버틸 필요가 있었다. 그런데 '아군'보다 가까운 거리에서 오는 '적군'은 한겨울인데도 행군 속도를 늦추지 않았다.

제2부 오토 황제 59

무력 충돌을 향하여

우두머리는 승부가 걸려 있는 곳에 직접 나갈 필요가 있다. 외적과 싸울 경우에는 최고 사령관이 전쟁터에 나가느냐 마느냐가 전투원들의 사기에 영향을 준다. 그 이유는 굳이 설명할 필요도 없을 것이다. 하지만 내전, 즉 동족끼리의 싸움에서는 우두머리가 직접 전쟁터에 나가는 것이 더욱 중요해진다.

우선 동포끼리 싸우는 것이므로, 적군과 아군 병사들의 마음속에는 동포에게 칼을 휘두르는 데 대한 망설임이 있다. 이기려면 그 망설임을 잘라버려야 한다. 병사들이 망설임을 떨쳐버리게 하려면, 우리가 싸우는 것은 적이 미워서가 아니라 우두머리를 위해서라는 생각을 병사들에게 심어주어야 한다. 루비콘강 앞에서 율리우스 카이사르는 저 유명한 "주사위는 던져졌다"는 말을 하기 전에 병사들에게 이렇게 말했다.

"이 강을 건너면 인간 세계가 비참해지고, 건너지 않으면 내가 파멸한다."

루비콘강을 건너는 것은 카이사르를 파멸시키지 않기 위해서라는 명분을 병사들에게 심어준 것이다. 그래서 병사들은 국법을 어기는 데 따른 망설임을 떨쳐버리고 '루비콘 도하'를 결행할 수 있었다. 이런 필요성 때문에 우두머리가 직접 현장에 가서 병사들에게 얼굴을 보이는 것이 가장 효과적이다.

두 번째 이유는 승리했을 때 부하 병사들이 지나치게 날뛰는 것을 통제할 필요가 있기 때문이다.

동포에게 칼을 휘두르는 행위는 인간성에 어긋나는 짓이다. 그 결과가 아무리 좋게 끝난다 해도, 인간성에 어긋나는 짓을 했다는 자괴감은 떨쳐버릴 수 없다. 그런 경우 인간은 이 불쾌한 감정에서 달아나고 싶은 나머지, 한 걸음 물러나 이성을 되찾기보다는 오히려 동물적인 야수성에 몸을 맡기기 쉽다. 최고 사령관의 단호한 명령만이 병사들의 폭주를 저지할 수 있다.

승리한 아군을 통제하는 것 못지않게, 패배한 동포에 대한 처우도 중요하다. 이것도 최고 사령관의 단호한 조치에 기댈 수밖에 없다. 야수로 변한 부하들의 폭주를 그냥 방치한 사람도 있었다. 술라가 그 전형적인 인물이다(제3권 참조). 그는 적군과 아군을 명확히 구분하고, 적군은 같은 로마인이라 해도 철저히 파멸시켜야 한다고 생각했기 때문이다. 적을 철저히 제거한 덕분에 그 자신은 침상에서 편안히 죽을 수 있었지만, 패배한 쪽의 원한은 그 후 30년 동안이나 로마 사회에 깊고 넓게 남아 있었다.

"나는 술라가 아니다"라고 단언한 카이사르는 술라와 반대로 패배자가 되어버린 동포를 모두 용서하고, 거취를 마음대로 선택할 수 있게 해주었다. 석방된 사람들이 다시 그에게 칼을 들이댈 위험을 충분히 알면서도 그런 조치를 취한 것이다.

내전은 언젠가 끝난다. 내전이 끝난 뒤 사회를 재건할 때, 원한만큼 해독을 끼치는 것은 없다. 따라서 이기는 것도 필요하지만, 원한을 남기지 않고 이겨야 한다. 그것이 내전의 어려운 점이다. 우두머리가 직접 전쟁터에 나가면 이 해독을 최대한 억제할 수 있다. 하지만 서기 69년의 내전 당시 비텔리우스는 승부를 결정짓는 전투는 선발대로 먼저 떠난 부하 장병들에게 맡기고, 자신은 뒤따라가면서 그 열매만 따는 방식을 취했다.

비텔리우스는 본국 이탈리아를 향해 남하하는 '라인 군단'을 셋으로 나누었다.

저지 게르마니아의 노바이시움(오늘날의 노이스)에 주둔하고 있는 제4군단장 카이키나가 이끄는 제1군은 군단병과 보조병을 합쳐 약 3만 명.

이들은 거의 정남쪽을 향해 남하하여 오늘날의 스위스를 빠져나간 다음, 후세에 피콜로 산 베르나르도(프랑스어로는 프티 생 베르나르)라고 불리게 된 고개를 통해 알프스를 넘어 이탈리아로 쳐들어가는 길을 택한다.

제2군은 저지 게르마니아의 본나(오늘날의 본)에 주둔하고 있는 제1군단장 발렌스가 이끈다. 제2군의 규모는 확실치 않지만, 제1군보다 많은 병력으로 구성되어 있었다고 한다. 그 때문인지, 거리는 멀지만 행군하기 쉬운 길을 택했다. 갈리아를 돌아 리옹에 이른 다음, 론강을 따라 남쪽으로 내려간다. 마르세유에서 북쪽으로 30킬로미터 떨어진 아콰이 섹스티아이(엑상프로방스)에 이르면 동쪽으로 방향을 바꿔 카이사르가 퇴역병을 보내 건설한 항구도시 포룸 율리(프레쥐스)로 간다. 거기까지만 가면 서쪽에서(즉 갈리아에서) 안티폴리스(앙티브)·니카이아(니스)·게누아(제노바)를 거쳐 이탈리아로 들어가는 것은 간단하다.

제3군은 저지 게르마니아군 사령관 비텔리우스가 직접 이끌었다. 이 제3군의 출발이 늦어진 이유는 비텔리우스 자신이 '우두머리가 앞장서는 것'의 중요성을 충분히 인식하지 못했기 때문이지만, 신병을 모집하여 군단을 편성하는 데 시간이 걸렸기 때문이기도 하다.

비텔리우스는 '도나우 군단'의 지지를 받고 있는 오토를 타도하고 황제의 지위를 굳히려면 10만 병력이 이탈리아에 들어갈 필요가 있다고 생각했다. '라인 군단'은 저지 게르마니아와 고지 게르마니아에 주둔해 있는 병력을 합쳐서 7개 군단이다. 이들을 몽땅 이탈리아로 데려간다 해도 4만 2천 명이다. 같은 수의 보조병을 합해도 8만 4천 명. 10만 명이 되려면 2만 가까운 병력을 새로 모집할 필요가 있었다. 그 때문에 비텔리우스는 카이키나의 제1군보다 두 달 뒤에야 이탈리아에 들어가게 되었다.

아무리 철벽이라고는 하지만, 라인강 건너편은 용맹한 게르만족이

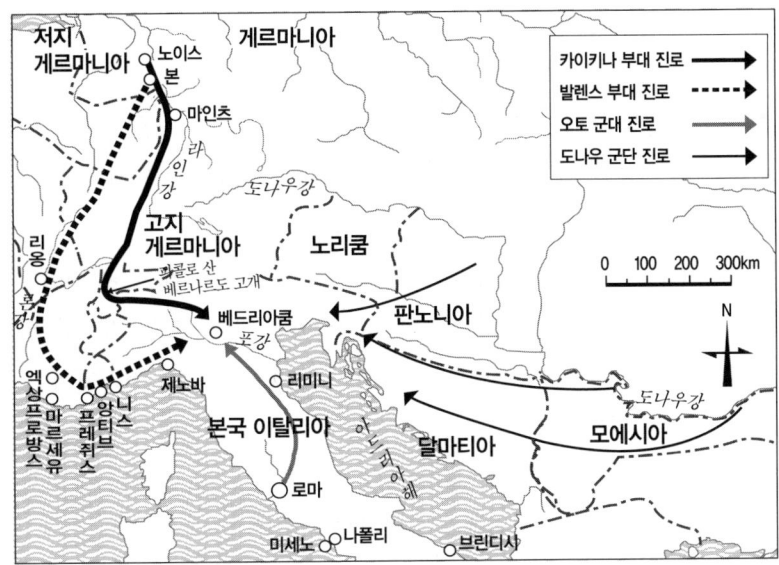

라인 군단과 오토 군대 및 도나우 군단의 진로

할거해 있는 로마 제국 방위선 밖이다. 그곳을 지키는 병사들을 몽땅 이탈리아로 데려가는 것은 황제에게는 용납되지 않는 무책임한 행위일 것이다. 그 후 비텔리우스의 행동을 보아도, 이 사람은 제국의 안전보다 개인의 야심을 우선하는 성격이었던 모양이다. 라인강을 지키던 군단 병사들은 노약자나 부상병을 빼고는 문자 그대로 몽땅 이탈리아행에 참가했다. 계절은 겨울이다. 겨울에는 야만족도 움직이지 않는다. 이탈리아에서 결말을 낸 뒤에 병사들을 돌려보내면, 야만족의 활동이 활발해지는 여름까지는 라인강 방위선에 도착할 수 있을 거라고 생각했는지도 모른다. 하지만 이 때문에 라인강 동쪽의 야만족은 로마군을 업신여기게 되었다.

로마 황제에 대한 비텔리우스의 인식을 의심하지 않을 수 없는 일이 또 하나 있다. 군량을 가져가는 것은 한겨울에 강행군을 해야 하는 병사들에게 짐이 된다는 이유로, 군량을 현지에서 조달하도록 허락한 것이다. 3만 대군이 이동하면서 필요한 군량을 현지에서 조달하면, 그 지역은 어떻게 되겠는가. 이들이 지나는 길목에 있는 오늘날의 프랑스나 스위스 주민들은 아군이 아니라 적군이 통과했을 때와 같은 곤욕을 치렀다. 비용을 아까워한 비텔리우스가 돈을 주고 식량을 조달하는 게 아니라 강제로 빼앗도록 허락했기 때문이다.

역사가 타키투스가 말했듯이, 이것도 "제국에 대한 갈리아 속주민의 충성심이 흔들린" 원인 가운데 하나가 되었다. 카이사르는 정복한 뒤 로마에 편입시킬 작정인 지역을 제패하러 갈 경우, 군량을 현지에서 조달하는 것은 되도록 피하고 어쩔 수 없는 경우에는 돈을 주고 구입했다. 카이사르의 이런 방식은 로마 제국의 전통이 된 지 오래다. 천박한 생각은 나중에 실질적인 피해를 끼치니까 곤란하다.

포강을 사이에 두고

오토는 쌓인 눈을 헤치며 이탈리아로 진군하는 비텔리우스 군대를 맞아 싸우게 되었지만, 그가 생각한 전략은 나쁘지 않았다.

첫째는 카이키나가 이끄는 제1군과 발렌스가 이끄는 제2군의 합류를 저지하는 것. 둘째는 포강에서 적의 진격을 저지하는 것이다. 합류를 저지하고 포강을 사수하여 '도나우 군단'이 도착할 때까지 시간을 버는 것이 목적이었다.

포강은 이탈리아의 하천 중에서는 큰 편에 속하지만, 라인강이나 도나우강에 비하면 도저히 큰 강이라고 말할 수 없다. 알프스 산지에서 발원하여 북이탈리아를 지나 아드리아해로 흘러드는 이 강은 작은 배를 늘어놓고 그 위에 널빤지를 깔면 쉽게 건널 수 있다. 하지만 강을 건너기가 쉽기 때문에 이 강의 전략적 중요성은 오히려 높아졌다.

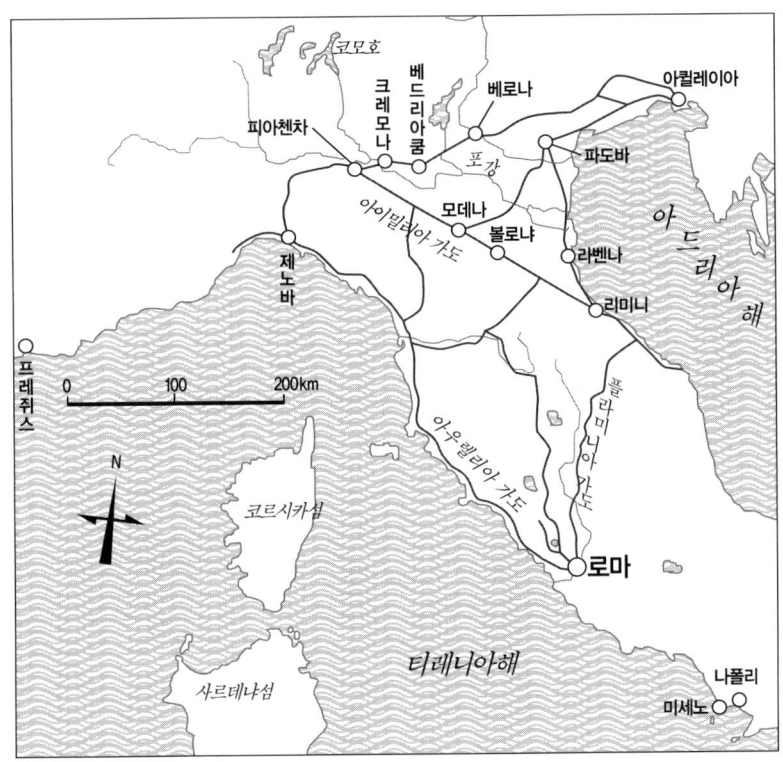

북이탈리아에서 로마까지의 주요 도로망

　포강을 건너면 거의 직선으로 리미니까지 뻗어 있는 아이밀리아 가도가 나온다. 아드리아해에 면해 있는 리미니에서는 플라미니아 가도가 아펜니노산맥을 지나 로마까지 곧장 뻗어 있다. 또한 포강을 건너 서쪽으로 가면 피아첸차에서 제노바까지 가도가 뻗어 있고, 제노바에서 로마까지는 역시 아우렐리아 가도가 곧장 뻗어 있다.

　일찍이 카이사르가 폼페이우스를 바짝 추적했을 때처럼 리미니에서 아드리아해안을 따라 곧장 남하하여, 그리스와 마주 보는 항구도시 브린디시를 제압할 수도 있다. 요컨대 포강을 적의 손에 넘겨주면 오토는 당장 수도 로마나 본국 이탈리아 안에 갇히는 신세가 된다. 포강을 사

제2부 오토 황제 65

로마 해군의 구성

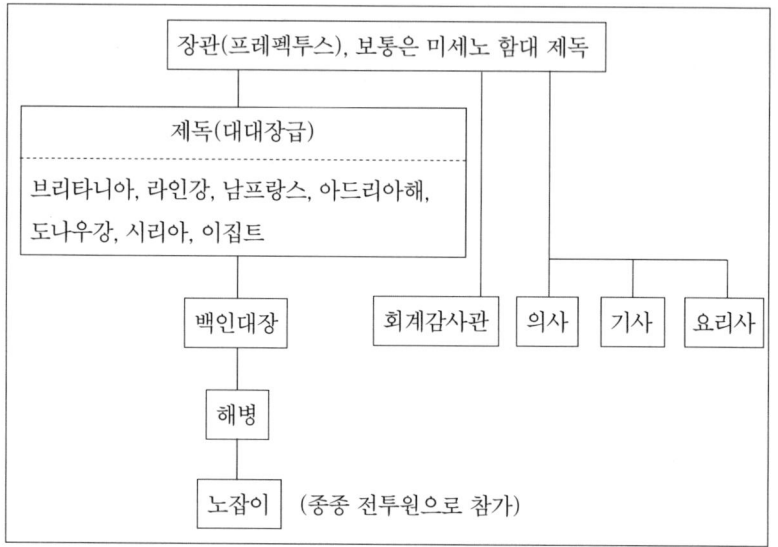

수하는 것은 '도나우 군단'이 도착할 때까지 시간을 버는 것 이상의 의미가 있었다.

한겨울에도 행군할 수 있는 로마식 도로망, 즉 당시의 '고속도로'망을 깔아놓은 로마인의 방식이 이런 경우에는 수비하는 쪽에 특히 불리했다. 이런 위험을 두려워한 나머지 좁고 구불구불한 길밖에 만들지 않은 중세인의 방식을 택하느냐, 아니면 경우에 따라 불리해진다는 것을 알면서도 고속도로망을 까는 이점을 중시할 것이냐. 어느 쪽이든 하나를 택할 수밖에 없다.

그러면 오토는 전략상으로는 꽤 훌륭한 이 생각을 어떤 방식으로 실행했을까.

우선 오토는 카이키나의 제1군과 발렌스의 제2군의 합류를 저지하기 위해 나폴리 근처의 미세노 해군기지에 있는 함대를 남프랑스의 프레쥐스 항구로 보냈다. 그곳에 병사들을 상륙시켜 리옹에서 내려오는 발렌스의 제2군을 기다렸다가 기습하게 한 것이다. 하지만 오토에게는 휘하 병력이 없었다. 게다가 미세노 함대의 해병은 상륙시켜 육군으로 만들어버렸다. 또한 출동 목적은 해전이 아니니까 해군을 보낼 필요도 없다. 함대는 수송선단 구실만 하면 된다. 휘하 병력이 없는 오토 황제는 수도 경찰과 소방대원을 총동원하여 간신히 1개 군단을 만들어 남프랑스로 보냈다. 이 부대의 지휘를 맡은 것은 미세노 함대 제독이다. '팍스 로마나'가 구석구석까지 미치던 시대의 지중해에서 해군은 군인이라기보다 해양경찰이라고 하는 게 타당하다. 당연한 일이지만 제독이라 해도 역전의 맹장은 아니었다.

이 6천 명이 갈리아를 지나 남하해 오는 4만 명의 발렌스 부대를 맞아 싸우는 것이다. 오토도 그들이 발렌스 부대를 격파할 수 있으리라고는 생각지 않았을 것이다. 오토의 전략은 이 1개 군단이 발렌스 부대를 저지하는 사이에 본군을 이끌고 카이키나 부대를 격파하는 데 있었기 때문이다. 그래서 포강을 사수하기 위해 북상하는 본군에는 최고 사령관 오토 주위에 역전의 장수들이 즐비했다. 네로 황제 시대에 브리타니아에서 일어난 주민 반란을 과감한 병법으로 진압한 수에토니우스 파울리누스를 비롯하여 안니우스 갈루스와 마리우스 켈수스도 전투 경험이 풍부한 노장들이다.

이들은 오토를 지지해서 비텔리우스 진영과 싸운다기보다 원로원의 승인을 받아 정식 황제가 된 사람이 오토니까 로마군 장수는 그 사람의 명령에 따라 싸우는 게 당연하다고 생각하여 오토의 초빙에 응했던 것이다. 셋 다 집정관 경험자다. 37세의 오토보다 열 살 내지 스무 살은 나이가 많다. 무엇보다 1개 군단도 주둔하지 않은 루시타니아 속주 총독을 지낸 게 고작인 오토에 비해, 이들 세 사람은 전략 단위인 2개 군단 이상을 지휘하여 싸워본 경험이 있고, 그중에서도 특히 브리타니아 총독을 지낸 파울리누스는 그곳을 계속 제패하면서 제국 영토에 편입시키는 어려운 임무까지 훌륭히 수행해낸 인물이었다.
 '장수'는 부족하지 않았다. 부족한 것은 '병사' 쪽이었다.

 독재국가에서는 군사력의 진정한 존재이유가 외적으로부터 국민을 지키는 게 아니라 국내의 반대파를 억압하는 데 있다. 로마 제국은 이 점에서도 독재국가가 아니었다. 로마 제국은 본국 이탈리아에 1개 군단도 상주시키지 않았다. 로마군의 주전력인 군단은 모두 제국의 국경, 즉 방위선에 배치되어 있었다.
 본국 이탈리아에 상주하는 군사력은 수도 로마와 본국의 질서 유지를 위해 편성된 1만 명의 근위대뿐이다. 9개 대대 9천 명의 중무장 보병에다 각 대대에 딸린 기병을 합해야 겨우 1만 명이 될까말까 한 정도다. 그밖에 수도와 각 지방자치단체에는 인구에 따라 다양한 규모의 경찰과 소방대가 있었지만, 평상시에는 군사력에 포함되지 않으니까, 본국의 질서 유지(실제로는 제정 유지)를 임무로 하는 군사력은 근위대 1만 명뿐이었다고 말할 수밖에 없다. 그렇기 때문에 오토로서는 본국에서 자신을 지지하는 군사력으로 우선 이 1만 명을 생각할 수 있었다.
 그밖에 네로 시대 말기에 미세노 해군기지의 해병들로 편성된 제1군단(아디우토릭스) 6천 명이 있다. 네로가 왜 새 군단을 편성했는지는 알 수 없다. 연구자들 중에는 네로가 알렉산드로스 대왕 같은 동방 원정을 꿈꾼 흔적이라고 말하는 사람도 있지만, 확실한 증거는 없다. 어쨌든 서기 69년 당시 1개 군단은 본국에 있었던 셈이다.
 사람들을 그냥 모아놓은 것만으로는 전력이 되지 않는다. 육상전에 적합한 훈련을 할 필요가 있다. 그러나 네로는 그 직후에 자살했고, 원로원의 승인을 과신하던 갈바도 그런 일에 관심을 기울이기 전에 살해되었기 때문에, 오토가 손에 넣은 제1군단은 육상 전력이 되기 위한 훈련을 받지 못한 채 방치되어 있던 병사 집단이었다. 해방노예가 주축을 이룬 이 제1군단에 비하면 근위대는 엘리트 집단이었지만, 수도 로마에서 주로 근무하고 이탈리아의 다른 지역에 출동하는 일은 드물었다. 평화가 오래 지속되었기 때문에 출동할 필요도 없었다. 하지만 그 때문에 근위병 중에는 실전 경험이 없는 병사가 많았다. 실전 경험에서는 해병 출신인 제1군단 병사들과 오십보 백보였다.

이래서는 오토가 아니더라도 불안해지는 게 당연하다. 오토는 검투사 2천 명을 무장시켜 2개 대대를 편성했다.

로마인이 가장 열광한 인기 스포츠는 말 네 필이 끄는 전차경주와 검투사 시합인데, 검투사가 모두 노예였다는 생각은 후세의 오해일 뿐이다. 죽음과 맞서는 위험한 직업이라 높은 보수를 받을 수 있었기 때문에 자유민도 이 세계에 들어오는 경우가 적지 않았다. 평균 3분의 1 정도는 직업으로 검투사를 택한 사람들이었다. 수도 로마는 물론 중소 도시에도 검투사 양성소가 있었고, 그곳에서 검투사들은 시합이 없는 날에도 훈련에 여념이 없는 집단 생활을 했다. 날마다 무기를 다루었으니까 언제든지 전력이 될 수 있다. 오토는 원로원의 반대도 무시하고 이 검투사 부대를 전선에 보내기로 결정했다.

포강을 사수해야 하는 오토 측 본대는 근위대와 해병 출신 1개 군단에 검투사 부대를 합쳐서 2만 명이 채 안 된다. 하지만 오토는 이미 주둔지를 떠났다는 소식이 들어온 다른 군사력을 계산에 넣을 수 있었다.

에스파냐에서는 제7군단(이 군단은 갈바 황제가 편성했기 때문에 갈바 군단이라고 불렀다)이 이탈리아를 향해 오고 있었다. 브리타니아에서는 제14군단이 역시 이탈리아를 향해 갈리아를 가로지르기 시작했다. 그리고 오토에게 적극적인 지지를 보낸 도나우강 방위선에서는 7개 군단 가운데 5개 군단에서 2천 명씩 선발하여 모두 1만 명에 이르는 선발대가 이탈리아로 달려오고 있었다. 모든 군단이 이동하려면 시간이 걸리기 때문에 우선 선발대만 보낸 것이다.

오토의 전략은 다음 세 단계로 이루어져 있었다. 로마에서 데려가는 2만 명 외에 에스파냐와 브리타니아에서 오는 2개 군단 1만 2천 명과 보조병을 합한 2만 명, 그리고 '도나우 군단'의 선발대 1만 명, 모두 5만 명이 우선 3만 명의 카이키나 부대를 격파한다. 이어서 서쪽에서 오고 있는 4만 명의 발렌스 부대를 격파하는 데에도 성공하면, 그 사이에 '도나우 군단' 본대도 도착할 것이다. 이렇게 되면 비텔리우스가 직접 이끌고 남하하는 '라인 군단' 후속 부대는 쉽게 처리할 수 있다. 이것이 오토의 전략이었다.

만사가 예정대로 진행되었다면 오토의 생각대로 되었을 것이다. 하지만 예정대로 진행되는 일이 거의 없는 게 인간 사회이기도 하다. 그렇기 때문에 지도자에게는 임기응변의 능력이 요구되지만, 실전 경험이 없는 것이 오토의 약점이었다. 실전을 알았다면, 만사가 예정대로 진행되어야만 효과가 있는 전략은 애당초 세우지도 않았을 것이다.

예정대로 진행되지 않은 첫 번째 일은 카이키나의 제1군이 겨울철인데도 3월 초에 알프스를 넘어버린 것이다. 그래서 오토는 이들을 맞아 싸우기 위해 본대 일부를 급히 출동시켜야 했다. 강행군하여 북쪽으로 달려간 병력은 근위대 5개 대대와 거기에 딸린 기병대 및 제1군단을 합쳐 1만 1천 명. 여기에 검투사 2천 명을 합치면 1만 3천 명이었다. 이들을 지휘하는 임무는 도나우 전선에서 명성을 떨친 갈루스가 맡았다. 갈루스에게는 포강을 사이에 두고 마주 보는 피아첸차와 크레모나를 확보하는 임무가 부여되었다.

하지만 뒤이어 오토에게 전해진 소식은 발렌스의 앞길을 가로막는 임무를 띠고 남프랑스에 상륙한 1개 군단이 궤멸했다는 것이었다.

더구나 발렌스는 주전력인 군단병(레지오나리스)도 보내지 않고 보조전력인 보조병(아욱실리아리스)만을 보내 경찰관이나 소방대원으로 구성된 이 군단을 격퇴해버렸다. 속주민으로 구성된 이 보조부대 지휘관은 속주의 유력 가문에서 태어난 율리우스 클라시쿠스였다. 아무리 급조된 군단이라 해도, 로마인이 속주민에게 패한 셈이다. 이 사건은 발렌스 저지에 실패한 것만으로 끝나지 않았다. 갈리아의 한 부족인 트레베리족 출신의 클라시쿠스에게 로마 군단이 공포심을 품게 했을 뿐 아니라, 그로부터 반년 뒤에 일어난 '갈리아 제국' 소동의 원인이 되기도 했다. 인간이 인간을 배신하는 것은 공포보다 경멸 때문이다.

어쨌든 서쪽에서 이탈리아로 다가가던 발렌스 부대 4만 명에게는 이제 장애물이 없어졌다. 오토도 마침내 몸을 일으켰다. 수도를 떠나 북쪽으로 가는 오토 황제를 따른 것은 근위대 4개 대대와 거기에 딸린 기병을 합쳐 약 4천 명. 거기에다 만기 제대한 병사들까지 긁어모아서 함께 데려갔다고 한다. 휘하 병력을 갖지 못한 오토의 현실을 여실히 보여준 이 혼성군은 정확한 숫자도 알려져 있지 않다. 다만 파울리누스를 비롯한 장수들의 진용은 위풍당당했다. 게다가 플라미니아 가도를 따라 북상하는 오토에게 전해진 선발대의 전과는 오토의 기분을 달래주기에 충분했다.

선발대 1만 3천 명은 갈루스의 노련한 지휘를 받으며 잘 싸웠다. 그중에서도 특히 검투사 부대의 분전은 눈부실 정도였다. 게다가 상대인 카이키나가 휘하 병력을 셋으로 나눈 것도 갈루스에게는 다행이었다. 아무리 카이키나가 진두지휘를 한다 해도 1만 명으로 1만 3천 명을 상대하기는 어려웠다. 갈루스가 지휘하는 황제군 선발대는 포강 사수의 요충인 피아첸차를 지키는 데 성공했다. 피아첸차를 단념할 수밖에 없었던 카이키나는 포강 남쪽의 피아첸차와 마주 보고 있는 포강 북쪽의 요충 크레모나에 무혈 입성하여, 그곳을 전초기지로 삼았다.

황제군은 크레모나도 공격했다. 크레모나가 적의 수중에 있는 한 아퀼레이아를 지나 동쪽에서 다가오는 '도나우 군단'이 진로를 방해받기 때문이다. 검투사 부대가 작은 배를 늘어놓아 급조한 다리를 건너 크레모나 교외를 휩쓸고 다니는 게릴라 활동을 시작했다. 이때도 검투사들의 분전은 대단해서, 카이키나는 셋으로 나누었던 부대를 다시 통합하긴 했지만 크레모나에서 한 걸음도 나갈 수 없게 되어버렸다.

이 전과에 기분이 좋아진 오토는 로마에서 강제로 데려온 원로원 의원들의 요청을 받아들여, 그들이 전선에서 조금 떨어진 모데나에 머무는 것을 허락했다. 원로원 의원들을 전쟁터까지 데려온 것은 군단병의 추대만으로 황제가 된 양 우쭐대는 비텔리우스와 달리 로마 국가의 공식 주권자인 원로원과 시민의 지지를 받는 자기야말로 정당한 황제임을 과시하기 위해서였다. 또한 다른 한편으로는 원로원 의원들을 볼모로 삼으려는 목적도 있었다. 오토의 강요에 못 이겨 수도를 떠나 모데나까지 끌려온 원로원 의원들 중에는 숨은 비텔리우스파도 적지 않았고, 심지어 비텔리우스의 친동생까지 있었기 때문이다.

한편 피아첸차 공략에 실패한 카이키나는 초조했다. 비텔리우스에게 3만 병력을 나누어 받은 카이키나는 원래는 1개 군단의 군단장이다. 비텔리우스에게 4만 병력을 나누어 받고 이탈리아로 다가오는 발렌스도 군단장이라는 점에서는 카이키나와 마찬가지다. 발렌스가 도착하기 전에 공을 세우려고 초조해진 카이키나는 포강을 건너 북쪽으로 진격해 온 황제군을 매복 전술로 섬멸하는 작전으로 나왔다. 기병대를 내보내 공격하는 체하면서 숲으로 유인한 뒤, 숲속에 숨어 있던 병사들이 포위하여 섬멸하는 작전이었다. 포강 북쪽 연안의 베드리아쿰까지 진출한 황제군을 지휘한 사람은 파울리누스였다. 게릴라 전법에 능한 브리타니아인을 상대로 경험을 쌓은 파울리누스가 이 정도 책략에 속을 리가 없다. 숲속에서 모습을 나타낸 카이키나 부대는 적을 포위하기는커녕 오히려 포위당해버렸다.

파울리누스가 명령만 내렸다면 여기서 카이키나 부대의 절반을 궤멸시킬 수도 있었을 것이다. 절반을 섬멸한 뒤에 30킬로미터를 되돌아가서 크레모나를 공격하면, 나머지 절반이 지키는 크레모나도 쉽게 공략할 수 있었을 것이다. 그러면 황제군은 피아첸차와 크레모나라는 두 개의 주요 거점을 확보하는 데 성공하여 포강을 사수하고, '도나우 군단'이 모두 도착할 때까지 시간을 벌기도 한결 쉬워졌을 것이다.

그러나 파울리누스 입에서는 끝내 포위망을 좁혀 적을 섬멸하라는 명령이 떨어지지 않았다. 그 틈에 포위망을 뚫는 데 성공한 카이키나 부대는 장수도 병사도 모두 달아나버렸다. 파울리누스로서는 동포를 죽이라고 명령할 수는 없었을 것이다. 하지만 이 일로 말미암아 그는 부하들의 경멸을 사게 되었다.

내전의 어려움은 바로 여기에 있다. 지금은 적군과 아군으로 나뉘어 있지만, 동포니까 너그럽게 대하고 싶은 것이 인지상정이다. 하지만 적에게 이롭지 않도록, 즉 아군에게 이로운 형태로 관용을 베풀어야 한다. 게다가 아군 병사들의 경멸을 사지 않는 방식으로 그것을 실행에 옮기는 것이 중요하다. 상충되는 이 세 가지 조건을 동시에 만족시키지 않으면, 동포끼리의 내전에서 성공하기는 바랄 수 없다. 당시에도 널리 읽혔던 카이사르의 『내전기』는 이런 어려움을 극복하고 내전에서 승리하는 요령을 배우기에는 더없이 좋은 교과서였다.

서기 69년의 내전에 참가한 사람들은 카이사르의 가르침을 살리지 못했다. '역사에서 배운다'는 말이 있지만, 이것도 가르치는 쪽보다 배우는 쪽의 자질에 달려 있다는 생각이 든다.

어쨌든 황제군은 전세를 유리하게 이끌 수 있었던 절호의 기회를 놓

처버렸다. 게다가 이 일로 말미암아 카이키나의 제1군과 발렌스의 제2군이 합류하는 것마저 허용하고 말았다.

카이키나의 실수로 잃어버린 병력을 빼더라도, 발렌스 부대와 합류한 뒤에는 6만 대군이 된다. 이 대군과 맞서야 할 처지가 된 오토 진영에서는 작전회의가 열렸다. 포강 북쪽과 남쪽에 나뉘어 있는 황제군은 로마에서 데려온 2만 명에다 조금씩 나뉘어 이탈리아에 들어온 '도나우 군단' 선발대 1만 명을 합쳐 3만 명. 브리타니아와 에스파냐에서 먼 길을 행군한 끝에 겨우 이탈리아에 들어온 제14군단과 제7군단까지 합치면 5만 명은 되었던 모양이다. 수적으로는 호각지세라고 해도 좋았다.

작전회의에서는 의견이 둘로 갈라졌다. 이번 기회에 포강 북쪽 연안에 모든 병력을 투입하여 결전을 벌일 것이냐, 아니면 '도나우 군단'이 모두 도착할 때까지 포강을 사이에 두고 계속 적과 대치할 것이냐. 실전 경험이 풍부한 파울리누스와 갈루스, 켈수스 같은 장수들은 후자를 주장했다. 하지만 오토의 친형 티티아누스와 근위대장 풀크루스는 당장 결전을 벌이자고 주장했다. 누구보다 열심히 결전을 주장한 것은 오토 황제였다. 결전을 주장한 세 사람은 실전 경험이 없다는 공통점이 있었다.

격렬한 토론 끝에 결국 최고 사령관의 뜻에 따른다는 느낌으로 오토의 주장이 채택되었다. 계절은 4월이다. 포강은 큰 강이라서 지류가 많고, 유역은 눈녹은 물로 땅이 질퍽거렸다. 기병도 중무장 보병도 싸우기 어려운 계절이었다.

제1차 베드리아쿰 전투

역사상 '제1차 베드리아쿰 전투'라고 불리게 된 이 전투는 서술하기가 무척 까다롭다. 우선 이 전투를 가장 상세히 서술한 역사가 타키투스부터 '마음이 내켜하지 않는다.' 직접 참가하지 않은 전투라도 마치 현장에서 목격하는 듯한 심정이 되면 그 상황을 명쾌하고 생생하게 서술할 수 있지만, 이 내전을 혐오하던 타키투스로서는 아무래도 '마음이 내키지 않았을' 것이다. 여기서 '내킨다'는 말은 전투를 즐긴다는 뜻이 아니라, 현장에 입회한 듯한 기분을 갖는다는 뜻이다. 그리스의 역사가 투키디데스의 『역사』에서 가장 뛰어난 대목은 시칠리아에 원정한 아테네군이 참담한 패배를 맛보는 광경이다. 자신은 참전하지 않았는데도 그것을 서술하는 투키디데스의 붓은 분노로 차 있다. 이 패배로 말미암아 조국 아테네가 결정적으로 쇠퇴의 길을 걷기 시작한 데 대한 아테네인 투키디데스의 분노. 그것을 서술하는 투키디데스는 감정을 억누르고 냉정한 어조로 일관하지만, 격렬한 분노와 절망을 흉중에 숨긴 자만이 그런 서술을 할 수 있다. 그리하여 이 대목은 전투 서술의 걸작이 되었다.

이 아테네인과 반대로, 서기 68년의 베드리아쿰 전투를 그보다 30년 뒤에 서술하게 되는 로마인 타키투스는 이 내전이 조국 로마에 결정타가 되지는 않았다는 것을 알고 있다. 그래서 단순하게 혐오할 수 있었다. 분노와 혐오는 다르다. 하지만 그 때문에 타키투스의 서술은 불명료해지고 말았다. 실제로 브리타니아에서 건너온 제14군단과 에스파냐에서 건너온 제7군단이 참전했는지 어떤지도 확실치 않다. 전투가 끝난 뒤에야 도착했다고 말하는 역사가도 있다.

그러나 제1차 베드리아쿰 전투나 반년 뒤에 일어날 제2차 베드리아쿰 전투에 대한 서술이 이해하기 어려울 만큼 모호한 것은 타키투스 개인의 감정에만 원인이 있었던 것은 아닌 듯하다. 누가 서술해도 그런 식으로 모호하게 서술할 수밖에 없지 않았을까.

로마 역사에 이름을 남길 정도의 명장들이 지휘한 전투는 수십 년이나 수백 년 뒤에 서술되어도 명쾌하기 이를 데 없다. 한니발·스키피오 아프리카누스(제2권 참조), 술라·루쿨루스·폼페이우스(제3권 참조), 카이사르(제4권·제5권 참조)가 지휘한 전투 가운데 서술하기 어려운 것은 하나도 없다.

그것은 이 주역들이 전투에서 승리를 거두어 전쟁 전체의 전개를 결정한다는 뚜렷한 목표를 가지고 있었을 뿐 아니라, 그 목표를 달성하는 수단인 전술도 시종일관 승리를 향하여 합리적으로 나아갔기 때문이다. 물론 적이 예상하지 못한 수단에 호소했기 때문에 승리를 거둘 수 있었으니까, 전술은 각자 자신의 온 정신을 쏟아부은 결과다. 따라서 목적은 같아도 전술은 사람마다 가지각색이다. 하지만 최소한의 희생으로 최대의 효과를 올리지 않으면 전투의 승리를 전쟁의 승리로 이어나갈 수 없다. 적을 쳐부수긴 했지만 아군도 큰 피해를 입었다면, 그것은 유럽 격언에 나오는 '피로스의 승리'로 끝나버린다.

이탈리아에 원정하여 로마군을 무찔렀으나, 싸울 때마다 아군도 막심한 피해를 입고 결국 이탈리아에서 허둥지둥 귀국한 그리스 장군 피로스에 대해서는 제1권에서 이미 기술했지만, 이런 '피로스의 승리'만 되풀이하면 전투에서는 이겨도 전쟁에서는 승자가 될 수 없다. 이것이 전쟁의 현실이다. 어차피 '인류의 필요악'인 전쟁에 호소할 수밖에 없다면, 휘하 병력을 최대한 효율적으로 활용하는 것은 사령관에게 불가피한 과제가 된다. 그리고 효용성과 합리성은 동전의 양면 같은 관계에 있다. 앞에서 말한 명장 여섯 명 가운데 병력을 함부로 투입하여 이긴 사람은 하나도 없다. 즉 명장의 전술은 당연히 합리적일 거라는 점에 초점을 맞추면, 수천 년 전의 전투라 해도 지금 눈앞에서 벌어지는 듯한 현장감을 느낄 수 있다.

서기 69년에 북이탈리아에서 벌어진 내전의 등장인물들은 위의 여섯

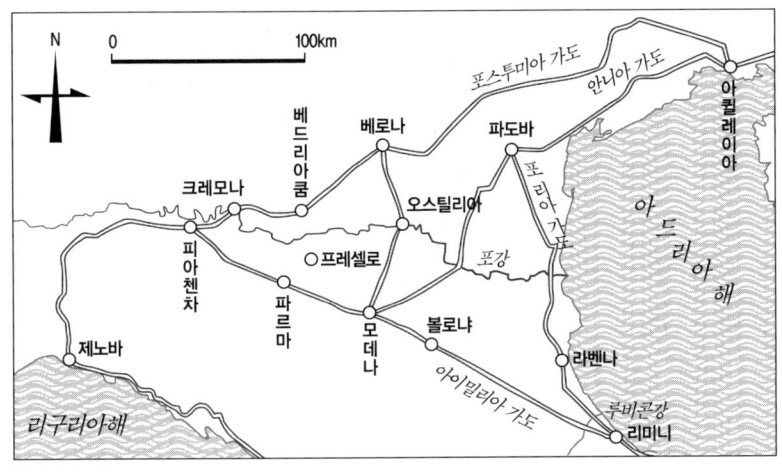

포강 유역도

명장과는 격이 달랐다. 역량이 미치지 못한 것이다. 승리하고 싶은 욕망은 당연히 있었을 것이다. 하지만 그것을 실현하기 위한 수단은 냉철함을 잃었다. 그래서 쓸데없는 피까지 흘리게 된다. 어리석은 자들끼리 싸웠을 때의 결함이 그대로 드러난 전투였다.

크레모나에서 동쪽으로 30킬로미터 떨어진 베드리아쿰 주변을 전쟁터로 하여 벌어진 '제1차 베드리아쿰 전투'에서는 양쪽 다 지휘계통이 통일되어 있지 않았다는 공통점이 있었다. 공격하는 비텔리우스 진영의 경우, 카이키나와 발렌스의 두 부대가 합류하긴 했지만 지휘계통은 여전히 카이키나와 발렌스로 양분되어 있다. 둘 다 자기 휘하의 병력을 이끌고 독자적인 행동을 취한다. 그리고 총사령관 비텔리우스는 아직도 갈리아에서 병사를 모집하는 중이다.

수비하는 오토 진영도 지휘계통을 통일하는 것은 꿈같은 이야기였다. 전쟁터에서 총지휘를 맡아야 할 오토 황제는 장병들을 포강 북쪽 연안으로 보내놓고, 자신은 남쪽 연안의 브릭셀룸(오늘날의 브레셀로)에서 결과를 기다리기로 했다. 정말 어리석은 짓이라고 말할 수밖에 없다. 브릭셀룸은 포강에 면해 있는 작은 마을인데, 마을 앞을 흐르는 강 가운데에 길쭉한 모래톱이 있어서 그것을 따라가면 20킬로미터 떨어진 베드리아쿰 전쟁터와 쉽게 연락할 수 있는 것은 사실이다. 하지만 아무리 모래톱을 따라 20킬로미터라 해도, 강이 사이에 끼어 있다. 강이 없고 육지로 이어져 있다 해도 총사령관이 20킬로미터나 후방에 있는 것은 말이 안 된다. 전투 지휘에 서툴렀던 아우구스투스도 그런 짓은 하지 않았다.

이것이 오토 진영의 가장 큰 패인이다. 원래 동포와 싸울 마음이 내키지 않는 장병들을 전쟁터로 몰아넣으려면, 우리는 오토 황제를 위해 싸운다는 생각을 그들에게 심어주어야 한다. 그런데 오토는 강 건너에서 결과를 기다린다고 한다. 병사들 사이에 싸움을 꺼리는 분위기가 퍼졌다. 이런 분위기는 비텔리우스와 오토 사이에 화해가 성립되었기 때문에 싸우지 않아도 된다는 거짓 정보가 퍼지면서 더욱 고조되었다.

오토 진영의 지휘계통이 통일되지 않은 것도 패인의 하나였다. 오토 자신은 출전하지 않기로 결정했기 때문에, 그 대신 형 티티아누스와 근위대장 풀크루스가 총지휘를 맡았다. 그런데 둘 다 실전 경험이 없었다. 반대로 실전 경험이 풍부한 파울리누스·갈루스·켈수스 같은 역전의 노장들은 제각기 부대 하나씩을 맡았을 뿐이다. 파울리누스는 카이키나에게 치명타를 가할 기회를 놓쳐서 병사들의 경멸을 샀고, 갈루스는 말에서 떨어져 다쳤기 때문에 진두에서 지휘하기 어려운 상태였다. 원로원 의원이고 황제의 친형이라는 이유만으로 총지휘를 맡은 티티아누스가 일관된 전략에 따라 각군을 효율적으로 활용하리라고는 기대할 수 없다. 황제군은 갖고 있는 힘을 효율적으로 활용하기는커녕, 가진 힘을 비효율적으로 낭비하는 꼴이 되어버렸다.

서기 69년 4월 15일에 벌어진 제1차 베드리아쿰 전투는 베드리아쿰을 중심으로 한 넓은 평원 곳곳에 흩어진 적군과 아군이 각자 마음대로 맞부딪쳐 싸우는 혼전으로 시종일관한다. 전쟁터가 통일된 회전을 치를 수 없을 만큼 좁았던 것은 아니다. 쓸데없는 희생을 치르지 않고 전과를 올리는 데 필요한 전략적·전술적 역량을 갖춘 인물이 부족했을 뿐이다. 적군도 아군도 같은 로마인이다. 군복이나 장비도 똑같다. 군단기인 은독수리 깃발도 멀리서 보면 모두 똑같아 보인다. 죽인 뒤에야 비로소 아버지나 형제를 죽인 것을 알고 통곡하는 비극이 여기저기서 벌어졌다.

 승패를 가른 것은 비텔리우스파 지휘관들의 역량이 오토 진영 장수들의 역량을 능가했기 때문이 아니다. 로마군의 최강 군단으로 평판이 높은 '라인 군단' 병사들이 전투력을 과시하여 혼성군인 황제군을 압도한 것도 아니었다. 황제군 병사들이 동포와 싸우는 데 대한 망설임을 좀더 강하게 느꼈을 뿐이다. 비텔리우스파 병사들에게는, 아직도 먼 갈리아에 있는 총사령관 비텔리우스가 참전하지 않는 것은 기정 사실이었다. 하지만 황제군 병사들은 바로 뒤에 진을 치고 직접 싸움을 지휘해주리라 믿었던 최고 사령관 오토가 참전하지 않자 맥이 빠졌다. 비텔리우스파 병사들은 비텔리우스가 오지 않는다는 걸 처음부터 알고 있었다. 오토파 병사들은 오토가 올 거라고 믿고 있었다. 최고 사령관이 참전하지 않은 것은 같지만, 부하들에게 주는 느낌은 다르다. 황제군 병사들은 마음속에 실망감을 안고 싸워야 했다.

 어리석은 자의 전투는 전황 전개가 명쾌하지 않을 뿐 아니라, 희생자 수도 확실치 않다. 승리한 비텔리우스 진영의 희생자 수도 알 수 없고, 패배한 오토 진영의 희생자 수도 역시 알 수 없다. 명장이 손을 대는 전투에서는 적어도 이긴 쪽의 희생자 수는 상당히 정확하게 기록된다. 서기 69년 4월 15일의 이 전투에서 승자의 전사자 수도 확실치 않은 것은 양쪽이 마구잡이로 병력을 투입했기 때문이다. 어쨌든 이긴 쪽은 비텔리우스 진영이었다. 오토파 장병들이 먼저 항복했기 때문이다. 그리고 이 결과는 그날로 당장 포강 남쪽에서 기다리는 오토에게 전해졌다.

오토의 자살

패배를 안 오토는 그로부터 30년 뒤에 역사가 타키투스가 극찬한 일을 한다. 한마디로 말해서 미련없이 깨끗하게 최후를 마친 것이다. 주변에 있던 사람들은 모두 오토를 설득하려고 애썼다. 일단 후퇴하여 '도나우 군단'이 도착하기를 기다렸다가 최후의 결전에 나서야 한다고 강조했다. 도나우강 유역에서 본국 이탈리아로 들어오는 입구인 아퀼레이아에는 벌써 본대가 도착하기 시작했다니까 조금만 기다리면 된다고 설득했다. 하지만 오토의 마음은 이미 정해져 있었다. 남겨두면 곤란한 문서, 남에게 피해를 줄 수 있는 문서는 모두 소각시켰다. 모데나에 있는 비텔리우스의 동생에게 보복행위를 하는 것도 엄금했다. 장병들에게는 승자의 인정에 호소하라는 말을 남겼다. 그리고 그날 밤 칼로 가슴을 찔렀다. 단칼에 심장이 꿰뚫렸다. 비명소리에 놀란 사람들이 방으로 뛰어들어갔을 때에는 이미 숨이 끊어져 있었다. 3개월 동안 황제 자리에 앉아 있었던 오토는 37세의 나이에 세상을 버렸다.

아무래도 체념이 너무 일렀다는 생각이 들지만, 스토아 철학의 영향 때문인지 로마의 엘리트 중에는 공공심이 풍부한 사람이 많았다. 타키투스의 말대로, 오토는 자기가 죽으면 내전을 끝낼 수 있다고 생각했는지도 모른다. 황제라는 지위도 그 자신이 오랫동안 생각한 뒤에 획득한 것은 아니었다. 그보다 다섯 살 아래인 네로가 선정을 베풀었다면, 황제가 된다는 건 상상도 하지 않았을 것이다. 네로의 실정을 보다 못해 갈리아의 빈덱스 총독이 먼저 네로 타도의 기치를 들었고,

거기에 호응하여 궐기한 갈바를 지지했을 때부터 오토 앞에는 황제의 자리로 가는 길이 열리기 시작했다. 오랫동안 황제가 되겠다는 야망을 품었다면 이렇게 간단히 체념할 리가 없다. 따지고 보면 우연히 손에 넣은 지위였기 때문에 미련없이 내놓을 수 있었던 게 아닐까.

하지만 죽음까지 각오했다면, 그를 위해 싸운 장병들의 앞날은 보장해준 뒤에 죽어야 하지 않았을까. 승자가 카이사르나 아우구스투스 같은 사람이라면 패한 장수는 부하 장병들의 앞날을 보장해주지 않아도 안심하고 죽을 수 있지만, 그런 사람은 별로 나타나지 않으니까 그들이 위대한 것이다. 이번 전투의 승자인 발렌스나 카이키나 그리고 이들을 통제하는 지위에 있는 비텔리우스가 패배한 병사들의 앞날을 맡길 수 있는 그릇이 아니라는 것쯤은 오토도 꿰뚫어보지 않았을까. 하지만 가슴에 칼을 꽂을 때까지 오토의 마음을 사로잡은 것은 그가 죽인 갈바처럼 비참하게 죽고 싶지는 않다는 생각뿐이었을 것이다. 붙잡혀서 살해되고, 잘린 머리는 창끝에 꽂히고, 그 창을 치켜든 병사들이 포로 로마노를 누비고 다닌다. 시민들은 그 목을 향해 돌멩이를 던진다. 아아, 그런 운명만은 피하고 싶다고 생각한 게 아닐까.

그러나 오토의 산뜻한 최후에도 불구하고 로마인끼리의 내전은 이것으로 끝나지 않았다. 그 원인은 비텔리우스가 패배한 병사들을 잘못 처리했기 때문이다. 내전에서는 패배한 병사들에 대한 처우를 절대로 잊어서는 안 된다. 비텔리우스는 그것을 잊어버렸다.

제3부

비텔리우스 황제

〔재위: 서기 69년 4월 16일~12월 20일〕

서기 69년 4월 16일에는 전날 벌어진 베드리아쿰 전투 결과와 그에 뒤이은 오토의 자살이 적어도 북이탈리아 일대에는 이미 알려져 있었다. 말을 탄 전령들이 제국의 동서남북으로 흩어져 달려갔다. 수도 로마에, 리옹까지 와 있던 비텔리우스에게, 아퀼레이아에 집결하던 '도나우 군단' 병사들에게도 비텔리우스 진영이 승리하고 오토 황제가 죽었다는 소식이 전해졌다. 멀리 떨어진 시리아나 유대에는 해로를 통해 전해졌다.

오토 진영의 패배를 알고 모데나에서 볼로냐로 피난해 있던 원로원 의원들은 오토가 죽은 것을 알자마자 재빨리 비텔리우스를 '제일인자'로 승인했다. 황제의 죽음이 전해졌을 때 수도 로마에서는 때마침 경기대회가 열리고 있었다. 경기장에 모여 있던 관중은 새 황제의 이름을 듣고 환호와 박수를 보냈다. 이것으로 로마 시민의 승인도 얻은 셈이 되었다. 몇 번이나 되풀이 말하지만, 로마 제국의 정식 주권자는 원로원과 시민이다. 지금까지는 '라인 군단'의 추대만 받았던 비텔리우스도 이로써 정식 '제일인자', 즉 로마 황제가 될 수 있었다.

비록 석 달 동안의 황제라 해도 어제까지 황제였던 사람이 죽었는데, 수도 로마에서는 어떤 혼란도 일어나지 않았다. 수도 로마의 질서 유지를 맡고 있는 근위대와 경찰이 전선에 나가 있는데도 혼란이 일어나지 않은 이유는 두 가지다. 첫째는 수도 경찰청장인 사비누스가 유능한 행정관이었기 때문이다. 유대 사령관 베스파시아누스의 친형인 사비누스는 군대에서 출세의 길을 택한 동생과 달리, 요즘으로 말하면 공직자 세계로 진출한 사람이었다. 오토가 그를 수도 경찰 책임자로 기용한 것은 성공적인 인사로 꼽히고 있었다. 이 사비누스가 경비 업무를 빈틈없이 수행한 덕에, 경찰관이 하나도 없는 인구 백만의 도시에서도 혼란이 일어나지 않았던 것이다.

두 번째 이유는 수도 로마 주민들이 황제의 돌연한 죽음에 이미 익숙해져 있었기 때문이다. 네로 황제가 자살한 것은 열 달 전인 서기 68년 6월이다. 반년 뒤에는 갈바 황제가 살해되었고, 다시 석 달 뒤에는 오토 황제가 자살했다. 시민들이 경기장에서 오토의 죽음을 알고 환호와 박수로 비텔리우스의 즉위에 찬성한 것은 오토를 싫어하고 비텔리우스를 좋아해서가 아니었다. 또 바뀌었나 하는 기분으로 시큰둥한 반응을 보였을 뿐이다. 수도 로마에는 오토와 비텔리우스의 동조자가 어느 정도는 있었을 텐데도 양쪽의 충돌이 일어나지 않은 것은 대다수 시민 사이에 이런 냉담한 분위기가 퍼져 있었기 때문이다.

오토가 죽었다는 소식을 리옹에서 접한 비텔리우스가 맨 먼저 한 일은 이제까지는 간간이 벌이던 잔치를 앞으로는 밤마다 열기로 한 것이었다. 그리고 아직 나이도 어린 아들에게 '게르마니쿠스'(게르만족을 제압한 자)라는 존칭을 주었다. 제압한 상대는 게르만족이 아니라 오토 진영의 로마인이니까 좀 묘하지만, '율리우스-클라우디우스 왕조'의 황제나 황족에게는 '게르마니쿠스'라는 존칭을 가진 사람이 적지 않다. 황제의 친족이라는 증거를 아들에게 주고 싶었는지도 모른다.

그러는 동안, 승리한 발렌스와 카이키나가 전과를 보고하고 비텔리우스의 정식 즉위를 축하하기 위해 리옹에 도착했다. 두 사람은 패장들을 함께 데려갔다. 속주 총독으로서 브리타니아 제패를 진척시킨 빛나는 공을 세운 파울리누스는 군단장급인 발렌스와 카이키나에게는 대선배가 된다. 패장을 연행했다기보다 대선배나 동료를 동반했다고 말하는 편이 옳다.

비텔리우스가 처음에는 그들을 빈정거리면서 냉대한 모양이다. 하지만 결국에는 패장들을 모두 용서하고 죄를 묻지 않았다. 오토의 친형인 티티아누스한테도 형제간이라면 행동을 같이하는 게 당연하다고 말했을 뿐이다. 오토파 사람들 가운데 추방당하거나 재산을 몰수당한 사람은 없었다. 여기까지는 좋았다. 하지만 오토 진영에서 싸운 중견 장교나 병사들에 대한 처우에서 비텔리우스는 치명적인 실수를 저지르게 된다.

패자에 대한 처우

타키투스는 말해주지 않지만, 베드리아쿰 들판에서 패배한 오토 진영의 병사들은 어떤 기분이었을까. 전력을 다해 싸우다가 패한 것은 아니다. 그냥 여기저기서 맞붙어 싸우다보니 전사자만 늘어나고, 문득 정신을 차리고 보니 싸움에 지고 있었다. 그런 느낌이 드는 전투였다. 게다가 전쟁터에는 끝내 모습을 보이지 않은 최고 사령관은 미련없이 깨끗하게, 또는 제멋대로 목숨을 끊어버렸다. 남은 병사들을 수습해야 할 사령관들도 리옹으로 떠나버렸다. 사령관들이 떠나버린 것은 이긴 쪽도 마찬가지였지만, 그들은 승자다. 승자들은 상관이 없는 것을 기화로 패자에게 마음대로 횡포를 부린다. 같은 로마 군단병인데, 패자가 되었다는 이유만으로 종처럼 혹사당한다. 그것만으로도 굴욕감을 불러일으키는데, 그보다 더 치욕적이었던 것은 '라인 군단'에 딸려 있는 보조병들의 시건방진 태도였다. 군단에 딸린 보조부대는 속주민으로 구성되어 있다. 전투에서는 패자가 되었지만 어엿한 로마 시민인 군단병에게 속주민인 보조병들이 승자인 양 으스대는 것은 견디기 어려운 굴욕이었다.

이런 사태를 피하기 위해서라도 최고 사령관은 반드시 전쟁터에 나갈 필요가 있다. 특히 동포끼리 벌이는 내전에서는 그것이 절대적으로 필요한 조건이 된다.

그보다 한 세기 전에 카이사르와 폼페이우스 사이에 벌어진 내전에서, 카이사르는 전투에 이길 때마다 무릎을 꿇고 승자의 인정에 매달리려는 폼페이우스 진영 병사들에게 무릎을 꿇지 말고 일어나라고 명령한 다음 이렇게 말했다.

"너희는 모두 자신에게 부여된 의무를 다했을 뿐이다."

병사의 의무는 상관의 명령에 복종하는 것이다. 상관들이 폼페이우스 쪽에 붙었기 때문에 병사들도 폼페이우스의 부하가 되어 카이사르와 맞서 싸운 것이다. 카이사르는 자기 휘하의 병사들에게도 엄명을 내렸다. 패배한 병사들의 몸을 건드리면 안 된다. 패배한 병사들의 물건에 손을 대면 안 된다. 그들을 모욕하는 언동은 일절 해서는 안 된다는 명령이었다.

한 세기 뒤의 베드리아쿰에는 카이사르가 없었다. 알프스 건너편의 리옹에서 고주망태로 취해 있던 비텔리우스가 내린 명령은 오토 휘하에서 싸운 각 군단의 백인대장들을 모조리 처형하라는 것이었다.

백인대장은 100명 안팎의 병사들을 통솔하는 임무를 맡는다. 요즘으로 말하면 중대장이겠지만, 로마군에서는 하사관 같은 존재였다. 하사관은 장교가 아니지만, 로마 군단의 상급 백인대장은 작전회의에도 참석했으니까 장교가 아니라고 단정하는 것도 타당치 않다. 로마군의 백인대장은 전쟁터에서 병사들을 이끄는 역할에 머물지 않고, 자기가 맡은 병사들과 함께 기거하고 식사도 같이 한다. 무서운 시어미라고 말하고 싶을 만큼 엄할 때도 있었겠지만, 병사들에게는 아버지나 형님 같은 존재가 백인대장이었다. 그 백인대장을 죽이라는 것이 새 황제의 명령이다. 병사들은 그 명령을 어떤 기분으로 들었을까. 오토 진영 병사들의 마음속에 굴욕감에 더하여 증오가 싹튼 것도 당연하다. 사형은 무자비하게 집행되었다.

비텔리우스라는 인물은 인간의 마음 따위에는 관심을 기울이지 않는 사람이었을 것이다. 그가 뒤이어 내린 명령에 따라, 패배한 병사들은 크레모나의 원형경기장 건설공사에 동원되었다. 그동안 내전에 시달린 크레모나 주민들에게 보상하고, 비텔리우스가 이탈리아로 들어올 때

검투사 시합을 거행하여 축하한다는 것이 원형경기장을 건설하는 이유였다.

공공사업 현장에서 일하는 것은 로마 군단병에게 수치스럽기는커녕 오히려 자랑스러운 일이었다. 드넓은 제국에 그물처럼 퍼져 있는 로마 가도는 군단병들이 건설한 것이다. 그 가운데 일부에는 오늘날에도 '제○군단이 건설했다'고 자랑스럽게 기록한 비문이 남아 있다.

그것은 중노동이긴 하지만, 그들의 조국에 필요한 공사였다. 내전에서 반대편에 선 죄를 씻기 위해 강제로 동원된 작업은 아니었다. 게다가 명령에 따라 잠시도 쉬지 못하고 돌관공사(突貫工事)를 강요당하는 병사들에게 던져진 크레모나 주민들의 모욕은 같은 로마 시민이라고는 도저히 생각할 수 없을 만큼 심했다. 병사들의 가슴이 패배의 충격과 굴욕감과 증오가 뒤섞인 원한으로 채워지는 데에는 그리 오랜 시간이 걸리지 않았다.

새 황제 비텔리우스가 언제 본국으로 돌아왔는지를 알려주는 정확한 사료는 존재하지 않는다. 리옹에서 알프스를 넘어 북이탈리아까지는 열흘 거리지만, 리옹에 머무는 기간이 길어졌는지 아니면 느긋하게 여행을 했기 때문인지, 5월 중순에야 북이탈리아에 도착한 모양이다. 크레모나에 들어온 비텔리우스는 완성된 원형경기장에서 발렌스와 카이키나가 그의 즉위를 축하하여 주최한 검투사 시합을 관전했다. 시합에 끌려나온 검투사들은 오토가 편성한 검투사 부대에서 비텔리우스 진영을 상대로 싸운 생존자들이었을 게 분명하다.

본국에 들어온 뒤 비텔리우스의 신분은 오토 황제와의 싸움에서 이긴 승자일 뿐 아니라 로마 제국의 공식 주권자인 원로원과 시민의 승인까지 얻은 유일한 황제였다. 이 시점에는 다른 경쟁자도 없었다. 내전을 수습하고 제국을 재통합할 수 있느냐 없느냐는 그 자신에게 달려 있었다. 서기 15년에 태어난 비텔리우스는 당시 54세. 노령이 정국을 불안하게 만드는 요인이었던 갈바보다는 열여덟 살이나 젊고, 30대라는 나이가 좋게든 나쁘게든 겉으로 드러나 있던 오토보다는 열일곱 살 위다. 고대 로마에서는 40대부터 50대까지가 남자의 한창 나이로 여겨졌다.

비텔리우스의 신분은 명문 귀족 출신인 갈바보다 신흥 지배계층인 오토 쪽에 가까웠지만, 그에게는 아버지 루키우스가 남긴 후광이 있었다. 루키우스는 티베리우스 황제에게 등용되어 클라우디우스 시대에는 황제에 버금가는 중진으로 명성을 얻은 인물이다. 그리고 무엇보다도 로마군에서 최강 군단으로 꼽히는 '라인 군단'이 배후에 버티고 있었다. 좋은 뜻을 가지고 그것을 말로써 남에게 전달하는 것만으로는 혁명도 개혁도 재건도 실현할 수 없다. 의지와 설득력 외에 권위와 권력도 있어야 한다. 비텔리우스에게는 원로원과 시민의 승인을 받았다는 권위가 있었다. 그리고 '라인 군단'이라는 권력도 있었다.

그런데도 비텔리우스는 이런 '힘'을 활용할 줄 몰랐다. 의욕은 있어도 그것을 실행할 수 있는 처지가 아니거나 실행하는 데 필요한 힘을 갖지 못했다면, 그 사람을 비난할 수는 없다. 하지만 마음만 먹으면 얼마든지 실행할 수 있는 사람이 그것을 하지 않는 것은 정신적 나태에 불과하다. 게다가 비텔리우스는 해야 할 일을 하지 않았을 뿐 아니라 해서는 안 될 일부터 해버렸다.

새 황제 비텔리우스는 먼저 근위병을 모조리 해고했다. 퇴직금도 주지 않았으니까 파면이라고 말해야 할지도 모른다. 오토 편에 서서 비텔리우스 진영과 싸웠다는 게 그 이유였다. 로마군의 일부인 근위대는 최고 사령관인 황제를 지키는 임무도 맡고 있다. 베드리아쿰 전투 당시 오토는 원로원과 시민의 승인을 받은 정식 황제였다. 그런 오토 밑에서 싸운 근위병은 카이사르의 말을 빌리면 병사의 의무를 충실히 수행했을 뿐이다. 하지만 비텔리우스에게 근위병을 해고한 이유를 물어보면, 역시 정식 황제였던 갈바를 오토의 명에 따라 죽인 것도 근위병들이니까 그런 근위병은 근위대에 계속 근무할 자격이 없고, 계속 근무하도록 허락하면 비텔리우스 자신에게도 위험하기 때문이라고 대답할지 모른다. 그렇다면 아우구스투스가 안토니우스 휘하에서 싸운 병사들에게 했듯이 퇴직금을 주고 정착지를 마련해준 뒤에 해고했어야 한다. 그런 배려도 없이 그냥 해고당한 근위병들이 비텔리우스에게 반감을 품은 것은 당연하다.

황제를 보호하는 것이 근위대의 임무임은 비텔리우스도 잘 알고 있었다. 근위병들은 해고했지만 근위대 자체는 존속시킨 것이 그 증거다. 게다가 그냥 존속시킨 게 아니라 오히려 증강했다. 아우구스투스 이래 9개 대대 9천 명으로 구성되어 있던 근위대 규모를 16개 대대로 늘린 것이다. 거기에 딸린 기병대를 합치면 원래는 1만 명 안팎이었는데, 이제는 1만 7천 명이 넘게 되었다. 비텔리우스는 자기 지지세력인 '라인 군단' 병사들을 근위대에 기용했다. 이것도 해고당한 근위병들의 긍지에 상처를 입히게 되었다. 근위병은 100년 전부터 로마군의 엘리트로 여겨졌다. 복무기간이나 급료에서도 속주에 근무하는 군단병보다 훨씬 좋은 대우를 받았다. 그런데 격이 낮은 군단병이 근위대에 기용되고 자기들은 쫓겨난 것이다. 그들의 마음은 이제 완전히 반(反)비텔리우스로 굳어져버렸다.

비텔리우스는 근위병만이 아니라 오토 진영에서 싸운 모든 병사에 대한 대책에서도 잘못에 잘못을 거듭했다.

그들의 원래 임무는 대부분 변경을 방위하는 것이었다. 그러니 카이사르가 했던 것처럼 다시 폼페이우스 밑에서 싸우든, 이 땅에 남든, 고향으로 돌아가든 너희 마음대로 하라면서 방면해버릴 수는 없다. 비텔리우스가 아니더라도 원래 근무지로 돌려보낼 수밖에 없었지만, 돌려보내는 방식이 좋지 않았다. 굴욕감과 분노와 원한을 어떤 식으로든 풀어준 뒤에 돌려보냈으면 좋았을 텐데, 그런 일은 일절 하지 않았다. 그냥 근무지로 돌아가라는 명령을 내렸을 뿐이다.

해병으로 구성된 제1군단만은 원래의 근무지인 미세노가 아니라 그들이 가본 적도 없는 에스파냐로 쫓아보냈다.

제14군단이 받은 명령도 브리타니아로 돌아가라는 것이었다. 다만 이 군단은 마치 포로처럼 보조부대의 감시를 받으며 귀로에 올랐다. 로마 시민인 군단병이 속주민 병사의 감시를 받으면서 근무지로 돌아가는 것이다. 이것은 이중의 폐해를 낳았다. 군단병은 자긍심에 상처를 입었고, 속주민 병사들은 로마군 병사들을 얕잡아보게 되었다. 이 폐해는 나중에 큰 영향을 미칠 게 뻔하다. 주전력인 군단병과 보조전력인 보조병이 각각 부여된 임무를 수행해야만 제대로 기능을 발휘하는 것이 로마의 방위체제다. 보조부대가 주전력을 깔보게 되면 문제가 생길 것은 불을 보듯 뻔하다.

동쪽의 도나우강 유역으로 돌아가는 병사들의 심정도 서쪽의 에스파냐나 브리타니아를 향해 출발한 병사들의 심정과 다를 게 없었다. 아니, 그들의 원한은 더욱 강하고 깊었다고 말해야 할지도 모른다. 오토 진영에 서서 싸웠다는 이유만으로 원형경기장 공사에 끌려나간 것은 '도나우 군단' 병사들이었기 때문이다. 그리고 이 원한은 이탈리아에 도착하긴 했지만 베드리아쿰 전투에는 참가하지 않았던 병사들한테까지 전염되었다. '라인 군단' 병사들이 전우애로 굳게 단결해 있었다면 '도나우 군단' 병사들도 마찬가지였기 때문이다.

오토 진영에서 싸운 병사들이 모두 귀환할 무렵에는 로마에서 가장 멀리 떨어진 시리아와 유대에도 이미 오토가 죽고 비텔리우스가 즉위했다는 소식이 널리 알려져 있었다.

시리아 총독 무키아누스

갈바, 오토, 비텔리우스를 차례로 기술한 뒤에 베스파시아누스를 서술할 차례가 되면, 무능한 장수가 지휘하는 전투를 서술하다가 명장이 지휘하는 전투를 서술하기 시작할 때와 같은 기분을 느끼지 않을 수 없다. 앞의 세 사람은 속된 말로 표현하면 일단 판을 벌여놓고 보자는 식이었다. 그런 전투를 서술하려면 골치가 아프다. 타키투스의 혐오감도 이해할 만하다는 생각이 든다.

갈바나 오토나 비텔리우스와 마찬가지로, 베스파시아누스도 불과 1년 전까지는 자기가 황제를 자칭하게 되리라고는 꿈에도 생각지 않았다. 유대 전쟁 때 포로로 잡은 유대인 요세푸스 플라비우스가 당신은 황제가 될 거라고 예언했을 때, 베스파시아누스는 웃음을 터뜨리지는 않았지만 그렇다고 진지하게 받아들여 그 예언을 실현하기 위해 전력을 기울인 것도 아니었다. 그러기는커녕 갈바가 즉위했을 때는 지지와 축하의 뜻을 전하기 위해 맏아들 티투스를 로마로 보냈다. 갈바가 살해되고 대신 오토가 제위에 올랐을 때에도, 전쟁 중이라 군단을 파견하지는 않았지만 지지의 뜻은 전해두었다. 오토가 우군으로 여긴 군사력에는 베스파시아누스 휘하 3개 군단도 들어 있었기 때문이다.

그러나 오토가 죽고 비텔리우스가 즉위했다는 소식을 들었을 때는 축하의 뜻도 전하지 않았고 지지 의사도 밝히지 않았다. 그리고 이때부터 베스파시아누스는 스스로 황제가 되기 위해 일단 판을 벌여놓고 보자는 식이 아니라 용의주도한 작전을 펴나간다. 그렇긴 하지만 제국 동쪽의 방위를 맡고 있는 군단들이 처음부터 베스파시아누스를 옹립하기로 뜻을 모은 것은 아니었다.

새 황제 비텔리우스에게 원한을 품고 근무지로 돌아온 '도나우 군단'

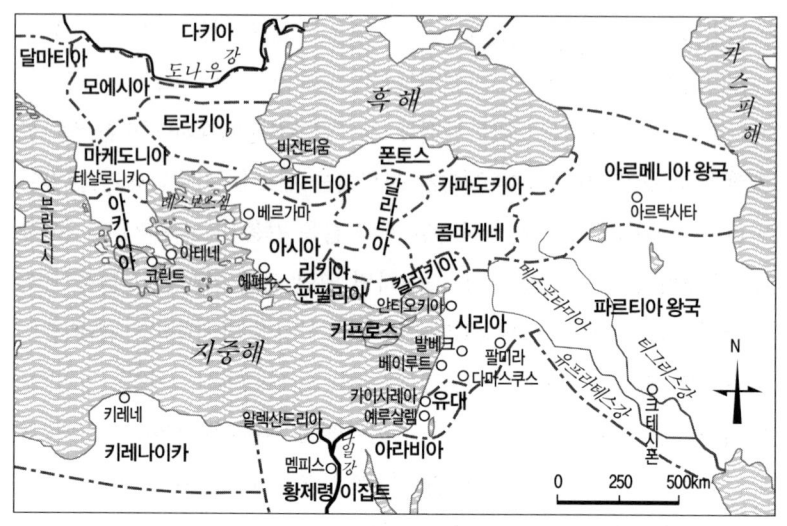

로마 제국 동방 약도

병사들의 감정이 다른 사람을 황제로 옹립하는 방향으로 나아가는 데에는 그리 오랜 시간이 걸리지 않았다. 원래 '도나우 군단'의 7개 군단은 다르다넬스해협을 경계로 하여 그 동쪽의 소아시아 방위를 맡고 있는 시리아의 4개 군단과 밀접한 관계를 맺고 있었다. 지리적으로 인접해 있을 뿐 아니라 동방 전선에서 병력을 증강할 필요가 있을 때는 '도나우 군단', 그중에서도 특히 도나우강 하류를 방위하는 모에시아 속주의 3개 군단에서 지원병력이 파견되는 것이 보통이었다. 네로 황제 시대에 아르메니아와 파르티아 문제를 해결할 때에도 명장 코르불로 밑에서 싸운 병력 중에는 '도나우 군단' 병사들이 포함되어 있었다. 코르불로가 살아 있었다면, 그들은 비텔리우스와 경쟁할 인물로 주저없이 코르불로를 추대했을 것이다. 하지만 전략 전술의 재능만이 아니라 피를 흘리지 않고 전과를 올리는 외교적 재능까지 겸비한 이 장수는 2년 전 네로 황제가 품은 근거 없는 의혹 때문에 자살 명령을 받았다. 그래도 코르불로 휘하의 걸물로 꼽히는 무키아누스가 4개 군단을 지휘하는 시리아 속주 총독으로 건재했다. 밀사가 무키아누스의 의사를 타진하는 임무를 띠고 도나우강 유역에서 시리아의 안티오키아로 떠났다.

역사가 타키투스에 따르면, 무키아누스와 베스파시아누스는 경쟁관계였기 때문에 사이가 나빴고, 베스파시아누스의 아들 티투스가 두 사람을 화해시키려고 애쓴 덕분에 공동투쟁이 성립되었다고 한다. 이 말도 일리는 있다. 제국의 서쪽 방위를 맡고 있는 '라인 군단'의 최고위 장성이 고지 게르마니아군이나 저지 게르마니아군의 사령관이라면, 제국의 동방을 지키는 최고위 장성은 시리아 주둔군(시리아 속주는 강대국 파르티아와 인접해 있으니까, 시리아 주둔군은 파르티아의 강 이름을 따서 '유프라테스 군단'이라고 해도 좋다) 사령관이다. 따라서 유대 사령관 베스파시아누스는, 나이는 무키아누스보다 많았던 모양이지만 군대 내에서 지위는 무키아누스보다 낮았다. 그러나 무키아누스는 코르불로 덕분에 우호관계가 확립된 파르티아와 아르메니아의 동향을 감시하는 게 전부였지만, 베스파시아누스는 유대 전쟁을 치르고 있어서 명성을 얻기에는 유리한 상태에 있었던 것도 사실이다. 2년 전인 서기 67년 시작된 유대 전쟁도 이제 거의 마무리 단계에 접어들었다. 네로의 죽음으로 전쟁이 중단될 때까지 유대 전역을 거의 다 제압했고, 남은 것은 예루살렘 공략뿐이었다.

하지만 경쟁관계에 있는 두 사람은 반드시 서로 적대한다는 타키투스의 인간관에는 동의할 수 없다. 경쟁심은 우열을 다투는 의식일 뿐 상대를 적으로 보는 적대심과는 다르다. 특히 두 당사자가 재능을 타고난 경우에는 상대의 능력도 서로 인정해주지 않을까. 질투는 자기가 상대보다 능력이 떨어진다는 것을 무의식적으로 드러내는 감정이기 때문이다. 그 후 무키아누스가 베스파시아누스에게 끝까지 협력한 것으로 미루어보아도, 젊은 티투스가 중재하지 않았다면 두 사람의 협력관계는 성립하지 않았을 거라는 말에도 동의할 수 없다. 상대를 미워하면서도 티투스의 중재를 받아들여 서로 손을 잡고 공동투쟁 전선을 폈다고는 도저히 생각할 수 없다.

우선 '도나우 군단'에서 황제로 추대하겠다는 뜻을 전달받은 것은 베스파시아누스가 아니라 무키아누스였다. 만약 무키아누스가 경쟁자인 베스파시아누스를 좋지 않게 여기고 능력도 인정해주지 않았다면, 당신은 유대 전쟁을 치르고 있기 때문에 본국 이탈리아로 진격하는 것은 임무를 포기하는 것이나 마찬가지라는 이유로 베스파시아누스가 황제가 될 가능성을 싹부터 잘라버릴 수도 있었다. 그런데 무키아누스는 오히려 자신에 대한 '도나우 군단'의 지지를 베스파시아누스 쪽으로 돌리려고 애쓴다. 왜 그랬을까?

시리아 속주 총독 가이우스 리키니우스 무키아누스는 로마 제국에 새로운 시대가 도래한 것을 서기 69년 당시에 이미 알아차린 소수의 로마인 가운데 하나였다. 물론 새로운 시대라 해도 제정을 다른 정치체제로 바꾸는 것은 아니었다. 심정적으로는 공화주의자인 타키투스조차 드넓은 로마 제국을 다스리려면 제정을 택할 수밖에 없다고 인정했을 만큼 제정은 정치체제로서 훌륭히 기능을 발휘하고 있었기 때문이다. 따라서 문제는 정치체제가 아니라 누가 그 체제의 최고 권력자 자리를 차지하느냐 하는 것이었다.

사실상 카이사르에서 시작된 '율리우스-클라우디우스 왕조'는 네로를 마지막으로 단절되었다. 즉, 수도 로마에 '본적'을 둔 명문 귀족으로 아우구스투스의 피를 이어받은 사람이 황제가 된다는 원칙은 이제 깨졌다. 그래서 아우구스투스와 혈연관계는 아니지만 수도 로마의 명문 귀족인 갈바를 제위에 앉혔으나, 이것도 오래 지속되지는 않았다. 이어서 황제가 된 오토는 수도 태생도 아니고 명문 귀족도 아니었지만, 적어도 아버지 대부터는 원로원 의원이다. 로마 사회에서는 가장 높은 신

카이사르

아우구스투스

분인 원로원 계급 출신임을 자랑스럽게 내세울 수 있는 사람이었다. 이번에 오토 대신 황제가 된 비텔리우스도 아버지 대부터 원로원 계급에 속한다. 그런데 베스파시아누스는 아버지의 직업도 확실치 않고, 군단에서 산전수전 다 겪으며 출세한 사람이다. 게다가 출신지는 본국 이탈리아의 지방자치단체에 불과한 리에티다.

원로원 계급에 속하는 사람은 군인을 직업으로 택한 경우에도 유리했다. 원로원 의원의 아들은 얼마간의 견습 기간이 끝나면 당장 대대장에 기용된다. 처음 얼마 동안은 경험이 없어도 충분히 대대장 노릇을 할 수 있다. 그 밑에 있는 백인대장 10명이 노련한 전문가이기 때문이다. 베스파시아누스의 군단 경력은 도나우강 유역에서 대대장을 지낸 것부터 알려져 있지만, 처음부터 대대장이 되었을 리는 없다. 일개 졸병부터 시작했거나, 적어도 백인대장은 거쳤을 것으로 여겨진다. 제정이 된 뒤에는 로마군에서도 출신보다 실력을 존중하게 되긴 했지만, 아무 기반도 없는 젊은이가 느닷없이 대대장으로 발탁된 경우는 한 번도 없었다.

제3부 비텔리우스 황제 97

베스파시아누스의 진급 속도도 느리다고는 말할 수 없지만 빠르다고도 말할 수 없다. 명성도 로마군 전체에 모르는 사람이 없었던 코르불로에게는 훨씬 미치지 못한다. 유대 전쟁을 치르는 방식 하나만 보아도, 좋게 말하면 견실하고 나쁘게 말하면 평범하다고 할 수밖에 없다. 어느 모로 보나, 평상시에 황제를 자칭하고 나서면 사람들이 미쳤다고 생각할 게 분명한 인물이었다.

하지만 베스파시아누스에게는 장점도 있었다. 참으로 건전한 상식인이었다는 점이다. 무키아누스는 서기 69년의 내전을 끝내고 제국을 재건하려면 건전한 상식인이 적임자라고 생각한 게 아닐까. 네로의 죽음으로 시작된 국가의 혼란은 새로운 체제를 창조하는 게 아니라 기존 체제의 기능을 회복시키는 방법으로 해결하지 않으면 안 되었다.

120년 전처럼 새로운 체제를 창조해야 할 경우라면 카이사르나 아우구스투스 같은 천재형 인물이 필요하지만, 서기 69년의 내란을 해결하는 데에는 그런 유형의 인물이 필요없다. 상상력은 좀 모자라더라도 지금 무엇이 가장 필요한가를 밝은 눈으로 직시하고 실행할 수 있는 건전한 상식을 가진 사람이면 충분하다. 무키아누스 자신도 상당한 교양을 가진 데다 변경에서 오래 근무한 경험으로 현실 인식 능력도 뛰어났을 게 분명하다. 그런 사람이 제국을 다시 통합할 기수로는 기존 지배계층에 속하는 자신보다 그 바깥쪽에서 태어난 베스파시아누스가 더 적합하다고 생각한 것은 흥미롭다. 자칫 영악해지기 쉬운 도회지 출신인 자기보다 지방 출신다운 순박함이 그대로 드러나 있는 베스파시아누스가 적임자라고 판단했으니 말이다. 그리고 이 시기의 혼란을 수습하는 데에는 베스파시아누스가 가장 적임자라고 생각한 사람이 또 하나 있었다. 그 사람은 로마인이 아니라 유대인이었다. 아니, 출신은 유대지만 보통 로마인보다 훨씬 로마적인 유대인이었다.

이집트 장관 알렉산드로스

티베리우스 율리우스 알렉산드로스는 오래전에 이집트 제1의 도시 알렉산드리아에 정착한 유복한 유대인 가정에서 태어났다. 그의 큰아버지는 '유대의 플라톤'이라는 평판을 들을 만큼 박식한 철학자 필로였다. 이 사람에 대해서는 제7권에서 칼리굴라 황제를 다룰 때 이미 소개했다. 그의 집안은 예루살렘을 빼고는 가장 많은 유대인이 살고 있는 알렉산드리아의 유대인 사회에서 가장 유력한 집안이었다. 율리우스라는 씨족 이름은 카이사르나 초대 황제 아우구스투스 또는 제2대 황제 티베리우스한테 받았을 것이다. 제3대 황제 칼리굴라도 율리우스 씨족에 속하지만, 제7권에서도 말했듯이 칼리굴라와 유대인의 관계는 험악했기 때문에, 그가 유대인에게 자신의 씨족 이름을 주지는 않았을 것이다.

철학자 필로(그리스식으로 읽으면 필론)는 평생을 유대인으로 보냈지만, 그 씨족의 한 사람인 마르쿠스 율리우스 알렉산드로스는 로마 시민이 되는 길을 택하여 서기 44년까지 유대 왕이었던 아그리파 1세의 딸 베레니케와 결혼했다. 따라서 유대 전쟁 때 로마 편에 서서 유대를 제압한 아그리파 2세는 이 사람의 처남이다. 필로의 친동생인 가이우스 율리우스 알렉산드로스도 이름이 보여주듯 로마 시민이 되는 길을 택한 유대인이다. 이 사람은 금융업으로 성공하여 이집트를 비롯한 오리엔트 일대에 흩어져 있는 황제의 사유재산을 운용하는 일을 맡고 있었다. 티베리우스 율리우스 알렉산드로스는 이 사람의 아들이다. 그런데 아들은 유대인이 장기로 삼는 경제계로 진출하지 않고, 자기 재능을 시험하는 곳으로 군대를 택했다. 당시 군인의 길을 택한 유대인은 이 티베리우스가 거의 유일했다.

출신은 유대인이지만 율리우스라는 씨족 이름을 가졌고, 게다가 대

도시 알렉산드리아의 유력한 가문에 속해 있다. 군단 경력도 대대장부터 시작했으니까, 원로원 계급에 속하는 로마인과 동등한 대우를 받았다. 큰아버지 필로가 알렉산드리아의 유대인 사회 대표로 로마에 가서 칼리굴라 황제에게 선처를 요구했을 당시, 이 유대 젊은이는 로마 군단에서 병사 1천 명을 지휘하는 대대장 자리에 앉아 있었다.

그 후의 출세도 눈부실 정도여서, 6년 뒤인 서기 46년에는 클라우디우스 황제의 발탁으로 유대 장관에 임명되어 2년 동안 일했다. 아그리파 1세가 죽었을 때 그의 아들 아그리파 2세가 아직 16세의 어린 나이였기 때문에 클라우디우스 황제는 유대를 다시 로마의 직할령으로 만들 수밖에 없었지만, 유대 장관에 임명된 티베리우스 율리우스 알렉산드로스가 워낙 통치를 잘해서, 그에게 유대를 맡긴 시기에는 로마가 아무것도 걱정할 필요가 없을 정도였다. 유대교를 버린 동포를 원래의 이교도보다 더 증오하는 것이 유대인이다. 게다가 당시 그의 나이는 30대 초반이었다. 그런데도 아무 문제가 일어나지 않았으니, 군사만이 아니라 민사에 대한 재능도 뛰어났던 모양이다.

그 후 한동안 그의 소식은 로마사에서 사라지지만, 서기 60년대에 접어들면 당시 로마군 최고의 명장으로 적국인 파르티아까지도 인정해준 코르불로 휘하 장수로서 다시 무대에 등장한다. 1개 군단의 군단장이 아니라 4개 군단으로 구성된 코르불로 군대의 병참 책임자로 등장한 것이다. 로마군은 병참으로 이긴다는 말이 있을 만큼 로마인은 병참을 중요시했다. 따라서 병참 최고 책임자라면 군단장보다 지위가 높다는 뜻이다. 동년배로 여겨지는 무키아누스와는 코르불로 휘하에서 고급 장교로 같이 근무한 동료 사이이기도 했다. 이 로마화한 유대인은 큰아버지인 필로의 영향 때문인지 무키아누스 못지않은 교양인이었다.

코르불로가 네로 황제의 명을 받아 자살한 뒤 오리엔트에서는 무키아누스가 시리아 총독이 되었다. 한편 티베리우스 율리우스 알렉산드로스에게는 시리아 다음가는 제국 동방의 요지인 이집트 장관 자리가 기다리고 있었다.

이집트의 알렉산드리아는 알렉산드로스(영어식으로는 알렉산더) 대왕이 건설했기 때문에 이런 이름으로 불린다. 클레오파트라 시대까지는 그리스계인 프톨레마이오스 왕조의 수도였고, 당연한 일이지만 정복 민족인 그리스인이 많이 살고 있었다. 정복자가 로마인으로 바뀐 뒤에도 그리스계 주민의 비중은 여전히 높았다. 이 대도시에 그리스 민족과 마찬가지로 이산(離散) 경향이 강한 유대인이 이주하게 된 것은 이미 오래전 일이었다. 알렉산드리아 주민은 원주민인 이집트계와 이주민인 그리스계·유대계로 삼분되어 있었지만, 경제력에서는 그리스계와 유대계로 양분되어 있었다. 이런 사정 때문에 황제의 명을 받아 로마에서 부임해오는 이집트 장관은 임무를 수행하기가 상당히 어려웠다. 제국의 다른 속주들과 달리 이집트만은 로마 시민이 황제에게 직접 통치를 맡긴 형태가 되어 있었기 때문에, 이집트 통치 책임자는 '총독'(프로콘술)이 아니라 '장관'(프라이펙투스)이라 부르고, 그 임명권은 원로원이 아니라 황제에게 있다. 속주 '총독'은 원로원 의원으로 집정관을 지낸 사람만 맡을 수 있지만, '장관'은 그런 자격 조건이 없다. 따라서 황제 직속으로 제국 통치의 실무를 담당하는 당시의 '관료' 중에서 가장 높은 지위가 바로 이집트 장관 자리였다.

알렉산드리아에 많이 살고 있는 그리스계 주민은 걸핏하면 유대계 주민과 대립한다. 그런 알렉산드리아에 부임하는 이집트 장관으로 유대계 로마인을 고른 것도 재미있다. 게다가 2개 군단의 지휘권까지 맡겼다. 이것도 실력만 있으면 속주 출신이라도 거리낌 없이 기용한 로마의 정략을 보여주는 예지만, 어쨌든 티베리우스 율리우스 알렉산드로스는 이집트 태생으로는 처음으로 '이집트 장관'이 된 사람이었다. 그리고 이 로마화한 유대인은 금의환향할 기회를 베풀어준 로마인의 기대에 훌륭히 부응한다.

칼리굴라 황제의 초조감이나 클라우디우스 황제의 배려가 먼 옛날의 일처럼 여겨질 만큼, 이집트와 그 수도인 알렉산드리아에는 평온한 나날이 계속되었다. 말이 나온 김에 덧붙여두면, 티베리우스 율리우스 알렉산드로스의 최종 경력은 수도 경찰청장이다. 황제 자리를 확실히 굳힌 베스파시아누스가 그를 수도로 불러들였기 때문이다. 유대인으로 이 자리에 앉은 것도 그가 처음이었다.

황제가 되기 위한 베스파시아누스의 전략은 당사자인 베스파시아누스와 무키아누스 그리고 알렉산드로스가 함께 생각하고 추진했다는 생각이 든다. 어쩌면 순조로운 제위 계승 문제를 고려하여 베스파시아누스의 아들인 티투스도 끌어들였을지 모른다.

60세의 베스파시아누스, 50대 후반의 무키아누스와 알렉산드로스, 그리고 30세의 티투스. 베스파시아누스의 능력과 성격으로 미루어보건대, 베스파시아누스가 두뇌 역할을 맡아서 나머지 세 사람을 수족으로 부린 형태는 아니었을 것이다. 경험도 풍부하고 성숙한 장년의 세 남자가 냉철하게 의논하여 결론에 도달한 다음, 젊은 티투스를 끌어들여 실행에 옮긴 게 아닐까. 이 네 사람의 역할 분담은 볼 만하다고 말할 수밖에 없을 만큼 명쾌하기 때문이다.

베스파시아누스, 황제를 자칭하다

4월 15일에 벌어진 베드리아쿰 전투, 이튿날인 16일에 밝혀진 오토 황제의 자살, 그 후 며칠도 기다리지 않고 공표된 원로원의 비텔리우스 승인. 이런 일련의 사건들은 당시의 정보전달 속도로 미루어보아 5월 중순이나 늦어도 5월 말에는 제국 동방에도 전해졌을 것이다. 무키아누스는 총독 관저가 있는 시리아의 안티오키아에서, 잠시 휴전 중인 베스파시아누스는 당시 머물고 있던 유대의 카이사레아에서, 티베리우스 율리우스 알렉산드로스는 이집트 장관 관저가 있는 알렉산드리아에서 각각 이런 소식을 접했을 것이다. 그리고 6월에 접어들자마자 '도나우 군단' 병사들이 비텔리우스에게 불만과 원한을 품고 있다는 정보가 들어오기 시작한다. 뒤이어 무키아누스는 '도나우 군단' 병사들이 보낸 밀사를 맞이한다. 밀사는 무키아누스에게, 당신을 황제로 추대하고 싶은데 의향이 어떠냐고 의사를 타진한다.

이런 사실로 미루어보아도, 6월 말께에 베리투스(오늘날의 베이루트)에서 열린 삼자회담은 무키아누스의 주도로 실현되었을 게 분명하다. 은밀히 베이루트에 모인 세 사람 사이에 은밀히 열린 회담은 아니었다. 셋 다 대낮에 당당하게 자기 휘하의 군단장, 대대장, 상급 백인대장들을 거느리고 회담에 참석했다. 그들 외에도 유대의 아그리파 2세를 비롯하여 콤마게네와 나바테아의 왕 등 제국 동방에 있는 동맹국 원수들도 참석했다. 주도면밀한 사전 교섭을 거친 회담임이 분명하다. 이 회담은 '도나우 군단'을 포함한 제국 동방의 장병들이 본국 이탈리아에 있는 비텔리우스에게 반대한다는 사실을 명확히 하려는 의도도 갖고 있었다. 도나우강 방위를 담당하는 7개 군단, 시리아의 4개 군단, 유대전쟁을 치르고 있는 3개 군단, 이집트에 주둔하고 있는 2개 군단, 합해서 16개 군단이나 되는 병력이다. 비텔리우스를 지지하는 '라인 군단'은 로마군에서는 최강이라지만 7개 군단에 불과하다. 브리타니아에 주둔해 있는 3개 군단과 에스파냐에 주둔해 있는 2개 군단, 북아프리카에 주둔해 있는 1개 군단은 비텔리우스 자신의 실책 때문에 그의 편에 설 가능성이 희박했다. 당연한 일이지만, 방위를 소홀히 할 수는 없기 때문에 16개 군단을 모두 서쪽으로 데려가서 비텔리우스 진영의 7개 군단과 맞붙을 수는 없다. 하지만 제국 동방을 지키는 16개 군단이 모두

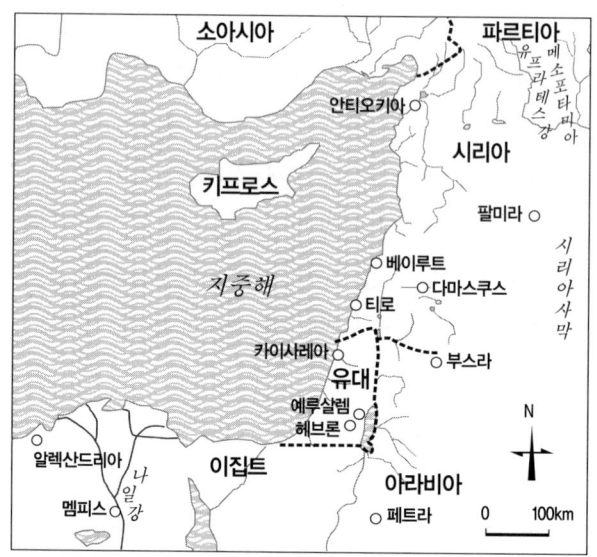

유대 주변도

비텔리우스에 반대하여 일어났다는 것만으로도 그것이 주는 충격은 엄청났다.

베이루트 회담의 세 주역은 베스파시아누스를 제위에 앉히기 위해 해야 할 일들을 차례로 결정했다. 그것은 크게 나누면 두 단계로 이루어져 있었다.

제1단계―

(1) 세 사람은 각자 휘하 군단의 만기 제대병을 재소집한다.

만기 제대한 병사들은 토지나 퇴직금을 받아서 민간인 생활로 돌아가 있지만, 로마 군단병은 제대한 뒤에도 근무지 부근에서 제2의 인생을 시작하는 경우가 많기 때문에 그들의 지원을 받는 것이 그리 어려운 일은 아니었을 것이다.

(2) 무기 제조는 몇 군데에 집중하여 효율적으로 추진한다.

전투에 대비하여 무기를 새것으로 바꿀 필요가 있었기 때문이겠지만, 로마 제국 동방의 3대 선진 지역인 안티오키아와 카이사레아 및 알렉산드리아에서 집중적으로 무기를 생산한다는 뜻이다.

(3) 안티오키아에서 금화와 은화를 주조한다.

이것은 군자금을 현금화하기 위해서다. 금화와 은화 주조권은 황제에게 있었지만, 그들은 그것을 무시하기로 결정한 것이다. 여기에 필요한 자금은 동방 일대의 부자들에게 강제로 모금한 모양이다.

이 세 가지 결정을 실제로 수행하는 것은 속주를 통치하는 공무원들이었지만, 이들을 감독할 책임은 무키아누스와 율리우스 알렉산드로스가 맡았다.

베스파시아누스의 역할은 군단기지를 돌아다니며 군단병들에게 '얼굴'을 보여주는 것이다. 그를 알고 있는 것은 유대의 3개 군단뿐이고, 시리아의 4개 군단이나 이집트의 2개 군단 병사들은 그의 이름 정도는 들어보았겠지만 얼굴은 본 적이 없었다.

베스파시아누스는 군단기지를 돌아다니면서 우수한 병사는 칭찬하고 게으름을 피우는 병사에게는 정신 바짝 차리라고 나무라는 등 아버지 같은 온정으로 병사들의 호감을 샀다. 돈을 나누어주어 환심을 사는 일은 하지 않았다. 인색해서라기보다 그런 데까지 돈을 쓸 여유가 없었기 때문이다.

제1단계에 해당하는 일들을 추진하면서, 세 사람은 두 가지 중요한 문제를 해결하는 일에도 착수했다.

첫째, 본국 이탈리아에 밀사를 보내 비텔리우스에게 해고당한 근위병들이 베스파시아누스 편에 서도록 공작을 벌였다. 여기에 성공하면 본국 안에 발판을 마련할 수 있다.

둘째, 아르메니아 왕국과 파르티아 왕국에 특사를 보내, 로마와의 우호관계를 재확인해달라고 요구하여 그것을 얻어냈다. 병력을 서쪽으로 이동시킨 틈을 이 두 나라가 이용하지 않도록 미리 손을 써둘 필요가 있었기 때문이다. 이 문제는 순조롭게 해결되었다. 네로 황제 시대에 코르불로의 노력으로 맺어진 우호관계는 두 나라에도 이익이 되었기 때문에, 아르메니아와 파르티아도 우호관계를 깰 마음이 없었다. 파르티아 왕 볼로게세스는 베스파시아누스가 황제 자리에 오르는 것을 돕기 위해 기병 2만 기를 보내주겠다고 제의하기까지 했다.

세 사람은 이 제의를 정중히 거절했다. 파르티아의 경기병은 용맹하기로 유명하니까 2만 기라면 강력한 지원군이 되었을 것이다. 그런데도 거절한 것은 자기들끼리 싸울 때는 절대로 외세를 끌어들이지 않는 것이 로마인의 일관된 방침이었기 때문이다. 마리우스와 술라가 싸울 때에도, 카이사르와 폼페이우스가 싸울 때에도, 아우구스투스와 마르쿠스 안토니우스가 싸울 때에도 다른 민족을 끌어들인 적이 없었다. 서기 69년에도 세 사람은 잠시도 망설이지 않고 파르티아 왕의 제의를 거절했을 것이다.

제1단계를 끝낼 무렵에는 전략의 제2단계도 시작되어 있었다. 여기서도 역할 분담은 완벽했다.

무키아누스는 병력을 이끌고 이탈리아로 간다.

베스파시아누스는 이집트로 가서 기다린다.

유대 전쟁은 이듬해인 서기 70년 봄에 재개하고, 총지휘는 베스파시아누스의 아들 티투스가 맡는다. 티투스는 지금까지도 유대 전쟁에서 진두지휘를 맡아 상당한 재능을 보였지만, 뭐니뭐니 해도 아직 30세의 젊은 나이인데다 전쟁터에서 총지휘를 맡은 경험이 없다. 그래서 경험이 풍부한 이집트 장관 율리우스 알렉산드로스 옆에 붙어서 보좌역을 맡기로 했다.

병력을 이끌고 이탈리아로 가서 비텔리우스 황제군과 직접 싸우는 역할을 왜 베스파시아누스가 아니라 무키아누스가 맡았을까 하는 의문이 생기겠지만, 나는 베스파시아누스의 손을 동포의 피로 더럽히지 않기 위해서가 아니었을까 생각한다.

율리우스 카이사르는 로마 태생의 명문 귀족이었다. 말하자면 고귀한 혈통이다. 아우구스투스도 카이사르의 양자다. 비텔리우스는 고귀한 혈통은 아니지만, 아버지 대부터 원로원 계급에 속한다. 반대로 베스파시아누스는 고귀한 혈통은커녕 아버지의 직업도 확실치 않고, 밑바닥부터 시작하여 출세한 인물이다. 이런 불리한 조건을 짊어진 베스파시아누스를 황제로 만들고 싶으면, 동포의 피로 손을 더럽혔다는 불리한 조건을 또 하나 덧붙일 수는 없었을 것이다.

베스파시아누스를 이집트에 대기시키기로 한 데에는 이런 이유말고도 네 가지 이유가 있었다.

첫째, 이집트는 전략적으로 중요한 곳이다. 따라서 이집트 장관인 율리우스 알렉산드로스를 유대 전쟁에 보낸 이상, 다른 누군가가 이집트를 맡을 필요가 있었다.

둘째, 본국 이탈리아에서 필요로 하는 밀의 절반, 적게 잡아도 3분의 1을 공급하는 이집트를 장악해두면, 필요할 경우 군량 공급을 중단하는 방법으로 본국 이탈리아(곧 비텔리우스)를 공격할 수 있다.

셋째, 필요하면 무키아누스와 호응하여 베스파시아누스 군대가 해로를 통해 이탈리아로 갈 수 있는 가능성을 유지하기 위해서다.

넷째, 이집트와 유대는 가깝다. 유대의 상황이 예상보다 어려워질 경우에는 지금까지 총지휘를 맡았던 베스파시아누스가 전선으로 달려가는 데 그리 오랜 시간이 걸리지 않는다.

유대 전쟁을 성공적으로 끝내는 것은 베스파시아누스가 황제의 지위를 확립하는 데 없어서는 안 될 조건이었다. 로마 황제의 두 가지 책무는 안전보장과 식량보장이다. 외적에 대한 방위 외에 국내의 안정을 유지하는 것도 안전보장의 일부다. 유대는 로마의 속주다. 유대 민족의 반란은 로마인이 보기에 속주민의 반란이고, 제국 내의 안녕과 질서를 어지럽히는 행위다. 그것을 진압하는 데 성공하지 못하면 로마 황제로는 부적격자라는 낙인이 찍히는 거나 마찬가지다.

7월 1일, 알렉산드리아에서 이집트의 2개 군단이 베스파시아누스를 황제로 추대했다.

7월 3일, 카이사레아에서는 유대 전쟁에 참가한 3개 군단이 베스파시아누스를 황제로 추대했다.

그리고 며칠 뒤, 안티오키아에서는 시리아에 주둔한 4개 군단이 베스파시아누스를 황제로 추대했다.

뒤이어 소아시아의 각 속주에 주둔해 있는 부대들도 베스파시아누스를 황제로 추대했다. 동맹국 왕들도 베스파시아누스의 즉위에 찬성하고, 오리엔트의 군주들답게 정중하고 호화롭고 위풍당당한 축하 사절단을 베스파시아누스에게 보내왔다. "베스파시아누스를 황제로!"를 외치는 목소리는 다르다넬스해협을 건너 도나우강 유역의 군단기지로 퍼져갔다.

베스파시아누스를 황제로 만들기 위한 준비 단계는 이것으로 끝났다. 이제는 황제의 지위를 확실히 굳히기 위한 군사행동이 기다리고 있을 뿐이었다.

본국 이탈리아에서는

지금까지는 공격하는 쪽이었으나 이제는 수비하는 쪽에 서게 된 비텔리우스는 그동안 무엇을 하고 있었을까. 결론부터 말하면, 하지 않아도 좋은 일만 하고, 꼭 해야 할 일은 아무것도 하지 않았다.

비텔리우스가 본국 이탈리아에 들어온 것은 베드리아쿰 전투가 끝난 지 한 달 뒤인 5월 15일께였을 것으로 여겨진다. 5월 24일에는 비텔리우스 진영의 아성 같은 느낌을 주는 북이탈리아의 크레모나에 도착했다. 여기서 검투사 시합을 즐긴 뒤, 발렌스와 카이키나의 안내로 베드리아쿰 전쟁터를 시찰했다. 이때 비텔리우스는 이렇게 말했다.

"적의 피는 냄새도 향기롭구나."

이런 무신경한 언사는 해롭기는 할망정 이로울 건 전혀 없는 실언의 표본이다. 이 말을 전해 들은 '도나우 군단' 병사들은 격앙했을 것이고, 비텔리우스 진영인 '라인 군단' 병사들도 이 말을 듣고 비텔리우스에 대한 충성심을 새롭게 다지지는 않았을 것이다. 새 황제 비텔리우스의 이 말은 비텔리우스파도 아니고 베스파시아누스파도 아닌 일반인들한테까지 찬물을 끼얹는 결과를 초래했을 뿐이다.

전쟁터 시찰을 마친 비텔리우스는 그 지점에서 포강을 건너 아이밀리아 가도를 따라 동쪽으로 향한다. 바로 근처에 오토의 무덤이 있었지만 관심조차 보이지 않았다. 그 덕분에 오토의 무덤은 훼손을 면할 수 있었다. 아이밀리아 가도가 끝나는 리미니부터는 플라미니아 가도를 통해 수도 로마로 향한다. 말을 채찍질하면 사흘 만에 갈 수 있는 거리다. 느긋하게 가면서 날마다 숙박소에 묵는다 해도 열흘이면 충분하다. 그런데 비텔리우스는 50일이나 걸렸다. 밤낮을 가리지 않고 축하연을 열었기 때문이다. 그 비용은 가도 연변의 중소 도시들이 부담했다.

오늘날에도 3번 국도로 쓰이는 플라미니아 가도는 고대에는 현재의 1번 국도인 아우렐리아 가도 및 2번 국도인 카시아 가도와 더불어 수도 로마와 제국의 북방을 잇는 간선도로였다. 남쪽으로 뻗어 있는 아피아 가도는 오늘날 7번 국도가 되어 있다. 현대 이탈리아에서는 고속도로를 제외한 국도가 대부분 고대 로마 시대의 가도를 조금 손질하여 쓰는 셈이다. 플라미니아 가도는 기원전 220년께에 건설되었으니까 무려 2,200년이 지났다. 깊은 골짜기에 걸린 구름다리는 지금 남아 있는 잔해만 보아도 로마 시대의 높은 기술 수준을 짐작게 한다. 그것을 보면 로마 가도가 당시의 고속도로였다는 것을 실감할 수 있다.

플라미니아 가도에 수많은 구름다리가 필요한 것은 해변을 따라 곧장 북쪽으로 뻗어 있는 아우렐리아 가도나 완만한 구릉 사이를 누비고 나아가는 카시아 가도와 달리, 이탈리아반도를 등뼈처럼 양분하는 아펜니노산맥을 가로지르는 가도였기 때문이다.

그런데 산악지대는 평야에 비해 전체적인 경제력이 훨씬 뒤떨어진다. 현재의 3번 국도 연변은 지진이라도 일어나면 자력 복구가 어려운 상태다. 하지만 로마 시대에는 달랐다. 간선도로 연변에 늘어서 있는 중소 도시들은 완벽하게 정비되어 있었다. 이런 도시들이 화려한 것을 좋아하는 새 황제를 만족시킬 만한 경제력을 갖고 있었다는 것은 나중에 발굴된 로마 시대 유물의 양과 질을 보아도 알 수 있다.

하지만 비텔리우스 일행은 황제와 그 측근만이 아니었다. 6만 명에 이르는 '라인 군단' 병사들도 거느리고 있었다. 플라미니아 가도 연변의 주민들은 자기네 황제와 그 일행의 경비를 부담한다기보다 정복자에게 재물을 강탈당하는 꼴이 되었다. 라인강 유역의 변경에서 힘들고 고달픈 생활밖에 몰랐던 병사들에게 초여름의 이탈리아는 천국이었다. 상관들의 감독도 없는 상태에서는 로마 군단도 무뢰배나 마찬가지였다.

비텔리우스와 6만 병사는 7월 18일에야 겨우 수도에 들어왔다. 로마에서는 아직 아무도 몰랐지만, 이미 보름 전에 제국의 동방에서는 베스파시아누스가 황제를 자칭하고 있었다. 정보전달 속도로 미루어보아 비텔리우스가 그것을 몰랐던 것은 분명하지만, 예상조차 하지 않았던 모양이다. 실적을 토대로 겨우 '기사계급'까지 올라갈 수 있었던 베스파시아누스가 감히 황제를 꿈꾸는 것은 있을 수 없는 일이라고 생각했을 게 분명하다. 비텔리우스는 새로운 시대의 도래를 통찰하지 못하고, 새로운 시대를 짊어질 새로운 인재는 기존 지배층이 아닌 다른 곳에서 구할 수밖에 없다는 사실도 깨닫지 못했다. 비텔리우스의 수도 입성은 무지와 동의어인 오만함의 전형이었다.

로마에는 공화정 시대부터 무장한 군대는 수도 로마에 들어올 수 없다는 규정이 있었다. 규정도 800년 동안이나 계속 지켜지면 전통이 된다. 마리우스와 술라는 이 전통을 깼지만(제3권 참조) 그것은 일시적인 것이었고, '루비콘'을 건너 국법을 어긴 카이사르조차 로마에 무장한 병사를 들여놓지 않는다는 전통을 존중했다. 제2대 황제 티베리우스는 근위대의 주둔지를 수도로 옮겼지만, 초대 황제 아우구스투스가 정한 14개 행정구 바깥쪽에 근위대 주둔지를 마련했다. 적은 물론이고 아군 병사들조차 무장한 차림으로는 로마에 들어갈 수 없었다.

플라미니아 가도는 테베레강에 걸린 밀비오 다리를 건넌 뒤에는 도심인 포로 로마노까지 일직선으로 뻗어 있다. 비텔리우스 휘하 장병들은 마치 승자가 정복한 도시에 입성하듯 무장한 채 대열을 짜고, 군단기와 대대기를 앞세워 이 길을 행진했다.

'독수리'(아퀼라)라면 로마 군단기를 말한다. 은으로 만든 독수리 밑에 각 군단을 나타내는 표장을 단다. 이 군단기를 앞세우고 행진하는 것은 군단 전체가 그 뒤를 따라가고 있다는 것을 나타낸다. 서기 69년 7월 18일의 입성 행진에서는 은독수리 깃발이 네 개 등장했다. 4개 군단이 통째로 수도에 들어온 것이다.

6천 명이 정원인 군단 단위가 아니라 대대 단위로 행진에 참가한 경우에는 각 대대를 나타내는 대대기를 앞세운다. 이날 행진에 등장한 대대기는 4개였다. 군단병이 모두 참가하지 않더라도 1천 명이 정원인 대대가 행진에 참가했다면, '라인 군단'의 7개 군단 가운데 나머지 3개 군

군단기(은독수리 깃발)를 받쳐든 병사

단도 역시 비텔리우스를 지지한 것을 의미한다. 이 입성 행진은 라인강 상류를 지키는 고지 게르마니아군 4개 군단과 하류를 지키는 저지 게르마니아군 3개 군단이 모두 비텔리우스를 지지한다는 것을 수도 주민에게 과시하기 위한 시위이기도 했다.

중무장 보병인 군단병이 앞장서고, 군단에 딸린 기병, 활을 쏘거나 공성용(攻城用) 무기를 담당하는 경무장 보병, 속주민으로 구성된 보조부대가 그 뒤를 따른다. 보조병들도 출신지별로 대열을 짜고, 같은 부족 출신인 부대장과 부대기를 앞세워 행진한다. 전체가 6만 명이나 되면, 선두가 포로 로마노에 도착한 뒤에도 후위에 있는 병사들은 아직 밀비오 다리를 건너는 중이었을 것이다. 비텔리우스 황제도 기병들의 호위를 받으며 말을 달린다. 뚱뚱한 체격에 완전무장을 갖추었다. 게다가 로마는 한여름이다. 백마 네 필이 끄는 전차를 타지는 않았지만, 개선장군처럼 카피톨리노 언덕에 올라가 최고신 유피테르에게 승리를 감사했다.

길가에 모여 구경하던 로마 시민들은 비텔리우스와 그 군대의 행진을 환호와 박수로 맞이했다. 하지만 역사가 타키투스는 빈정거리는 투로 말한다. 로마는 승자가 누구든 박수갈채로 맞이하는 도시라고. 그 환영이 오래 지속될지 어떨지는 별개 문제다. 그리고 로마 사람들은 이 점에서 참으로 엄격한 비판정신을 갖고 있었다.

'라인 군단'이 지지세력이라는 것을 수도 주민에게 과시하고 싶었다면, 거기에 대해서는 눈감아주어도 좋다. 하지만 그 후에도 6만 병사를 수도에 계속 머물게 한 것은 어리석은 짓이라고 말할 수밖에 없다. 1만 병사밖에 수용할 수 없는 근위대 주둔지에 6만 명을 다 수용하지 못한 것은 이해가 가지만, 근위대 주둔지에 들어가지 못한 대다수는 그대로 도심에 '방목'되었다. 웅장하고 화려한 포룸도, 회당(바실리카)도, 거룩한 신전 안팎도 헝겊만 둘러친 야영지로 바뀌었다. 비텔리우스는 부하들의 식사까지 걱정하지는 않았으니까, 강탈해온 식량도 거기서 요리된다. 게다가 계절은 한여름이다. 북쪽 나라 독일의 기후에 익숙해진 병사들은 남쪽 나라 로마에서는 거의 벌거벗다시피 하고 잠자리에 든다. 몸을 씻고 싶으면 라인강이나 모젤강과 달리 흐름이 완만하고 수온도 높은 눈앞의 테베레강에 텀벙 뛰어들기만 하면 된다.

수도 로마는 인구 백만 명의 대도시다. 6만 명이라면 그 10퍼센트도 안 되지 않느냐고 말할지 모르나, 뉴욕 맨해튼 일대가 텍사스에서 몰려온 카우보이로 가득 메워진 것과 같은 느낌이었을 것이다. 초대 황제 아우구스투스가 속주민이라도 보조부대에서 25년 동안 복무하면 로마 시민권을 얻을 수 있는 군제를 확립한 지 한 세기가 지났다. 로마 시민권은 세습권이다. 로마 시민권을 얻은 속주민의 아들은 완전한 로마 시민이 되어 군단병에 지원할 수도 있었다. 또한 퇴역한 로마 군단병은 근무지 근처에 사는 여자와 결혼하여 정착하는 경우가 많았기 때문에 '라인 군단' 병사들의 몸속에는 게르만족이나 갈리아인의 피가 섞여 있

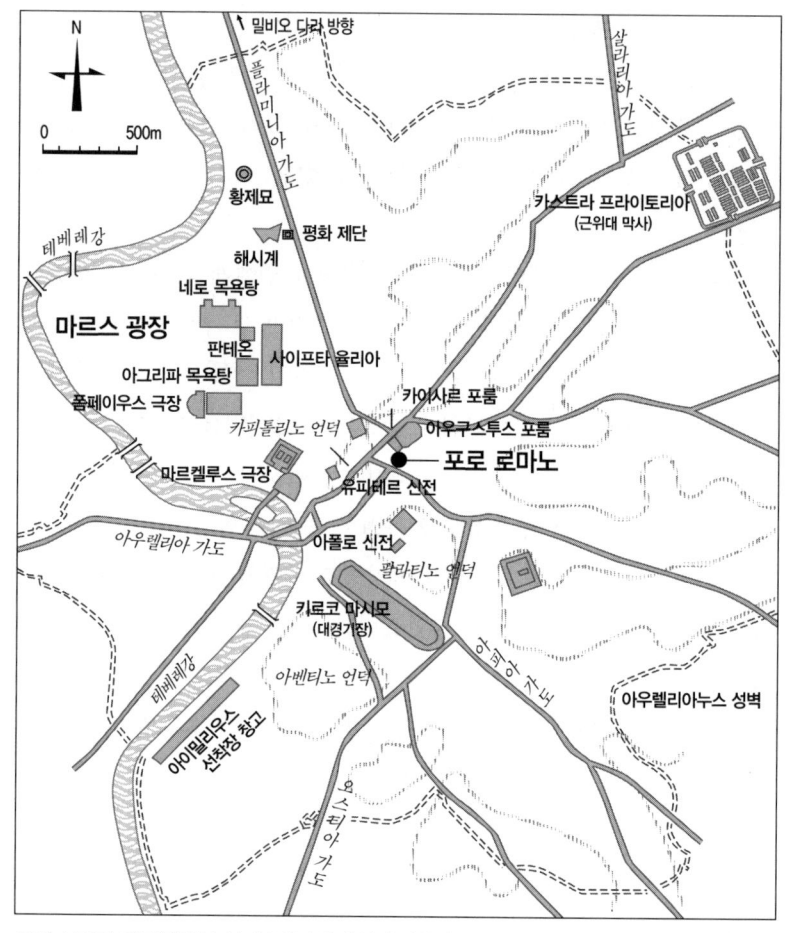

로마 시가지 약도(편의상 서기 3세기에 세워질 아우렐리아누스 성벽도 포함)

을 가능성이 높았다.

비텔리우스를 따라 로마에 들어온 '라인 군단' 병사들 대다수는 본국 땅을 밟아보는 것도 난생처음이고, 수도를 보는 것도 난생처음이었을 것이다. 플라미니아 가도 연변의 주민들은 이들이 자기네 마을에 눌러앉는 게 아니라 지나가는 길이라는 것을 알고 있었기 때문에 이들과의 접촉을 그런대로 참을 수 있었다. 하지만 수도 로마의 주민들은 사정이 달랐다. 그들이 로마에 눌러앉아버렸기 때문이다.

그래도 황궁의 주인이 된 비텔리우스가 과감하게 정치를 시작했다면 갑갑증만은 면할 수 있었을 것이다. 비텔리우스는 54세라는 나이가 믿기지 않을 만큼 소극적이었다. 악한 사람은 아니다. 베드리아쿰 전투의 사실상 승리자인 발렌스와 카이키나에게 지나치게 마음을 썼다. 정부 요직에 앉힐 사람을 고를 때에도 경쟁심을 노골적으로 드러내는 이 두 장수에게 의논하고, 그들의 뜻에 맞는 인물만 임명했다. 그 덕분에 두 집정관을 비롯한 모든 관직은 두 파로 나뉘어 일관된 정책을 펼 수 없게 되어버렸다. 병사들은 무질서하고 주민들은 불만에 가득 찼으며, 발렌스와 카이키나는 황제 앞에서도 거리낌 없이 말다툼을 벌인다. 비텔리우스는 그의 타고난 버릇인 과식에 점점 탐닉했다. 원로원은 비텔리우스에게 반대하지 않았지만, 그것은 비텔리우스가 원로원 회의에만은 이따금 참석했기 때문이다. 원로원은 무시당하지만 않으면 그걸로 만족한다. 하지만 지난 1년 동안의 혼란이 보여주듯, 원로원은 이제 더는 제국의 키잡이가 아니었다.

동방에서 베스파시아누스를 황제로 옹립한 것도, 거기에 호응한 '도나우 군단'의 움직임도 여름이 끝날 무렵에는 분명히 로마에 전해졌을 것이다. 하지만 그 소식을 들었다고 해서 비텔리우스의 소극성이 하루아침에 바뀔 리는 없었다. 베스파시아누스가 황제를 자칭했다는 말을 듣고도 코웃음만 쳤고, '도나우 군단'의 움직임도 1개 군단이 무슨 짓을 하든 문제삼을 필요는 없다고 말했을 뿐이다. 실제로 로마에 맨 처음 들어온 정보는 모에시아에 주둔하는 제3군단이 베스파시아누스를 옹립했다는 것이었기 때문이다. 하지만 그 후에는 마치 눈사태라도 일어난 것처럼 같은 정보가 비텔리우스를 덮쳐왔다.

언젠가는 틀림없이 일어날 사태도 예상하지 못하고, 거기에 대한 대책도 세우지 않은 채 쾌적한 수도 생활을 만끽하던 비텔리우스 진영과 달리, 동방에서는 베스파시아누스 진영의 작전이 착실하게 추진되고 있었다.

제국의 동방에서는

앞에서도 말했듯이 베스파시아누스 진영에서는 각자의 역할 분담을 명확히 정해놓고 있었다.

시리아 총독 무키아누스는 군대를 이끌고 서쪽으로, 즉 본국 이탈리아로 간다.

유대 사령관 베스파시아누스는 이집트의 알렉산드리아에서 대기한다.

이듬해인 70년 봄에 재개하기로 결정한 예루살렘 공략전에서는 베스파시아누스의 맏아들 티투스가 총지휘를 맡는다.

이집트 장관 율리우스 알렉산드로스는 티투스의 실질적인 부장(副將)으로서, 유대 전쟁의 총결산이 될 예루살렘 공략에 참전한다.

문제는 시리아 주둔군 4개 군단, 유대 전쟁을 치르고 있는 3개 군단, 이집트에 있는 2개 군단을 어떻게 배분하느냐 하는 것이었다.

우선 예루살렘 공략전에는 4개 군단을 투입하기로 했다. 도시 하나를 공략할 뿐인데, 유대 땅의 대부분을 제압하는 데 사용한 3개 군단도 충분치 않다고 하여 시리아의 1개 군단을 그쪽으로 돌려서 모두 4개 군단을 투입하기로 결정한 데에는 그만한 이유가 있었다.

오사카 성을 공격하는 전투를 머리에 떠올려서는, 지중해 세계에서 성을 공략하는 전투를 이해할 수 없다. 지중해 세계의 공성전(攻城戰)은 전투원만 농성하는 일본의 성을 공격하는 것과는 성격이 다르다. 비전투원, 즉 일반 민간인까지 틀어박혀 있는 성을 공격하는 싸움이다. 오사카나 에도의 성채과 해자는 성채만 둘러쌌을 뿐이지만, 고대 지중해 세계에서는 도시 전체를 성벽이나 해자로 둘러싼 것이 그 증거다. 아니, 그 점에서는 고대를 계승한 중세 이후의 서구도 마찬가지여서, 성벽(城壁)이 아니라 시벽(市壁)이라고 번역해야 하지 않을까 싶을 정도다. 따라서 공격하는 쪽에서도 병사만이 아니라 일반 시민이라는 비전투원 집단까지 적으로 삼지 않으면 안 된다.

수많은 비전투원을 떠안은 상태에서 성을 방어하는 것은 거치적거려서 불리할 거라고 생각하기 쉽지만, 실제로는 그렇지 않다. 방어전은 칼과 칼을 맞대기만 하면 되는 회전이 아니다. 파괴된 성벽은 당장 복구해야 하고, 무기공장은 밤낮없이 가동할 필요가 있다. 따라서 직접 방어를 담당하는 전투원이 전력을 다해 성을 방어하려면 비전투원의 협력이 반드시 필요하다. 그런 까닭에 비전투원의 수가 많은 것은 오히려 유리하기도 하다.

포위된 도시 안에 비전투원이 많을수록 물이나 식량이 떨어지는 시기도 빨라지지 않을까 하는 의문이 생기는 것은 당연하다. 하지만 근교에서 아무리 풍부한 물을 얻을 수 있다 해도, 내부에서 식수를 확보할 수 없는 곳에는 도시를 세우지 않는 법이다. 우물을 파서 지하수를 보급하느냐, 빗물을 모아서 이용하느냐의 차이는 있지만, 물 확보는 도시가 존속하기 위한 첫 번째 조건이다. 예루살렘도 예외가 아니었다.

다음은 물 못지않게 중요한 식량 문제를 살펴보자. 어떤 지방을 제

서기 66년 당시의 예루살렘

압할 때는 그 지방 최대의 도시가 공략 대상이 될 것은 누구나 예상할 수 있는 일이다. 유대 땅에서 반란은 서기 66년 중반에 일어났다. 네로 황제의 명으로 베스파시아누스가 진압에 나선 것이 서기 67년 봄이었다. 하지만 68년 가을에는 네로가 죽었다는 소식이 전해졌고 그 후임 황제의 명령을 기다려야 했기 때문에, 유대의 대부분을 제압하고 예루살렘 공략만 남겨두었는데도 베스파시아누스는 군대를 철수시켰고, 유대를 제압한 로마군은 휴전 상태에 들어가 있었다. 그러다가 베스파시아누스 대신 티투스가 총지휘를 맡아 예루살렘 공략을 재개한 것이 70년 봄이었다. 예루살렘은 농성을 준비할 수 있는 기간을 1년 반이나 가질 수 있었던 셈이다. 로마군은 예루살렘을 포위한 상태로 휴전하지는 않았기 때문이다. 유대 전쟁이 시작된 뒤부터 헤아리면 만 3년, 휴전 때부터 헤아려도 1년 반이다. 그만한 시간이면 충분히 시내에 생필품을 비축할 수 있다. 게다가 생활이 검소한 유대 서민의 식량을 대는 것은 생활 수준이 높은 도시에 비해 훨씬 쉬웠을 것이다.

대도시를 공략하는 데에는 보통 3년이 걸린다. 카르타고를 공략하는 데에도 3년이 걸렸다. 서기 69년 당시의 예루살렘도 휴전 기간을 이용하여 생필품을 비축했을 뿐 아니라 견고한 성벽도 구축해놓고 있었다.

한편 베스파시아누스 쪽은 느긋하게 공격할 시간 여유가 없었다. 예루살렘을 공략하지 않고는 유대 반란이 진압되었다고 할 수 없다. 그 예루살렘 공략에 애를 먹으면 베스파시아누스의 능력이 의심받고 비텔리우스 쪽에 반발할 수 있는 재료를 주게 된다. 유대 전쟁은 베스파시아누스의 황제 자리를 굳히기 위한 시험대이기도 했다.

조기 해결이 예루살렘 공략전의 최대 목표였을 것이다. 그렇기 때문에 1개 군단을 더 투입한 4개 군단과 거기에 딸린 보조병만으로는 충분치 않다고 보고 이집트 주둔군의 일부도 참전시켰다. 게다가 동방의 동맹국 왕들과 그 휘하 군대, 그리고 생활권이 겹치는 경우가 많아서 예부터 유대인과 사이가 나쁜 아랍인까지 동원했다.

유대인 출신이라서 유대인을 잘 이해하는 율리우스 알렉산드로스와 요세푸스 플라비우스를 예루살렘 공략전에 참가시킨 것도, 잘되면 대화로 안 되면 무력으로, 강경책과 유화책을 적절히 구사하여 문제를 조기에 해결하려는 생각이 있었기 때문이다. 되풀이 말하지만, 유대 문제에 애를 먹고 있으면 베스파시아누스의 황제 자리도 백일몽이 될 터였다.

이집트에 주둔해 있는 2개 군단 가운데 예루살렘 공략전에 참가한 것은 대대 규모였지만, 나머지를 서쪽으로 가는 무키아누스에게 딸려 보내는 것은 생각도 할 수 없었다. 무엇보다도 이집트에서 대기하기로 결정한 베스파시아누스를 휘하 군단도 없이 놓아둘 수는 없었고, 베스파시아누스는 예루살렘 공략전이 오래 끌 경우 예루살렘으로 달려가서 지원하는 역할을 맡고 있었다. 또는 배를 타고 본국 이탈리아로 쳐들어가는 경우도 고려할 필요가 있었다.

4개 군단으로 이루어진 시리아 주둔군에서 예루살렘 공략전에 참가한 1개 군단을 뺀 나머지 3개 군단도 그들의 사령관 무키아누스가 모두 서쪽으로 데려갈 수는 없었다.

아르메니아 왕과 파르티아 왕은 로마와 맺은 상호불가침협정을 재확인해달라는 요구를 흔쾌히 수락했다. 하지만 외국인에 대한 로마 지도자들의 신뢰는 다소 색다르다. 2천 년 뒤인 이제 와서 생각해도 흥미롭지만, 로마인들은 신뢰할 수 있는 상대와 신뢰할 수 없는 상대를 구분하여 신뢰할 수 있는 쪽만 전폭적으로 신뢰하는 것이 아니다. 대개의 경우는 신뢰하지만, 그것도 신뢰할 수 있는 데까지만 신뢰한다.

'신뢰할 수 있는 데까지'의 선을 어디에 긋느냐. 로마 지도자들은 상대의 선의나 도덕성을 그 선의 기준으로 삼지 않았다. 기준으로 삼은 것은 자기 쪽의 군사적 방위력이었다. 평화조약을 맺은 상대와의 국경에도 전과 다름없는 규모의 군사력을 계속 배치했다. 그렇게 하여 상대가 우호조약을 계속 유지하게 만들고, 상대가 그것을 깨뜨리려 해도 상당히 생각한 끝에 깨뜨리게 했다. 이런 사고방식을 현대식으로 말하면 '전쟁 억지력'이 아닐까 싶지만, 초대 황제 아우구스투스가 창설하여 제2대 황제 티베리우스가 반석 위에 올려놓은 제정 로마의 전략은 바로 이 전쟁 억지에 있었다고 나는 확신한다.

인간이나 국가의 관계를 이런 식으로 생각한다면 당연한 귀결이지만, 아르메니아나 파르티아 왕국과 로마 제국의 경계인 유프라테스 방위선을 텅 비워놓은 채 서쪽으로 가는 것은 무키아누스가 아니라 누구라도 할 수 없었을 것이다.

결국 무키아누스가 서쪽으로 데려간 군사력은 보조병을 포함해도 2만 명을 웃돌지 않았다. 이 정도 군사력으로 서방행을 결행한 것은 베스파시아누스를 지지하겠다고 밝힌 '도나우 군단'의 7개 군단을 믿었기 때문임이 분명하다. '도나우 군단'이 애당초 황제로 옹립하려고 생각한 것은 베스파시아누스가 아니라 무키아누스였다. 무키아누스가 군대를 이끌고 서쪽으로 가는 역할을 맡은 것은 이런 사정도 배려했기 때문일 것이다. 어쨌든 서기 69년 가을이 되기 전에 베스파시아누스 진영의 작전은 착착 실행에 옮겨지고 있었다.

그런데 서기 69년 여름이 끝날 무렵부터 가을까지, 비텔리우스 진영과 베스파시아누스 진영이 아직 직접 접촉하지 않은 시기에, 양쪽 다 예측하지 못한 사태가 라인강 방위선과 도나우강 방위선에서 일어났다. 라인 쪽 당사자는 로마 군단에 딸린 보조부대의 속주병이었고, 도나우 쪽 당사자는 '도나우 군단'의 군단병이었다.

예정대로 진행되는 사태에 대처하는 데에는 특별히 뛰어난 능력이 필요하지 않다. 재능이 문제되는 것은 예기치 않은 사태에 대처할 경우다. 이 점에서도 비텔리우스와 베스파시아누스의 동지인 무키아누스의 능력 차이는 분명해진다.

라인강 방위선에서 속주병들이 일으킨 반란에 대해서는 황제 자리를 둘러싼 투쟁이 끝나는 서기 70년 시점에서 한꺼번에 기술하고자 한다. 바타비족(族)의 반란으로 시작되어 '갈리아 제국' 건설에 이르는 일련의 사태에 대해서는 비텔리우스도 무키아누스도 일단 방치했다는 공통

점이 있었기 때문이다.

다만 두 사람의 대처 방식은 겉보기에는 같지만 알맹이는 달랐다. 비텔리우스는 당면한 적인 베스파시아누스파 군단병들에 대한 대처를 우선할 수밖에 없었기 때문에 라인강 일대에서 일어난 속주병의 봉기는 어쩔 수 없이 방치했다. 반대로 무키아누스는 일부러 방치했다. 비텔리우스의 지지 기반은 라인강 방위를 맡고 있는 7개 군단이다. 그 군단병들에게 협력하는 임무를 맡은 보조병들의 봉기는 '라인 군단'을 약화시킬 수밖에 없다. 무키아누스가 방치한 것은 그런 사정을 알아차렸기 때문이다.

'도나우 군단'

또 하나 예기치 못한 사태는 '도나우 군단' 장병들의 행동이었다. 무키아누스가 도착할 때까지 기다리지 않고 제멋대로 움직이기 시작한 것이다.

'도나우 군단' 장병들은 불과 다섯 달 전에는 오토 편에 서서 싸웠지만, 베드리아쿰 전투에서 지휘계통이 통일되지 않은 탓으로 참패를 당한 사람들이었다. 아퀼레이아까지는 왔지만 베드리아쿰 전투에는 참가하지 못한 병사들도 많았다. 하지만 승자가 된 비텔리우스는 참전한 병사든 참전하지 않은 병사든 가리지 않고 '도나우 군단' 전체를 패배자로 다루었다. 군단의 척추라고 일컬을 만큼 중요한 백인대장들은 오토 편에 섰다는 이유만으로 처형당하고, 병사들은 정복당한 야만족처럼 로마인들이 즐기기 위한 원형경기장 건설공사에 강제로 내몰렸다. 그 후 간신히 근무지 복귀를 허락받고 도나우강 유역으로 돌아간 병사들의 가슴이 분노와 굴욕과 증오와 원한으로 폭발할 지경이 된 것도 당연했다.

그때 베스파시아누스가 비텔리우스에게 반대하여 궐기했다는 소식이

들어왔다. 황제를 자칭한 것은 그들이 애당초 원했던 무키아누스가 아니라 베스파시아누스였지만, 그것은 그리 대단한 문제가 아니었다. 비텔리우스 타도를 기치로 내걸고 누군가가 일어난 것만으로 충분했다. 게다가 베스파시아누스는 무키아누스가 적극적으로 지지한 인물이기도 했다.

'도나우 군단' 장병들은 더 이상 얌전히 기다릴 수 없게 되었다. 무키아누스가 2만 병력을 이끌고 서쪽으로 떠났다지만, 그가 도착할 때까지 마냥 기다릴 수가 없었다. 그들은 오로지 복수심에만 사로잡혀 무작정 서쪽으로 달려갔다.

'도나우 군단'은 도나우강 하류의 방위를 맡고 있는 모에시아의 3개 군단, 도나우강 상류를 맡고 있는 판노니아 속주의 2개 군단, 판노니아 바로 남쪽에 아드리아해를 사이에 두고 본국 이탈리아와 마주 보고 있는 달마티아 속주의 2개 군단, 합쳐서 7개 군단으로 이루어져 있다. 이들을 한데 뭉뚱그려 '도나우 군단'이라고 말할 수 있지만, 3개 속주에 분산되어 있으니까 그들을 지휘하는 속주 총독도 세 사람이다. 제국 변경에서는 방위가 주된 임무이기 때문에 속주 총독은 곧 군사령관이고, 임명권도 제국의 통수권자인 황제에게 있었다.

그러나 서기 69년 늦여름에 병사들 사이에 자연발생적으로 생겨난 불온한 분위기는 총독들이 감당하기에는 역부족이었다. 사령관인 그들은 비텔리우스의 부당한 조치에도 항의하지 않고 부하들을 지키지 못했다는 이유로 병사들의 신망을 잃었기 때문이다. 세 총독 가운데 두 사람은 몰래 이탈리아로 달아나버렸다.

사령관이 없는 '도나우 군단'에서 주도권을 쥔 것은 군단장급 지휘관들이다. 2개 군단을 전략 단위로 생각하는 로마군에서 1개 군단을 맡은 정도로는 사령관이 될 수 없다. 그들은 어디까지나 군단장에 불과하다. 하지만 그렇기 때문에 오히려 실력위주로 군단장에 발탁될

도나우 군단 배치도(●는 군단기지 소재지)

기회도 많고, 능력만 인정되면 30대 나이에 군단장이 되는 경우도 드물지 않았다. 69년 가을, 주도권을 쥔 군단장들 중에서 특히 안토니우스 프리무스와 아리우스 바루스가 두드러진 행동을 하게 되는데, 둘 다 30대 중반에 불과했다. 냉소적인 타키투스의 언급에 따르면, 남프랑스의 툴루즈 태생인 안토니우스 프리무스는 이런 유형의 남자였다.

"평화의 시대에는 최저의 인물이지만, 전란의 시대에는 두각을 나타낸다."

복수심에 불타는 병사들이 혈기왕성한 장교들에게 이끌려, 자기가 도착할 때까지 기다리라는 무키아누스의 명령을 무시하고 행동을 일으킨 것이다.

그러나 군단장들이 명령을 무시하고 나섰을 때 사령관 무키아누스가 취한 행동은 관심을 가지고 생각해볼 가치가 있다.

첫째, 달리기 시작한 안토니우스 프리무스에게 자기가 도착할 때까지 기다리라는 명령을 되풀이하여 내리지 않았다.

둘째, 자신이 이끄는 동방 군단의 행군을 서둘러 앞서가는 '도나우 군단'을 따라잡으려는 노력도 하지 않았다.

셋째, 방위를 맡고 있는 군단이 거의 다 서쪽으로 떠난 틈을 이용하여 도나우강을 건넌 다키아족이 로마 영토로 침입했다는 소식을 받자마자, 서쪽으로 가는 것을 중지하고 야만족을 일단 격퇴한 뒤에야 행군을 재개했다.

네로 황제 시대에 제국 동방의 안전을 보장하는 열쇠였던 강대국 파르티아와 관계를 개선하는 데 전력투구한 명장 코르불로 밑에서 근무했고, 코르불로가 자결한 뒤에는 줄곧 동방 안전의 최고 책임자였던 무키아누스는 자신이 담당한 유프라테스 방위선이 아니라 도나우 방위선이라도 외적의 침입을 못 본 체할 수는 없었을지 모른다. 하지만 이때 침입한 야만족을 격퇴하는 데 한 달도 채 걸리지 않은 것으로 보아 침입한 야만족이 제국의 안전보장에 큰 타격을 줄 만한 규모는 아니었던 듯하다. 갈 길이 급하다는 이유로 이 문제 해결을 뒤로 미루어도 무키아누스가 비난받지는 않았을 것이다. 그렇긴 하지만, 도나우강 북쪽 연안에 사는 야만족이 강을 건너 로마 영토를 침범하는 사태는 악화되기 전에 해결해두어야 할 문제였다. 따라서 무키아누스와 그의 군대가 '길을 돌아간' 것은 정당한 판단이고 대처였다. 하지만 이렇게 '길을 돌아간' 탓도 있어서 무키아누스가 '도나우 군단'을 따라잡은 것은 서기 69년 말이었다.

내 상상이지만, 무키아누스는 일부러 '도나우 군단'과의 합류를 늦춘 게 아닐까. 그들과 싸우러 나올 게 뻔한 비텔리우스파의 '라인 군단'과 격돌하는 일은 안토니우스 프리무스가 이끄는 '도나우 군단'에 맡길 속셈으로 그들과의 합류를 서두르지 않았던 것은 아닐까.

그 후에 취한 행동으로 미루어보아도 무키아누스는 참으로 냉철한 남자였다. 냉철하다는 건 성격이 차갑다는 뜻이 아니라, 냉정하고 투철한 두뇌를 가리킨다. 영어로는 'cool'일까?

내전은 이기는 것만으로 수습할 수 없다. 적이라 해도 동포다. 제 손을 동포의 피로 더럽히는 짓은 피할 수만 있다면 피해야 한다. 내전이라는 국난 극복의 기수인 베스파시아누스가 이집트에서 대기하기로 결정한 이유 중 하나도 내전이 끝난 뒤에 로마 황제가 될 사람의 손을 동포의 피로 더럽히지 않기 위해서였다. 그 베스파시아누스의 오른팔로 자타가 인정하는 무키아누스의 손도 동포의 피로 더럽히지 않을 수 있다면 그 길을 택하는 게 당연한 일이 아닐까.

복수심에 불타는 '도나우 군단'과 그들에게 복수심을 불러일으킨 '라인 군단'의 격돌이다. 많은 피가 흐를 게 분명하다. 하지만 무키아누스가 이끄는 동방 군단이 가세해도 전투에 참가한 자들의 죽음을 피할 수 없는 것은 마찬가지다.

이리하여 이른바 '제2차 베드리아쿰 전투'가 크레모나에서 베드리아쿰까지 뻗어 있는 지름 30킬로미터의 평원에서 벌어지게 되었다. 공격과 수비의 당사자는 바뀌었지만, 제1차 베드리아쿰 전투와 마찬가지로 비텔리우스 진영의 '라인 군단'과 겉으로는 베스파시아누스 지지를 내세웠지만 실제로는 옛 오토파인 '도나우 군단'이 격돌한 전투다. 무키아누스와 '유프라테스 군단'은 아직 본국 이탈리아와 속주 달마티아를 가르는 경계선에도 이르지 않았다.

제2차 베드리아쿰 전투

안토니우스 프리무스가 이끄는 '도나우 군단'이 접근하고 있다는 소식에 수도 로마에서 쾌적한 생활을 마음껏 즐기던 비텔리우스 황제와 그 휘하의 '라인 군단' 병사들도 정신이 번쩍 들 수밖에 없었다. '도나우 군단'을 맞아 싸우기 위한 작전도 세웠다. 이번에도 포강을 사수하는 것이 목표다. 황제이자 통수권자인 비텔리우스는 북쪽으로 떠나는 군대를 이끌지 않고, 수도 로마에 남기로 했다. 발렌스는 병에 걸려 몸져 누워 있었기 때문에 카이키나가 병력을 이끌고 북쪽으로 올라가게 되었다.

포강을 사수한다는 점은 지난번과 마찬가지지만, 지난번에는 적이 서쪽에서 이탈리아로 들어오는 '라인 군단'이었다. 따라서 그들을 맞아 싸우는 쪽의 전선기지는 피아첸차, 공격하는 쪽의 전선기지는 크레모나였다. 하지만 이번에는 적이 동쪽에서 이탈리아로 들어오는 '도나우 군단'이다. 판노니아와 달마티아 속주에서 본국 이탈리아로 들어온 뒤 맨 처음 만나는 주요 도시는 아퀼레이아다. 이곳 아퀼레이아에서 포강으로 가는 방법은 두 가지였다.

첫 번째는 아퀼레이아에서 안니아 가도를 따라 파타비움(오늘날의 파도바)까지 가서, 포필리아 가도를 따라 남하하는 방법이다. 강 어귀 근처에서 포강을 건넌 뒤 남하를 계속하면 라벤나에 이른다. 라벤나 남쪽에 있는 루비콘강을 건너 아리미눔(오늘날의 리미니)에 들어가기만 하면, 거기서 로마까지는 플라미니아 가도만 곧장 따라가면 된다.

두 번째는 파도바에서 평원을 가로질러 곧장 남하하는 방법이다. 포강을 건넌 뒤에도 아이밀리아 가도를 향해 계속 남하한다. 아이밀리아 가도는 피아첸차에서 리미니까지 거의 일직선으로 뻗어 있는 도로다. 이 가도 연변에는 북이탈리아 일대가 '갈리아 키살피나'(알프스 이쪽의 갈리아) 속주라고 불리던 시대의 군단기지나 퇴역병의 식민지에서 유래한 도시들이 늘어서 있다. 플라켄티아(오늘날의 피아첸차)·파르마·무티나(모데나)·보노니아(볼로냐)·알리미눔(리미니) 등이 그런 도시

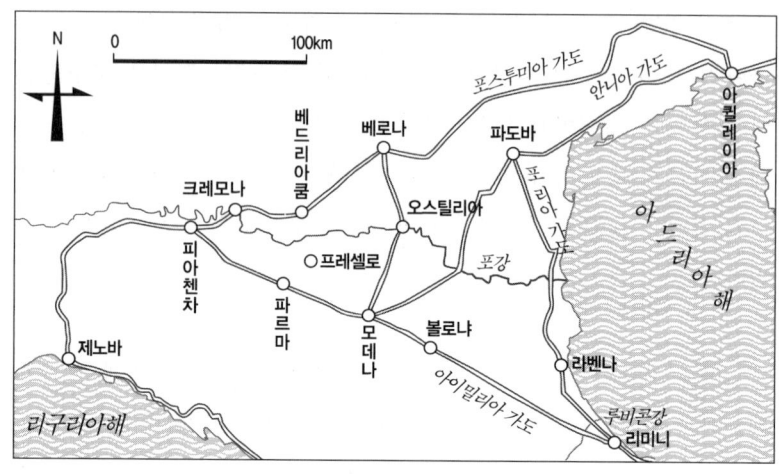

포강 유역도

들이다.

첫 번째 길의 이점은 거리가 짧다는 점이지만, 강 어귀 일대의 진 땅을 가야 하는 불리함도 있었다. 두 번째 길을 택하면 거리는 조금 길어지지만 굳은 땅을 행군하는 이점이 있다.

비텔리우스 진영의 총지휘를 맡은 카이키나는 적이 이 두 길 가운데 하나를 택하거나 양쪽으로 나뉘어 포강을 건널 거라고 판단한 모양이다. 그는 북상하는 병력과 헤어져 라벤나로 갔다. 라벤나에 주둔해 있는 함대의 동향이 적군을 저지하는 데 무시할 수 없는 요소가 되었기 때문이다. 함대라 해도 해상에서만 근무하는 것은 아니다. 로마군은 해병을 상륙시켜 육군으로 활용하는 경우가 많았다.

하지만 카이키나의 짐작은 빗나갔다는 게 일찌감치 분명해졌다. 이탈리아에 들어온 '도나우 군단'은 이 두 길을 택하지 않고, 아퀼레이아에서 포스투미아 가도를 따라 서쪽의 베로나로 향했다. 포스투미아 가도는 베로나를 지나 베드리아쿰과 크레모나로 이어져 있었기 때문이다.

군사전략상으로 보면 카이키나의 예측이 정확했을 것이다. 하지만 인간성에 대한 배려가 부족했기 때문에 실수를 저질렀다. 제1차 베드리아쿰 전투에서 승자였던 그는 패자가 된 '도나우 군단' 병사들에게 굴욕감을 안겨주었다. 모욕당하는 쪽의 심정을 헤아리지 못하는 사람만이 같은 인간을 모욕할 수 있는 법이다.

'도나우 군단' 병사들은 과거의 패배를 설욕하겠다는 복수심에 불타고 있었다. 그리고 인간은 무의식중에 일찍이 굴욕감으로 눈물을 삼킨 곳을 설욕전의 장소로 택하는 법이다. 그들에게는 그 장소가 베드리아쿰과 크레모나였다. 이것을 카이키나는 알아차리지 못했다. 아무리 이치에 맞는 전략이라 해도 인간적 요소에 대한 배려가 없으면 탁상공론으로 끝날 수밖에 없다.

라벤나에 도착한 카이키나는 예측이 빗나간 데 절망했는지, 중대한 방향 전환을 단행했다. 그것은 비텔리우스 쪽에서 보면 배신이지만, 카이키나로서는 비텔리우스를 버리는 행위였다.

이 결단이 숨은 베스파시아누스파였던 라벤나 함대 제독의 설득 때문인지, 아니면 카이키나의 심중에 싹트기 시작한 생각이 제독과 이야기하면서 구체화된 것인지는 알 수 없다. 어쨌든 카이키나는 자기편을 버리고 적에게 붙는다 해도 자기 혼자서는 의미가 없고, 휘하 병력도 함께 데려가지 않으면 효과가 없다는 것쯤은 알고 있었다.

'도나우 군단'이 베로나에 집결하기 시작한 사실이 알려졌을 때, 포강 사수를 목표로 하는 비텔리우스 진영은 둘로 나뉘어 있었다. 제1군은 포강 바로 건너편에 있는 크레모나에 들어가 그곳을 전선기지로 삼았다. 제2군도 포강을 건넜지만, 거기서 바로 북쪽에 있는 베로나의 적에 대처하기 위해 호스틸리아(오늘날의 오스틸리아)를 장악하는 작전으로 나왔다.

드디어 그들도 '도나우 군단'이 포강을 건너 수도 로마로 향하기 전에 우선 베드리아쿰과 크레모나로 갈 작정임을 알았던 것이다. 그렇다면 크레모나와 오스틸리아 양쪽에서 병력을 내보내, 베로나에 집결한 뒤에는 서쪽으로 갈 적을 협공하는 작전도 펼 수 있었다.

이 작전은 착실히 진행되고 있었다. 작전을 수행할 비텔리우스 쪽 병력은 6만 명을 헤아리는 대군이다. 반대로 '도나우 군단'은 속주별·군단별로 뿔뿔이 흩어져 베로나에 도착하는 중이어서, 아직 군단 전체가 집결하지도 않았다. 만약 카이키나가 이 기회를 이용할 작정이었다면 승리는 분명 그의 차지였을 것이다. 하지만 병사들 앞에서 카이키나가 행한 연설은 출전이 아니라 '배반'을 설득하는 것이었다.

장교급에 속하는 자들은 카이키나의 의견에 찬동했다. 비텔리우스 황제를 버린 사람은 카이키나만이 아니었다. 그러나 백인대장과 일반 병사들은 단호히 반대했다. 그들이 비텔리우스를 존경했기 때문은 아닐 것이다. 비텔리우스가 그들의 사령관이었던 기간은 한 달도 채 안 되고, 황제가 된 뒤에는 그들을 위해 해준 게 아무것도 없었다. 아니, 그들만이 아니라 모든 사람에게 해준 게 아무것도 없었다.

백인대장이나 일반 병사들은 '도나우 군단' 병사들의 보복이 두려웠을 것이다. 반년 전의 제1차 베드리아쿰 전투에서 패배한 '도나우 군단' 병사들을 모욕하고 냉혹하게 다루라고 명령한 것은 비텔리우스와 카이키나, 그리고 그 밑에 있던 상급 장교들이었다. 하지만 그 명령을 실행한 것은 하급 장교나 일반 병사들이다. 죽고 싶을 정도의 굴욕감을 맛본 '도나우 군단'의 동료들과 직접 맞부딪치고, 그들의 가슴속에 불타는 원한을 가까이에서 눈으로 본 것은 그들뿐이다. 수용소에 갇힌 포로와 그 수용소에서 근무한 병사의 관계와 비슷하다. 게다가 이 경우에는 양쪽 다 로마 시민이고 로마군 병사였다.

배반에 반대한 병사들은 카이키나를 붙잡아서 쇠사슬로 묶고 감옥에 가두었다. 하지만 그 때문에 비텔리우스 진영은 총지휘를 맡을 사람을 잃어버리게 되었다. 이래서는 더 이상 군대가 아니었다. 하지만 '도나우 군단' 쪽에도 문제가 없었던 것은 아니다.

도나우 방위선을 지키는 '도나우 군단'은 세 개의 속주에 나뉘어 주둔해 있었고, 그 책임자인 속주 총독 세 사람 가운데 두 명은 앞서 말했듯이 병사들의 압력에 대처하지 못하고 본국 이탈리아로 달아나버렸지만, 도나우강 하류를 맡고 있는 모에시아 속주 총독만은 본국으로 가는 병사들과 행동을 같이했다. 그 역시 비텔리우스를 반대하고 베스파시아누스를 지지한 것이다.

이 사투르니누스 총독이 휘하의 3개 군단과 함께 이탈리아에 들어오자 판노니아의 2개 군단을 이끌고 먼저 도착해 있던 안토니우스 프리무스의 처지가 미묘해졌다. 사투르니누스는 3개 군단을 맡고 있는 사령관이다. 안토니우스 프리무스는 실제로는 2개 군단을 이끌었지만 공식 지위는 1개 군단의 군단장일 뿐이다. 속주 총독이 도착하면 '도나우 군단' 전체의 총지휘권은 당연히 총독에게 양보해야 한다.

안토니우스 프리무스는 이것이 불만이었다. 또한 그를 따라온 판노니아의 2개 군단도 온후한 사투르니누스보다 혈기왕성한 안토니우스 프리무스의 지휘를 받고 싶어 했다. 그래서 군단장인 안토니우스 프리무스는 총독인 사투르니누스에게 파도바에 남아서 뒤늦게 이탈리아로 들어올 우군을 통합하는 역할을 맡아달라고 부탁했다. 사투르니누스에게는 정황을 파악하는 통찰력이 있었는지, 이 요구를 군말없이 받아들였다. 이리하여 '도나우 군단'의 지휘계통은 통일되었다.

역사가 타키투스는 안토니우스 프리무스를 두고 평시에는 부적당하지만 전시에는 도움이 되는 인물이라고 평했다. 하지만 평시에도 활약할 수 있는 인재가 아니면, 전시에도 진정한 의미에서 도움이 될 수 없다. 자기를 따르는 자들에 대한 통솔력이야말로 지도자의 첫 번째 조건이기 때문이다.

통솔하는 역량이 필요불가결한 이유는 목표 달성이 완벽하지 않으면 안 되기 때문이다. 가령 전투에서는 압승을 거두지 않으면 안 된다. 적군과 아군이 서로 찔러서 둘 다 죽는 것은 단순한 전쟁광이나 생각할 만한 일이다.

인류가 도저히 초월할 수 없는 전쟁이라는 악에 한 가지 이점이 있다면, 그것은 이제까지 해결하지 못하던 문제를 단번에 해결할 수 있다는 점이다. 압승하지 않으면 의미가 없는 이유도 여기에 있다. 어중간한 승리로는 전쟁과 별다름이 없는 상태가 오랫동안 지속될 우려가 있기 때문이다.

압승인지 아닌지를 판가름하는 것은 적의 사망자 수가 아니다. 그보다 아군의 희생자가 적은 편이 더 중요하다. 승리가 진정한 승리이기 위해서는 적이 또다시 싸움을 걸어오지 못할 상태로 만들 필요가 있다. 문자 그대로 승부를 결판내는 결전이어야 한다. 그러기 위해서는 적을 마구 죽이기보다 아군의 병력을 계속 유지하는 편이 효과적이다. 희생자가 적으면 사기가 떨어지는 것도 피할 수 있다. 어제까지 고락을 함께한 전우가 사방에서 픽픽 쓰러져 죽는데도 병사들의 사기가 떨어지지 않기를 바라는 것은 인간성을 무시한 허황된 소망이라고 말할 수밖에 없다.

쓸데없는 희생을 치르지 않고 승리를 얻는 것이 목적이기 때문에, 지도자에게는 휘하 병사들에 대한 완벽한 통솔력이 요구된다. 단숨에 압승을 거두기 위한 전략이나 전술을 구사할 때에도 휘하 병사들을 완벽하게 통솔할 필요가 있다.

하지만 5만 명에 달하는 병력을 통솔하는 능력은 누구나 타고나는 게 아니다. 고대 서양의 전쟁사를 보아도 그런 능력을 타고난 사람은 알렉산드로스 대왕과 한니발, 스키피오 아프리카누스, 술라, 폼페이우스, 카이사르 등 손가락으로 꼽을 정도에 불과하다. 그들은 모두 수적

알렉산드로스 대왕 스키피오 아프리카누스 한니발

으로 열세인 병력을 가지고 압승을 거두었으니까, 전략과 전술에도 뛰어난 능력을 갖고 있었던 게 사실이다. 하지만 무엇보다도 휘하 병사들을 통솔하는 뛰어난 역량이야말로 그들이 승리한 진짜 원인이었다.

5만 명에 이르는 '도나우 군단'을 마음대로 부릴 수 있는 자리에 있었지만 안토니우스 프리무스에게는 이 통솔력이 부족했다. 그리고 비텔리우스 진영의 총사령관 카이키나도 이런 재능을 타고났다고는 생각되지 않는다. 그래도 수만 병력을 지휘해본 경험은 있었지만, 부하들에게 지휘권을 박탈당하고 전선에서 배제되어 있었다. 카이키나의 배신을 안 발렌스는 병석에서 일어나 배를 타고 남프랑스로 가서 군대를 재편한 뒤 서쪽에서 '도나우 군단'을 공격하려 했지만, 남프랑스에 상륙하자마자 베스파시아누스를 지지하는 갈리아인들에게 붙잡혀 포로가 되어버렸다. 양쪽 다 유능한 사령관이 없는 상태에서, 적군과 아군을 합치면 10만에 이르는 병사가 격돌할 '제2차 베드리아쿰 전투'가 어떤 결과로 끝날지는 쉽게 예측할 수 있었다.

서기 69년 10월 24일에 벌어진 제2차 베드리아쿰 전투는 제1차 전투와 마찬가지로 혼전 상태로 시작되어 끝났다. 공격과 수비가 바뀌었다고는 하나, 참전한 병사들은 제1차 때와 마찬가지로 비텔리우스파와 오토파 병사들이었다. 그리고 이번에도 공격하는 쪽이 이겼다. 다만 이번의 승자는 지난번의 패배를 설욕하고 그때 당한 굴욕을 앙갚음하겠다는 복수심에 불타고 있었다. 게다가 압승을 거두지 못했기 때문에 많은 적병이 도망치는 것을 허용했다. 그래서 이튿날까지 처참한 전투가 이어졌고, 비텔리우스파 병사들이 도망쳐 들어간 크레모나를 공략하는 전투가 계속되었다.

'도나우 군단' 병사들은 반년 전 크레모나의 원형경기장 건설 현장에서 혹사당한 것과 그때 크레모나 주민에게 모욕당한 것도 잊지 않았다. 기원전 3세기에 탄생하여 오랜 역사를 자랑하는 크레모나는 철저히 파괴되었고, 반항한 사람도 반항하지 않은 사람도 무차별로 살해되었다. 같은 로마 시민이 살고 있는 도시에서 자행된 이 잔학행위는 듣는 이들을 두려움에 떨게 했다. 이것이 이틀 동안 계속된 전투와 그 후 나흘 동안 계속된 크레모나 공략의 결과였다.

비전투원인 크레모나 주민까지 포함하여 양쪽의 사망자 수는 무려 4만 2천 명.

폼페이우스와 카이사르가 격돌한 파르살로스 전투에서는 양군을 합하여 8만 명이 참전했지만, 전사자 수는 폼페이우스 쪽이 6천 명, 카이사르 쪽은 200명, 합해서 6,200명이었다. 패배한 폼페이우스 진영은 2만 4천 명이 포로가 되었지만, 제2차 베드리아쿰 전투에서는 포로가 나오지 않았다. '도나우 군단' 병사들이 '라인 군단' 병사만이 아니라 크레모나 주민까지도 마구잡이로 죽였기 때문이다. 통솔력이 없는 지도자가 이끄는 집단은 더 이상 전사가 아니라 야수떼와 마찬가지였다.

베드리아쿰에서 비텔리우스파 군대가 패배하고 크레모나에서 참극이 벌어졌다는 소식은 당장 수도 로마에 전해졌다. 비텔리우스는 오토처럼 자살을 택하지 않았다. 그렇다고 해서 플라미니아 가도를 따라 남하해올 게 뻔한 '도나우 군단'을 맞아 싸울 준비를 시작한 것도 아니었다. 맞아 싸울 병력이 없었던 것은 아니다. 베드리아쿰에 이어 크레모나에서도 참패한 비텔리우스파 병사들이 황제가 있는 수도 로마로 도망쳐왔기 때문이다.

타키투스의 붓은 이 무렵의 비텔리우스 황제를 이렇게 묘사하고 있다. "정원의 나무 그늘에 숨어서 납작 엎드린 채 음식을 받을 때에만 얼굴을 들 뿐, 과거도 현재도 미래도 일절 신경쓰지 않는 짐승."

뚱뚱한 비텔리우스를 아는 사람에게는 그를 눈앞에서 보는 듯이 생생한 묘사다. 하지만 우두머리가 이 꼴인데도 비텔리우스파 병사들은 필사적으로 맞아 싸울 준비에 몰두했다. 플라미니아 가도를 따라 쳐내려올 '도나우 군단' 병사들의 보복이 두려웠기 때문이다.

공격에 나선 안토니우스 프리무스도 비텔리우스파 패잔병들이 필사적으로 나오리라는 것은 예상하고 있었다.

폐허가 된 크레모나를 떠나 포강을 건넌 다음, 아이밀리아 가도를 따라 리미니까지 가서 플라미니아 가도를 지나 수도 로마 근교에 모습을 나타낼 때까지 50일이나 걸렸다. 빠른 말이라면 닷새 만에 달릴 수 있는 거리를 그 열 배인 50일이나 걸린 데에는 몇 가지 이유가 있었다.

첫째, 비텔리우스파 패잔병들이 매복해 있을 것을 우려하여, 손으로 더듬듯 신중하게 행군했기 때문이다. 아이밀리아 가도는 탁 트인 평지를 일직선으로 뻗어 있는 도로지만 플라미니아 가도는 아펜니노산맥을 뚫고 나아간다.

둘째, 안토니우스 프리무스의 통솔력이 부족했기 때문이다. 5만 명이나 되는 병사를 모두 살피는 것은 꿈같은 얘기이고, 결국은 선두에 선 안토니우스 프리무스의 뒤를 무질서하게 따라가는 행군이 되어버렸다. 그가 명령한 것도 아닌데 발렌스는 처형되고 카이키나는 석방된 것이 그 증거다.

셋째, 안토니우스 프리무스는 제2차 베드리아쿰 전투와 크레모나 파괴로 복수심을 채우자, 그제야 비로소 동쪽에서 다가오는 무키아누스와 '유프라테스 군단'의 도착을 기다릴 마음이 들었는지도 모른다.

안토니우스 프리무스는 판노니아 주둔군 1개 군단을 지휘하던 일개 군단장에 불과하다. 한편 무키아누스는 4개 군단의 지휘권을 갖는 시리아 속주 총독이고, 지금은 황제를 자칭한 베스파시아누스의 대리인 자격으로 비텔리우스를 제거하기 위해 본국 이탈리아로 오고 있다. 이처럼 군대 내부의 지위에도 압도적인 차이가 있는데다 사회적 지위에도 차이가 있었다. 무키아누스는 본국 출신의 원로원 계급이지만, 안토니우스 프리무스는 속주 출신이다. 나이도 무키아누스는 50대 후반인데, 안토니우스 프리무스는 30대 초반이다.

인간은 뭔가에 열중하여 행동할 때는 염두에도 두지 않았던 일을 그 행동이 일단락되면 당장 걱정하게 되는 법이다. 그런데 로마인끼리 싸우는 틈을 이용하여 도나우강을 건너 로마 영토를 침범한 다키아족을 격퇴한 뒤 다시 서쪽으로 방향을 돌린 무키아누스와 '유프라테스 군단'이 이탈리아에 들어왔다는 소식은 좀처럼 들어오지 않았다. 결국 안토니우스 프리무스는 비텔리우스를 폐위시키고 베스파시아누스를 제위에 앉히는 주인공 역할을 자기가 맡기로 했다. 그의 허영심이 이긴 셈이지만, 난세에는 그런 인재가 적합하다는 증거이기도 하다.

넷째, 베드리아쿰 전투를 치르고 크레모나를 파괴한 뒤 안토니우스 프리무스만이 아니라 '도나우 군단'의 모든 병사에게 마음의 여유가 생긴 것도 이유로 들 수 있지 않을까. 복수를 끝내고 원한을 풀었기 때문만은 아니다. '도나우 군단'이 이탈리아에 접근하고 있다는 것을 알고 비텔리우스 황제가 원군 파견을 명령했는데도 침묵만 지켰던 에스파냐와 브리타니아의 5개 군단이 '제2차 베드리아쿰 전투' 결과를 안 뒤에는 베스파시아누스를 지지하겠다는 뜻을 밝혔다. 상황이 이런 만큼, 안토니우스 프리무스가 비텔리우스도 이제 독 안에 든 쥐라고 생각한 것도 무리는 아니다.

비텔리우스 살해

플라미니아 가도를 따라 천천히 내려오는 '도나우 군단'의 수도 접근을 저지하기 위해 북쪽으로 올라간 비텔리우스파는 몇 차례에 걸쳐 저항을 시도했지만, 그 저항도 12월 15일에 병사들의 항복으로 막을 내렸다. 먹고 자는 일밖에 하지 않은 비텔리우스는 이튿날인 16일에 그 소식을 들었다.

54세의 황제는 상복 차림으로 팔라티노 언덕의 황궁에서 나와 포로 로마노로 갔다. 로마의 서민들이 오랜만에 보는 황제의 모습이었다. 비텔리우스는 포로 로마노의 연단 위에서 그를 에워싼 시민들에게 국가에 평화를 가져오기 위해 퇴위하겠다고 선언했다. 그리고 옆에 있던 집정관에게 칼을 내밀면서 자신의 생사는 시민들에게 맡기겠다고 말했다. 집정관은 황제가 내민 칼을 받기를 거부했다. 그러자 비텔리우스는 황제의 표장은 콘코르디아 신전에 돌려놓고 자기는 사저로 거처를 옮기겠다고 말했다.

이 말에 지금까지 묵묵히 듣고 있던 시민들 사이에서 항의의 목소리가 터져나왔다. 황제가 있을 곳은 팔라티노 언덕에 있는 황궁뿐이다. 그러니까 황궁으로 돌아가라는 것이다. 사방에서 쏟아지는 항의를 들으면서 비텔리우스는 그저 우두커니 서 있을 뿐이었다. 포로 로마노에 모여 있던 시민들은 황제를 팔라티노 이외의 어디에도 보내지 않겠다는 듯, 성도(聖道: 비아 사크라)를 제외한 모든 길을 가로막았다. 비텔리우스는 민중의 함성에 떠밀리듯 비아 사크라를 지나 팔라티노 언덕으로 올라가서 황궁에 다시 틀어박혔다.

이튿날인 17일, 비텔리우스가 밝힌 퇴위의 뜻을 받아들여 원로원이 움직이기 시작했다. 황제의 지위를 비텔리우스에서 베스파시아누스한테로 평화롭게 이양하려 한 것이다. 이를 위해 유력한 원로원 의원이 수도 경찰청장이며 베스파시아누스의 친형인 사비누스를 찾아갔다. 하지만 비텔리우스파 패잔병들이 이것을 알고 흥분했다. 자기들한테는 한마디 상의도 없이 일이 결정된 데 화가 난 것이다. 또한 자기들만 희생의 제물로 바쳐지는 것도 두려웠을 것이다. 그들의 불안과 분노는 베스파시아누스의 형인 사비누스를 향해 폭발했다.

18일, 황제가 누구로 바뀌든 행정 관료로서 임무를 철저히 수행해온 사비누스도 신변에 위험을 느꼈다. 그는 로마에 있는 조카, 즉 베스파시아누스의 둘째 아들 도미티아누스를 데리고 카피톨리노 언덕으로 피신했다. 카피톨리노 언덕은 최고신 유피테르에게 바쳐진 신전을 비롯하여 신들을 모신 신전밖에 없는 로마의 유일한 성역이다. 여기에 숨어 있으면 폭도로 변한 비텔리우스파 병사들도 건드릴 수 없을 거라고 생각한 것이다. 하지만 불안과 분노를 터뜨릴 곳을 잃어버린 병사들은 그 성역을 에워쌌다.

그날 밤 사비누스는 카피톨리노 언덕 바로 옆에 있는 팔라티노 황궁으로 심부름꾼을 보내 병사들에게 포위를 풀도록 명령해달라고 비텔리우스에게 부탁했다. 심부름꾼이 가져온 황제의 회답은 카피톨리노를 포위한 것은 병사들이 멋대로 한 짓이니까 자기로서는 어쩔 도리가 없다는 것이었다. 비텔리우스는 이제 더 이상 병사들에게 무언가를 시킬 힘도 없고, 병사들을 말릴 힘도 없었다.

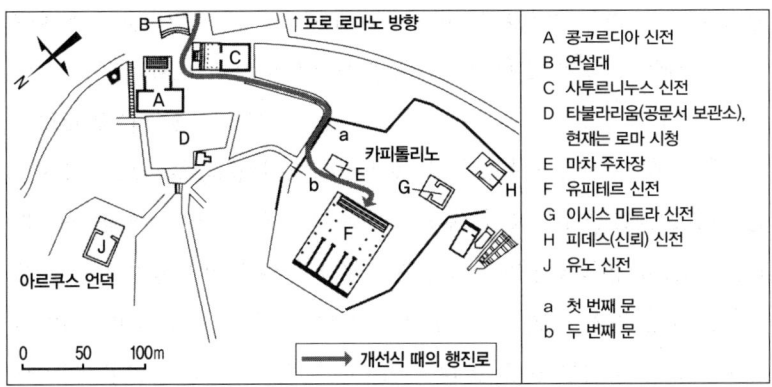

카피톨리노 언덕 위의 신전 배치도(서기 69년 당시)

  19일, 아직 동도 트기 전에 비텔리우스파 병사들은 카피톨리노 언덕으로 우르르 올라갔다. 오르막길을 비추기 위해 손에 들고 있던 횃불들이 신전 안에 틀어박혀 있는 사람들을 태우는 데 사용되었다. 내던진 횃불이 석조 신전에도 곳곳에 쓰인 목재에 옮겨붙은 것이다. 모여든 로마인들 앞에서 해가 높이 떠오른 뒤에도 오랫동안 끔찍한 광경이 벌어졌다. 타키투스가 아니더라도 누구나 분개할 만한 광경이었다.
  로마인의 수호신들에게 바쳐진 신전이 외국인도 아닌 로마인의 손으로 불타버린 것이다. 그것도 뜻밖의 화재가 아니라 일부러 불을 질렀다. 기원전 753년에 건국된 이후 무려 822년째 되던 해에 처음으로 일어난 수치스러운 사건이었다. 활활 타오르는 신전을 보고, 횃불을 던진 비텔리우스파 병사들도 망연자실하여 멍하니 바라보기만 했다고 한다. 그 틈에 도미티아누스는 달아나는 데 성공했다. 하지만 사비누스는 병사들에게 붙잡혀 포로가 되어버렸다.
  병사들은 붙잡은 사비누스를 비텔리우스 앞으로 끌고 갔다. 사비누스는 수도 경찰청장 자리에만 12년 동안이나 앉아 있었던, 문자 그대로 공복이었다. 비텔리우스는 그를 살려줄 작정이었다. 하지만 이 경우에도 그에게는 부하들을 통제할 힘이 없었다.

그날 밤 자정이 지났을 때, 안토니우스 프리무스가 이끄는 '도나우 군단' 선발대가 로마에서 북쪽으로 15킬로미터 지점까지 접근했다는 소식이 황궁에 전해졌다. 이것이 사비누스의 운명을 결정지었다. 병사들은 비텔리우스가 팔짱을 낀 채 지켜보는 앞에서 사비누스를 죽이고, 그 시신을 테베레강에 던져버렸다. 사비누스가 살아 있었다면 수도 로마가 무력 충돌의 무대가 되는 것을 피할 수 있었겠지만, 이것으로 그 유일한 가능성마저 사라져버렸다.

이튿날인 12월 20일, 마리우스와 술라의 내전(제3권 참조) 당시 수도가 무력 충돌의 무대가 된 지 무려 150년 만에 또다시 로마 시내에서 시가전이 벌어졌다.

시가전을 피하려는 노력이 전혀 없었던 것은 아니다. 비텔리우스는 평생 독신으로 지내면서 시민들의 존경을 받는 여제사장을 통해 자기는 퇴위할 테니까 평화적으로 문제를 해결하자는 편지를 안토니우스 프리무스에게 보냈다. 원로원 계급과 기사계급에 속하는 유력자들 중에는 개별적으로나마 설득하는 역할을 자청한 이들도 있었다. 안토니우스 프리무스 자신도 제국의 수도를 시가전 무대로 삼기를 망설였다. 그러나 비텔리우스가 휘하 병사들을 통제할 힘이 없었듯이, 안토니우스 프리무스에게도 그럴 힘이 없었다. 밀어붙이는 기세로 공격하는 쪽과 공포와 절망에 사로잡혀 수세에 몰려 있는 쪽을 중재할 수 있는 유일한 인물이었던 사비누스가 살해된 것은 실로 중대한 일이었다. 베스파시아누스의 친형을 죽인 행위는 결코 묵과할 수 없다는 명분을 공격하는 쪽에 주게 되었기 때문이다.

그래도 안토니우스 프리무스는 불가피해진 시가전을 되도록 빨리 결말내기 위한 방책을 궁리했다. 휘하 병력을 삼분하여, 제1군은 근위대 막사를 공격하게 하고, 제2군은 플라미니아 가도를 따라 포로 로

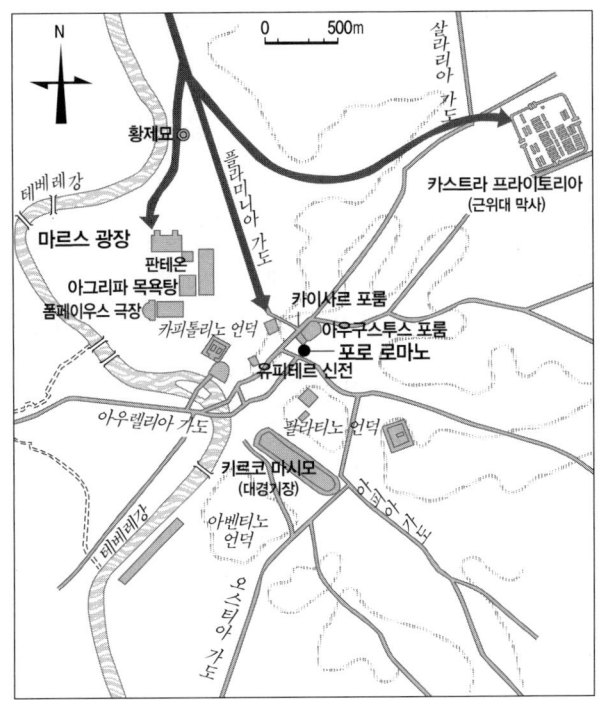

로마 시가전에서 공격군의 진로(화살표)

마노로 직행하게 하고, 제3군은 테베레강을 따라 남하하여 포로 로마노와 마찬가지로 공공건물이 늘어서 있는 마르스 광장을 장악하게 했다.

얼핏 이것은 참으로 합리적인 작전처럼 보인다. '도나우 군단'은 북이탈리아에서 로마로 통하는 플라미니아 가도를 남하해 왔으니까, 수도를 공격한다면 북쪽에서 공격하는 것이 당연하다는 느낌이 들기 때문이다. 하지만 이것은 안토니우스 프리무스가 갖고 있는 전략이나 전술적 재능의 한계를 보여주었다.

제국의 다른 도시들과 달리 수도 로마만은 성벽으로 둘러싸인 도시가 아니었다는 사실을 상기해주기 바란다. 제국의 안전은 라인강과 도나우강 및 유프라테스강이라는 3대 방위선을 비롯한 국경선을 지킴으로써 유지해야 하고, 그 중심인 '세계의 수도' 로마에는 성벽이 필요없다고 생각한 율리우스 카이사르가 공화정 시대 로마의 방벽이었던 세르비우스 성벽을 허문 지 120년이 지났다. 군데군데에 아직 성벽이 남아 있긴 했지만, 성벽은 완전히 이어진 상태로 도시 전체를 둘러싸지 않으면 쓸모가 없다. 오늘날에도 남아 있는 아우렐리아누스 성벽은 방위선의 안전을 보장할 수 없게 된 3세기 후반에 세워진 것이다.

따라서 서기 69년 말 당시 '세계의 수도' 로마는 성벽으로 보호받지 않는 도시였다. 북이탈리아의 크레모나는 대도시가 아닌데도 공성전을 벌일 필요가 있었지만, 대도시 로마는 동서남북 어디에서나 군대가 진입할 수 있었다. 몇 개로 나뉜 병력이 사방에서 진입하면, 이들을 맞아 싸우는 비텔리우스파 병력도 분산될 수밖에 없다. 그렇게 수비군을 분산하고 고립시키면 항복을 빨리 받아내는 것도 꿈은 아니었다.

그리고 로마에서 남쪽으로 통하는 아피아 가도를 따라 100킬로미터쯤 내려간 타라키나(오늘날의 테라치나)에는 비텔리우스의 친동생인 루키우스가 이끄는 부대가 대기하고 있었다. 제2차 베드리아쿰 전투가 베스파시아누스 진영의 승리로 끝난 뒤에도 계속 비텔리우스를 지지한 것은 라인강 연안을 제외하고는 아프리카 속주뿐이었다. 루키우스는 여차하면 아프리카로 달아날 작정이었는지도 모른다. 이런 상황에서는 로마 시내에서 '도나우 군단'을 맞아 싸우는 비텔리우스파 병사들이 더 이상 버틸 수 없게 되면 남쪽으로 달아나려고 생각하는 것도 당연하다. 그 결과, 서기 69년 12월 20일의 시가전은 로마의 북쪽에서 남쪽에 이르기까지 거의 전역에서 벌어지게 되었다.

가장 치열한 전투는 근위대 막사를 둘러싸고 전개되었다. 막사니까 사방을 지키는 방벽이 있다. 안에는 무기도 충분하다. 게다가 공격하는 쪽도 그들을 맞아 싸우는 쪽도 모두 전투원이다. 하지만 무엇보다도 이곳을 지키는 것은 비텔리우스가 휘하의 '라인 군단'에서 선발하여 재편성한 16개 대대 1만 6천 명의 근위병이었다. 공격하는 쪽의 주력은 오토 편에 서서 싸웠다는 이유로 비텔리우스에게 해고당한 9개 대대 9천 명의 전(前) 근위병이다. 이 병사들은 반년 전까지만 해도 자신들의 거처였던 막사를 공격하고 있었다.

전투는 온종일 계속되었다. 최후의 한 명까지 저항을 멈추지 않은 비텔리우스파 근위병들은 모두 정면에서 공격을 받고 쓰러졌다. 적에게 등을 보인 사람은 하나도 없었다고 한다.

그러나 다른 곳에서 벌어진 시가전은 그와는 반대였다. 그 상황을 역사가 타키투스는 이렇게 묘사하고 있다.

"수도의 민중은 이날 시내에서 벌어진 전투를 경기장에서 벌어지는 검투사 시합이라도 구경하듯 관전했다. 용감하게 싸우는 자에게는 박수와 환호를 보내고, 고전하는 자에게는 더욱 열심히 싸우라고 야유를 보낸다. 열세에 놓인 병사가 가게나 주택 안으로 도망쳐 들어오면, 민중은 밖으로 끌어내어 죽이라고 요구했다. 그러면서도 민중은 병사들이 싸움에 열중해 있는 틈에 병사들의 권리인 전리품을 약삭빠르게 가로채고 있었다.

수도 전역에서 개탄스러운 광경이 벌어졌다. 병사들이 격돌하고, 사망자가 길바닥에 널브러져 있고, 부상자가 고통으로 신음하는데, 공중목욕탕이나 선술집은 사람들로 가득 차 있었다. 시체가 겹겹이 쌓이고 피가 강을 이루는데, 그 옆에서는 창녀들이 손님과 화대를 흥정하고 있었다. 한편에서는 평화를 만끽하면서 쾌락을 즐기는데, 그 바로 옆에서는 패잔병이 처참한 꼴로 끌려간다. 요컨대 로마 전체가 광기와 타락의 도시로 변한 듯했다.

수도 안에서 벌어진 시가전은 로마 역사상 이번이 처음은 아니다. 술라가 두 번, 킨나가 한 번 결행했다. 하지만 그때와 지금의 차이는 민중의 철저한 무관심이었다. 수도 민중은 내전의 향방 따위에는 관심이 없었다. 시가전이라는 구경거리에 관심이 있었을 뿐이다. 시가전이 마침 휴일인 사투르니우스 축제와 때를 같이하여 일어난 탓도 있어서, 축제일에 제공되는 구경거리를 즐기듯 시가전을 즐긴 것이다. 비텔리우스 쪽이 이기든 베스파시아누스 쪽이 이기든, 이들에게는 아무래도 좋았다. 수도 서민은 이렇게 국가의 재난조차도 쾌락으로 바꾸어버렸다."

애국자 타키투스의 개탄도 이해할 만하다. 하지만 로마인끼리의 시가전을 경기장에서 벌어지는 검투사 시합처럼 관전한 서민들이 오히려 사태를 정확히 파악하고 있었다는 생각이 든다. 물론 서기 69년 말에 수도에서 벌어진 시가전은 로마 제국의 재난이었다. 하지만 민중은 알아차리고 있었다. 비록 의식하지는 않았다 해도, 어느 쪽이 이기든 달라지는 것은 황제의 얼굴뿐이라는 사실을 알고 있었던 것이다. 그리고 황제의 얼굴이 몇 번 바뀌다 보면 무능한 사람은 자연히 도태되고 조금은 나은 '얼굴'이 황제 자리를 차지하게 되리라는 것도 민중의 지혜로 알았을 게 분명하다.

역사가 타키투스의 특징은 그가 역사가라는 이름에 어울리는 역사가였다는 점이다. 다시 말하면 무슨 일이든 빠짐없이 서술하는 사람이었다. 하지만 그 결과 그가 애당초 전달하려 했던 생각과는 반대되는 생각을 전달해버리는 일이 종종 일어난다.

위의 글에서 타키투스는 국가의 재난조차 구경거리로 바꾸어버린 로마의 민중을 통렬히 비난했다. 하지만 나 같은 독자는 오히려 로마 민중의 날카로운 비판 정신에 강한 인상을 받는다. 그래도 후세의 역사 연구가들은 대부분 타키투스의 서술을 그대로 순순히 받아들인다는 점은 밝혀두어야 할 것이다. 술라나 킨나의 내전(제3권 참조) 당시 민중이 무관심하지 않았던 것은 그들의 생활 환경이 개선되느냐 아니냐가 내전의 행방에 달려 있었기 때문이다. 그 시대의 내전은 원로원 계급과 평민계급의 대립에서 일어났다. 술라는 원로원파였고, 술라와 맞서 싸운 마리우스나 킨나는 평민파의 우두머리였기 때문에 민중에게는 성원할 상대가 분명했다.

서기 69년 12월에 벌어진 시가전으로 돌아가면, 치열한 전투가 벌어지고 있는 근위대 막사를 제외한 다른 전선에서는 이미 승부가 판가름나 있었다. 이제까지 팔라티노 언덕의 황궁에 틀어박힌 채 어찌할 바를 모르던 비텔리우스가 무슨 생각을 했는지 황궁에서 나왔다. 몰래 로마를 빠져나가 테라치나에 있는 동생에게 갈 작정이었는지도 모른다. 그렇다고 하기에는 수비대도 거느리지 않은 게 묘하다. 일단 황궁을 나오기는 했지만, 마음이 변했는지 황궁으로 다시 돌아갔다. 그 잠깐 사이에 황궁에서는 말단 하인에 이르기까지 모두 달아나버렸다. 아무도 없는 황궁에 들어간 비텔리우스는 또 무슨 생각을 했는지, 자기 방으로 가지 않고 평소에 수위들이 대기하는 방으로 들어갔다. '도나우 군단' 병사들이 그곳에 숨어 있는 황제를 찾아내어 밖으로 끌어낸 것은 그 직후였다.

손을 뒤로 결박당한 비텔리우스는 돼지처럼 병사들에게 내몰려 팔라티노 언덕 바로 밑에 있는 포로 로마노로 끌려갔다. 그리고 그곳에서 어이없이 살해되었다. 안토니우스 프리무스의 명령으로 살해되었다는 증거는 없다. 시가전을 총지휘해야 할 그가 이 시점에 어디에 있었는지도 분명치 않다. 황제의 주검은 처형당한 중죄인처럼 테베레강에 던져졌다. 여덟 달 동안 황제 노릇을 한 뒤 54세로 죽음을 맞은 것이다.

이리하여 로마는 불과 1년 사이에 세 황제의 죽음을 치렀다. 이로써 역사상 '삼황제 시대'라 불리고, 타키투스에 따르면 '하마터면 제국의 마지막 1년이 될 뻔했던' 서기 69년도 이윽고 끝나려 하고 있었다.

그리고 며칠 뒤, 마치 기다렸다는 듯이 무키아누스가 로마에 도착했다. 베스파시아누스의 오른팔, 아니 두뇌는 비텔리우스가 반년 전에 그랬던 것처럼 군대와 함께 입성하여 승리를 과시하는 따위의 짓은 하지 않았다. 무키아누스는 수도 로마에 내전의 승자로 나타난 게 아니라, 내전으로 무너진 질서를 다시 세우는 재건자로 나타난 것이다. 그리고 이 냉철하고 노련한 통치자는 당장에 모든 것을 자신의 통제 아래 두는 데 성공했다.

우선 테라치나로 군대를 보내 비텔리우스의 동생이 이끌던 부대를 분쇄했다. 루키우스 비텔리우스는 사형에 처해졌다. 비정한 처사이긴 하지만, 비텔리우스파 잔당에게 비빌 언덕을 주지 않기 위한 조치였다.

그사이에 원로원을 소집하여, 이듬해인 서기 70년을 담당할 집정관으로 베스파시아누스와 그의 아들 티투스를 당선시켰다. 베스파시아누스는 이집트에 머물러 있었고, 티투스도 내년 봄에 시작될 예루살렘 공략전을 준비하는 중이라서 로마에 없었지만, 로마법에 따르면 어쩔 수 없는 경우에는 로마에 없어도 집정관에 취임할 수 있다. 실권자로는 첫 번째와 두 번째인 이들 두 사람을 집정관 자리에 앉힌 것은 로마 제국의 질서 회복에 착수하겠다는 의사표시이기도 했다.

비텔리우스 타도의 실질적 공로자인 안토니우스 프리무스에게는 원로원을 움직여 무공훈장을 수여하긴 했지만, 그밖의 보상은 아무것도 허락하지 않았다. 안토니우스 프리무스는 여기에 승복하지 않았다. 하지만 일개 군단장인 그에 비해 무키아누스는 속주 총독이고, 태도 또한 결연하기 이를 데 없었다. 안토니우스 프리무스에게 심취해 있던 도미티아누스가 아무리 부탁해도, 무키아누스는 이제 겨우 열여덟 살인 베스파시아누스의 둘째 아들 부탁에는 귀를 기울이지 않았다. 이런 처사에 불만을 품은 안토니우스 프리무스는 배를 타고 이집트까지 가서 베스파시아누스에게 직접 호소했다. 하지만 새 황제의 태도도 야심만만했던 34세의 안토니우스 프리무스를 만족시키지는 못했다. 베스파시아누스와 무키아누스의 2인3각이 그만큼 완벽했다는 증거이기도 하다. 또한 전시에는 적합한 인재라 해도 평시에까지 적합하다고 단정할 수는 없었다.

그러나 역사가 타키투스도 말했듯이, 이로써 전쟁 상태는 끝났어도 평화와 질서가 돌아온 것은 아니었다. 평화와 질서를 재건하기 위해서 무키아누스는 베스파시아누스가 본국으로 돌아오는 서기 70년 가을까지 사실상의 황제 역할을 한다. 무키아누스의 의지를 천명하기 위한 첫 번째 사업은 불타버린 유피테르 신전을 복구하는 일이었다.

하지만 평화의 첫 번째 조건인 질서 회복은 신전 복구 같은 평화적인 사업만으로는 이룰 수 없다. 아직 공적인 신분은 시리아 속주 총독에 불과한 무키아누스가 무엇보다 먼저 직면해야 했던 과제는 라인강 주변에서 일어난 속주병들의 반란을 진압하는 일이었다.

제4부
제국의 변경에서는

제5권에서 카이사르와 폼페이우스 사이에 벌어진 내전을 기술할 때 내 머릿속을 오간 생각 가운데 하나는 왜 속주민이 봉기하지 않았을까 하는 점이었다. 두 사람이 저마다 자기 주변에 병력을 집결시켰기 때문에, 그때까지 로마에 정복당한 지방들은 군사적으로 공백 상태에 놓여 있었다. 게다가 카이사르의 갈리아 제패는 얼마 전에야 끝났을 뿐이고, 폼페이우스가 동방을 제패한 것도 기껏해야 10년 전의 일이었다. 로마 세계의 동서 양쪽에는 두 사람에게 패배한 자들이 아직 건재했다. 이들에게 자유와 독립을 되찾을 마음만 있었다면 로마인끼리 서로 싸우는 이때야말로 다시없이 좋은 기회였을 것이다.

그런데 내전이 계속된 3년 반 동안 로마에 반기를 들고 일어난 속주는 하나도 없었다. 카이사르에 의해 라인강 동쪽으로 쫓겨난 게르만족도 얌전했다. 카이사르가 출현하기 전에는 집요할 정도로 라인강을 넘어오던 게르만족이 내전 중에는 라인강을 건너려는 시도조차 하지 않았다.

로마인끼리 싸운 내전은 그것만이 아니다. 카이사르가 암살된 직후부터 옥타비아누스 시절의 아우구스투스가 종결시킬 때까지 14년 동안 계속된 내전도 있다. 하지만 처음에는 안토니우스와 옥타비아누스가 브루투스와 카시우스를 상대로 싸웠고 그다음에는 안토니우스와 옥타비아누스가 맞서 싸운 이 내전은 대부분 냉전 상태였고, 열전을 벌인 것은 필리피 회전과 악티움 해전뿐이니까, 이 경우에는 비교 대상이 되기 어렵다. 서기 69년의 내전과 비교할 수 있는 것은 카이사르와 폼페이우스가 싸운 120년 전의 내전밖에 없다.

서기 69년의 내전은 불과 1년 만에 해결되었다. 하지만 네로 황제의 결단 덕분에 좋은 관계를 맺은 동방 국경을 빼고는, 그 1년 사이에 로마인끼리 싸우는 기회를 틈타 반란을 일으킨 민족이 많았다.

아직도 완전히 제패하지 못한 브리타니아에서는 로마에 반기를 들고 일어난 원주민 부족을 진압하느라, 주둔군 3개 군단 가운데 1개 군단만이 본국 이탈리아로 돌아오라는 명령에 응할 수 있었다.

도나우강 방위선에서는 다키아족이 로마 영토로 쏟아져 들어오는 바람에 서쪽으로 행군하던 무키아누스가 방위선을 지키기 위해 잔류한 군단병과 함께 다키아족을 격퇴하느라 애를 먹어야 했다.

그리고 라인강 방위선에서는 로마군의 보조전력인 보조병들이 주전력인 군단병을 공격하는 로마 역사상 최초의 불상사가 일어났다. 게르만계인 이 보조병들은 라인강 동쪽 연안에 사는 게르만계 부족과 호응하여 반란을 일으켰을 뿐 아니라, 역시 로마의 속주민인 갈리아인들까지 끌어들였다. 갈리아인들은 갈리아 제국을 건설하여 로마의 지배에서 독립하려고까지 했으니, 문제는 간단치 않았다.

카이사르와 폼페이우스가 격돌한 3년 동안은 이런 불상사가 일어나지 않았는데, '삼황제 시대'인 1년 동안은 왜 이렇게 변경이 시끄러웠을까.

거기에는 몇 가지 이유가 있다.

첫째, 폼페이우스와 카이사르는 로마 세계에서 수위를 다투는 유명인사였다. 로마에 대한 봉기를 이끌 만한 신분과 힘을 가진 속주의 유력자라면 두 사람을 모르는 자가 없었다. 반대로 갈바와 오토와 비텔리우스는 지명도가 아주 낮았다. 이름을 모르면, 행동을 일으킬 때 느끼는 위압감도 없다.

둘째, 폼페이우스는 지중해의 해적을 소탕하고 동방을 제패한 인물로, 카이사르는 갈리아를 정복하고 게르만족을 무찌른 인물로, 그 눈부신 군사적 업적을 자랑하고 있었다. 속주의 유력자들과 로마의 방위선 밖에 사는 사람들은 이들 두 사람에게 완패당한 경험이 있었다.

세 황제는 이런 점에서 비교가 되지 않을 만큼 뒤떨어진다. 갈바도 오토도 비텔리우스도 속주 총독은 지냈지만, 전쟁에서 승리한 경험은 없다. 속주민이나 변경 부족들이 전력을 다해 싸웠는데도 패배한 상대는 아니었다. 베스파시아누스도 이 점은 마찬가지지만, 그렇기 때문에 유대 전쟁을 성공적으로 끝내는 것이 그에게는 무엇보다 중요한 과제였다.

세 번째 이유는 전쟁터가 어디였느냐에서 찾아야 하지 않을까.

카이사르와 폼페이우스가 싸울 당시의 전쟁터는 이탈리아, 에스파냐, 그리스, 이집트, 북아프리카를 거쳐 마지막에는 다시 에스파냐로 돌아왔으니까, 로마 세계 전역을 망라했다. 반대로 서기 69년의 전쟁터는 북이탈리아에 국한되어 있었고, 그것도 두 번 다 반경 30킬로미터에 불과한 같은 지역에서 전투가 벌어졌다. 수도 로마를 전쟁터에 포함시킨다 해도, 이탈리아에서 한 발짝도 나가지 않았다. 드넓은 로마 제국의 변경에 사는 사람들이 보기에는 제국의 중심이라 해도 머나먼 이탈리아에서 벌어진 전투에 불과하다.

요컨대 카이사르와 폼페이우스의 싸움은 아프리카의 대초원 전역을 무대로 벌어지는 거대한 코끼리들의 격전이라고 해도 좋다. 여느 코끼리보다 더욱 거대한 수코끼리가 이끄는 어마어마한 코끼리떼가 대초원도 비좁다는 듯이 지축을 울리며 정면으로 격돌한 것과 같은 느낌이다. 백수의 왕 사자조차도 겁을 먹고 초원 한구석에 웅크린 채 지켜볼 수밖에 없었을 것이다. 섣불리 초원 한복판에 발을 들여놓았다가는 종횡무진으로 질주하는 코끼리떼에 자칫 밟혀 죽을지도 모르기 때문이다. 백수의 왕 사자도 이럴진대, 평소에는 무리를 지어 사자한테도 대담하게 맞서는 하이에나라 해도 숨을 죽이고 결과를 기다릴 수밖에 없을 것이다.

서기 69년에는 대초원 중앙의 한곳에서 암사자를 차지하기 위해 수사자끼리 싸운 거나 마찬가지였다. 다른 동물들이 꼼짝도 못할 만한 충격을 주는 격투는 아니었다. 그도 그럴 것이, 기원전 1세기의 내전은 원로원 주도의 공화정 체제로 계속 가느냐, 아니면 새로운 정치체제인 제정을 선택하느냐를 놓고, 말하자면 국가의 기틀을 둘러싸고 벌어진 싸움이었기 때문이다. 거기에 비하면, 제정을 선택한 지 100년이 지난 서기 1세기의 내전은 누가 제정의 우두머리가 될 것이냐 하는 문제에 불과했다. 따라서 전쟁터에서 멀리 떨어진 대초원 주변에서는 각 동물들이 제멋대로 행동할 수 있었다.

비텔리우스의 죽음으로 전쟁 상태는 끝났지만 그것이 곧 평화 회복을 의미한 것은 아니라는 타키투스의 말은 옳다. 사자끼리는 승부가 끝났지만, 대초원의 다른 곳에서는 무질서 상태가 계속되었기 때문이다. 그것을 원상태로 돌려놓는 것이 새 황제 베스파시아누스와 그의 오른팔인 무키아누스의 과제가 되었다.

속주병 반란

오늘날 네덜란드 하면 맨 먼저 떠오르는 것은 각양각색으로 아름답게 핀 튤립이고, 해수면보다 낮은 땅을 엄청난 노력 끝에 인간이 살 수 있는 땅으로 바꾸어놓은 근면한 민족의 이미지다. 네덜란드인은 월드컵에서 압도적인 힘을 과시하여 전 세계를 경탄시킨 민족이기도 하다. 인종 혼합에 너그러운 나라여서 오늘날에는 흑인 네덜란드인도 적지 않지만, 고대 로마의 '네덜란드인'을 상상하고 싶으면 네덜란드의 백인 축구선수를 떠올리면 된다. 로마인들은 이 네덜란드인의 선조를 바타비족(族)이라고 불렀다.

라인강 어귀 근처에 살던 이 게르만계 부족은 로마의 속주민이 아니다. 속주민이 아니니까 속주세를 낼 의무도 없다. 하지만 로마인은 '케이스 바이 케이스'의 달인이기도 하다. 속주로 삼아 로마 영토에 편입시키지는 않았지만, 동맹관계는 맺고 있었다. 바타비족이 로마에 병력을 제공하는 대신, 로마는 바타비족의 독립을 존중해주고, 주변의 다른 부족이 쳐들어오면 그것을 격퇴할 수 있도록 도와준다는 협약이다. 이같은 관계는 라인강을 북쪽 방위선으로 생각한 최초의 인물인 율리우스 카이사르 때 시작되었다.

카이사르가 라인강을 방위선으로 삼을 작정이었던 것은 다음 몇 가지 사실로 미루어 충분히 짐작할 수 있다.

첫째, 그가 갈리아를 제패했을 때 이미 라인강 서쪽에 정착해 살던 게르만족은 그 땅에서 그대로 살도록 허락했다. 나중에 저지 게르마니아와 고지 게르마니아의 두 속주로 분리된 라인강 서안 일대, 그러니까 오늘날의 네덜란드 남부와 독일 서부, 벨기에 동부와 스위스는 카이사르가 오기 전에는 라인강을 건너 서쪽의 갈리아로 이주한 게르만족의 주거지였다. 바꿔 말하면 이 지방 주민은 갈리아인이라고 불리긴 하지만 오늘날의 프랑스에 거주한 갈리아인과는 다른 게르만계 갈리아인이었다.

둘째, 카이사르는 라인강 동쪽에 살면서 로마와 항상 우호적인 관계였던 게르만계 우비족에게 라인강 서쪽으로 이주할 것을 권하고, 후세의 쾰른을 이들의 근거지로 내주었다. 이것은 라인강이라는 로마의 방위선을 강화하기 위한 방책이었다.

그리고 카이사르는 다른 갈리아인들에게 그랬듯이 이들 게르만계 갈리아인에게도 자신의 씨족 이름인 '율리우스'를 주어, 그들과도 '클리엔테스'(영어로는 클라이언트) 관계를 맺었다. 현대식으로 생각하면 본가와 분가의 관계나 두목과 부하의 관계, 또는 후원회 체제와 비슷하다. 말하자면 정복자와 피정복자의 공동운명체를 구축한 것이다. 카이사르가 이들 부족의 유력자들에게 로마 시민권을 준 것이 그 증거다. 로마 시민권은 세습권이니까 이들은 자손 대대로 로마 시민이 된다.

게다가 카이사르는 로마의 패권 밑에 들어온 갈리아인이나 게르만계 갈리아인 외에도 이 방식을 적용했다. 이는 로마의 패권이 미치지 않는 라인강 동쪽의 부족들을 회유하기 위한 방책이었던 게 분명하다. 그 결과 라인강 어귀의 북쪽, 오늘날의 암스테르담 주변에 살던 바타비족의 부족장과 그 친족들도 로마 시민이 되어 '율리우스'를 씨족 이름으로 삼게 되었다.

이 방식이 실시되었을 당시에는 키케로와 소(小)카토와 브루투스도 자기 세력을 확대하기 위한 책략이라고 카이사르를 비난했지만, 이런 비난은 근시안적인 판단이라고 할 수밖에 없다. 카이사르가 자신의 씨족 이름을 하사한 것은 그것이 그 상황에서는 가장 손쉬운 방책이었기 때문일 뿐이다. 카이사르가 죽고 그의 혈통을 이어받은 '율리우스-클라우디우스 왕조'가 무너진 뒤에도 '율리우스'들과 로마의 공동운명체적 관계가 지속된 것이 그 증거다. 카이사르는 이들과 자신의 '클리엔테스' 관계가 이들의 자손과 로마 제국의 '클리엔테스' 관계로 계승되어가리라는 것을 꿰뚫어보고 있었다. 이런 방책이야말로 백년대계라고 해야 하지 않을까. 실제로는 100년이 아니라 적어도 400년은 계속되었지만.

바타비족 이야기로 다시 돌아가면, 로마와 우호관계를 맺었을 때 그들은 로마에 병력을 제공할 의무를 지게 되었다. 로마인의 지휘를 받아, 로마군의 주전력인 군단병을 보조하는 '보조병'으로서 보조부대에 복무하는 것이다. 로마인이 병력을 제공받는 것은 단순히 병력 확보만을 의미하지 않는다. 거기에는 고용을 보장해주는 의미도 있었다. 생활이 안정되면 인간은 보수적이 되게 마련이다. 그리고 보수적이 되면, 로마에 반대하여 일어나는 과격한 행위에 호소할 가능성도 줄어든다.

보조병을 활용하는 이런 제도는 아우구스투스 황제가 군제를 확립한 뒤에는 로마군의 정식 편제로 정착되었다. 복무기간도 25년으로 명확하게 정해졌고, 만기 제대할 때는 로마 시민권이 주어졌으니까, 바타비족 중에도 로마 시민이 급증했을 것이다. 하지만 '율리우스'라는 씨족 이름을 가질 권리는 부족장급에 한정되어 있었다. 제3대 황제 칼리굴라까지는 율리우스 씨족 출신이다. 황제와 같은 씨족 이름을 갖는 것은 같은 부족에 속하는 다른 남자들과의 차이를 나타내는 특권으로서도 효용이 있었을 것이다.

이것으로도 알 수 있듯이 카이사르는 매사에 합리적인 인물이었다. '율리우스'라는 이름을 하사한 목적도 차이를 분명히 하기 위한 것만은 아니었다. 그런 특권을 주는 것이 효과적이라고 판단했기 때문이다. 속주민이나 로마의 동맹국 백성으로 구성되는 보조부대는 같은 지방이나 같은 부족 출신끼리 부대를 만든다. 이 부대를 통솔하는 지휘관은 병사들이 속해 있는 부족의 족장급이 맡는 게 보통이었다. 로마 시민만으로 편성되는 군단의 지휘관을 등용할 때는 철저하게 실력제일주의를 채택한 서기 1세기에도 보조부대의 지휘관을 등용할 때는 권위를 먼저 앞세운 것도 흥미롭다. 합리적 사고와 문명도는 비례 관계에 있는지도 모른다.

그거야 어쨌든, 서기 69년 당시 8천 명으로 구성된 바타비족 부대를 통솔하던 지휘관의 이름은 율리우스 키빌리스였다. 물론 로마 시민권 소유자다. 그리고 이 '율리우스'가 이탈리아에서 로마인끼리 싸우는 틈을 노려 라인강 하류 일대에서 로마에 반기를 들고 일어났다.

이 사건은 결국 1년도 지나기 전에 해결되지만, 거기에 대해 서술하기 전에 한 가지 말해두고 싶은 게 있다. 이제부터 시작되는 서술에는 이 사건에 등장하는 인물들의 씨족 이름이 번거로울 정도로 되풀이된다는 점이다. 여느 때라면 번거로움을 피하기 위해 되도록이면 개인 이름(프라이노멘)·씨족 이름(노멘)·가문 이름(코그노멘)을 셋 다 쓰지 않고 가문 이름만 쓰는데(예컨대 가이우스 율리우스 카이사르의 경우 카이사르라고만 쓰는 것처럼), 여기서 씨족 이름까지 덧붙여 쓰는 데에는 다른 목적이 있다. 율리우스 키빌리스나 율리우스 클라시쿠스처럼 씨족 이름과 가문 이름을 둘 다 쓰는 것은 이들이 120년 전에 율리우스 카이사르에게 씨족 이름을 받은 자들의 후손임을 느끼게 해주고 싶기 때문이다. 읽다 보면 독자들은 이렇게 생각할지 모른다.

아니, 이게 뭐야. 반란을 일으킨 자들은 몽땅 카이사르가 뿌린 씨잖아.

정말로 그렇다. 어이가 없을 만큼 모두 '율리우스'다. 그렇다면 『영웅전』의 저자인 플루타르코스가 아무리 칭찬해도 카이사르의 피정복민 동화정책은 결국 실패한 정책이 아니냐고 생각하는 독자가 있을지 모르지만, 그렇게 생각하는 것은 잘못이다.

'율리우스'를 씨족 이름으로 가진 비로마인은 반란 주모자만이 아니었기 때문이다. 속주병 반란으로 시작하여 갈리아 제국 건설까지 시도한 율리우스 키빌리스의 계획이 열매를 맺지 못한 것은 갈리아의 다른 '율리우스'들이 거기에 동의하지 않았기 때문이다. 그리고 이 사건 관계자 외에도 많은 '율리우스'가 존재했고, 로마 제국에 대한 그들의 공헌은 몇 사람의 이름만 들어보아도 분명하다.

유대인 출신으로 베스파시아누스에게 적극 협력한 이집트 장관의 이름은 율리우스 알렉산드로스다. 이 시기에 그는 티투스를 도와서 예루살렘 공략전을 펴고 있었다.

후세에까지 전해지는 수도(水道) 연구서를 쓰고, 서기 69년 당시에는 수도 로마의 법무관이었던 사람의 이름은 율리우스 프론티누스. 원로원 회의 소집권은 집정관과 법무관만 갖고 있다. 베스파시아누스와 그의 아들 티투스를 집정관에 선출하여 질서 회복에 박차를 가하려 한 무키아누스도, 법무관 프론티누스의 협력이 없었다면 그 생각을 실현할 수 없었을 것이다.

마지막은 역사가 타키투스의 장인이며 브리타니아 제패를 완성한 율리우스 아그리콜라다.

이 몇 가지 사례만으로도 알 수 있듯이, 120년 전에 카이사르가 뿌린 씨는 당당한 거목으로 성장해 있었다. 하지만 무슨 일이든 일을 할 때는 위험이 따르게 마련이다. 몇 가지 위험이 있었다 해도, 그것으로 그 정책이 잘못되었다고 단정할 수는 없다. 카이사르의 동화정책을 로마 황제들이 아무도 고치려 하지 않은 것이 그 증거다. 속주병 반란을 해결하고 제국 재건에 착수한 베스파시아누스 황제도 이 정책에는 손을 대지 않았다. 카이사르적 사고방식의 효용성에 의심을 품은 통치자는 아무도 없었다는 뜻이다. 따라서 카이사르의 동화정책에 수반된 위험은 반란 주모자로 '율리우스'가 등장할 때마다 이 사람도 '율리우스'인가 하고 웃어 넘기면 될 정도의 위험이었을 것이다.

그러나 이 사건에서 드러난 '율리우스' 이외의 문제는 후세의 역사가 몸젠이 유례없는 불상사로 단죄할 만큼 심각했다. 그것은 내전의 폐해가 다른 방면에도 얼마나 큰 영향을 미치는지를 생각지 않을 수 없게 만드는 문제였기 때문이다.

율리우스 키빌리스

바타비족의 지도자 율리우스 키빌리스가 서기 69년에 몇 살이었는지는 알 수 없다. 이 인물이 사료에 처음 등장하는 것은 네로 황제 시대인 62년에 브리타니아 제패를 추진하던 파울리누스 휘하에서 바타비족 부대를 이끌고 참전했을 때였다. 아무리 '율리우스'라는 씨족 이름을 가진 신분이라 해도 젊은 나이에 8개 대대 8천 명의 병사를 지휘한 경우는 없으니까 적어도 마흔 살은 되었을 것이다. 그렇다면 서기 69년에는 40대 후반이었다는 얘기가 된다. 로마군에서 복무한 경험은 서기 62년 이전으로 거슬러 올라갈 게 분명하니까, 이 바타비족 사내는 일개 졸병이라면 만기 제대할 수 있는 25년을 로마군에서 보낸 게 아닐까.

로마군은 보통 보조부대 지휘관도 작전회의에 참석시켰다. 따라서 두뇌와 의욕만 있으면 로마군의 장점은 물론 단점까지도 모두 알 수 있다. 실제로 율리우스 키빌리스는 그것을 모두 알고 최대한 이용했다.

또한 이때까지만 해도 보조부대는 이따금 원정할 때를 제외하면 그 부대 병사들의 출신지 근처에 주둔하는 것이 보통이었다. 따라서 라인강 어귀 일대 출신인 바타비족 부대도 '저지 게르마니아'라고 불리는 지방, 즉 오늘날 독일의 본에서 라인강 어귀에 이르는 하류 연안에 주둔해 있었을 것이다. 비텔리우스도 황제를 자칭하기 전에는 저지 게르마니아를 맡고 있던 사령관이었다. 그리고 황제를 자칭하고 나선 그의 뜻을 받들어 병력을 이끌고 본국 이탈리아로 쳐들어간 카이키나와 발렌스도 저지 게르마니아군에 소속된 군단장이었다.

율리우스 키빌리스가 제1차 베드리아쿰 전투에 참전했다는 확실한 증거는 없다. 하지만 그때의 혼전은 주전력인 군단병과 보조전력인 보조병이 한데 뒤섞여 싸웠다는 데 특징이 있다. 양쪽 다 총지휘를 맡은 사령관의 능력이 부족했던 결과다. 그리고 그때의 전투는 군단병도 별것 아니라는 생각을 보조병들에게 심어주는 부산물을 낳았다. 4월 15일에 벌어진 제1차 베드리아쿰 전투에서 승리한 뒤 보조병들은 주둔지로 돌아가라는 명령을 받았다. 율리우스 키빌리스가 이끄는 바타비족 부대의 반란은 귀환 명령을 받은 보조병들과 함께 라인강 연안에 도착한 여름에 일어났다.

율리우스 키빌리스는 왜 로마에 반기를 들었을까. 역사가 타키투스의 주장은 이렇다. 비텔리우스를 지지하는 '라인 군단'의 나머지 부대가 이탈리아로 남하하지 못하도록, 다시 말해서 그들의 발목을 라인강 연안 기지에 묶어둘 속셈으로, 베스파시아누스 쪽에서 안토니우스 프리무스를 통해 율리우스 키빌리스에게 반란을 일으키도록 사주했기 때문이라는 것이다. 타키투스의 『역사』에 입각한 후세 연구자들도 대부분 이 주장에 동조한다.

하지만 나는 아무래도 납득할 수 없다. 속주병 반란이 베스파시아누스의 사주로 일어났다는 사실이 드러나면, 황제가 되려는 베스파시아누스에게는 치명타가 되기 때문이다. 베스파시아누스는 기존 지배층에 속하지 않는 '신참자'(호모 노부스)다. 그런 처지에서 로마 시민도 아닌 속주병에게 로마 시민인 군단병을 혼내주라고 시켰다는 사실이 알려지면, 원로원도 일반 시민도 격분할 것이다. 마키아벨리도 목적을 위해서는 수단 방법을 가리지 말라고는 말하지 않았다. 마키아벨리는 '효과적인 수단이라면' 목적을 위해 수단을 가릴 필요는 없다고 말했다. 속주병에게 반란을 사주하는 것은 절대로 효과적인 수단이 아니었다. 냉철한 무키아누스가 그런 명령을 내릴 리는 없다.

그렇긴 하지만 안토니우스 프리무스는 혈기왕성하면서도 생각이 얕은 사내였으니까, 어쩌면 베스파시아누스나 무키아누스의 명령을 받은 것도 아닌데 혼자 생각으로 율리우스 키빌리스에게 그런 연락을 했는지도 모른다. 어쨌거나 1년 동안 황제가 네 명이나 연달아 나타났다 사라진 이 혼란을 활용한 것은 바타비족이었다. 율리우스 키빌리스의 속셈은 로마에 반기를 드는 것이었지만, 비텔리우스파 병사들이 지키는 라인강 연안의 기지를 공격하면서 베스파시아누스 지지를 기치로 내걸었기 때문이다.

낮에도 어두컴컴한 숲이야말로 게르만족의 본향이다. 로마에 맞서 봉기하기로 결심한 율리우스 키빌리스도 회합지로 숲을 선택했다.

연회를 위장하여 초대한 바타비족 유력자들 앞에서 율리우스 키빌리스는 게르만족의 혼을 역설하고, 지금이야말로 로마의 지배에서 벗어날 기회라고 강조했다. 정예 병력이 이탈리아에 가 있는 지금, 기지를 지키는 군단병은 노약자들뿐이다. 그런데 기지에는 빼앗을 만한 물건들이 가득 쌓여 있다. 라인강 방위선을 지키는 군단의 영광도 먼 옛날의 일이고, 지금은 그것도 명칭으로만 남아 있을 뿐이다. 그러니 아무리 로마 군단이라 해도 두려워할 필요는 전혀 없다.

율리우스 키빌리스는 웅변에도 상당한 재능이 있었던 모양이다. '지금은 그것도 명칭으로만 남아 있을 뿐'이라는 말을 좀더 설명하면 다음과 같다.

로마 군단은 제1군단이나 제2군단처럼 숫자로 불리기도 했지만, 정식 명칭은 제1××군단이었다. ××에 들어가는 명칭은 크게 세 가지로 나눌 수 있다.

첫째, 군단을 편성한 사람의 이름을 딴 경우. 제2 아우구스타 군단(브리타니아 주둔)과 제8 아우구스타 군단(모에시아 주둔)은 초대 황제 아우구스투스의 이름을 땄다. 제7 클라우디아 군단(모에시아 주둔)과 제11 클라우디아 군단(달마티아 주둔)은 제4대 황제 클라우디우스가 편성한 군단이다.

둘째, 지원자를 모집한 지방의 이름을 딴 경우. 제1 게르마니카 군단(저지 게르마니아 주둔), 제16 갈리아 군단(저지 게르마니아 주둔), 제4 마케도니카 군단(고지 게르마니아 주둔), 제9 히스파나 군단(브리타니아 주둔)은 각각 갈리아 동부와 서부, 그리스 북부 그리고 에스파냐에서 군단이 편성되었음을 나타내고 있다.

제5 알라우다 군단은 카이사르가 폼페이우스와 대결할 당시 남프랑스의 갈리아인들을 모아서 편성한 군단이다. 알라우다는 남프랑스에 많은 종달새를 말한다.

셋째, 무슨 이유 때문인지는 확실치 않지만, 위세 좋은 이름을 붙인 경우. 율리우스 키빌리스가 예로 든 것은 이 세 번째 부류에 속하는 군단이었다.

제3 라팍스 군단(고지 게르마니아 주둔). 이것을 번역하면 제3 맹호군단이 된다.

제13 풀미나타 군단(시리아 주둔)은 제13 벼락군단이라는 뜻이다.

제15 프리미게나 군단(저지 게르마니아 주둔)과 제22 프리미게나 군단(고지 게르마니아 주둔)은 제15 무적군단과 제22 무적군단으로 의역할 수밖에 없다.

이런 명칭은 소속 군단병들의 기분을 고양시켜주었겠지만, 율리우스 키빌리스가 지적하지 않아도 제삼자가 들으면 웃지 않을 수 없는 이름이었던 것은 사실이다.

율리우스 키빌리스는 바타비족 유력자들에게 말을 이었다.

우리 보조병은 이제 더 이상 로마 군단병에 뒤지지 않는다. 보병도 기병도 그 전력이 결코 로마 군단병보다 못하지 않다. 우리가 로마에 반기를 들고 일어나면, 라인강 동쪽의 게르만 부족들이 맨 먼저 뒤따를 것이다. 라인강 서쪽의 갈리아인도 우리와 같은 게르만족이니까 동조하고 나설 것이다. 그리고 이 봉기의 물결은 갈리아 전역으로 퍼져 나갈 것이다. 그러려면 로마인끼리 싸우는 지금이야말로 절호의 기회다. 비텔리우스 진영의 '라인 군단' 기지를 공격해도 베스파시아누스 쪽에서는 구원하러 달려오지 않을 테고, 그럴 여유도 없다.

설득은 성공했다. 바타비족 유력자들은 모두 가슴을 두드려 찬성의 뜻을 표했다.

하지만 율리우스 키빌리스는 당장 행동에 나서지는 않았다. 우선 바타비족이 사는 라인강 어귀의 서쪽을 거주지로 삼고 있는 칸니네파티족에게 몰래 연락을 취했다. 이 부족은 언어도 풍습도 바타비족과 같지만, 부족 구성원의 수는 훨씬 적다. 그래서 바타비족과 칸니네파티족은 본가와 분가 같은 관계에 있다. 칸니네파티족도 동의한다는 대답을 보내왔다. 이어서 키빌리스는 강 어귀 북쪽에 사는 프리시족에게도 연락을 취했다. 그들한테서도 기대했던 대답이 돌아왔다. 이리하여 율리우스 키빌리스는 라인강 어귀 일대에 살고 있는 부족들의 공동투쟁 전선을 수립하는 데 성공했다.

이것이 이루어지자마자 키빌리스는 제1차 베드리아쿰 전투에 참전한 뒤 고지 게르마니아의 주요 기지인 마인츠로 돌아가 있던 보조부대에도 밀사를 보냈다. 그는 이들을 포섭하는 데에도 성공한 모양이다. 이 보조부대는 베스파시아누스 지지를 기치로 내건 '도나우 군단'이 접근하는 것을 알고, 비텔리우스 황제가 이탈리아로 남하하라는 명령을 내렸는데도 이에 따르지 않고 오히려 북쪽으로 올라가 키빌리스와 합류한 것이 그 증거다.

이 정도까지 우군을 확보한 단계에서 율리우스 키빌리스는 비로소 반란의 불길을 댕겼다. 라인강 어귀의 최전방 요새를 지키던 수비대를 습격한 것이다. 최전방 기지에는 부대장을 비롯한 몇 명밖에는 군단병을 배치하지 않는 것이 로마군의 상례다. 최전방 기지에 근무하는 병사는 대부분 속주병이다. 중과부적이라고 판단한 부대장이 요새를 포기하는 쪽을 선택했기 때문에, 반란의 서전은 키빌리스의 부전승으로 끝났다. 그 후에 공격한 몇 개의 요새도 속주병들만 지키고 있었기 때문에 쉽게 수중에 넣을 수 있었다.

두 손을 들고 요새에서 나온 속주병에 대한 조치도 교묘했다. 율리우스 키빌리스는 자기를 따라 로마에 반기를 들라는 말은 한마디도 하지 않았다. 원래 그는 베스파시아누스파를 자칭하고 있었다. 투항한 병사

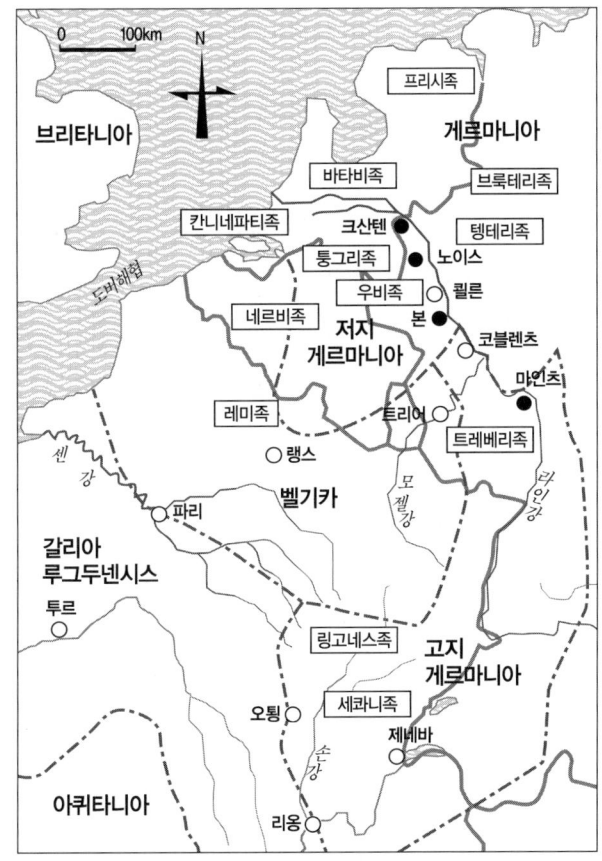

게르만족 거주지역(●는 군단기지 소재지, ── 는 현재의 국경)

들에게 그는 이렇게만 말했다. 내 휘하에 들어와 싸우든지 고향으로 돌아가든지 마음대로 하라. 속주 출신 병사들은 대부분 고향에서는 먹고 살 수 없으니까 로마군 보조부대에 지원한 자들이다. 그들에게는 베스파시아누스파를 자칭하는 키빌리스가 로마군 장수로 보였을 게 분명하다. 바타비족 보조부대를 이끌고 있는 키빌리스 휘하에 들어가도, 이 단계에서는 로마에 대한 배반으로 여겨지지는 않았을 것이다.

반란을 진행시키는 방법도 교묘했다. 불길을 올린 것은 로마 제국의 가장 북쪽에 있는 지방이었다. 거기서 조금씩 번져나간 불길은 라인강 하류의 저지 게르마니아 속주를 완전히 뒤덮는 방향으로 나아갔다. 본국 이탈리아에서 진압군이 파견된다 해도, 행군하는 데에만 두 달은 너끈히 걸리는 거리였다.

서전을 승리로 장식한 키빌리스는 라인강을 사이에 두고 동쪽과 서쪽으로 유혹의 손길을 뻗쳤다. 동쪽으로 내민 손은 브룩테리족과 텡테리족을 포섭한다. 이들 두 부족은 로마와 우호관계를 맺지 않은 게르만 야만족이다. 그리고 서쪽으로 내민 손은 네르비족과 퉁그리족을 향했다. 이들 두 부족은 카이사르에게 정복당한 뒤 로마의 속주민이 된 게르만계 갈리아인이다. 이들 두 부족에도 보조병으로 로마군에서 복무하는 남자들이 많았다. 이 무렵에는 저지 게르마니아의 로마군도 키빌리스를 진압하러 나서게 되었지만, 키빌리스가 이들 두 부족한테 유혹의 손길을 뻗고 있는 것까지는 알지 못했다. 그래서 키빌리스를 진압하러 갈 때 이들 두 부족 출신으로 구성된 보조부대를 데려갔다.

전쟁터에서는 농담이 아닐까 싶은 사태가 벌어졌다. 로마군의 좌익과 우익에 배치되어 있던 이들 두 부족의 보조부대가 전투개시 명령이 떨어졌는데도 움직이지 않았다. 아니, 움직이지 않은 것은 처음 얼마 동안뿐이고, 얼마 후 움직이기 시작한 부대는 통째로 키빌리스 진영을 향해 달려가버렸다. 그 후 벌어진 광경은 전투가 아니라 참극이었다. 그 자리에 있던 로마인은 군단병과 백인대장, 대대장까지 몰살당했다.

기세가 오른 키빌리스는 같은 수법으로 라인강을 지키는 함대까지 수중에 넣었다. 선원이나 노잡이는 속주민이니까 로마 시민인 함장만 죽이면 일은 간단했다. 라인강 함대를 손에 넣은 것은 전술적으로도 유리했다. 로마의 군단기지는 모두 라인강을 따라 건설되어 있다. 함대를 손에 넣으면 육지와 강에서 군단기지를 공격할 수 있었다.

공격당하는 로마군

라인강 양쪽의 게르만 부족들을 거느릴 만큼 증강된 율리우스 키빌리스의 반란군은 그제야 비로소 로마 군단기지를 정면으로 공격하기 시작한다. 카스트라 베테라(베테라 군단 숙영지)라고 불린 베테라(오늘날의 크산텐) 기지를 공격한 것이다. 군단기지가 염주알처럼 늘어서 있는 라인강 방위선에서 가장 북쪽에 자리 잡은 이 기지는 제5 종달새군단과 제15 무적군단의 주둔지이기도 했다. 다만 서기 69년 가을에는 이 두 개 군단의 정예가 비텔리우스를 지지하여 이탈리아에 가 있고, 잔류 병력은 5천 명을 밑돌았던 모양이다. 로마군 보조부대의 부대기를 받쳐든 반란군은 이 기지를 포위했다. 그리고 율리우스 키빌리스는 기지에 사절을 보내 베스파시아누스 황제에게 충성을 맹세하라고 요구했다.

크산텐 기지에 남아 있는 군단병으로서는 비텔리우스 황제를 지지하여 이탈리아에 가 있는 전우들을 버리고 다른 사람을 지지할 수는 없다. 당연히 그들은 거부했다. 율리우스 키빌리스의 지휘로 정면의 라인강을 비롯한 전후좌우 사방에서 일제히 포위 공격이 시작되었다.

저지 게르마니아에서 전투가 벌어졌다는 소식은 며칠 뒤에는 고지 게르마니아에서 가장 중요한 기지인 마인츠에 도착했다. 마인츠에 주둔해 있는 고지 게르마니아군 사령관 플라쿠스는 저지 게르마니아군 사령관이었던 비텔리우스가 이탈리아로 간 뒤에는 고지 게르마니아만이 아니라 저지 게르마니아 방위도 떠맡은 최고 책임자가 되어 있었다. 따라서 크산텐 기지를 지키는 것은 그의 임무였다.

하지만 노령에다 병약한 이 인물은 휘하 병사들이 비텔리우스를 지지하고 나섰기 때문에 거기에 동조했을 뿐, 본심으로는 베스파시아누스를 지지했던 모양이다. 그리고 플라쿠스 휘하의 군단장들 중에는 베스파시아누스를 지지하는 사람이 압도적으로 많았다. 고지 게르마니아의 3개 군단에서는 장교와 일반 병사들의 생각이 서로 달랐던 것이다. 이 시점에서는 아직 그것이 겉으로 드러나지 않았지만, 크산텐 구원군을 편성하는 작업은 미묘하게 지연되었다.

그래도 결국 구원군은 편성되었다. 마인츠에서 겨울을 나고 있는 제4군단과 제22군단을 북상시키고, 본에서 제1군단, 노이스에서 제16군단이 합류하여 모두 4개 군단이 반란군을 진압한다는 전략이다. 다만 4개 군단이라 해도 정원인 2만 4천 명에는 턱없이 모자랐다. 정확한 숫자는 알 수 없지만, 이탈리아 내전에 동원된 병사들을 빼고 나면, 어림잡아 1만 2천 명도 채 안 되는 병력이 아니었을까.

구원군 총사령관은 플라쿠스가 맡는 게 당연하지만, 그는 노이스까지만 동행하고 실제 지휘는 젊은 티베리우스 보쿨라에게 맡기기로 결정했다. 보쿨라는 마인츠에 주둔하고 있는 제22 무적군단의 군단장이다.

그러나 마인츠에서 라인강을 따라 크산텐으로 가는 행군은 고난의 연속이었다. 우선 군량 확보가 뜻대로 되지 않았다. 전란이 일어날 게 뻔하다고 생각한 농민들이 수확물을 감춰버렸기 때문에, 돈을 주어도 식량을 구하기가 쉽지 않았다. 굶주림이 계속되면 사람은 사소한 일에도 쉽게 화를 내게 된다. 장교와 일반 병사들 사이에 이미 존재했던 감정의 골이 겉으로 드러나게 되었다. 병사들은 규율을 무시하는 것으로 지휘관에 대한 불신을 표출했다. 그래도 보쿨라의 고생이 열매를 맺어 구원군은 크산텐 기지에서 하루 거리까지 접근할 수 있었다. 이렇게 되면 율리우스 키빌리스가 로마군 기지를 공략하기는 상당히 어려워진다. 하지만 바로 그때 제2차 베드리아쿰 전투 결과가 전해졌다.

10월 25일에 끝난 제2차 베드리아쿰 전투에서 비텔리우스 진영이 패했다는 소식이 라인강 하류인 크산텐에 도착하려면, 빠른 말을 갈아타고 달린다 해도 한 달은 너끈히 걸린다. 공격하는 속주병과 수비하는 군단병이 비텔리우스 황제가 재기 불능의 타격을 받은 사실을 안 것은 11월 말이나 12월 초였을 것이다. 라인강 하류 일대에서는 들짐승조차도 움직임이 둔해지는 엄동설한. 독일의 겨울은 추위가 혹독할 뿐 아니라 비까지 내린다. 자기들이 옹립한 비텔리우스가 완패한 사실을 알게 된 '라인 군단' 병사들의 기분이 북쪽 나라 독일의 겨울 날씨처럼 음산해졌다 해도 무리가 아니다. 사기는 완전히 땅바닥에 떨어져버렸다.

하지만 제2차 베드리아쿰 전투 결과, 율리우스 키빌리스의 처지도 난처해질 수밖에 없었다. 로마 황제가 비텔리우스에서 베스파시아누스로 바뀌는 것이 확실해진 이상, 베스파시아누스에 대한 충성 서약을 받아내겠다는 명분으로 로마군 기지를 공격할 수는 없기 때문이다. 로마 군단병은 누가 황제가 되든 로마 황제에게 충성을 서약할 의무가 있다. 비텔리우스파였던 '라인 군단' 병사들도 언젠가는 베스파시아누스에게 충성을 서약할 게 뻔하다.

율리우스 키빌리스는 이제까지 쓰고 있던 가면을 벗어던졌다. 이때부터는 누가 보아도 속주병과 로마군의 전쟁이라는 사실이 분명해진다.

그런데 '라인 군단' 병사들의 사기는 심하게 떨어져 있었다. 자신들이 옹립한 비텔리우스가 패한 것을 알고 낙담했기 때문이지만, 장교들에 대한 불신은 분노로 변했다. 저놈들은 비텔리우스가 패하기를 은근히 바랐던 게 아닐까 하는 의혹이 확신으로 바뀌었다. 성난 병사들은 플라쿠스의 막사를 습격하여, 늙은 사령관을 침상에서 끌어내려 죽여버렸다. 보쿨라는 노예로 변장하여 달아났기 때문에 간신히 목숨을 건졌다.

하지만 바로 그때 마인츠 기지가 적의 습격을 받았다는 소식이 전해졌다. 율리우스 키빌리스가 라인강 동쪽의 게르만족을 부추겨 마인츠를 공격하게 한 것이다. 이 소식이 전해지자마자 로마 군단을 유명하게 만든 엄격한 규율이 되돌아왔다. 보쿨라도 다시 진두지휘를 맡았다. 그는 마인츠를 구원하기 위해 제1군단·제4군단·제22군단을 이끌고 남쪽으로 돌아갔다. 마인츠가 적의 공격을 받으면 라인강 방위선은 완전히 무너지기 때문이다.

마인츠를 지키는 데는 성공했지만, 그사이에 게르만계 갈리아인에 대한 율리우스 키빌리스의 설득도 성과를 거두고 있었다. 군사적인 성과를 먼저 보여준 다음에 유혹의 손길을 뻗치는 키빌리스의 방식이 옳았다는 게 입증되었다. 갈리아에서는 유력한 부족인 트레베리족과 링고네스족이 공동투쟁을 제의해왔다.

'갈리아 제국'

트레베리족은 모셀라(오늘날의 모젤)강 주변에 사는 부족으로, 카이사르에게 정복되어 로마의 지배를 받게 된 지 100년이 지났다. 그들의 본거지인 트리어의 옛 이름이 아우구스타 트레베로룸인 것만 보아도 알 수 있듯이, 라인강 방위선의 배후기지로 중시되면서 로마인의 손으로 도시화가 진행되었고, 덕분에 트레베리족은 경제적 번영을 누리고 있었다. 비슷한 처지에 있었던 링고네스족의 거주지는 트레베리족의 거주지 남쪽에 있다. 율리우스 키빌리스가 피워 올린 반란의 불길이 어느새 갈리아의 한복판까지 바싹 다가온 것이다.

트레베리족을 대표하여 반(反)로마 전선에 참가한 것은 율리우스 클라시쿠스, 율리우스 투토르, 율리우스 발렌티누스 세 사람이다. '율리우스'라는 씨족 이름이 보여주듯, 세 사람 다 자기 부족의 유력자들이다.

링고네스족의 대표는 율리우스 사비누스. 이 인물은 120년 전 카이사르가 갈리아를 제패할 때 친밀한 관계를 맺은 여자의 아들, 즉 카이사르 사생아의 자손이라는 것을 자랑스럽게 내세우고 있었다. 개인 이름까지 카이사르와 같은 이름을 붙였기 때문에 이 사람의 정식 이름은 가이우스 율리우스 사비누스다. 제 사생아의 자손이 로마에 반기를 든 것을 알았다 해도, 카이사르라면 껄껄 웃으면서 그건 좀 곤란한데 하는 정도로 받아넘겼을지 모른다.

어쨌든 로마에 대항하여 일어선 반란 지도자들은 모두 다 카이사르가 자신의 씨족 이름을 하사한 자들의 후손인 '율리우스'들이었다. 이들은 모두 로마군에서 오랫동안 보조부대장을 지낸 경험이 있었다. 게다가 이들 가운데 두 명은 제1차 베드리아쿰 전투에도 참가했다. 율리우스 키빌리스를 비롯한 이들 '율리우스' 다섯 명은 쾰른에서 비밀 회합을 하고 공동전선을 펴기로 맹세했다.

회합 장소로 콜로니아 아그리피넨시스(오늘날의 쾰른)를 선택한 것은 이곳이 라인강 연안에 사는 속주민의 도시로는 가장 큰 규모를 자랑했기 때문이다. 게다가 그곳 주민인 우비족이 자기네 편에 붙으면, 속주'병'과 로마군의 대결이 속주'민'과 로마군의 대결로 바뀌게 된다. 민간인을 끌어들여야만 비로소 이 반란이 로마의 지배에서 벗어나려는 독립운동임을 내세울 수 있다. 회합에는 우비족 대표도 참석했다. 이 점에서도 트레베리족과 링고네스족이 부족 규모로 참가하겠다는 뜻을 밝힌 것은 중요한 의미를 갖는다. 이것은 율리우스 키빌리스가 타키투스도 칭찬을 아끼지 않았을 만큼 지략이 뛰어난 인물임을 보여준다.

이 쾰른 회담에서 처음으로 '갈리아 제국'(임페리움 갈리쿰) 창설이 결정되었다. 라인강 동쪽의 게르만족과 서쪽의 게르만계 갈리아인, 그리고 거기서 피레네산맥에 이르는 갈리아 전역의 주민을 포함한 대제국을 건설하여 로마 세력을 알프스 남쪽으로 몰아낸다는 웅대한 계획이었다. 후세에 영국이나 프랑스 같은 식민 제국에서 일어난 식민지 독립운동과 비슷하지 않은 것도 아니다. 하지만 이 계획이 실현되면 알프스 이북은 율리우스 카이사르 이전 상태로 돌아가게 된다. 흥미로운 것은 회담에서 사용된 언어도 라틴어이고, 갈리아 제국을 뜻하는 '임페리움 갈리쿰'이라는 말도 라틴어였다는 점이다. 이 점도 종주국 언어를 반종주국 운동에 사용할 수밖에 없었던 후세의 식민지 독립운동을 상기시킨다. 그러나 이 '율리우스'들의 독립운동이 좌절된 것은 후세의 식민 제국에서는 전혀 찾아볼 수 없었던 원인 때문이다.

어쨌든 '갈리아 제국' 건설의 의지를 천명함으로써 지도자인 '율리우스'들의 기세가 더한층 올라간 것은 분명했다. 게다가 그 직후에 갈리아 제국 탄생을 미리 축하하는 듯한 소식이 전해졌다.

12월 19일 로마의 카피톨리노 언덕에서 화재가 일어나 신전이 불탔다는 소식이었다. 로마인들이 최고신으로 숭배하는 유피테르 신전이 불탄 것을 두고, 게르만족이나 게르만계 갈리아인들은 신들조차 로마 제국을 버린 징조로 받아들였다. 그렇다면 로마 제국으로부터 독립하는 일도 이제 틀림없이 실현할 수 있다고 의기양양했다. 냉철한 키빌리스 자신은 이런 미신을 믿지 않았겠지만, 동지들이 미신을 믿고 사기가 오른다면 나쁠 것도 없다. 그리고 율리우스 키빌리스도 로마 제국이 스스로 무너져가고 있다는 느낌을 받았다.

카피톨리노 화재 소식은 라인강 유역의 로마 군단병들에게도 전해졌다. 뒤이어 비텔리우스가 살해되었다는 소식이 들어왔다. 낙담하여 의욕마저 잃어버린 병사들을 지휘하는 보쿨라의 고심은 이루 말할 수 없었다. 게다가 라인강 방위선 전체를 사수해야 하는 책임이 보쿨라의 두 어깨를 무겁게 짓눌렀다. 방위선의 요충인 마인츠와 본, 노이스, 크산텐에 있는 군단기지를 사수해야 한다. 본과 노이스 사이에는 율리우스 키빌리스의 선동을 받아 침입한 게르만족에게 사실상 점령된 쾰른이 자리 잡고 있었다. 정보와 명령을 전달하는 일에서부터 병사 수송에 이르기까지 여러 가지로 편리하게 이용했던 라인강 함대도 적의 손에 넘어

갈리아 전역

가버렸다.

그래도 보쿨라는 마인츠 기지를 방위하는 데 성공한 뒤, 다시 병력을 이끌고 북으로 향했다. 오래전부터 농성전을 벌이고 있는 크산텐 기지를 구원하기 위해서다. 그는 병력을 일단 노이스 기지까지 데려가는 데에는 성공했다.

로마군에서 군단은 로마 시민권 소유자에게만 지원 자격이 있는 군단병의 집단을 의미하지 않는다. 보통은 군단병과 거의 같은 수의 보조병으로 이루어져 있다. 율리우스 키빌리스가 일으킨 반란으로 말미암아 보조병의 수는 크게 줄어들었지만, 서기 69년부터 70년까지 '라인 군단' 산하의 각 군단에는 게르만계가 아닌 갈리아인 보조병들이 포함되어 있었다.

제4부 제국의 변경에서는 173

로마군에서는 군단병만이 아니라 보조병의 군장도 통일되어 있었다. 군장 면에서는 군단병이 중무장, 보조병은 경무장이라고 생각해도 좋다. 주전력과 보조전력이니까 군장을 구별하는 것은 전술상으로도 당연하다.

이제 율리우스 키빌리스의 동지가 된 트레베리족 지도자 율리우스 클라시쿠스는 군장이 같은 점을 이용하여 보쿨라 휘하의 로마 군단에 자기 부하들을 침투시켰다. 로마인은 모든 분야에서 라틴어 사용을 강요하지 않았지만, 군단 내부의 용어만은 라틴어로 통일되어 있었다. 출신 부족이 다른 병사를 침투시켜도 언어 때문에 정체가 탄로날 염려는 없었다.

노이스 기지에서 보쿨라는 크산텐을 구원하러 떠나기 전에 여느 때처럼 병사들에게 연설을 했다. 병사들의 침울한 심사를 헤아려, 로마 제국에 대한 병사들의 애국심에 호소하는 비통한 어조의 연설이었다.

귀를 기울이는 군단병과 보조병들 틈에는 클라시쿠스의 부하들도 섞여 있었다. 보쿨라의 연설을 비웃고 야유를 퍼부어 결국 연설을 중단시킨 것은 이들이었다. 게다가 사태는 연설 중단만으로 끝나지 않았다. 놀라서 멍하니 서 있는 병사들 사이를 뚫고 연단까지 돌진한 그들은 보쿨라를 연단에서 끌어내려 보조병이 사용하는 장검을 보쿨라의 가슴에 찔러넣었다. 순식간에 벌어진 일이었다. 연단 옆에 서 있던 군단장 두 명도 보쿨라와 같은 운명을 맞았다.

지휘관을 잃고 혼란에 빠진 군단병들 앞에 율리우스 키빌리스와 율리우스 클라시쿠스가 모습을 나타냈다. 반로마 운동의 지도자인 두 '율리우스'는 로마 시민인 군단병들에게 갈리아 제국에 충성을 맹세하라고 요구했다. 물론 이 무렵에는 군단기지에 침입한 반란군 병사들이 이미 군단병들을 에워싸고 있었다.

로마 역사상 최초의 치욕

비텔리우스 옹립이 실패로 끝난 데 낙담하고, 속주병 반란 때문에 겨울철에 라인강 연안을 여러 차례 행군하고, 이제는 지휘관마저 잃어버린 군단병들의 가슴속에는 절망과 피로와 체념밖에 남지 않았는지도 모른다. 이런 상태에 빠진 사람은 자신이 하려는 행위를 정당화하기 위해 필사적으로 핑계를 찾는 법이다.

초대 황제 아우구스투스가 군제를 개혁한 이후, 속주민인 보조병도 25년 동안 복무하고 제대하면 로마 시민권을 얻을 수 있게 되었다. 로마 시민권은 세습권이다. 따라서 보조병이던 사람의 아들이라도 로마 군단병에 지원할 자격을 얻는다.

라인강을 제국의 방위선으로 재확인하고, 그 전략에 따라 라인강 유역의 크산텐과 노이스, 본, 마인츠가 항구적인 군단기지가 된 것은 제2대 황제 티베리우스 시대였다. 서기 69년 당시 '라인 군단' 산하 7개 군단은 브리타니아에 파견된 한두 군단을 제외하면 티베리우스 이후 반 세기 동안 거의 교체되지 않았다. 라인강을 지키는 군단병들은 로마 시민권 소유자이긴 했지만, 그들의 몸 속을 흐르는 피는 속주민의 피였다는 얘기다.

본국 이탈리아 출신인 군단병도 만기 제대한 뒤에는 기지 주변에 사는 속주민의 딸과 결혼하는 경우가 많았다. 오히려 이것이 변경에 근무하는 군단병의 평범한 모습이었다. 이들은 원래 로마 시민이니까 이들이 속주민과 결혼하여 낳은 아들도 당연히 로마 시민이다. 군단병에 지원할 자격이 있다는 얘기다. 이 경우, 군단병의 몸속을 흐르는 로마인의 피는 아들 세대에는 2분의 1, 손자 세대에는 4분의 1로 줄어든다. '라인 군단'은 로마군에서 최강이라는 평판을 얻고 있지만, 그것도 실제로는 게르만족이나 갈리아인의 피 덕분이었다.

이처럼 속주민의 피가 대부분을 차지하는데도 군단이 여전히 로마 군단일 수 있었던 것은 그들 자신이 로마 시민임을 자랑스럽게 여겼기 때문이다. '율리우스'라는 씨족 이름을 버리려는 사람은 하나도 없었다. 율리우스 카이사르의 사생아의 피를 이어받은 것까지도 자랑스럽게 생각할 정도였다.

하지만 그것은 그들이 로마인을 존경하고 그 로마인과 어떤 식으로든 관계가 있는 자신을 자랑스럽게 여기는 동안에만 국한된 일이었다. 서기 69년에 로마인끼리 싸운 내전은 로마인의 무능함을 여실히 드러냈기 때문에, 그들의 마음속에서 로마인에 대한 존경심을 없애버렸다.

네로 시대 말기에 처음으로 네로를 반대하고 나선 로마 고관은 갈리아의 리옹 속주 총독 율리우스 빈덱스다. 이 또 한 명의 '율리우스'는 그러나 갈리아가 네로 같은 황제를 떠받드는 로마 제국에서 벗어나 독립해야 한다고는 말하지 않았다. 네로는 로마 제국에도 적합하지 않은 황제라고 공언했으니까, 그는 갈리아인으로서가 아니라 로마인으로서 행동한 것이다. 하지만 그가 서기 69년 말까지 살아 있었다면, 1년 반 전과 다름없이 우국충정에 사로잡힌 로마인으로 행동했을까. 어쩌면 그도 키빌리스나 클라시쿠스 같은 '율리우스'들과 함께 갈리아 제국을 창설하여 로마 제국에서 독립하자는 생각으로 기울지 않았을까. 이런 의미에서도 서기 69년의 내전은 로마 제국의 기반까지 뒤흔들 수 있는 중대한 위기였다. 존경심은 무력보다 효과적인 전쟁 억지력이 될 수 있다.

노이스 기지에 있던 로마 군단병들은 키빌리스의 강요에 따라 갈리아 제국에 충성을 맹세했다.

이 사건을 두고 독일의 역사가 몸젠은 "로마 역사상, 칸나에나 카라이나 테우토부르크숲에서 전멸당한 것은 노이스에서 일어난 이 불상사에 비하면 오히려 훌륭한 일이었다"고 개탄했다. 이 말에는 나도 공감한다. 한니발에게 완패한 칸나에 회전(제2권 참조), 파르티아의 궁수에게 우롱당한 카르아이 전투(제4권 참조), 게르만족의 술책에 빠져 테우토부르크숲에서 궤멸당했을 때(제6권 참조)는 1년 동안이나 로마인의 무능이 노출되지 않았다. 로마인은 로마인이라는 데 자부심을 가졌고, 속주민도 그런 로마인을 존경하고 로마인과 자신들의 깊은 관계를 자랑스럽게 여기고 있었다. 칸나에나 카르아이나 테우토부르크에서 당한 패배는 순전히 군사적인 패배였다. 그렇기 때문에 패한 뒤에도 승자에게 충성을 맹세하기를 단호히 거부한 것이다. 그보다는 차라리 포로가 되는 쪽을 택했다.

노이스 기지에서 일어난 일은 크산텐 기지에서도 되풀이되었다. 크산텐 기지의 군단병들은 절망적인 농성전에 지쳐 있었다. 마인츠 기지를 지키던 군단병들도 동료들의 뒤를 이어 '갈리아 제국'에 충성을 맹세했다. 이 눈사태 현상을 피할 수 있었던 것은 오늘날의 스위스 취리히 근처의 기지에 있던 1개 군단뿐이었으니까, '라인 군단' 산하의 7개 군단 가운데 무려 6개 군단이 게르만계 속주병에게 굴복한 셈이다.

타키투스가 "한 번도 경험한 적이 없는 치욕"이라고 개탄한 것도 당연하다. 게다가 이들 군단병은 갈리아 제국에 충성을 맹세했는데도 포로 신세를 면치 못했으니, 그런 치욕이 또 어디 있겠는가. 충성을 맹세한 로마군 병사들은 트레베리족의 근거지인 트리어로 끌려갔다. 충성서약을 거부한 일부 병사들은 그 자리에서 살해되었다. 이리하여 라인강 연안의 로마 군단기지는 모두 반란을 일으킨 속주병 손에 들어가게 되었다. 로마 제국의 북쪽 국경인 라인강 방위선은 율리우스 카이사르 이래 처음으로 모습을 감추었다.

서기 69년부터 70년까지 1년 동안, 로마 제국의 안전보장체제를 뒤흔든 사건은 둘이었다. 하나는 바타비족의 반란으로 시작되어 갈리아 제국 창설에 이른 이 사건이고, 또 하나는 예루살렘의 유대인 폭동으로 시작되어 마사다 요새의 옥쇄로 끝나는 유대 전쟁이다. 갈리아의 속주병 반란은 69년 여름에 일어나 70년 가을에 결말이 났으니까 1년 동안 지속되었고, 유대 전쟁은 66년 여름에 시작되어 73년 봄까지 이어졌으니까 7년 동안이나 계속되었다. 후세의 연구자들은 로마 제국과 유대 민족의 대결이라는 관점을 중시하기 때문인지, 유대 전쟁에 대한 관심이 훨씬 높다. 갈리아 사태는 로마 역사에 관심이 많은 사람을 빼고는 모든 사람의 기억에서 잊힌 것 같다.

그러나 이때부터 30년 뒤에 쓰인 타키투스의 『역사』에는 갈리아 사태를 다룬 부분이 80쪽인 반면, 유대 전쟁을 다룬 부분은 10쪽밖에 안 된다. 요컨대 로마 시대의 역사가인 타키투스는 갈리아 사태에 대한 관심이 훨씬 높았다는 뜻이다.

유대 전쟁의 결과가 로마 제국의 안전보장에 주는 영향은 간접적인 반면, 갈리아 사태의 결과는 직접적인 영향을 미치지 않을 수 없었기 때문일 것이다.

유대는 제국 동방의 안전보장체제를 떠받치고 있는 두 기둥인 시리아와 이집트 사이에 자리 잡았기 때문에 로마인에게는 유대도 역시 중요한 지역이었다. 하지만 유대 문제에서 로마인이 두려워한 것은 우선 유대 이외의 땅에 사는 유대인한테까지 문제가 파급되는 것이었고, 둘째로는 유대 민족이 파르티아를 부추겨 로마에 반기를 들게 하는 사태였다. 당시 로마에 부여된 과제는 이 두 가지가 실현되기 전에 문제를 해결하는 것뿐이었다. 게다가 유대는 본국 이탈리아에서 멀리 떨어져 있었다.

이에 비해 갈리아 사태의 중요성은 이루 헤아릴 수 없다. 율리우스 키빌리스의 야망이 실현되면, 로마 제국은 라인강을 중심으로 하여 서쪽으로는 피레네산맥에서 동쪽으로는 엘베강에 이르는 드넓은 지역을 적에게 넘겨주게 된다. 알프스 북쪽에 적을 두게 되는 셈이다. 제국의 북쪽 방위선은 라인강과 도나우강이라고 말할 수 없게 된다. 제국의 북쪽 방위선은 알프스산맥이 되고, 산맥 너머에 있는 적이 언제 이탈리아로 쳐들어올지 알 수 없는 상태가 된다. 게다가 유대인 요세푸스 플라비우스가 격찬했듯이 유대 전쟁을 치르는 로마 군단은 여전히 건재하고 충분히 기능을 발휘한 반면, 로마군 최강이라는 평판을 받았던 '라인 군단'은 사실상 붕괴되었다. 유대 전쟁보다 갈리아 사태가 울린 경종이 로마인들에게는 훨씬 가까이에서 크고 강하게 울려퍼진 것도 당연하다. 로마인들이 이 두 사건에 보인 관심의 차이는 그것이 기술된 30년 뒤에도 전혀 달라지지 않았다.

갈리아 사태의 관계자는 크게 세 부류로 나눌 수 있다.
첫째, 갈리아 제국을 건설하여 로마로부터 독립할 것을 목표로 삼은 부류. 라인강 서안에 사는 게르만계 갈리아인, 키빌리스가 속해 있는 바타비족처럼 로마와 동맹관계에 있었던 게르만계 부족, 라인강 동쪽에 살면서 로마인과는 늘상 적대관계에 있었던 게르만계 부족들이 이 부류에 속한다.
둘째, 이들 게르만족이 반기를 든 대상인 로마인.
셋째, 벨기카 속주, 루그두넨시스 속주, 아퀴타니아 속주에 사는 갈리아인.
여러분이 쉽게 머리에 떠올릴 수 있도록 오늘날의 지명으로 분류하면, 첫 번째 부류에 해당하는 것은 네덜란드와 독일, 두 번째는 이탈리아, 세 번째는 벨기에와 프랑스라고 생각해도 좋을 것이다.
현대 이탈리아인의 조상이라고는 도저히 생각되지 않는 고대 로마인은 이 사태에 어떻게 대처했을까. 그들은 시간을 낭비하지 않고 가진 힘을 최대한 효율적으로 활용하는 대책을 일찌감치 실행에 옮기고 있었다.

반격이 시작되다

수도 로마에 도착하자마자 혼란을 수습하고 통제력을 장악한 무키아누스는 갈리아 사태의 중요성을 잘 알고 있었다. 반격 작전에는 본국 이탈리아의 5개 군단, 에스파냐의 2개 군단, 브리타니아의 1개 군단, '라인 군단' 중에서 유일하게 무사했던 빈도니사(오늘날의 빈디슈)의 1개 군단, 합해서 9개 군단을 투입하기로 결정했다. 이들 9개 군단은 모두 평소와는 달리 보조병을 제외하고 군단병만으로 구성되었다. 갈리아 제국의 주력이 로마군 보조병이기 때문에 그들과 내통할 우려가 있는 보조병은 에스파냐인이든 브리타니아인이든 모두 배제한 것이다. 그래서 9개 군단의 총병력은 5만 4천 명. 내전으로 줄어든 인원을 보충할 시간도 없었을 테니까 실제로는 4만 명 안팎이었을 것이다. 무키아누스는 수도를 비울 수 없었기 때문에, 9개 군단을 지휘할 장수로는 실전 경험이 풍부한 켈리아리스와 갈루스를 골랐다. 한겨울인데도 군단 파병 명령서를 휴대한 전령이 빠른 말을 타고 에스파냐와 브리타니아로 떠났다.

속주병이 반기를 들었는데 로마가 반격에 나서지 않을 리는 없다. 게르만계 '율리우스'들도 그것은 잘 알고 있었을 것이다. 하지만 로마가 내전을 수습하려면 상당한 시일이 걸릴 거라고 생각한 것이 키빌리스를 비롯한 '율리우스'들의 오산이었다.

로마의 반격도 로마인답게 단호하고 철저했지만, '율리우스'들의 꿈을 쳐부순 것은 사실 또 다른 '율리우스'들이었다. 내가 앞에서 세 번째 부류로 분류한 갈리아계 '율리우스'가 그들이다.

이 갈리아계(그리스식 명칭은 켈트계) 갈리아인들은 처음에는 게르만계 갈리아인이 제의한 공동투쟁에 동조하지도 않았지만, 그렇다고 반대하지도 않았다. 그러나 갈리아 제국이 수립되는 단계에까지 이르자 비로소 움직이기 시작했다. 이 갈리아계 유력자들이 한자리에 모인 회의는 전통적으로 친로마적인 레미족의 본거지에서 열렸다. 여기서 그들은 갈리아 제국에 참가할 것이냐, 아니면 로마 제국 쪽에 남을 것이냐를 놓고 열띤 토론을 벌였다.

카이사르는 라인강 동쪽의 게르만족한테도 인심 좋게 자신의 씨족 이름을 나누어준 사람이다. 갈리아인은 그가 정복한 라인강 서쪽의 주요 민족이니까, 갈리아의 유력자들에게는 모두 다 '율리우스'를 나누어주었을 게 분명하다. 오늘날의 프랑스 북부에 해당하는 레미족 땅에 모인 갈리아 유력자들은 거의 다 '율리우스'였다. 실제로 레미족의 부족장이자 회의 주최자의 이름은 율리우스 아우스피케다. 게다가 클라우디우스 황제가 개방 노선을 채택한 결과, 그들 대다수는 로마 제국의 원로원 의원이기도 했다.

이들은 갈리아 제국이 명칭은 '갈리아 제국'이지만 실제로는 '게르만 제국'이 되리라는 것을 알아차리고 있었다. 그리고 율리우스 카이사르 때 시작된 로마의 갈리아 지배는 갈리아인을 게르만족의 공격에서 지켜주었다. 갈리아의 유력자들은 갈리아인이 입은 이 혜택을 상기했다. 그전에는 갈리아 부족들이 서로 다투는 틈을 타서 라인강을 건너 서쪽으로 쳐들어온 게르만족이 갈리아를 제멋대로 유린했기 때문이다. 그 당시의 갈리아인들은, 로마가 없으면 갈리아는 조만간 게르만족의 지배를 받게 될 것이라는 카이사르의 단언에 한마디 대꾸도 하지 못했다. 로마인이 라인강에 버티고 있어준 덕분에 지금까지는 게르만 문제에 신경을 쓰지 않아도 되었지만, 이제 120년 만에 갈리아인은 또다시 그 문제에 직면하게 되었다.

회의에서 내려진 결론은 갈리아 제국에 참여하지 않겠다는 것이었다. 갈리아계 '율리우스'들이 게르만계 '율리우스'들에게 '노'(No)라고 대답한 것이다. 참여하지 않을 뿐 아니라, 로마군의 보조자로 참전하겠다는 뜻을 밝혔다. 그러나 무키아누스는 로마인의 불상사는 로마인이 해결하겠다면서 이 제의를 받아들이지 않았다. 그래도 라인강에 인접한 저지 게르마니아 속주와 고지 게르마니아 속주를 제외한 갈리아 전역이 로마 편에 서기로 결정한 것은 사태에 중대한 영향을 미쳤다. 본국 이탈리아에서 오는 군단도, 에스파냐와 브리타니아에서 오는 군단도, 전쟁터가 될 라인강 연안으로 가려면 갈리아를 지나가야 한다. 행군의 안전만이 아니라 군량을 확보하는 문제에서도 갈리아가 로마 편에 섰을 때의 유리함은 헤아릴 수 없다. 갈리아인은 현대식으로 말하면 후방 지원을 로마인에게 약속한 셈이기 때문이다.

이런 움직임 속에서 겨울이 가고 봄이 찾아왔다. 로마는 이탈리아·에스파냐·브리타니아 세 방향에서 라인강을 향해 진격하기 시작했다. 율리우스 키빌리스는 로마군 보조부대를 지휘할 당시에는 로마식으로 머리를 짧게 자르고 수염도 깨끗이 면도했지만, 지금은 길게 기른 머리가 바람에 나부끼고 수염도 게르만식으로 얼굴의 절반을 덮고 있었다. 그가 내건 기치는 갈리아 제국이지만, 이것은 로마 역사상 수없이 되풀이되었고 앞으로도 수없이 되풀이될 로마와 게르만의 대결이었다.

외모를 게르만식으로 바꾼 율리우스 키빌리스는 알맹이까지 게르만식으로 바꿀 작정이었던 모양이다. 게르만족은 여자 점쟁이를 중용한다. 싸우러 나갈 것이냐 말 것이냐도 그네들의 점괘에 따라 결정한다. 로마에서도 공격에만 몰두한 공화정 시대에는 싸우러 나가기 전에 새 점을 치는 것이 유행했지만, 군단의 주요 임무가 방어로 바뀐 제정 시대에는 새가 모이를 쪼아먹는 모양을 보고 길흉을 점치는 방식은 쓰지 않게 되었다. 쳐들어오는 야만족을 격퇴하는데, 새점의 결과에 따라 싸우러 나갈 것이냐 말 것이냐를 결정하는 것은 비현실적이었기 때문이다.

율리우스 키빌리스가 중용한 점쟁이는 벨레다라는 젊은 여자였다. 라인강 동쪽의 브룩테리족 출신인 벨레다는 로마군을 파멸시키면 게르만족이 서방을 지배할 수 있다고 예언한 여자였다. 지극히 당연한 말을 했을 뿐이라는 생각이 들지만, 라인강 연안의 6개 군단 병사들에게 강제로 갈리아 제국에 대한 충성 맹세를 받아낸 키빌리스는 벨레다의 예언이 미래를 예고한 신의 계시라고 생각했을 것이다. 키빌리스는 붙잡은 로마 군단장 한 명을 죽이지 않고 남겨두었다가 신에게 산제물을 바칠 때 쓰라고 벨레다에게 내주었다. 하지만 루페르쿠스라는 이 군단장은 호송되는 도중에 자살을 택한다.

키빌리스의 게르만식 행동은 포로에 대한 처우에도 나타났다. 키빌리스는 포로가 된 로마 군단병을 어린 아들의 장난감으로 주었다. 같이 노는 게 아니라, 꽁꽁 묶어놓은 병사를 칼로 찌르면서 놀라는 것이다.

이것은 게르만족의 기세를 올리는 데에는 도움이 되었을지 모르나 갈리아인들에게는 게르만족에 대한 경계심을 더욱 강화하는 효과를 낳았을 뿐이다. 그리고 로마인은 동포를 비인간적으로 다룬 자를 절대로 그냥 내버려두지 않는 민족이기도 했다.

로마군이 본격적으로 반격을 개시했다는 소식만 듣고도 켈트계 갈리아인들은 게르만족에 맞서 행동을 개시했다. 갈리아 제국에 가담한 링고네스족의 남쪽에 사는 세콰니족이 맨 먼저 움직였다. 세콰니족의 우두머리도 '율리우스'였고, 레미족이 주최한 부족장 회의에 참석한 사람이었다. 로마 편에 남겠다는 의지를 몸소 증명해 보인 것이다. 게다가 율리우스 사비누스가 이끄는 링고네스족과 싸워서 승리를 거두었다.

이로써 갈리아 제국의 한 귀퉁이가 무너졌다. 패장이 된 사비누스는 도망치는 데 성공하지만, 9년 뒤에 로마인들은 숨어 있던 사비누스를 찾아낸다. 카이사르의 사생아의 후손을 자칭한 이 사내는 베스파시아누스 황제의 명으로 사형에 처해졌다.

그러나 '갈리아 제국'은 한 귀퉁이가 무너졌을 뿐이다. 율리우스 키빌리스는 바타비족과 라인강 동쪽의 게르만족을 이끌고 라인강 어귀만이 아니라 라인강 동쪽에서부터 쾰른·본·마인츠에 이르는 일대를 장악하고 있었다. 이 지역은 뱀 앞에서 오금이 굳어버린 토끼처럼 몸을 움츠린 채 꼼짝도 못하는 상태였다. 한편 율리우스 클라시쿠스와 율리우스 투토르가 이끄는 트레베리족은 라인강 서안 일대를 장악하고 있었다.

이집트에 머물고 있는 베스파시아누스를 대신하여 로마군의 반격 작전에서 두뇌 역할을 맡은 무키아누스는 실제로 지휘를 맡을 사령관이나 군단장을 고를 때에도 냉철함을 보였다. 지난 1년 동안 등장했다 사라진 세 황제 가운데 누구 밑에서 싸웠는지는 전혀 문제삼지 않았다. 저지 게르마니아나 고지 게르마니아에서 근무한 경험만이 선정 기준이 되었다. 사령관 안니우스 갈루스는 고지 게르마니아 주둔군에서 군단장을 지낸 경험이 있다. 또 다른 사령관 페틸리우스 켈리아리스는 저지 게르마니아 주둔군에서 군단장을 지낸 경험이 있다. 원주민이라서 지형이며 그밖의 모든 것을 속속들이 알고 있는 게르만족을 상대로, 더구나 그들의 땅에서 싸우는 것이다. 원주민 못지않은 지식과 경험이 필요했다.

로마군 병력은 통틀어 9개 군단이지만, 이탈리아와 스위스, 에스파냐, 영국에서 모여들고 있다. 전형적인 야전 사령관 타입인 켈리아리스는 병력 집결이 끝날 때까지 기다리지 않았다. 폐허가 되고 병력도 얼마 남지 않은 마인츠에 도착했을 때 그가 거느린 병력은 이탈리아에서 데려간 5개 군단뿐이었다. 켈리아리스는 그 5개 군단만 이끌고 트레베리족 땅으로 진격하기로 결정했다. 에스파냐나 영국이나 스위스에서 모여들 나머지 군단은 갈루스에게 지휘를 맡겼다. 전투하기에 좋은 계절인 봄도 조금 있으면 막바지에 접어든다. 봄이 한창인 이 시기를 헛되이 보내고 싶지 않았다.

2만 명이라도 로마군의 주전력인 군단병의 전투력은 압도적이었다. 마인츠에서 트레베리족의 본거지인 트리어까지는 로마 가도가 뚫려 있다. 다만 산악지대라서 평지만큼 빨리 갈 수는 없다. 그래도 시속 5킬로미터로 하루에 9시간은 행군했다. 하루 5시간이 로마군의 통상적인 행군시간이니까 9시간은 강행군이다. 그것이 가능했던 것은 휴대한 짐이 적었기 때문이다. 트레베리족의 서쪽에 사는 레미족의 '후방 지원' 덕분이었다.

이렇게 하여 로마군은 모젤강변에 있는 트레베리족의 본거지 트리어에 도착하여 격전을 벌인 끝에 마침내 트리어 공략에 성공했다. 승리한 병사들은 트리어 전체를 파괴하고 불지르고 주민을 몰살하자고 주장했다. 트리어는 보쿨라를 비롯한 로마군 장교들을 죽인 율리우스 클라시쿠스와 율리우스 투토르의 고향이 아니냐. 전리품이나 포로를 팔아치우는 것은 승자의 권리지만, 그런 이익은 필요없으니까 모든 것을 불태우고 주민들도 모조리 죽여서 트리어라는 도시 자체를 지상에서 없애버려야 한다고 주장한 것이다.

승리와 관용

보복을 주장하는 부하 병사들에게 사령관 켈리아리스는 말했다.

이제 로마인끼리 싸우는 내전은 끝났다. 어린애도 알 만큼 유명한 로마 군단병의 투지는 외부의 적에게로 돌려져야 한다. 이렇게 말한 켈리아리스는 갈리아 제국에 충성을 맹세하고 트리어로 끌려온 뒤에도 비참한 상태로 살고 있던 로마 군단병들에게 관심을 돌렸다.

초라한 오두막이나 천막에 갇혀 있던 이들은 우군이 트리어 공략에 성공했는데도 달려나오지 않았고, 해방된 기쁨을 터뜨리며 동포들과 얼싸안지도 않았다. 그들은 자신이 지은 죄를 알고 있었다. 그리고 죄를 지은 자신을 부끄러워하고 있었다. 위험과 공포는 사라졌을 텐데도 여전히 오두막이나 천막에 틀어박혀 있었다. 이런 장면을 묘사하는 데에는 천하 일품의 솜씨를 보이는 타키투스는 이렇게 적고 있다.

"햇빛에서도 달아나고 싶어 하는 것 같았다."

켈리아리스가 가리키는 쪽으로 눈길을 돌린 병사들은 그제야 비로소 포로 신세인 동료들을 생각해냈다. 병사들은 초라한 오두막이나 찢어진 천막을 향해 어서 나오라고 소리쳤다. 하지만 대답이 없었다. 병사들은 다시 켈리아리스 쪽으로 눈길을 돌렸다. 아무 말도 하지 않았지만, 그들의 눈에는 눈물이 가득 고여 있었다. 이때다 하고 생각한 켈리아리스는 병사들에게 말하기 시작했다.

로마 제국을 버리고 야만족의 제국에 충성을 맹세한 것은 운명의 장난에 불과하다. 그들의 불명예스러운 행위와 그 후의 비참한 처지도 원인을 따져보면 그들의 사령관이나 군단장 몇 명이 황제 자리에 야심을 품었기 때문이고, 그것을 이용한 적의 악의에 우롱당한 결과다. 그러니 모든 것은 오늘부터 새롭게 시작된다. 그들의 과거 행적에 대해서는 황제(베스파시아누스)도 사령관인 나(켈리아리스)도 문제삼지 않고, 없었던 일로 할 작정이다.

귀를 기울이는 병사들에게 켈리아리스는 말을 이었다. 트리어 공략을 위해 건설한 로마 군단 숙영지에 과거의 배신자들을 맞아들여라. 그러고는 그들을 비웃거나 모욕하거나 냉대하면 안 된다고 덧붙였다.

병사들은 비참한 동료들에게 해진 옷을 벗고 몸을 씻고 군단병의 새 군복으로 갈아입게 했다. 그 틈을 이용하여 켈리아리스는 트리어에 있다가 붙잡힌 트레베리족과 링고네스족의 유력자들을 모아놓고 이렇게 말했다. 페틸리우스 켈리아리스는 9년 전인 서기 61년에 당시의 네로 황제에게 브리타니아의 제9군단 군단장으로 임명되었다는 기록이 남아 있으니까, 서기 70년에는 50대였을 게 분명하다. 야전 경험이 풍부한 이 장수의 연설은 타키투스에 따르면 다음과 같다.

"나 개인은 언변이 뛰어난 정치인도 아니고 변호사도 아니다. 로마 시민의 존재 이유를 말이 아니라 무기로써 인정시키는 길을 택했기 때문이다. 그렇긴 하지만, 그대들의 현재 상태(패배자의 신세)를 생각하면 변변찮은 내 이야기라도 귀를 기울이는 게 좋을 것이다. 이제 트레베리족이나 링고네스족과 로마의 싸움은 끝났다. 두려움에 떨기보다는 냉정하게 듣고 생각할 때인 것이다.

그대들의 땅만이 아니라 다른 갈리아인의 땅(즉 라인강에서 피레네산맥에 이르는 갈리아 전역)에 애당초 로마인이 들어온 것은 로마인의 정복욕 때문이 아니라 당신네 조상이 요청했기 때문이라는 사실을 상기해주기 바란다. 카이사르가 정복하기 이전의 갈리아는 수많은 부족이 허구한 날 싸움을 일삼고, 그 때문에 자멸 직전 상태에 놓여 있었다. 카이사르도 갈리아인의 요청을 받아 갈리아에 들어왔지만, 다른 부족들은 게르만족인 아리오비스투스에게 지원을 요청했다. 그리고 이 게르만족은 그 기회에 갈리아를 수중에 넣으려고 마음먹었다. 로마인이 게르만족과 얼마나 많은 싸움을 치러야 했는지, 얼마나 많은 희생을 치러야 했는지를 생각하면, 게르만족의 전투력이 얼마나 무서운 것인지는 충분히 짐작할 수 있을 것이다.

우리 로마인은 라인강을 방위선으로 확립하는 정책을 취했다. 물론 이것은 본국 이탈리아를 방위하기 위해서였다. 하지만 그와 동시에 아리오비스투스(카이사르에게 패한 게르만족 장수)의 자손이 갈리아 전역을 지배하는 것을 막기 위해서이기도 했다. 그대들은 키빌리스가 이끄는 바타비족이나 라인강 동쪽의 게르만족이 카이사르 시대에 살았던 그들의 조상과 달리 갈리아인에게 호의를 가지고 따뜻하게 대할 거라고 생각하는가? 그렇게 생각한다면 그것은 환상이다.

그로부터 130년이 다 되어가는데도 게르만족은 전혀 달라지지 않았다. 여전히 라인강을 건너 갈리아로 쳐들어올 기회를 노리면서 갈리아를 지배하겠다는 야욕을 포기하지 않고, 다른 민족과 융화하기를 싫어하고, 다른 민족의 재산을 빼앗는 것을 당연하게 여기고, 정착을 싫어하는 생활방식을 고수하고 있다. 그들이 떠난 자리에는 풀 한 포기 나지 않는 불모지가 남을 뿐이다. 그런 게르만족이 비옥한 갈리아의 주인 자리를 계속 노리는 것도 당연할 것이다.

그리고 게르만족이 갈리아인을 자기편으로 끌어들이려 할 때 상투적으로 써먹는 말은 언제나 자유와 독립이다. 하지만 잊지 말라. 남을 지배하려는 민족치고 이 두 마디를 기치로 내걸지 않은 민족은 하나도 없다는 인간 세계의 냉엄한 현실을 잊어서는 안 된다.

(카이사르가) 이 땅을 로마법의 지배하에 귀속시킬 때까지 갈리아를 지배하던 것은 노골적인 힘이었다. 여기에 대해서는 아무도 이의를 제기하지 못할 것이다. 하지만 정복자가 된 우리 로마인은 승자의 권리를 제국 전체의 평화 수립을 위해 사용했다. 물론 그대들에게는 속주세를 낼 의무를 부과했다. 하지만 민족 간의 평화를 유지하려면 병사가 필요하고, 병사에게는 급료를 주어야 하고, 급료를 주려면 세금을 징수할 수밖에 없다.

로마가 갈리아에 요구한 것은 속주세뿐이다. 다른 것은 모두 그대들의 자치에 맡겼다. 그뿐만 아니라 동화정책을 창시한 카이사르 시대부터 이미 로마군의 요직에도 많은 갈리아인이 등용되었다. 속주 총독까지도 갈리아 출신에게 맡겼지 않은가(네로 시대의 율리우스 빈덱스를 말한다). 차별도 하지 않고 문호도 닫지 않는다는 게 로마의 방침이다(클라우디우스 황제의 개혁 이후 속주 출신에게도 원로원 의석을 준 것을 가리킨다).

훌륭한 황제는 속주민에게도 이익을 주지만, 그것은 우리 로마인에게도 마찬가지다. 그런데 됨됨이가 좋지 못한 황제의 경우에는 가까이에 있는 우리 로마인이 그 폐해를 직접 받게 된다. 하지만 비가 내리지 않거나 반대로 비가 너무 많이 내리거나 하는 자연 재해를 인간인 우리가 어찌할 수 없는 것과 마찬가지로, 황제의 됨됨이도 우리로서는 어찌할 도리가 없다. 됨됨이가 좋지 못한 황제가 백성을 방치하든 탐욕을 부리든, 참을 수 있는 동안은 참을 수밖에 없다. 트레베리족 출신인 투토르나 클라시쿠스가 통치하면 모든 게 좋아지고, 세금을 내지 않아도 될 거라는 생각은 한낱 꿈에 불과하다. 그들도 자기네 부족의 안전을 보장하려면 게르만족이나 브리타니아인에 대한 방위책을 강구해야 하기 때문이다.

만약 로마인을 갈리아에서 몰아내는 데 성공한다면, 물론 그런 일은 하늘이 허락하지 않겠지만, 만약 허락한다면 어떤 상태가 될지 생각해본 적이 있는가. 제국 전역은 끊임없는 전란에 빠지게 될 것이다.

하지만 로마는 무려 800년이라는 긴 세월 행운을 활용하는 동시에 자신에게 확고한 규율을 부과하고, 파괴하려는 자를 타도함으로써 자신과 남을 위한 평화를 쌓아올렸다.

만약 이 평화가 무너진다면 가장 먼저 피해를 볼 사람은 당신네 갈리아인이다. 전쟁을 유발하는 최대 원인은 황금과 부에 대한 욕망인데, 지금은 그것이 당신네 손에 있기 때문이다.

그러니까 잘 생각하고 결단을 내려주기 바란다. 평화를 누리면서 안전하게 번영하고 있는 당신네 도시와 마을을 생각하고, 거기서는 정복자도 피정복자도 평등한 권리를 누리며 살고 있다는 사실을 상기하고, 그것이 사랑하고 존중할 만한 가치가 있는지 없는지 판단해주기 바란다.

그대들은 다른 갈리아인과 달리 로마에 반대하는 봉기를 체험했다. 그 체험을 근거로, 그대들을 파멸로 몰아넣을 게 뻔한 반란에 계속 가담할 것인지, 아니면 우리 로마인에게 돌아와서 공존과 공영을 함께 누리는 동지가 될 것인지를 결정해주기 바란다."

트레베리족과 링고네스족의 유력자들을 설득하는 것은 켈리아리스의 이 연설만으로 충분했다. 로마 제국 영토인 라인강 서쪽의 게르만계 갈리아인도 '갈리아 제국'을 떠나 로마 제국의 품으로 다시 돌아간 것이다. 뒤에 남은 것은 게르만족뿐이다. 이래서는 '갈리아 제국'을 자칭할 자격조차 잃어버리게 되었다.

율리우스 키빌리스도 사태가 심각함을 알아차렸다. 그는 트레베리족 출신인데도 반로마 운동을 계속하기로 결정한 율리우스 클라시쿠스와 함께 켈리아리스에게 편지를 보냈다. 켈리아리스가 갈리아 제국 황제가 될 마음이 있다면 협력을 아끼지 않겠다는 내용이었다. 로마 장수는 답장도 보내지 않았다. 그래도 키빌리스는 포기하지 않았다. 켈리아리스에게 보낸 편지 사본을 수도 로마에 있는 도미티아누스에게 보낸 것이다. 도미티아누스의 고발을 듣고 일선 사령관의 배신을 염려한 무키아누스가 켈리아리스를 해임하여 본국으로 소환하기를 기대했기 때문이다. 하지만 무키아누스는 베스파시아누스의 젊은 아들 도미티아누스가 보내온 그 편지를 일단 읽기는 했지만, 당장 쓰레기통에 던져버렸다. 켈리아리스는 라인강 서쪽을 다시 산하에 넣은 뒤 라인강 어귀를 향해 진격했다. 한편 갈루스가 맡은 4개 군단도 집결을 끝냈다. 이제 키빌리스와 클라시쿠스는 켈리아리스가 이끄는 로마군과 갈루스가 지휘하는 로마군의 맹공에 직면하게 되었다.

게르만족은 퇴각을 계속하면서도 용감하게 저항했다. 율리우스 클라시쿠스와 율리우스 투토르는 격투를 벌이다가 전사했다. 율리우스 키빌리스의 아내와 누이는 로마군에게 사로잡혔다. 게르만족은 가족을 데리고 전쟁터에 나가는 습관이 있었다. 키빌리스는 궁지에 몰렸다. 어떻게든 겨울까지만 버티면 한숨 돌릴 수 있었겠지만, 과감하게 공격하는 켈리아리스는 그럴 시간도 주지 않았다. 바싹 추격당한 바타비족 지도자는 로마군 사령관에게 회담을 요구했다. 두 사람의 회담은 라인강 어귀의 여울에 떠 있는 섬에서 이루어졌다.

율리우스 키빌리스와 페틸리우스 켈리아리스는 오래전부터 아는 사이가 아니었나 싶다. 둘 다 10년 전인 서기 60년까지는 저지 게르마니아군에서 각각 군단장과 보조부대장으로 함께 복무했기 때문이다. 그리고 키빌리스는 61년부터, 켈리아리스는 62년을 전후한 몇 년 동안 휘하 병사들과 함께 브리타니아에 파견되어 브리타니아 제패에 참가했다. 그 후에는 두 사람의 길이 갈라져서 키빌리스는 다시 저지 게르마니아로 돌아가고, 켈리아리스는 도나우 전선으로 보내졌다. 나이도 열 살 이상은 차이가 나지 않았을 것이다. 키빌리스의 군대 경력도 오래되었지만, 베스파시아누스의 먼 친척인 켈리아리스도 베스파시아누스처럼 밑바닥부터 차근차근 올라간 사람이니까 병영에서 잔뼈가 굵은 거나 마찬가지다. 그리고 로마군에서는 로마인 장교만이 아니라 속주민 출신인 보조부대장도 총사령관이 소집하는 작전회의에 참석할 수 있도록 되어 있었다. 지금은 서로 적이 되어 싸우지만, 키빌리스가 켈리아리스와 직접 회담하기로 결심한 이면에는, 그리고 켈리아리스가 아무

조건도 붙이지 않고 키빌리스의 요청을 받아들인 이면에는 이런 사정이 있었던 게 아닌가 생각된다.

회담에서 무슨 이야기가 오갔는지는 알려져 있지 않다. 타키투스의 『역사』는 키빌리스가 막 이야기를 시작한 단계에서 끝나버렸기 때문이다. 타키투스가 거기서 붓을 놓았기 때문이 아니라, 그다음 페이지가 중세를 거치는 동안 소실되어버렸기 때문이다. 두 사람의 대화가 어떤 식으로 진행되었는지는 알 수 없지만, 대화가 어떤 결과를 낳았는지는 알려져 있다.

바타비족은 몰살당하지도 않았고 노예가 되지도 않았다. 로마에 반기를 들기 전과 똑같이 로마의 동맹부족으로 존속할 수 있었다. 속주가 된 것은 아니니까 속주세를 낼 의무도 없다. 속주세를 내는 대신 로마군에서 보조병으로 복무하는 것도 전과 다름이 없었다.

율리우스 키빌리스는 처형당하지 않았다. 하지만 전에 맡고 있던 바타비족 부대장 자리로 돌아간 것은 아니다. 그 후 그의 소식은 완전히 끊어졌다. 카이사르에게 반기를 든 갈리아인 베르킨게토릭스나 테우토부르크숲에서 로마의 3개 군단을 섬멸한 게르만인 아르미니우스의 뒷소식에 대해서는 여러 권의 역사책이 그들이 최후까지 추적하여 기록하고 있는데, 유독 키빌리스만은 어디에도 언급되어 있지 않다. 처형당했다면 누군가가 기록했을 텐데 그것도 없다. 또한 생존을 증명하는 사료도 남아 있지 않다. 평범한 개인으로 돌아가 라인강 동쪽 어딘가에서 조용히 살았을까. 로마군에 사로잡힌 그의 아내와 누이도 그에게 돌려보내지기라도 한 것처럼 그 후의 소식이 끊어져버렸기 때문이다.

키빌리스가 중용한 점쟁이 벨레다는 이탈리아로 보내져 거기서 일생을 마쳤다. 낮에도 컴컴한 숲의 나라에서 눈부신 햇빛의 나라로 옮겨가면, 게르만의 신들을 섬기는 무당도 위력이 약해질 거라고 생각했는지도 모른다. 이 게르만족 무당은 이탈리아에서 점집을 개업했는데, 상당히 번창했다고 한다.

 이리하여 '갈리아 제국'은 반년도 지나기 전에 무너졌다. 율리우스 키빌리스가 바타비족을 이끌고 반란의 봉화를 올렸을 때부터 헤아려도 1년이 채 안 된다. 하지만 이 '갈리아 제국' 문제에 대한 로마인의 대처 방식은 주목할 만하다.

 첫째, 로마를 배신하고 갈리아 제국에 충성을 맹세한 군단병들을 '지난 일은 없었던 것으로 한다'는 한마디로 용서했다. 이들은 로마 시민으로서 조국을 배신했을 뿐 아니라, 로마의 정규병으로서 로마군의 규율을 어겼다. 요즘 같으면 군법회의감이다.

 둘째, 로마 제국의 속주민으로서 게르만족의 유혹에 넘어가, 갈리아 제국을 세워 로마로부터 독립하고자 한 트레베리족과 링고네스족에 대해서도 전혀 죄를 묻지 않았다. 전사자를 빼면, 이들 두 부족의 유력자들 가운데 처형당한 사람은 반란 주모자인 율리우스 발렌티누스뿐이었다.

 셋째, 바타비족에 대한 처우다. 반란의 주동자 역할을 맡은 이 부족에 대해서도 로마는 '아무 일도 없었던 것으로 한다'는 방침으로 일관했다.

 이 일련의 현상에 '보복'이라는 낱말만은 존재하지 않는다. 로마인은 '승자의 권리'(유레 빅토리아이)를 행사하기보다 '관용'(클레멘티아)을 택했다. 휴머니즘에 눈을 떴기 때문이 아니라 그쪽이 훨씬 효과적이라고 생각했기 때문이다.

 이 조치는 켈리아리스의 독단으로 이루어졌을까.

 로마군에서는 전통적으로 일선 사령관에게 거의 무제한의 재량권이 주어졌다. 한니발과의 강화는 스키피오 아프리카누스가 독단으로 결정했고, 갈리아를 제패한 카이사르도 독단으로 전후 처리를 진행했다. 네로 황제가 전쟁 수행에 필요한 병력을 맡겼는데도, 코르불로는 파르티아와 전쟁을 치르지 않고 강화를 맺기로 결정해버렸다.

다만 이들 일선 사령관의 결정을 먼 훗날까지 보장하는 법률을 제정하려면, 즉 국가 정책으로 확립하려면 원로원의 의결과 시민의 동의가 필요했다. 그렇긴 하지만, 부결되는 일은 거의 없었다고 해도 좋을 정도다.

켈리아리스는 위에서 예로 든 명장들처럼 로마 역사에 빛나는 거물은 아니다. 게다가 상대는 강대한 적이 아니라 반란을 일으킨 속주민에 불과했다. 9개 군단을 투입하기로 결정한 단계에서 이미 로마 쪽에는 승산이 있었을 것이다. 승리만 명확해지면, 전후 처리를 어떻게 할 것인지도 분명해진다.

내 상상이지만, 켈리아리스는 본국 이탈리아를 떠나기 전에 이미 무키아누스한테 지시를 받았을 것이다. 같은 시기에 이탈리아에서 베스파시아누스의 황제 자리를 굳히는 작업에 전념하던 무키아누스가 택한 방식이야말로 '보복'이 아니라 '관용'이었기 때문이다.

이 냉철한 정치가는 패자에 대한 처우를 잘못했기 때문에 패자의 원한을 산 비텔리우스의 전철을 밟지 않았다. 그리고 비텔리우스에게 보복하겠다는 일념으로, 비텔리우스 편에 선 크레모나를 불태우고 무차별 학살을 자행하여 크레모나의 참극을 빚은 안토니우스 프리무스를 교묘하게 좌천시켜버렸다. 보복으로 응수하는 것이야말로 국가의 자멸로 이어진다는 사실을 잘 알고 있었다는 증거다.

무키아누스는 또한 원로원을 통해 전쟁터가 된 북이탈리아 주민이 입은 피해를 보상해주기로 결정했는데, 그 대상에는 비텔리우스 편에 선 크레모나 주민도 포함되어 있다. '아무 일도 없었던 것으로 한다'는 방침은 본국 이탈리아에서도 시행되고 있었던 것이다. 비텔리우스파 사람들 가운데 처형된 것은 친동생인 루키우스뿐이었다. 마지막까지 싸운 병사들 중에도 처형당한 사람은 하나도 없었다.

그렇긴 하지만, 인간은 스스로 납득하지 못하는 일은 아무리 상관의 명령이라 해도 잘하지 못하는 법이다. 켈리아리스도 무키아누스의 생각에 동감이었다. 그렇기 때문에 보복을 주장하는 부하 병사들을 통제할 수 있었고, '배신자'인 군단병들도 순순히 원상태로 돌아가고, 로마에 반기를 들었던 속주민도 다시금 로마의 패권을 인정할 것을 승낙하고 주모자였던 키빌리스가 저항을 포기하게 할 수 있었던 것이다.

하지만 무키아누스와 켈리아리스가 보복보다 관용을 택한 이유는 또 하나 있었던 모양이다.

그것은 바타비족 반란에서 갈리아 제국 수립에 이르는 이 사태의 진정한 책임은 로마 쪽에 있다고 로마인 자신이 생각했기 때문이 아닐까. 타키투스도 "로마인끼리 싸운 내전의 여파에 불과했다"고 말했다. 1년 사이에 황제가 세 명이나 바뀌고, 군단병들이 편을 갈라 서로 격돌하는 혼란만 일어나지 않았다면, 속주병 반란도 일어나지 않았을 것이다. 로마인 자신이 무능함을 보이지 않았다면, 속주민이 로마인도 별것 아니라고 생각하는 일은 없었을 것이다. 갈리아 제국 소동은 당연히 일어나야 했기 때문에 일어난 사건은 아니었다. 이런 사정을 무키아누스와 켈리아리스도 충분히 알고 '관용'을 베푼 게 아니었을까.

따라서 이 두 사람에게 관용과 냉철함은 모순된 것이 아니었다. '아무 일도 없었던 것으로 한다'는 방침으로 일관한 켈리아리스의 다음 임무는 동료 갈루스와 협력하여 라인강 방위선을 재건하는 일이었다. 이것이야말로 '냉철함'이 필요한 임무다.

'라인 군단' 재편성

서기 1세기 후반의 '라인 군단'은 브리타니아에 일부 병력을 파견한 탓도 있어서, 1세기 전반의 8개 군단보다 하나가 적은 7개 군단으로 구성되어 있었다. 저지 게르마니아에 3개 군단, 고지 게르마니아에 4개 군단이 주둔해 있었다.

이들 7개 군단 가운데 '갈리아 제국' 소동에서도 무사했던 것은 현재의 스위스 취리히 부근에 있는 빈도니사(오늘날의 빈디슈)를 기지로 삼고 있던 제1군단뿐이다. 이 군단이 무사했던 진짜 이유는 비텔리우스의 명령으로 이탈리아에 가 있었기 때문이다. 크산텐을 기지로 삼고 있던 제5군단도 같은 이유로 군단 해체라는 불명예를 면했다. 이 군단도 대부분 이탈리아에 가 있었기 때문에, 갈리아 제국에 충성을 맹세한 병사는 극소수에 불과했기 때문이다. 그리고 카이사르가 창설했다는 영예에 빛나는 군단을 그렇게 간단히 해체해버릴 수도 없었을 것이다. 이 군단만은 도나우강 유역의 모에시아 속주로 근무지가 바뀌었다.

해체되지 않은 군단이 또 하나 있다. 마인츠를 기지로 삼고 있던 제22군단이다. 이 군단의 군단장 보쿨라는 '라인 군단' 산하의 군단장들 중에서는 유일하게 곤경에도 굴하지 않고 끝까지 임무에 헌신하다가 속주병에게 살해되었다. 제22군단을 존속시킨 이유는 앞으로 열심히 임무를 수행해서, 군단장이 살해되는 것을 막지 못한 죄를 씻으라는 것이었다. 이 군단의 은독수리 깃발에는 그 후 보쿨라의 문장(紋章)이 붙여졌다.

나머지 4개 군단은 모두 해체하기로 결정되었다. 그대로 남겨두면 또다시 불상사를 일으킬지 모른다는 염려 때문이 아니라, 로마 군단병이면서 다른 민족에게 충성을 맹세한 불명예스러운 행위의 책임을 물은 것이다. 다만 군단은 해체하되, 군단병을 제대시키지는 않고 새로 편성된 군단에 조금씩 나누어 배치했다. 달리 갈 곳이 없는 2만 명이나 되는 군단병이 사회로 쏟아져 나오면 사회 문제가 될 수도 있기 때문이다.

주전력인 군단을 보조하는 보조부대는 어떻게 처리했을까. 바타비족조차도 반란 이전 상태로 돌아갔으니까, 다른 속주 출신 병사들이 병영으로 돌아가는 것은 당연하다. 다만 이 분야에서도 다소 변경된 점이 있었다.

반란 이전에는 부족의 유력자가 자기 부족민으로 구성된 부대를 지휘했지만, 반란 이후에는 지휘관을 로마인이나 다른 부족 출신으로 바꾼 것이다. 하지만 이 조치는 몇 년도 지나기 전에 다시 원래 방식으로 돌아갔다. 역시 불편했기 때문이다. 같은 부족 출신이 지휘하는 편이 병사들을 통솔하는 데에도 한결 효과적이었을 것이다. 이렇게 모든 것이 원상태로 돌아갔는데도, 그 후 200년 동안 속주병이 군단병을 공격하는 불상사는 일어나지 않았다. 서기 70년 당시의 관용정책이 효과적이었다는 증거이기도 하다.

하지만 제국 서방에서는 이렇게 관용정책으로 일관한 로마인이 제국 동방에서는 정반대로 대처했다. 갈리아 사태와 유대 문제는 같은 시기의 사건인데도, 두 사건에 대한 로마인의 대처는 정반대였다고 해도 좋다. 그 이유는 두 사건의 성격이 전혀 달랐기 때문이다.

유대 문제

서기 66년 여름에 일어나 73년 봄에 마사다 옥쇄로 끝나는 '유대 전쟁'은 로마 제국 내의 속주민이 패권자 로마에 저항하여 일으킨 독립운동이라는 점에서는 바타비족 반란으로 시작된 갈리아 사태와 같은 의미를 갖는다. 하지만 두 사건의 내용은 전혀 달랐다. 유대 전쟁은 당연히 일어날 만해서 일어난 반란이었다. 지배자 로마가 아무리 선정을 펴려고 애써도, 그것은 문제 해결을 뒤로 미루는 정도의 효과밖에는 없었던 게 아닐까. 그런 의미에서 유대인들의 반란은 불가피했고, 유대인과 로마인의 사고방식, 즉 문명의 차이를 생각하면 이것은 숙명적인 대결이었다고 말할 수밖에 없다.

유대 민족의 첫 번째 특수성은 그들의 거주지역인 팔레스타인 일대가 전통적 강대국인 시리아와 이집트를 잇는 선상에 자리 잡고 있다는 점이다. 만약 팔레스타인이 흑해 동해안 지방에라도 있었다면 유대 역사는 완전히 달라졌을 것이다. 그런데 통로에 자리 잡고 있기 때문에 시리아 쪽에서도 이집트 쪽에서도 항상 팔레스타인을 노리게 된 것이다. 그리고 이제는 시리아도 이집트도 로마의 지배하에 들어가 있었다.

두 번째 특수성은 그들이 대단히 우수한 민족이라는 점이다. 지배자로서는 우수한 민족이 다스리기 어렵다. 우수하지 않으면, 밑바닥에 억눌려도 저항할 능력이나 기력도 없기 때문이다.

세 번째 특수성은 고대 그리스인에 비견될 만한 유대인의 이산(離散) 경향이다. 시리아의 안티오키아나 이집트의 알렉산드리아에 있는 대규모 유대인 사회를 비롯하여 모든 도시에 유대인 공동체가 존재했다. 그리스인과 다른 점은 해외에 거주하는 유대인과 본국의 관계가 아주 긴밀했다는 점이다. 구체적으로 말하면 유대교도는 어디에 살든 1년에 2드라크마의 봉납금을 예루살렘 신전에 바칠 의무가 있었다. 이런 유대 민족과는 반대로, 이탈리아의 대표적인 그리스 식민도시였던 시라쿠사나 타란토의 주민이 자기 몸속에 그리스인의 피가 흐른다는 사실을 의식하는 것은 4년에 한 번씩 열리는 올림피아 제전에 출전할 때뿐이었다. 코린트가 멸망해도, 코린트에서 이주해온 사람들의 자손인 시라쿠사 주민은 일어서지 않는다. 하지만 예루살렘이 멸망하면, 알렉산드리아에 사는 유대인이 일어날 위험이 있었다. 연구자들의 말에 따르면, 유대에 사는 유대인보다 해외의 그리스계 도시에 사는 유대인이 수적으로는 훨씬 많았다고 한다.

네 번째 특수성은, 유대인은 다른 민족을 지배해본 경험이 없다는 점이다. 유대인도 다윗이나 솔로몬 시대처럼 독립을 누린 시기가 있었다. 하지만 그것은 자국 안에 존재한 독립국가였고, 다른 나라를 지배하는 제국은 창설해본 경험이 없다. 게다가 독립을 누린 시기도 그들의 전체 역사로 보면 아주 짧고, 바빌론 유수 시대까지 거슬러 올라가지 않더라도 오랫동안 이집트나 시리아의 헬레니즘 왕조, 즉 그리스계 국가의 지배를 받다가 결국 로마의 지배하에 들어간 것이다.

오랫동안 타민족에게 지배당한 역사를 가진 민족은 현대인의 사고방식으로는 핍박받은 민족이고, 따라서 동정을 받는 것이 당연하다는 느낌이 든다. 하지만 오랫동안 핍박받은 역사를 갖는 것은 정신구조에 변화를 초래할 수밖에 없다는 현실에도 눈을 돌릴 필요가 있다.

자위본능이 발달할 수밖에 없었기 때문이라고 여겨지지만, 구체적으로 말하면 정신의 유연성을 잃고 완고해진다. 또한 매사에 과민하게 반응하기 쉽다. 그리고 가혹한 현실을 참고 견디며 꿋꿋이 살아가야 할 필요성 때문에 꿈에 의존한다. 유대교에서는 구세주에 대한 기다림이 여기에 해당한다.

다섯 번째 특수성은 유대인과 종교의 관계다. 이것이야말로 유대인의 가장 중요한 특수성이 아닐까. 그리스나 로마의 다신교 신들은 인간을 지켜주고 도와주는 존재에 불과하다. 이와는 반대로 유대인이 신봉하는 일신교의 유일신은 인간에게 어떻게 행동해야 할 것인가를 명령하고, 그 명령을 어기면 벌을 내리는 것도 서슴지 않는 존재다. 그렇다면 당연한 귀결이지만, 다신교 민족의 경우에는 정치와 종교가 분리되어 있는 반면, 일신교 민족의 정치체제는 종교가 적극적으로 정치에 개입하는 신권정치가 될 수밖에 없다.

게다가 유대인은 바빌론 유수 시대처럼 강제로 외국에 이주당한 경험이 있었다. 외국에 나가 살면서도 유대인의 정체성을 유지하는 길은 종교밖에 없었다. 이러한 역사 때문에, 유대인이 생각하는 국가는 신이 다스리는 국가, 즉 신권정치(이탈리아어로는 Teocrazia, 영어로는 Theocracy) 체제가 될 수밖에 없다.

흥미로운 것은 로마인의 언어인 라틴어에는 신권정치를 뜻하는 낱말조차 존재하지 않는다는 사실이다. 고대 로마인은 인간의 분야인 정치에 신이 개입하는 정치체제를 생각한 적도 없었다는 증거다.

하지만 모든 유대인이 신권정치를 바랐다면, 신권정치를 받아들이지 않는 로마인과 충돌하기는 할망정 유대인끼리의 충돌은 일어나지 않았을 것이다. 그런데 같은 유대교를 신봉하는 유대인들도 정치체제에 대해서는 의견이 갈라져 있었다.

종교 우선을 외치는 파리사이파(바리새인)와 정치 중시를 주장하는 사두카이파(사두개인)가 그것이다.

그뿐만 아니라, 사는 장소에 따라서도 유대 안에 사는 유대인과 해외의 그리스계 도시에 사는 유대인으로 분열되어 있었다. 게다가 유대 안에서도 내륙에 사는 유대인과 해안지역에 사는 유대인, 예루살렘 안에서도 빈곤층과 부유층으로 나뉘어 있었으니 복잡하기 이를 데 없다.

현대의 연구자들은 이것을 일괄하여, 가난한 유대인은 로마에 대해 강경파, 부유한 유대인은 온건파로 양분한다. 물론 알렉산드리아에 구멍가게를 가진 유대인이 갈릴라이아(갈릴리) 구릉지대에서 양을 치는 유대인에 비해 풍족했던 것은 사실일 것이다. 하지만 지배자 로마에 대해 어떤 태도를 취하는지는 빈부 차이보다 오히려 이민족과 접촉하거나 함께 살아야 할 필요성이 많으냐 적으냐에 따라 결정된 게 아닐까. 도시에 거주하는 유대인에게는 이런 필요성이 높았기 때문에, 선민사상의 영향으로 본디부터 폐쇄적 경향이 강한 유대인이라도 개방적이고 온건한 태도를 취하지 않을 수 없었던 게 아닐까.

이처럼 특수하고 복잡한 유대 민족에 대해 로마는 어떻게 대처해왔을까. 이 문제는 제7권에서 칼리굴라 황제를 서술할 때 '로마인과 유대인', '그리스인과 유대인', '티베리우스와 유대인', '칼리굴라와 유대인' 등의 항목에서 다루었고, 클라우디우스 황제를 서술할 때에도 '유대 문제'라는 항목에서 이미 다루었지만, 여기서 다시 한번 정리해보면 다음과 같다.

첫째, 후세가 헬레니즘 시대라고 부르는 300년 동안 유대를 지배한 것은 그리스인이었다. 이들을 대신한 로마인은 그때까지 피지배자였던 유대인의 사회적 지위를 향상시키고, 오리엔트를 양분하는 그리스인과 유대인의 경제 환경을 대등하게 바꾸었다.

필로 같은 개명한 유대인이 율리우스 카이사르에서 시작되는 로마 제정을 높이 평가한 것도 그 때문이다. 로마인은 그리스인과 유대인의 자유로운 경쟁으로만 제국 동방의 경제적 번영을 실현할 수 있다고 생각했기 때문이다.

둘째, 그리스인과 유대인은 둘 다 우수한 민족이고, 그래서 자칫 적대관계에 빠지기 쉽다. 어느 편도 들지 않고 두 민족 사이에서 조정자 역할에만 충실한다는 것이 로마의 방침이었다. 지배자인 로마인에게는 그리스인도 유대인도 똑같이 피지배자다. 제7권에서 소개한 클라우디우스 황제의 칙령('알렉산드리아인에게 보내는 편지')은 이런 로마의 입장을 보여주는 좋은 예라고 할 수 있다.

셋째, 유대인이 주장하는 그들의 '특수성'을 인정했다. 구체적으로 말하면 다음과 같다.

(1) 사회 불안의 원인이 되지 않는 범위 안에서 완전한 종교의 자유를 허용한다.

(2) 1년에 2드라크마의 봉납금을 예루살렘 신전에 계속 보낼 수 있도록 허용한다.

(3) 유대인 공동체 안에서 사형 이외의 법집행을 할 수 있도록 사법자치를 허용한다. 다만 이 조치는 제국 동방의 유대인 사회에만 한정되었다.

(4) 병역을 비롯한 국가의 공직을 면제한다. 다만 원하는 자에게는

문호가 열려 있었다.

(5) 토요일마다 안식일을 지낼 수 있도록 허용한다.

로마인에게 휴일은 신들에게 바치는 축일이고, 일주일에 한 번씩 정기적으로 돌아오는 휴일은 아니다. 그런 로마인들 눈에는 토요일만 되면 일손을 놓고 신에게 기도하는 것말고는 아무 일도 하지 않는 유대교도의 관습이 기이하게 보였다. 하지만 로마인은 유대인이 토요일마다 엄격히 지키는 안식일을 축일과 같은 것으로 생각했다. 다신교도인 로마인은 자기네 종교 이외의 축일에도 익숙해져 있었다. 그래서 유대인의 안식일도 존중해준 것이다.

제국의 수도 로마에는 '소맥법'에 따라 밀을 무상으로 배급해주는 제도가 있었다. 수도에 사는 가난한 로마 시민권 소유자의 권리인 무료 배급은 '빵과 서커스'의 '빵'에 해당한다. 후세에는 나쁜 평가밖에 받지 못하지만, 이것은 사회복지와 유권자 대책을 겸한 정책이었다.

밀은 한 달에 한 번씩 배급되는 게 보통이었는데, 배급일과 토요일이 겹치는 경우가 있었다. 그러면 유대계 주민은 마르스 광장 한 모퉁이에서 배급되는 밀을 받으러 올 수 없다. 안식일에는 신에게 기도하는 것말고는 아무 일도 해서는 안 되기 때문이다. 그래서 밀 배급을 맡고 있는 당국은 밀을 받으러 올 수 없는 유대계 주민의 몫을 이튿날까지 남겨두기로 했다.

유대인이 다섯 명이나 열 명 정도라면, 수만 명을 상대해야 하는 당국이 이런 조치를 강구할 리가 없다. 이는 유대교도이면서도 로마 시민권을 소유하고 있는 유대인이 수도 로마에도 꽤 많이 살고 있었다는 증거인 동시에, 로마인은 자신들과 다른 풍습도 존중해주었다는 증거이기도 하다.

로마인은 칼리굴라 황제 말기를 빼고는 로마가 유대를 직접 지배하게 된 서기 6년부터 60년 동안 유대인에 대해 위와 같은 방침을 고수해왔다. 하지만 예루살렘에 신권정치를 수립하는 것만은 절대로 허용하지 않았다. 이를 허용하면 해외에 거주하는 유대인들한테까지 영향이 미치는 것을 피할 수 없기 때문이다. 신권정치 수립을 인정하지 않는 대신, 로마는 유대 땅을 유대인 왕이 다스리는 통치체제를 실현하려고 애썼다. 헤롯 대왕 시대처럼 세습 왕권이 확립되면 신권정치에 대한 지향성을 억누를 수 있었기 때문이다.

그런데 예루살렘에 신권정치를 수립하는 것이야말로 정통 유대교도가 반드시 이루고자 하는 소원이었다. 이래서는 로마가 아무리 양보해도 해결될 문제가 아니다. 어쨌든 두 민족은 '자유'라는 말의 의미를 서로 다르게 해석했다. 로마인에게 '자유'는 군사력으로 보장된 평화와 법으로 보장된 질서 속에서 각자가 스스로 할 수 있는 일을 하는 것을 의미했지만, 유대인에게 '자유'는 신권정치를 수립할 수 있는 자유를 의미했기 때문이다. 60년 동안 로마는 유대인의 특수성을 인정하면서 유대를 통치했고, 이런 통치는 '자유'에 대한 유대교도의 소망이 활활 타오르지 않게 하는 효과가 있었다. 하지만 불씨는 꺼진 게 아니라 재 속에 묻혀 있었을 뿐이다.

60년 뒤에 폭발한 유대인 반란은 펠릭스·페스투스·알비누스·플로루스로 이어지는 역대 유대 장관들의 악정에 원인이 있다고 유대인 역사가 요세푸스 플라비우스는 말했다. 로마인 역사가 타키투스도 이렇게 말하고 있다.

"플로루스 시대까지는 유대인의 인내가 계속되었다. 플로루스가 장관이었던 시기에 반란이 일어났다."

이들 네 사람이 유대 장관을 지낸 것은 서기 52년부터 66년까지 14년 동안이다. 이 14년 동안 계속된 로마 행정관의 악정이 유대 반란의

원인이었다면, 로마 중앙정부는 가장 문제가 많은 유대에서 왜 14년 동안이나 지방 장관들의 악정을 허용했을까.

이들 네 사람은 모두 네로 황제 시대의 장관이었다. 네로는 여러 면에서 실정을 했지만, 외치에서는 상당한 식견을 보여준 황제다. 네로 말기에 반란을 일으킨 유대를 제외하면, 그가 통치한 14년 동안 로마에 대해 반란을 일으킨 속주는 하나도 없다. 속주 통치를 직접 맡고 있는 총독이나 사령관이나 장관을 인선할 때는 티베리우스나 클라우디우스가 구축한 인재 네트워크를 그대로 활용하면 되었지만, 네로는 그것을 활용하는 데 상당한 재주를 갖고 있었다.

다만 네로는 황제의 중책을 혼자 짊어진 티베리우스도 아니고, 황제의 임무를 성실하게 수행한 끝에 자신까지 불태워버린 클라우디우스도 아니었다. 네로는 황제의 책무에서 벗어나는 일, 예컨대 자작시를 지어서 노래를 부르거나 로마 도심을 녹지화하는 데 더 많은 관심을 기울인 황제였다. 유대 장관이 실책을 저질렀을 경우, 티베리우스라면 당장 소환해서 재판정에 세우고 엄중하게 책임을 물었을 것이다. 물론 대신 파견할 장관은 전보다 훨씬 신중하게 골랐을 것이다. 황제의 책무는 말 네 필이 끄는 전차를 모는 것과 비슷하다. 그중 한 마리라도 고삐를 잘못 다루면, 전차는 경기장 관중석에 충돌하여 전차도 마부도 산산조각 날 것이다. 네로에게는 이런 긴장감이 부족했는지도 모른다.

하지만 설령 그랬다 해도 네로가 고삐를 잘못 다룬 것이 유대에서만 표면화했다는 것은 아무래도 납득이 가지 않는다. 게다가 14년 동안 네 명이 연달아서 악정을 펼 수 있을까.

이 의문에 대해서는 타키투스의 다음 문장이 해답이 되지 않을까.

"유대인이 우리에게 견디기 어려운 존재인 까닭은, 제국의 다른 주민과 유대인은 다르다는 그들의 집요한 주장 때문이다."

제7권에서도 말했듯이 정복자 로마인은 피정복자들을 동화시켜 로마 제국이라는 공동운명체의 일원으로 만들려고 애썼다. 그리스인도 에스파냐인도 갈리아인도 북아프리카인들도 로마의 동화정책에 찬동하고 참여했는데, 유독 유대인만은 일신교를 이유로 동화를 거부했다. 동화를 거부했을 뿐 아니라 신권정치 수립을 끝까지 고집하고, 그것을 허용하지 않는 로마에 끊임없이 반발했다.

그리스인에게는 본디부터 반유대 감정이 있었지만, 그리스인과는 달리 사회적 지위나 직업에서 유대인과 경쟁관계에 있지 않았던 로마인은 반유대 감정을 갖고 있지 않았다. 그런데 유대인과 직접 접촉한 지 60년이 지날 무렵에는 로마인도 반유대 감정을 지니기 시작한 게 아닐까.

유대인을 싫어하게 되면, 그들이 하는 짓이 모두 혐오 대상으로 바뀐다. 타키투스도 말했듯이 할례는 유대인과 타민족을 구별하기 위한 의식이고, 일신교는 다른 신들에 대한 경멸감에서 생겨난 신앙이며, 병역이나 공직을 거부하는 것은 제국에 대한 애국심이 없음을 나타내고, 인구를 늘리는 데 열심인 것은 타민족을 앞지르려는 생각에서 나왔으며, 인간의 형상을 본뜬 신상을 숭배하는 것을 우상숭배라고 부르면서 거부하는 것은 다름 아닌 인간에 대한 경멸이고, 춤도 추지 않고 운동경기도 없는 유대교의 종교의식은 음침하고 음울해서 인생을 절망하게 한다는 식이다. 타종교를 믿는 자와 결혼을 금지하는 것도 유대인의 폐쇄성을 드러낸다고 생각하게 되었다.

유대 장관 네 명도 이런 반유대 감정을 품고 있지 않았다고는 말할 수 없다. 게다가 이 네 사람은 제국 서방에 있어서 유대인과 무관할 수 있었던 타키투스와 달리 밤낮으로 유대인과 관계를 갖지 않을 수 없고, 그 유대인을 다스리는 임무를 맡은 장관이었다.

시위를 진압하는 기동대장에게 가장 어려운 일은 시위대를 해산하는 것이 아니라, 부하 기동대원들을 통제하는 것이다. 내버려두면 시위대의 도발로 생긴 증오감에 사로잡혀 야수처럼 시위대에 덤벼들 것이다.

이것을 제어해야 하는 사람에게는 고삐를 다루는 솜씨가 중요하다.

네 명이나 되는 유대 장관의 통치가 혹독해진 이면에는 장관들의 초조감도 작용한 게 아닐까. 일이 크게 번지지는 않았지만, 이 시기에 일어난 유대인의 저항을 일일이 열거하면 그것만으로도 몇 페이지가 메워질 정도다. '시카리오이'(살인자)라고 불린 테러 집단은 유대 전역에서 암약했다. 또한 대신전 복구공사가 끝난 2년 전부터는 예루살렘에 많은 실업자가 생겨나 있었다. 신권정치 수립이라는 대의명분, 실업으로 인한 생활 불안, 중근동이 아니고는 경험할 수 없는 무더위, 이런 것들이 겹치면 무슨 일인가가 일어날 수밖에 없었다. 직접 통치를 맡은 사람에게는 전보다 더한 신중함이 필요했다. 하지만 네로 황제는 이들 지방 장관의 임무 수행을 계속 감시하는 데 머물지 않고 선수를 쳐서 대책을 세우기에는 확고하고 지속적인 책임감이 부족했다.

반란

재 속에 묻혀 있던 불씨가 활활 타오른 것은 플로루스 장관이 체납된 속주세 대신 예루살렘 신전의 보물창고에서 17탈렌트의 금화를 몰수한 것이 발단이었다. 청년 시절의 율리우스 카이사르가 해적에게 붙잡혔을 때, 해적들이 요구한 몸값이 20탈렌트였다. 1탈렌트는 6천 드라크마에 해당하니까, 서민의 생활 수준으로는 560명의 1년 수입을 모두 합친 것과 맞먹는다. 플로루스는 어디까지나 체납된 속주세 대신이라고 생각했을 게 분명하다.

그러나 문제는 액수의 많고 적음이 아니었다. 예루살렘 신전은 유대교도가 의무적으로 1년에 2드라크마씩 봉납금을 바치는 곳이지, 제 돈을 맡겨놓는 은행이 아니다. 게다가 세금을 체납했다고 해서 멋대로 돈을 꺼낼 수 있는 은행계좌도 아니다. 그런데 플로루스는 무신경을 반성하기는커녕, 폭동을 일으킨 유대인에 대해 강경 진압을 단행했다. 이래서는 유대인의 분노가 고조되는 것도 당연했다.

유대인도 분노를 억제할 줄 몰랐다. 유대인의 특질 가운데 하나는 일단 달리기 시작하면 도중에 멈추지 못하고 갈 데까지 가버리는 것이다. 17탈렌트 때문에 일어난 폭동은 예루살렘에서 로마 세력을 완전히 몰아내는 방향으로 치닫기 시작했다. 서기 66년 6월의 일이다.

예루살렘에 거주하는 유대인이 모두 폭동에 가담했는가 하면, 실상은 전혀 그렇지 않다. 유대인은 급진파와 온건파로 나뉘어 있었다. 급진파는 이때까지 유대 내륙지역을 휩쓸고 다니다가 예루살렘의 하층민을 끌어들이는 데 성공한 '시카리오이'들이고, 온건파는 예루살렘의 상층부를 차지하고 있는 사람들이었다.

구성원들이 굳건히 단결되어 있지 않으면 급진파의 행동은 더욱 과격해지게 마련이다. 자신들의 생각이 옳다는 것을 보여주기 위해서다. 또한 신념 때문이 아니라 입장 때문에 온건파에 속해 있는 사람들은 일이 이렇게 된 이상 앞으로 나아갈 수밖에 없다고 체념하게 되는데, 급진파의 과격한 행동은 그런 효과도 노리고 있었다. 게다가 이 무렵에는 급진파가 둘로 분열되어 있었다. 두 파는 서로 경쟁하듯 과격한 행동을 일삼게 된다.

폭도가 두려워 왕궁 안으로 도망친 로마 수비대는 투항하면 목숨은 살려주겠다는 말을 듣고 항복했지만 모두 학살당했다.

온건파의 중심인 대제사장은 동생과 함께 테러를 당해 죽었다.

로마군 수비대가 주둔해 있던 마사다 요새도 습격한 급진파의 손에 들어갔다.

북부 유대를 다스리고 있는 아그리파 2세가 같은 유대인으로서 폭도들을 설득하려고 애썼지만 소용이 없었다. 여름 그리고 가을, 예루살렘에서 일어난 폭동은 유대 서부와 남부로 번져가기 시작했다.

카이사레아를 비롯한 그리스계 도시의 그리스인들이 여기에 위기감을 품게 되었다. 그들은 원래 반유대 감정이 강하다. 위기감으로 증폭된 반유대 감정은 같은 도시에 사는 유대인을 향해 폭발했다. 이 같은 현상은 시리아에도 번진다. 이집트의 알렉산드리아에서도 그리스계 주민과 유대계 주민의 해묵은 적대감에 불이 붙었다. 로마가 가장 두려워하던 사태가 벌어진 것이다. 알렉산드리아에서는 이집트 장관 티베리우스 율리우스 알렉산드로스가 유대인이면서도 단호한 조치로 대응했기 때문에 일이 크게 번지지 않았지만, 이제는 유대를 관할하는 시리아 속주 총독이 직접 나서지 않고는 해결할 수 없는 문제로까지 발전해 있었다.

시리아 속주 총독 케스티우스는 명장으로 이름을 떨친 코르불로의 후임자였지만, 총독에 취임하자마자 병에 걸리는 바람에 2년 동안 부총독인 무키아누스에게 실무를 맡겨놓은 상태였다. 하지만 예루살렘에 군단을 이끌고 가는 역할은 남에게 맡길 수 없다. 유대 민족의 특수성을 배려하는 로마가 유대교도의 성지인 예루살렘에 군단을 파견하는 것은 무려 130년 만이었다. 130년 전인 폼페이우스 시대 이후로는 한 번도 예루살렘에 군단을 파견한 적이 없었다.

케스티우스는 제12군단과 아그리파 2세 등의 우군을 이끌고 남하했다. 반란자 편에 선 도시를 차례로 공략하면서 예루살렘으로 진격했다. 예상된 일이지만 유대 쪽의 반격은 격렬했다. 또한 케스티우스의 지휘도 적극성이 부족했다. 결국 예루살렘 최대의 요새라 해도 좋은 신전 언덕을 공략하는 데 실패한다. 계절은 늦가을. 어느새 11월로 접어들어 가을도 깊었다. 문제 해결을 이듬해로 미루려고 생각했는지, 케스티우스는 군대를 철수하기로 결정했다.

하지만 후퇴는 진격보다 어렵다. 진격할 때보다 더욱 결연하면서도 신중한 주의가 필요하다. 병약한 케스티우스에게는 그럴 만한 기력이 없었을 것이다. 로마 군단이 후퇴하자 기세가 오른 유대인이 그 로마군을 습격한 것이다. 요세푸스 플라비우스에 따르면, 로마 군단과 우군을 합친 전사자는 보병 5,300명에 기병이 480기에 이르렀다고 한다. 유대인이 아니더라도 유대 쪽의 대승이라고 생각하는 것이 옳다. 케스티우스는 시리아의 안티오키아에 있는 총독 관저로 돌아간 직후에 세상을 떠났다. 병사였다.

로마군의 참패 소식은 그 무렵 그리스에 가 있던 네로 황제에게 전해졌다. 케스티우스의 후임에 무키아누스를 임명한 네로는 이제 결정적인 행동으로 문제를 해결할 수밖에 없다고 판단한다. 시리아 속주 총독의 주된 임무는 오리엔트의 대국 아르메니아와 파르티아의 동향을 감시하는 것이다. 이들 두 왕국이 지금은 로마와 우호관계에 있지만, 언제 어떤 태도로 나올지 알 수 없고, 또한 그들의 향배에 따라 오리엔트 일대의 풍향이 바뀔 수도 있기 때문이다. 네로는 유대 문제가 시리아 총독의 임무를 넘어선다고 판단했다. 그래서 유대 문제만 담당하는 책임자로 베스파시아누스를 기용하기로 결정했다. 자작시를 노래하면서 그리스 전역을 '순회공연'하던 네로가 그래도 이런 문제는 제대로 꿰뚫고 있었다. 게다가 네로가 자작시를 노래할 때 꾸벅꾸벅 졸다가 들켜서 이제 출세하기는 다 틀렸다고 믿었던 베스파시아누스를 기용한 걸 보면, 네로는 시원시원한 성격이기도 했던 모양이다.

반란 진압을 위한 군사행동은 이듬해인 서기 67년 봄에 시작될 예정이었다. 베스파시아누스가 이끌고 갈 병력은 3개 군단으로 결정되었다. 더 이상 시간을 낭비할 수는 없었다. 시리아의 다마스쿠스에서도 그리스계 주민과 유대계 주민 사이에 폭력사태가 일어나고 있었기 때문이다.

이리하여 130년 동안이나 조정자 역할에 충실했던 로마도 마침내 유대와 정면 대결을 벌이게 되었다. 유대 문제는 유대인만의 문제가 아니었다. 로마가 결정적 행동에 나선 진짜 이유는 그런 복잡한 사정 때문이었다. 제국 동방의 대결 구도로 보아 보통 수단으로는 해결되지 않는 게 유대 문제였다.

그리스계 주민과 유대계 주민이 대립관계에 있다―알렉산드리아·안티오키아·아마스쿠스를 비롯한 그리스계 도시.

유대인 급진파와 유대인 온건파가 대립해 있다―예루살렘과 유대의 내륙지역.

그리스계 주민 및 로마군과 유대계 주민이 대립해 있다―카이사레아를 비롯한 유대의 항구도시.

이런 상황을 단번에 해결하려면 로마군이 본격적으로 출동할 수밖에 없었다는 게 유대인 역사가 요세푸스 플라비우스의 견해다. 그리고 이 역사가에 따르면, 로마의 본격적인 반격을 앞두고 유대 쪽에서도 급진파와 온건파를 망라한 수비체제가 가동되기 시작했다.

유대인 요세푸스

여기서 한 인물에 대해 설명해두지 않으면 이야기가 앞으로 나아가지 않는다. 그 사람의 이름은 요세푸스 플라비우스.『유대 전쟁기』를 쓴 사람이다. 이름부터가 전형적인 유대인이다.

서기 37년에 태어났다니까, 네로 황제와 동갑이다. 아버지는 제사장 계급, 어머니는 유대 왕가와 혈연관계에 있는 상류층 출신이다. 요세푸스는 지적 수준이 높은 유대의 상류층 자제에게 어울리는 완벽한 교육을 받은 모양이다. 하지만 지식보다 지혜가 뛰어난 인물이었던 것 같다. 그는 유대교를 샅샅이 체험하려는 듯 각 종파를 돌아다니며 청년기를 보낸다. 사두카이파와 에세네파에도 접근했고, 사막에서 집단 거주하는 종교단체의 생활도 체험했고, 파리사이파에도 접근했던 모양이다. 출신 계급으로 보나 지적 수준으로 보나, 유대 사회의 지도층이 되는 것은 당연하게 여겨졌다.

서기 64년, 27세가 된 요세푸스는 처음으로 로마를 방문한다. 펠릭스 장관 시절에 반로마 폭동을 주도했다는 이유로 로마에 끌려간 유대인들을 석방해달라고 네로 황제에게 탄원하기 위해 사절단이 파견되었는데, 요세푸스는 그 사절단의 최연소 단원이었다.

두뇌가 명석한 이 유대의 젊은 엘리트는 이탈리아로 가는 길에 들른 소아시아나 그리스의 도시들, 그리고 무엇보다도 이 도시들을 모두 통괄하는 제국의 수도 로마를 난생처음 눈으로 보았다. 아마 이때의 체험이 몇 년 뒤 요세푸스의 진로 변경에 적지 않은 영향을 미쳤을 것이다.

제국의 수도 로마에 도착한 뒤에도 유대의 젊은 엘리트는 단순한 여행객이 아니었다. 그는 유대인 배우의 소개로 만난 포파이아 사비나 황후와 가까워졌다. 포파이아 황후는 유대인 사회의 보호자였기 때문에 서로 아는 사이가 되는 것도 그리 어렵지 않았을 것이다. 아름답고 재치있는 포파이아도 잘생기고 지적인 유대 청년을 반갑게 만나주었을 것이다. 네로 황제도 만났는지는 알 수 없다. 거기에 대해서는 요세푸스 자신도 아무 말 하지 않는다. 당시 네로는 로마 대화재를 수습하느라 눈코 뜰새없이 바빴으니까, 유대 사절단의 최연소 단원을 만날 겨를은 없었을지도 모른다. 어쨌든 황후를 통한 탄원은 성공하여, 로마에 붙잡혀 있던 유대인들도 고국으로 돌아갈 수 있었다.

유대에서 이탈리아로, 다시 이탈리아에서 유대로 가는 데 걸리는 시간을 고려하고, 계절에 좌우되는 해로를 택할 수밖에 없었던 사정을 고려하면, 요세푸스 일행이 귀국한 것은 서기 66년 가을이었을 것으로 짐작된다. 귀국하자마자 요세푸스는 로마군을 맞아 싸울 최일선 지휘관에 임명되었다. 로마 제국의 위세를 방금 보고 온 29세의 젊은이가 그 로마 제국과 맞서 싸우기 위해 최전선으로 보내진 것이다. 과연 그는 어떤 기분이었을까.

현실을 모르는 사람은 어떻게든 꿈을 꿀 수 있다. 율리우스 카이사르가 말했듯이 자기가 보고 싶은 현실밖에 보지 않는 사람은 자기가 보고 싶은 로마 제국만 보면 그만이다. 요세푸스는 어느 쪽도 아니었다. 보고 싶지 않은 현실도 직시할 줄 아는 젊은이였다. 이 점에서는 동포인 유대인보다 적인 로마인 쪽에 가깝다.

『유대 전쟁기』는 이런 인물이 동포의 파멸을 기록한 책이다. 뜨거운 가슴과 냉철한 안목의 결합이 빚어낸 역사서의 걸작이다.

유대 전쟁

서기 67년 5월, 요세푸스가 동포를 지휘하며 대기하고 있는 유대 북부의 갈릴라이아를 향해 베스파시아누스가 이끄는 로마군이 진격하기 시작했다.

이때 로마군의 '양'이 아니라 '질'을 안 사람이라면, 이번에야말로 로마가 진지하게 나오는구나 하는 느낌을 받았을 게 분명하다. 안티오키아에 주둔하고 있는 1개 군단과 유대 왕 아그리파 2세의 지원군만으로 구성되었던 케스티우스 때와는 달랐다.

주전력인 제5군단·제10군단·제15군단은 모두 명장 코르불로의 담금질로 정예화한 군단이다. 아르메니아와 파르티아 문제가 해결된 뒤에도 소아시아에 주둔해 있다가 이번에 지중해 연안을 따라 이동해온 것이다.

이 주전력을 보조하는 보조병도 군단병과 거의 같은 수에 이른다. 이 속주병들의 출신지는 소속 군단의 주둔지 부근이니까, 도나우강 연안이 원래 주둔지였던 제5군단과 제15군단의 보조병들 중에는 발칸 출신이 많다. 시리아에 주둔해 있는 제10군단의 보조부대는 소아시아와 그리스 출신 보조병이 대다수를 차지했다.

게다가 베스파시아누스 휘하에는 유대 북동부를 다스리는 아그리파 2세의 유대인 병사들을 비롯하여 나바테아와 아라비아 병사들도 참가했다. 그들의 왕이 로마와 동맹관계에 있었기 때문이다.

로마군의 총병력은 6만. 로마군 사령관은 언어에서부터 피부색이며 음식까지 서로 다른 병사들을 통솔해야 했다. 군단 안에서 사용하는 언어는 라틴어로 통일되어 있었지만, 느닷없이 끌려나와 참전한 아랍 병사들에게 라틴어가 통할 턱이 없다. 로마 황제들 가운데 군인 출신이 많은 것은 로마 제국에서 군인 세력이 강했기 때문이 아니라, 잡다한 인간 집단을 이끌고 전과를 올릴 수 있을 만한 인물이라면 정치도 잘했기 때문이다.

한편 로마군을 맞아 싸우는 유대군은 유대인만으로 구성된 집단이었다. 신권정치 수립이라는 유대인의 대의명분이 타민족한테까지 공감대를 넓히지 못했다는 증거이기도 하다. 이 점에서도 로마인과 유대인의 싸움은 제7권에서도 말했듯이 고대 사회의 '보편'과 '특수'의 대결이었다.

각지에서 이동해오는 군단과 동맹군이 도착할 때까지 기다렸기 때문에, 베스파시아누스는 사령관에 임명된 지 반년이 지난 서기 67년 5월에야 비로소 군사행동을 개시할 수 있었지만, 군인으로서 그의 능력이 당시 로마군의 다른 사령관들에 비해 특별히 뛰어났던 것은 아니다. 그때까지의 경력을 돌이켜보아도 전략에서는 명장 코르불로에 훨씬 미치지 못했고, 멋진 전술을 능수능란하게 구사하는 훌륭한 지휘관도 아니었다. 그렇다고 평범하고 용렬한 장수는 결코 아니다. 신중함과 견실함, 지구력과 건전한 상식을 갖추고 있었다는 것만으로도 평범한 인물은

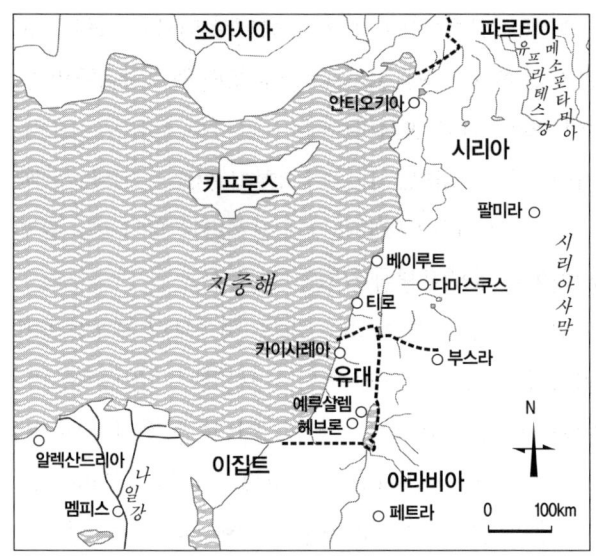

유대 주변도

아니다.

하지만 그가 가진 게 이것뿐이라면 일반 병사들의 마음까지 사로잡을 수는 없다. 그런데 베스파시아누스에게는 뭐라고 말할 수 없는 매력이 있었다.

수도 로마에서 살라리아 가도를 따라 북동쪽으로 60킬로미터쯤 가면 레아테(오늘날의 리에티)라는 도시가 나온다. 베스파시아누스는 여기서 서기 9년 11월에 태어났다. 앞에서도 말했듯이 신분은 낮다. 따라서 자신의 길을 스스로 개척할 수밖에 없었다.

플라비우스 베스파시아누스의 경력은 티베리우스 황제 시대에 시작된다. 그 또한 역사가 몸젠이 말한 '티베리우스 문하'의 일원이었다. 군단 안에서 대대장까지 지낸 뒤에는 당시 로마의 관행에 따라 수도에서 선거에 출마하여 회계감사관에 당선했다. 회계감사관 임기가 끝난 뒤에는 다시 안찰관으로 선출되었다. 안찰관 임기를 마친 뒤에는 잠시 군단으로 돌아간 모양이다. 그러는 동안 티베리우스 황제가 죽고 칼리굴라 황제 시대에 접어들었다.

칼리굴라는 유난히 문제가 많은 황제였지만, 전임자인 티베리우스가 구축한 인재 네트워크는 그대로 보존했으니까, 태풍 같았던 칼리굴라 황제의 짧은 치세도 베스파시아누스에게는 별다른 영향을 미치지 않았다. 그러기는커녕, 칼리굴라 시대에 베스파시아누스는 30세의 나이로 법무관에 당선되기까지 했다. 당시 로마에서는 법무관을 경험해야만 1개 군단을 지휘할 자격이 주어졌다.

로마는 패권 국가다. 그래서 드넓은 제국 전역을 방위할 책무가 있다. 자격을 갖춘 인재를 놀게 내버려둘 여유는 없었다. 베스파시아누스도 법무관 임기를 마치자마자 라인강 방위를 맡고 있는 제2군단 군단장으로 임명되어 저지 게르마니아에 파견되었다. 그리고 서기 43년, 브리타니아 제패를 실행에 옮긴 클라우디우스 황제는 34세의 베스파시아누스에게 휘하 군단과 함께 브리타니아로 이동하라는 명령을 내렸다.

이때 브리타니아 전선은 도나우강 방위선을 확립하는 데 공을 세운 플라우티우스가 총지휘를 맡고 있었는데, 젊은 장수들이 재능을 겨루는 무대이기도 했다. 브리타니아 제패에 대한 클라우디우스 황제의 열의를 반영하여, 젊고 유능한 장수들이 모두 모여 있었기 때문이다. 나이도 경험도 부족하지 않은 베스파시아누스의 군사적 자질은 이곳 브리타니아에서 꽃을 피운다. 총사령관이 유능하면 휘하 군단장들도 전과를 올리기 쉽다. 베스파시아누스도 동에 번쩍 서에 번쩍하는 활약으로 개선훈장까지 받게 되었다. 로마가 제정으로 바뀐 뒤, 백마 네 필을 모는 개선식은 황제에게만 허용되었기 때문에, 군단장급은 격이 낮은 훈장밖에 받지 못한다. 하지만 이 훈장을 받은 효과는 커서, 서기 51년에 42세의 베스파시아누스는 집정관에 당선되었다.

다만 보궐선거에서 당선된 보결 집정관이다. 그렇긴 하지만 로마는 10개 가까운 원로원 관할 속주에 총독을 파견해야 하고, 집정관을 지낸 지 10년이 지난 사람만 총독이 될 수 있도록 규정되어 있었기 때문에 집정관을 대량생산할 필요가 있었다. 따라서 보궐선거라도 집정관에 출마할 기회는 얼마든지 있었다. 베스파시아누스는 두 달쯤 집정관을 지낸 모양이다. 그리고 10년이 지난 서기 62년에는 아프리카 속주 총독이 되어 주재지인 카르타고에 부임했다.

여기서 1년 임기를 마친 뒤에는 여러 군단을 지휘하는 이른바 '황제가 임명하는 사령관'(레가투스 임페리알레)이 되어 황제 직할 속주에 부임할 수 있다. 그런데 임기가 거의 끝나갈 무렵, 네로 황제가 자작시를 노래하는 공연장에서 꾸벅꾸벅 졸아버린 것이다. 베스파시아누스는 이제 출셋길이 막혔다고 누구나 생각했지만, 이 사건이 일어난 지 2년 뒤에 네로는 유대 전쟁을 담당할 사령관으로 베스파시아누스를 발탁했다.

서기 67년. 베스파시아누스는 58세, 상대인 요세푸스는 30세. 민족도 출신도 성격도 나이도 다른 두 사람이 유대 땅에서 만나게 되었다. 그때까지는 둘 다 상대의 존재조차 몰랐을 것이다.

6만 명에 달하는 로마군의 진격은 사령관 베스파시아누스의 성격을 반영하여 착실하고 견실하게 진행되었다. 유대 전역을 융단폭격하듯 공략하면서 남하하여 예루살렘에 접근하는 것이 로마의 작전이었지만, 물론 전략적 요충을 중점적으로 공략한다. 요세푸스가 이끄는 유대군은 그런 로마군 앞을 가로막게 되었다.

요세푸스가 고안한 전술은 꽤 훌륭하긴 하지만 기책(奇策)의 범위를 넘어서지 못한다. 그의 기록은 다소 자화자찬하는 느낌이 있는데, 하기야 47일 동안이나 이 전술로 로마군 본대를 꼼짝 못하게 못박아두었으

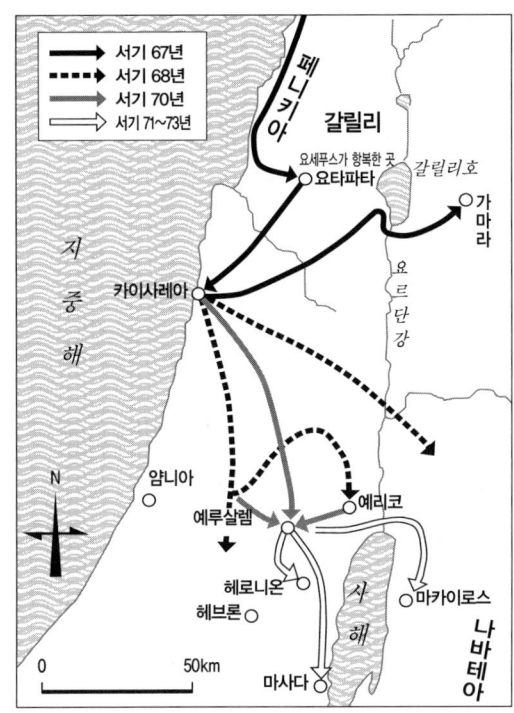

유대 전쟁 당시 로마군 진로

니 요세푸스의 자화자찬도 당연하다고 생각할 수 있다. 하지만 이것은 베스파시아누스의 전략 전술이 지닌 한계를 보여준다고 해석하는 편이 타당하지 않을까. 스키피오 아프리카누스나 술라, 전성기의 폼페이우스나 카이사르라면, 기책에 우롱당하여 47일 동안이나 발이 묶이는 일은 결코 없었을 테니까 말이다.

부사령관 같은 위치에 있었던 베스파시아누스의 맏아들 티투스도 앞장서서 싸우는 용장이긴 했지만, 지략이 뛰어난 지장은 아니었다.

그래도 조직이 완벽하고 통솔도 완벽한 로마군을 상대로 기책을 펴는 데에는 한계가 있어서, 언젠가는 밑천이 드러나게 마련이다. 요세푸스와 유대인들은 용감히 싸웠지만 결국 궁지에 몰렸다. 많은 사람이 포

제4부 제국의 변경에서는 217

로가 되기보다는 자결을 택했고, 그들이 사수해야 할 요타파타는 7월 20일에 함락되었다. 요세푸스가 남긴 기록에 따르면 사망자가 4만 명, 포로가 1,200명이었다고 한다.

그러나 요세푸스는 달아났다. 그 일대에 산재한 동굴로 몸을 숨긴 것이다. 그런데 거기에는 먼저 온 손님이 있었다. 요타파타의 장로 40명이 피신해 있었던 것이다. 요세푸스는 로마군에 투항하라고 그들을 설득했다. 30세의 한창 나이에 죽고 싶지는 않았을 것이다. 또한 요세푸스는 로마 제국을 알고 있었기 때문에, 어차피 결과가 뻔한 반란에 희생되기도 싫었을지 모른다. 하지만 로마에 항복하면 목숨을 건질 수 있다고 아무리 설득해도 장로 40명은 그의 말을 듣지 않았다. 그들은 오히려 전원 자결하는 것이야말로 유대교도다운 선택이라고 고집을 부렸다.

독실한 유대교도는 흔히 이런 말을 한다.

"유일신만이 우리의 주인이다. 그분을 받드는 정치체제를 수립하는 일에 우리의 자유를 바쳐야 한다. 이 자유가 없는 곳에서는 죽음조차도 하찮을 것이다."

유대교도에게 자결은 그들이 생각하는 '자유'를 얻을 수 없을 때의 당연한 귀결이었다.

그러는 동안, 숨어 있던 동굴이 로마 병사들에게 발견되었다. 베스파시아누스는 사람을 보내 투항을 권고했다. 하지만 장로들의 생각은 그래도 변치 않았다. 결국 제비뽑기를 해서 집단 자결하기로 결정했다. 맨 처음 제비를 뽑은 사람을 그다음에 뽑은 사람이 죽이는 방식이다. 차례로 제비를 뽑다가 맨 마지막에 남은 사람은 스스로 목숨을 끊는다.

40명이 차례로 죽고 마침내 두 명이 남았는데, 그중 하나가 요세푸스였다. 현대 수학자의 말에 따르면, 확률이 반반인 이런 경우 고등수학 지식을 활용하면 두 사람 가운데 마지막 한 사람으로 남을 수 있다고 한다. 어쨌든 요세푸스 자신은 이렇게 말하고 있다.

"운명의 장난 때문인지 아니면 신의 뜻인지, 요세푸스와 또 한 사람만 남았다. 다시 한번 제비를 뽑으면, 상대에게 죽음을 당하거나 상대를 죽이거나 둘 중 하나였다. 요세푸스는 어느 쪽도 싫었기 때문에 자기를 믿고 함께 목숨을 건지자고 상대를 설득했다."

이번 설득은 성공했다. 두 손을 들고 동굴 밖으로 나온 두 사람은 로마군 진영으로 끌려갔다. 로마 병사들은 한 달 반이나 자기네 발을 묶어둔 적장을 증오보다는 호기심으로 맞이했다. 특히 요세푸스의 젊음이 티투스에게는 충격이었다.

요세푸스와 동년배였던 티투스는 유대 반란을 진압하는 중이긴 했지만, 반유대주의자는 결코 아니다. 이집트 장관인 유대인 율리우스 알렉산드로스에게 심취해 있었고, 아그리파 2세의 누나인 베레니케를 유대의 왕녀라는 것과는 상관없이 뜨겁게 사랑하고 있었다. 베스파시아누스만이 아니라 그의 아들 티투스도 인종 편견은 전혀 갖고 있지 않았다. 순박한 티투스는, 울던 아이도 울음을 그친다는 로마 군단을 47일 동안이나 못박아둔 유대 지휘관의 젊음과 인품에 완전히 반해버렸다. 티투스는 요세푸스의 몸에 손가락 하나 대지 말라고 부하들에게 명령했다.

그러나 아버지 쪽은 사령관의 책무를 잊지 않았다. 그는 아들에게 이렇게 일렀다. 요세푸스는 네로 황제에게 압송해야 할 포로니까 감시를 게을리해서는 안 된다고.

이런 사실을 알게 된 요세푸스는 생애 최대의 도박을 한다. 이 유대인 포로는 로마군 사령관과 단둘이 이야기하고 싶다고 요구했다. 베스파시아누스는 이 요구를 받아들였다. 다만 요세푸스와 만나는 자리에 아들 티투스와 친구 두 명을 동석시켰다. 안전을 위해서였을 것이다. 하지만 요세푸스는 적군 사령관에게 덤벼들 마음 따위는 추호도 없었다.

예언

요세푸스는 말했다. 당신은 요세푸스라는 이름의 유대인을 붙잡았다고 생각하겠지만, 사실은 신이 어떤 일을 전하기 위해 저를 당신께 보낸 것입니다. 그러고는 이렇게 말을 이었다. 네로의 뒤를 이을 사람은 당신과 당신의 자손이고, 이 예언의 진위를 확인하기 위해서라도 저를 당신 곁에 붙잡아두어야 합니다.

베스파시아누스는 믿지 않았다. 요세푸스가 이 예언을 했을 당시, 즉 서기 67년 여름, 아우구스투스의 피를 이어받은 네로 황제의 지위는 누가 보아도 확고부동했기 때문이다. 게다가 베스파시아누스는 신분이 낮았기 때문에, 그런 그가 황제의 자리에 오를 수 있을 거라고는 적어도 이 시점에서는 아무도 생각지 않았을 것이다. 누구보다도 베스파시아누스 자신이 그런 생각은 꿈에도 하지 않았다.

그 자리에 있던 친구 하나가 당장 요세푸스에게 반론을 제기했다. 너에게 정말로 예언 능력이 있다면, 왜 요타파타 주민들에게 도시가 함락되고 너 자신도 결국 포로가 될 운명이라고 예언해주지 않았는가. 요세푸스는 예언하긴 했지만 그들이 귀를 기울이지 않았다고 대답했다.

요세푸스가 쓴 『유대 전쟁기』의 이 대목은 자기변명의 냄새가 강하기 때문에 그의 기술이 모두 사실이었다고는 생각할 수 없지만, 요세푸스에 따르면 베스파시아누스는 예언을 믿을 마음이 들었다고 한다. 이것은 내 상상이지만, 믿을 마음이 들었다기보다 그 따위 예언은 믿지 않겠다고 단호히 물리치지 않은 정도였을 것이다.

유대인만큼은 아니지만 로마인도 미신을 믿는 성향이 강했다. 닭이 모이를 쪼아먹는 모양으로 길흉을 점치고, 길조라는 점괘가 나오면 병사들은 기뻐했다. 하지만 로마 지도층은 공화정 시절에도 제정 시절에도 늘 깨어 있었다. 점을 치기 전날부터 모이를 주지 말고 닭을 굶기라고 몰래 명령했으니 말이다.

어쨌든 요세푸스의 계책은 성공했다. 네로에게 압송될 염려도 없어졌고, 티투스는 자기와 동년배인 이 유대인을 이제 공공연히 친구로 대하게 되었다.

타키투스도 기록한 이 '예언'을 요세푸스의 말처럼 신의 계시로 생각할지, 아니면 나처럼 요세푸스의 대담한 도박으로 생각할지는 각자의 해석에 달려 있다. 하지만 내가 요세푸스의 도박으로 해석하는 근거는 다음과 같다.

서기 67년 7월 — 요세푸스, 네로의 다음 황제는 베스파시아누스라고 예언

서기 68년 6월 — 네로 자살

서기 69년 7월 — 동방 군단, 베스파시아누스를 황제로 추대

서기 67년 당시, 관계자들의 나이는 다음과 같다.

네로 — 30세

베스파시아누스 — 58세

티투스 — 28세

요세푸스 — 30세

요세푸스와 같은 처지에 있었다면 나라도 도박을 했을 것이다. 요세푸스는 베스파시아누스가 네로에 이어 황제가 될 거라고 예언했을 뿐 네로가 자살한다고는 예언하지 않았다. 네로가 자살하지 않았다면, 나이로 보아도 베스파시아누스가 먼저 죽을 가능성이 많다. 그리고 도박을 하지 않을 경우 요세푸스는 네로에게 압송되어 30세의 아까운 나이에 죽을지도 모른다. 예언이 맞느냐 틀리느냐가 판명되는 것은 네로의 나이로 보아 먼 훗날의 일이라고 예측할 수도 있다. 그렇다면 밑져야

본전이다. 예언이 적중하지 않는다 해도 요세푸스로서는 손해볼 게 없다. 30세의 요세푸스는 어찌되든 해봐서 해로울 건 없다고 생각하고 승부를 건 게 아닐까. 이것이 내 상상이다.

그렇다 해도, 1년 뒤에 갈바가 황제가 됨으로써 요세푸스의 예언이 빗나갔다는 게 판명된 뒤에도 베스파시아누스의 태도가 달라지지 않은 것은 흥미롭다. 네 예언은 엉터리가 아니냐면서 요세푸스를 다시 쇠사슬로 묶어 포로로 다루지는 않았다. 갈바가 즉위한 것을 알고, 베스파시아누스는 새 황제에게 지지와 충성의 뜻을 전하는 특사로 티투스를 로마에 파견했다. 티투스는 로마로 가는 길에 갈바의 죽음과 오토의 즉위를 알게 되는데, 오토에 대해서도 베스파시아누스는 적극적으로 지지하지는 않았지만 반대도 하지 않았다.

이 시점에서 요세푸스의 예언은 두 번이나 빗나갔다. 그런데도 요세푸스의 처지는 변하지 않았다. 베스파시아누스의 심중에는 젊은 유대인의 예언이 남아 있었을까. 아니면 요세푸스의 출신 계급과 지혜를 유대 반란 진압에 활용할 수 있다고 생각했던 것일까. 베스파시아누스의 건전한 정신으로 미루어보아, 후자가 아니었을까 하는 생각이 든다.

그리고 다시 1년 뒤인 서기 69년 7월, 로마 황제가 오토에서 비텔리우스로 바뀌었다는 소식을 들은 동방 군단은 비텔리우스의 즉위를 납득하지 않고 베스파시아누스를 황제로 추대했다.

황제를 자칭한 베스파시아누스는 그제야 비로소 2년 전에 이루어진 요세푸스의 예언을 믿었다. 요세푸스는 석방되어 전처럼 자유의 몸으로 돌아갔다. 하지만 로마군 진영을 떠나지는 않았다. 베스파시아누스가 놓아주지 않았을까, 아니면 요세푸스 자신이 눌러앉기로 결정했을까.

서기 69년 7월 이후, 베스파시아누스 진영은 앞에서도 말했듯이 각자의 역할 분담이 명확해져 있었다. 시리아 총독 무키아누스는 군대를 이끌고 서방으로 간다. 베스파시아누스는 이집트의 알렉산드리아에서 대기한다. 재개될 유대 전쟁의 총지휘는 티투스가 맡는다. 이집트 장관 율리우스 알렉산드로스는 티투스를 도와 유대 전쟁에 참전한다. 그리고 요세푸스는 티투스 측근에 있으면서 예루살렘 공략에 협력하게 되었다. 실제로 예루살렘에 틀어박혀 있는 동포들을 항복시키기 위해 요세푸스는 그들을 설득하려는 노력을 되풀이했다. 하지만 예루살렘 성에서 돌아오는 대답은 언제나 거부였다.

서기 70년 9월 예루살렘이 함락된 뒤에도 요세푸스는 계속 티투스 측근에 남아 있었다. 그 이듬해에 티투스가 로마에 개선했을 때도 요세푸스를 동반했다. 황제 자리가 확실해졌을 때, 베스파시아누스는 요세푸스에게 자신의 씨족 이름인 플라비우스를 주었다. 그 후 요세푸스의 이름은 요세푸스 플라비우스가 되었다. 로마식으로는 씨족 이름이 앞에 나오니까 플라비우스 요세푸스라고 불러야 하지만, 어감을 중시하여 요세푸스 플라비우스라고 쓰는 연구자가 많다. 어쨌든 요세푸스는 그 후 죽을 때까지 반평생을 제국의 수도 로마에서 저작 활동을 하면서 보낸다.

이 요세푸스를 정통 유대교도들은 절대로 용서하지 않는다. 그의 저술이 없으면 유대 반란에 대해 알 수 없기 때문에 『유대 전쟁기』를 읽긴 하지만, 그 책을 쓴 인간은 용서하지 않는 것이다. '배신자'라는 게 오늘날까지 요세푸스에 대한 유대 쪽의 평가다.

유대인이면서 로마의 공직을 역임한 티베리우스 율리우스 알렉산드로스도 유대 민족에게 배신자로 낙인찍혀 있는 것은 요세푸스와 마찬가지지만, 이 사람은 처음부터 로마인과 함께 사는 길을 택했다. 반면에 요세푸스 플라비우스는 일단 유대 편에 섰다가 로마 쪽으로 돌아섰다. 게다가 이 배신자의 저술이 없이는 자신들의 역사를 알 수 없고, 요세푸스의 저술은 라틴어와 함께 당시의 국제어였던 그리스어로 발표되었기 때문에, 유대 반란의 인과관계와 그 경과를 유대인이 아닌 사람들에게도 널리 알린 공적이 있었다. 정통 유대교도도 이 사실은 인정할 수밖에 없었다. 유대인들이 요세푸스에게 던지는 증오에 내포된 이 모순. 아니, 모순되기 때문에 증오도 더욱 증폭될 수밖에 없었을 것이다.

하지만 요세푸스의 선택이 보여주듯, 그리고 율리우스 알렉산드로스의 선택이 보여주듯, 또한 티베리우스 황제를 누구보다 먼저 정당하게 평가한 철학자 필로처럼, 유대교도가 로마 세계 안에서 존속할 가능성을 믿은 유대인도 있었다. 로마인의 철학이라 해도 좋은 '보편'과 유대인의 종교가 말하는 '특수'가 공존공영할 수 있다고 생각한 유대인도 존재했던 것이다. 오늘날에는 마치 유대인 전체가 똘똘 뭉쳐서 지배자 로마에 저항한 것처럼 여겨지고 있고, 거기에 의문을 던지는 사람도 거의 없지만, 인간 사회의 일면밖에 보지 않는 경향, 카이사르의 말을 빌리면 '보고 싶은 현실밖에 보지 않는' 경향은 유대인 자신에게도 좋은 결과를 가져다주지 않을 것이다. 종교와 생활양식, 인종이 달라도 함께 더불어 살아가야 하는 게 인간 사회의 현실이다. 옥쇄는 후세를 감동시킬 수는 있을지언정, 결국은 자기만족에 불과하다. 요세푸스는 거기에 도취할 수 없는 유대인이었다.

전쟁 중단

서기 67년 5월부터 유대 반란을 진압하러 나선 로마군은 요세푸스가 지키던 갈릴라이아를 제압한 뒤에는 유대 중앙부로 전선을 옮겼다. 하지만 전쟁의 진행 상황은 시원시원하지도 않고, 속공도 아니었다. 총사령관 베스파시아누스의 견실한 성격 탓도 있었지만, 일부러 천천히 진격한 기미가 보인다. 로마군을 맞아 싸우는 유대 쪽에, 유대인의 성향이라 해도 좋은 분파 행동이 격화되었기 때문이다.

유대에 파견된 로마군의 임무는 반란 진압이고, 군사적으로 진압하느냐 평화적으로 진압하느냐의 선택은 일선 사령관에게 맡겨져 있다. 베스파시아누스는 유대 쪽이 내분을 일으켜 온건파가 우세해지면 평화적으로 해결할 수도 있다고 생각했기 때문에, 유대 쪽에 시간 여유를 줄 생각이었다. 그렇긴 하지만, 공방전이 벌어지면 예루살렘이 패망할 게 뻔하다는 생각을 유대인들에게 심어주기 위해서라도 로마군의 위세를 보여줄 필요는 있었다. 느리기는 했지만, 전쟁이 시작된 지 1년이 지난 서기 68년 여름에는 로마군이 예루살렘을 동쪽과 서쪽과 북쪽에서 포위한 상태가 되었다.

그런데 유대 민족에게는 마음의 고향인 예루살렘 공략만 남겨둔 이 단계에서 갑자기 유대 전쟁이 중단되었다. 네로 황제가 죽었다는 소식이 전해졌기 때문이다. 베스파시아누스를 유대 사령관에 임명한 것은 네로다. 베스파시아누스는 네로의 다음 황제가 그 임무를 계속 수행하라고 명령할 때까지는 휴전하기로 결정했다. 주제넘게 나서기를 싫어하는 베스파시아누스다운 판단이다. 아들 티투스를 새 황제 갈바에게 보낸 것은 임무를 계속 수행할지 아닌지를 확인하기 위해서이기도 했다. 갈바한테서는 반년이 지나도록 아무 연락도 없었기 때문이다.

그러나 로마로 떠난 티투스는 도중에 갈바가 죽고 오토가 즉위한 것을 알았다. 그리고 오토는 석 달 동안 황제를 자칭한 비텔리우스에 대한 대책에만 전념하다가 역사의 무대에서 퇴장했다. 결국 로마의 회답을 기다리던 베스파시아누스는 1년 반이나 되는 휴전 기간을 유대 쪽에 준 셈이다.

유대 쪽에서는 물론 이 기간을 헛되이 보내지 않았다. 그들은 방어시설 보강과 식량 비축 같은 현실적인 방어대책에 전념했다. 하지만 공방전이 시작될 게 뻔한 유월절(유대 민족이 이집트를 탈출한 기념 축일)에 예루살렘을 방문할 작정인 사람들에게 전투가 벌어질 테니 예루살렘에 오지 말라고 말리지는 않았다. 말리기는커녕, 유월절을 예년처럼 예루살렘에서 보내라고 장려하기까지 했다. 유일신이 지켜주는 예루살렘이 이교도 로마의 손에 떨어질 리는 없다고 단언하면서. 예루살렘을 떠난 것은 온건파에 속하는 사람들뿐이었다. 급진파가 아니더라도, 많은 사람이 신이 살고 계시는 예루살렘은 절대로 침몰하지 않으리라 믿고 그곳에 남았다.

전쟁 재개

서기 69년 7월, 베스파시아누스가 황제로 추대되었을 때 예루살렘 공략전을 재개한다는 결정이 내려졌다. 베스파시아누스의 황제 자리를 확실하게 굳히기 위해서라도, 그리고 동방 전역에 퍼져 있는 유대인 사회에 미칠 영향을 고려하더라도, 유대 전쟁은 반드시 성공시켜야 했기 때문이다.

이집트 알렉산드리아에서 대기하게 된 베스파시아누스를 대신하여 티투스가 예루살렘 공략전을 총지휘하게 되었다. 그가 이끄는 병력은 지금까지 유대 전쟁에 참가한 제5군단·제10군단·제15군단에 새로 제12군단을 추가한 4개 군단이다. 새로 참전하는 제12군단은 3년 전에 시리아 총독 케스티우스의 지휘로 유대에서 철수할 때 유대군에게 패배를 맛본 군단이다. 베스파시아누스는 이 군단에 그때의 패배를 설욕할 기회를 준 것이다. 휴전 이전과 마찬가지로 동맹국 병사들이 주전력인 4개 군단을 보조한다. 유대 북동부를 다스리는 아그리파 2세도 직접 참전했다. 로마군은 다국적군으로 싸우는 것이 보통이다. 병력 증강보다는 로마의 지배를 받는 다른 나라들도 지배자 로마와 같은 생각이라는 사실을 수비하는 쪽, 이 경우에는 유대 쪽에 알려주기 위해서다.

유대의 수도 예루살렘을 공격하는 부대에도 유대인 병사들이 끼어 있었지만, 이 로마군을 지휘하는 티투스의 측근에도 유대인이 적지 않았다. 30세의 티투스가 심취해 있던 율리우스 알렉산드로스는 명장 코르불로 밑에서 경력을 쌓은 노장이다. 거기에다 유대 왕가의 아그리파 2세, 그리고 이제 티투스와 친구 사이가 된 요세푸스. 이래서는 로마군 참모본부가 로마인과 유대인을 불문하고 예루살렘이 평화적으로 성문을 열기를 강력하게 바란 것도 당연하다.

하지만 그것은 시간과의 싸움이기도 했다. 비텔리우스가 죽자 베스파시아누스가 유일한 황제가 되었다. 황제가 수도 로마로 떠나는 일을 언제까지나 미룰 수는 없는 노릇이었다. 그렇다고 예루살렘 공략을 아들에게 맡기고 그냥 로마로 떠날 수도 없다. 젊은 티투스는 전투 경험이 풍부하다고는 말할 수 없다. 티투스가 지휘하는 전투가 필요 이상으로 오래 끌게 되면, 이집트에서 베스파시아누스가 달려가야 한다. 그렇다면 베스파시아누스 자신이 총지휘를 계속 맡으면 될 것 같지만, 건전한 상식인인 베스파시아누스는 당시 로마 제국이 혼란에 빠진 게 황제 계승자가 확정되지 않은 데에도 원인이 있다는 것을 알고 있었다. 그는 맏아들 티투스를 다음 황제로 결정해놓고 있었다. 예루살렘 공략전은 티투스에게 관록을 주는 의미도 있었다. 예루살렘 공략은 조기에 성공시켜야 했다. 티투스의 관록에 도움이 되고, 황제로 귀환하는 베스파시아누스가 본국 백성들에게 주는 '선물'로 삼기 위해서라도 되도록 일찍 달성해야 했다.

예루살렘 시내에서는 급진파의 영향력이 계속 강해져 결사항전을 주장하는 목소리뿐이었다. 공격하는 로마 쪽에서 문제를 조기에 해결하려면 이제 전단을 열 수밖에 없었다. 서기 70년 봄, 티투스가 지휘하는

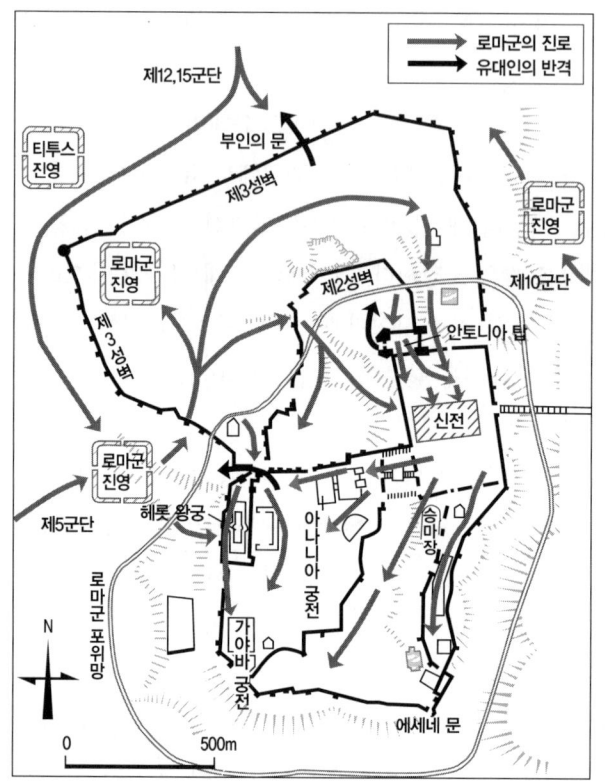

예루살렘 공방전

4개 군단은 예루살렘 성벽 앞에 진을 쳤다.

예루살렘은 사방을 둘러싼 높은 벼랑 위에 서 있는 천연 요새다. 이곳을 공략하려면 깊은 골짜기라는 장애물이 없는 북쪽에서 쳐들어갈 수밖에 없다. 게다가 로마가 속주의 일개 도시에 왜 이렇게까지 완벽한 방어시설을 허락했나 싶을 만큼 예루살렘은 견고한 성벽에 둘러싸여 있다. 그것도 한 겹이 아니라 이중삼중으로 겹쳐 있고, 요소요소에는 높은 탑과 튼튼한 돌벽으로 둘러싸인 성채가 우뚝 솟아 있다. 종교의 터전인 대신전조차 이중 성벽으로 둘러싸여 있는 형편이다.

수도 로마에는 성벽도 없는데 피지배 민족의 도시에는 견고한 성벽을 허락한 것은, 그런 도시들이 제국 전체의 요소를 지키는 요새 역할을 맡고 있기 때문이기도 했다. 하지만 그것은 피정복자들이 정복자 로마에 반항하지 않는 동안만 유효하다. 그들이 반항하게 되면, 로마인은 자신들이 허락해준 덕에 견고해진 그 성벽을 부수기 위해 정력을 소비해야 한다. 하지만 동화정책을 채택한 이상, 이것도 불가피한 위험 가운데 하나다. 그 때문에 서기 70년의 예루살렘 공략전도 격전의 연속이었다.

물론 로마군은 관례에 따라 전투를 시작하기 전에 항복을 권고한다. 그들의 표현에 따르면 '숫양이 성벽에 격돌하기 전'이다. 숫양(아리에스)이란 성벽을 깨부술 때 사용하는 도구로서, 굳이 번역하면 파성추(破城槌)다. 이것이 성벽에 부딪히기 전에 항복한 자는 용서하고, 항복하지 않은 자는 적으로 간주하여 죽여도 좋다는 것이 로마군의 규율이었다. 서기 70년의 공방전에서는 항복 권고를 받아들여 투항하려 한 유대인은 시내의 급진파에게 살해되었다.

로마의 지배에서 해방되고 싶어한 유대인이 왜 동포를 살해하고, 급기야 마사다 요새에서 집단 자살하기에 이르렀을까. 이 의문에 대한 해답은 간단하다.

순수함을 최고의 생활방식이라고 믿는 사람에게 불순만큼 혐오스러운 것은 없다. 신권정치 수립이라는 유대인의 '자유'가 허락되지 않는다면, 남은 길은 죽음뿐이다. 이런 유대인에게 아그리파 2세나 요세푸스의 설득이 효과가 없었던 것도 당연하다.

예루살렘 함락

예루살렘은 5개월에 걸친 격전 끝에 함락되었다. 8월 10일, 대신전에 불이 붙었다. 9월 8일, 시내에서의 저항도 겨우 수그러들었다. 9월 20

아리에스(복원도)

일, 저항은 모두 끝났다.

희생자는 몇 명이나 될까. 타키투스는 사망자와 포로를 합쳐 60만 명이라고 말한다. 하지만 요세푸스에 따르면 포로의 수는 유대 전쟁을 통틀어 9만 7천 명, 예루살렘 공방전에서 사망한 사람은 무려 110만 명에 이르렀다고 한다.

그 태반이 유대인이었지만, 예루살렘에 거주하는 사람은 별로 없고, 유월절을 기리기 위해 유대 전역에서 예루살렘을 찾아왔다가 전란에 휘말린 사람이 대부분이었다. 사망자도 로마군 병사에게 살해된 사람보다는 돌림병에 걸리거나 굶어 죽은 사람이 더 많았다는 게 요세푸스의 주장이다. 너무 많은 사람이 한곳에 모인데다, 다섯 달 동안이나 포위되어 있었기 때문에 일어난 사태였다.

하지만 공방전 당시 예루살렘에 사람이 얼마나 있었는지는 현장 증인인 요세푸스도 정확히 알 수는 없다. 어림잡아 270만 명은 있었다는 게 요세푸스의 추정이지만, 당시의 예루살렘에 그렇게 많은 사람이 모여 있었다면 몸을 움직일 수도 없지 않았을까.

어쨌든 희생자가 엄청난 수에 달했다는 것은 확실하다. 로마인은 항복하는 자는 용서하지만 저항을 계속하는 자는 적으로 간주한다는 원칙을 엄격하게 실행했다. 게다가 항복 시기는 '숫양'이 활동을 개시하기 전까지였기 때문에, 그 후에 투항한 자는 '용서 대상'에 들지 못하고 전리품과 다름없는 포로 신세가 되었다.

요세푸스에 따르면, 로마에서 열릴 개선식을 위해 젊고 잘생긴 남자만 남겨두고, 17세 이상의 남자 포로 가운데 일부는 노역에 종사하도록 이집트로 보냈지만, 대부분의 포로는 노예가 되어 각 속주에 선물로 보내지거나 검투사가 되거나 야수의 먹이가 되었다고 한다. 16세 이하의 남녀는 병사들에게 분배되었고, 병사들은 상여금을 받은 셈치고 그들을 노예상인에게 팔아치웠을 게 분명하다.

예루살렘 대신전을 불태우고 파괴한 사건은, 로마가 앞으로는 유대교도에게 유대교의 총본산을 갖는 것을 허락하지 않을 생각이었음을 보여준다. 유대인의 성인 남자가 어디에 살든 해마다 2드라크마의 봉납금을 바치는 제도는 사라지지 않았지만, 그 후 봉납금은 예루살렘 신전이 아니라 로마의 유피테르 신전에 바쳐졌다. 돈의 흐름을 막으면, 그동안 돈이 들어왔기 때문에 높았던 위세와 힘이 떨어지기 때문이다. 하지만 이런 본심을 드러낼 수는 없으니까, 겉으로는 다른 명분을 내세웠다. 유대인에게만 부과된 이 세금은 그 후 '유대인세'라고 불리게 되었지만, 병역을 면제받는 대신 의무적으로 납부하는 세금이라는 게 그 '명분'이었다.

예루살렘에만 존재한 대제사장 제도도 폐지되었다. 제사장 70명으로 구성되어 예루살렘의 자치기관 구실을 했던 '70인회'도 폐지되었다. 그리고 지금까지는 군대가 주둔하지 않았던 예루살렘에 1개 군단과 거기에 딸린 보조병을 합쳐 병력 1만 명이 상주하게 되었다.

이것들은 모두 율리우스 카이사르 때 시작된 로마의 유대 관용 노선이 120년 만에 크게 바뀐 것을 보여준다. 그리고 이것이 그 이전까지는 그리스인과 유대인 사이에서 조정자 역할에만 충실했던 로마인이 처음으로 유대인과 직접 대결한 '유대 전쟁'의 결과였다.

그렇긴 하지만, 로마인이 이처럼 무자비하고 엄격한 조치의 대상으로 삼은 것은 끝까지 로마에 반항한 유대인뿐이었다. 반항하지 않은 유대인, 특히 해외에 거주하는 유대인에 대한 대우는 전과 조금도 다름이 없었다. 또한 다신교 민족인 로마인으로서는 당연한 일이지만, 유대인에게 신앙을 버리라고 강요하지도 않았다.

농성하던 이들이 거의 다 자살함으로써 마사다 요새가 함락되고, 유대 전역에서 반란의 불길이 모두 꺼진 지 3년 뒤인 서기 73년. 베스파시아누스 황제는 예루살렘과 오늘날의 텔아비브 사이에 있는 얌니아라는 도시에 유대문화연구소 설립을 허가했다. 유대인에게 문화는 곧 유대의 종교이고, 구체적으로는 율법서 연구다. 로마인은 유대교를 금지할 생각이 없었고, 반유대주의도 아니었다는 증거다.

하지만 예루살렘이 함락되자, 평소부터 반유대 감정이 강했던 그리스인들이 기세를 올렸다. 예루살렘이 함락된 뒤, 티투스가 들른 시리아의 안티오키아에서는 그리스계 주민들이 야외극장에서 티투스를 기다리다가, 유대계 주민을 안티오키아에서 추방하라고 진정했다. 그러나 티투스는 유대계 주민을 추방해도 그들의 조국은 이미 황폐해졌고 또한 달리 받아줄 곳도 없다면서 그리스계 주민들의 요구를 일축했다. 그래도 그리스계 주민들은 물러나지 않았다. 이번에는 로마의 명령으로 유대계 주민의 권리를 새겨놓은 청동판을 철거하라고 요구했다. 티투스는 이 요구도 거부했다. 인종 청소라는 야만적 이데올로기는 로마인과는 인연이 없는 사고방식이었다.

그리고 매사에 '케이스 바이 케이스'로 일을 처리하는 로마인의 경향은 군사적으로 제압한 유대에 대해서도 발휘되었다.

유대 북동부―전과 마찬가지로 유대 왕가의 아그리파 2세가 통치하니까, 유대인의 자치지역.

유대 서부의 카이사레아를 비롯한 항구도시―그리스계 주민과 유대계 주민 사이의 중재자 역할. 이 방식은 유대 이외에 유대인 공동체가 있는 외국 도시에도 그대로 적용되었다.

예루살렘과 내륙지역―주민의 태반이 유대인인 이 지방에서는 로마의 직할통치 확립. 요컨대 종전처럼 시리아 속주 총독의 부하인 장관이 다스리는 게 아니라, 유대 속주 총독이 다스린다는 뜻이다.

그리고 유대에도 제국의 다른 속주와 마찬가지로 당시의 고속도로인 로마식 도로망이 깔리게 되었다.

이런 정책적 포석을 마친 뒤에야 비로소 티투스는 이집트의 알렉산드리아로 떠났다. 봄을 기다려 배를 타고 로마로 떠나기 위해서다. 아버지인 베스파시아누스는 예루살렘이 함락될 전망이 섰을 때 이미 로마로 출발했다.

예루살렘이 함락된 뒤에도 세 군데 요새가 아직 유대인 수중에 남아 있었다. 예루살렘에서 서남쪽으로 30킬로미터 떨어진 헤로디온과 사해 동쪽에 있는 마카이로스, 그리고 사해 서쪽에 우뚝 솟아 있는 마사다. 이들 요새에는 예루살렘이 함락된 뒤 달아난 급진파가 틀어박혀 농성을 벌이고 있었다.

이 요새들을 공략하는 데에는 예루살렘에 주둔시킬 1개 군단으로 충분하다고 판단한 티투스는 예루살렘 공략전에 참가한 나머지 3개 군단을 시리아와 도나우강 연안의 원래 주둔지로 돌려보냈다. 어쨌든 이번은 공략을 서둘러야 할 상황이 아니었다. 그래도 헤로디온과 마카이로스 요새는 곧 함락되었지만, 마사다 요새를 공략하는 데에는 3년이 걸렸다. 아녀자를 포함하여 수백 명에 불과한 농성군을 수천 명이 공격하는데도 3년이나 걸린 것은 물론 농성군이 완강하게 저항했기 때문이지만, 공격하는 쪽도 굳이 서두를 필요가 없었기 때문이다. '유대 전쟁'은 예루살렘 함락으로 이미 끝난 것이나 마찬가지였다.

서기 70년의 '유대 전쟁'은 반항하지 않는 유대인은 존속할 수 있지만, 반항하는 유대인을 기다리는 운명은 죽음이 아니면 노예 신세임을 분명하게 보여주었다. 그 후 반세기 동안 유대에서 반로마 운동의 불길은 꺼져 있었다. 그것이 다시 불을 뿜는 것은 트라야누스 황제 시대인 서기 116년이다. 파르티아에 원정 중인 트라야누스 황제의 배후를 찔렀으니 로마가 화를 낸 것은 당연하다. 이때의 반로마 운동은 이따금 제압되긴 했지만, 하드리아누스 황제 시대까지 끈질기게 이어진다. 서기 130년, 유대 반란에 대처하기 위해 팔레스타인을 방문한 하드리아누스 황제는 유대 전역을 군사적으로 제압했을 뿐 아니라, 지금까지 로마의 역대 황제들 가운데 아무도 취한 적이 없는 강경책을 택한다. 예루살렘에서 모든 유대인을 추방하고, 앞으로는 유대교도가 예루살렘에 거주하는 것을 완전히 금지한 것이다. 할례도 금지했고, 범죄자에게 할례를 하는 방식으로 유대교에 대한 멸시를 분명히 했다.

조국을 잃은 유대인들이 각지로 뿔뿔이 흩어진 것을 두고 '디아스포라'(離散)라고 부른다면, 그런 의미에서의 이산은 서기 70년에 티투스가 아니라 서기 130년에 하드리아누스의 강경책으로 말미암아 일어난 사건이다. 오현제의 한 사람인 하드리아누스 황제가 단행한 정책의 산물이다. 그래도 하드리아누스 황제는 유대교를 금지하지는 않았고, 로마 제국의 여러 도시에서 유대인 사회가 인정받고 있던 그들만의 독특한 관습에도 손을 대지 않았다. 로마는, 로마에 반대하지만 않으면 종교의 자유를 인정한다는 원칙을 고수했다. 그리고 하드리아누스 황제의 강경책이 주효했는지, 그 후 유대인의 반항은 완전히 자취를 감추게 된다.

작년(1998년)에 로마의 포로 로마노 남쪽에 서 있는 티투스 개선문 앞에서 로마의 유대인 공동체가 이스라엘 건국 50주년을 기리는 행사를 벌였다. 로마 제국은 멸망했는데 유대인은 아직도 건재한다는 의미를 담은 축하 행사였다.

텔레비전 뉴스에서 그것을 보고 있으려니까 자꾸만 웃음이 나왔다. 유대인의 존속을 축하하고 싶다면 티투스 개선문 앞이 아니라 하드리아누스 황제가 세운 판테온 앞에서 축하하는 게 타당하지 않을까 하는 생각이 들었기 때문이다. 하지만 곧 생각을 바꾸었다. 무대 효과가 중요하다는 것을 알았기 때문이다. 건축상의 가치는 별문제로 하고, 판테온은 타민족의 신도 용인하는 다신교 정신을 나타낸 건물이다. 타민족의 신을 용인하지 않는 유대교의 축하 행사장으로는 어울리지 않는다. 역시 티투스 개선식을 본뜬 돋을새김―병사들이 7개 촛대를 비롯한 유대교도의 성물(聖物)을 어깨에 메고 행진하는 장면이 묘사되어 있다―이 남아 있는 개선문 앞에서 축하 행사를 하는 편이 훨씬 효과적일 것이다. 기독교인들도 기독교도가 순교한 적이 없는 콜로세움에서 해마다 로마 제국에 대한 기독교의 승리를 자축하는 교황 미사를 올리니까 말이다.

기원전 63년에 폼페이우스가 유대를 정복한 뒤, 유대 정책은 기원전 47년에 카이사르의 유대 민족 처우개선 정책으로 전기를 맞이했다. 그리고 아우구스투스 이후 칼리굴라를 제외한 로마의 역대 황제들은 일관되게 관용 노선을 추구했지만, 그것도 서기 66년 시작되어 서기 73년에 마사다 함락으로 끝난 유대 전쟁 때문에 방향을 전환하게 된다.

티투스 개선문(복원상상도)

티투스 개선문의 부조(유대식 촛대를 받쳐든 로마 병사)

하지만 방향을 바꾸었다 해도, 실제로는 유대교도에 대한 '관용'의 내용이 전보다 더욱 명확하게 드러났을 뿐이다. 종교의 자유는 인정한다. 유대교 교리에 따른 유대인의 독자적인 생활 관습도 모두 인정한다. 다만 여기에는 '로마 제국에 반항하지 않는 한'이라는 조건이 붙는다. 서기 70년의 예루살렘 공략도, 서기 130년대에 유대인을 예루살렘에서 강제 추방한 것도 반란 진압일 뿐 신앙을 배척한 것은 아니었다. 남의 신앙을 인정하는 다신교 민족인 로마인으로서는 자기모순이 전혀 없는 방식이었다.

그러나 유대교는 남들이 믿는 신을 인정하지 않음으로써 성립되는 일신교다. 이 가르침을 받드는 유대인들이 예루살렘에 살든 살지 않든, '보편'을 추구하는 로마 제국 안에서 '특수'이기를 바라고, 계속 '특수'로 남아 있었던 것은 어쩔 수 없는 일이다. 유대교도는 로마 제국 안의 이방인이기를 바랐고, 마지막까지 이방인이었다.

그런데 같은 일신교도이면서도 예루살렘이 함락되기 얼마 전부터 유대교와 차별성을 분명히 한 기독교도는 이것과 다른 길을 걷게 된다. 그들은 로마 제국 안의 '특수'가 아니라 '보편'으로 바뀌려 했다. 하지만 이 문제는 서기 3세기에 가서야 비로소 표면에 드러나는 현상이니까 그 시대를 다룰 때 상세히 서술할 작정이다.

어쨌든 서기 1세기 후반에 일어난 유대 전쟁은 예루살렘 함락이라는 극적인 사건으로 끝났기 때문에 더욱더 동시대 로마인의 관심을 유대 민족에게 돌리는 효과가 있었다. 『역사』에서 이 사건을 다룬 타키투스는 전쟁을 서술하기 전에 유대 민족의 역사를 모세까지 거슬러 올라가 이야기한다. 전쟁 자체의 서술보다 그 이전의 역사에 더 많은 지면을 할애할 정도다. 반대로 유대인의 역사책에서는 자기 민족의 역사만 서술하고, '적' 로마에 대한 서술은 거의 찾아볼 수 없다. 이것은 '특수'를 표방하는 민족의 특징이 아닐까.

그런데 타키투스는 '적'을 알기 위한 노력은 게을리하지 않았지만, 유대교를 "미신일 뿐 종교는 아니다"라고 생각했다. 사전에는 미신이 '잘못된 신앙'으로 풀이되어 있다. 남이 믿는 것을 인정해야만 올바른 신앙이라고 확신하는 다신교도인 로마인이 보기에 남이 믿는 신을 인정하지 않는 일신교는 잘못된 신앙으로 보였을 것이다.

그로부터 1,800년이 지난 1870년, 역사가 부르크하르트는 스위스 바젤 대학에서 강의할 때 이렇게 말했다.

"콘스탄티누스에서 테오도시우스에 이르는 로마 황제들이 기독교만 종교로 인정하는 법률을 제정하지 않았다면, 로마인의 종교는 오늘날까지 살아남았을지 모른다."

제5부

베스파시아누스 황제

〔재위: 서기 69년 12월 21일~79년 6월 24일〕

로마로 가는 길

이집트의 알렉산드리아에서 배를 타고 서쪽으로 향한 베스파시아누스가 본국 이탈리아의 동쪽 현관이라 해도 좋은 이탈리아 남부의 브린디시에 상륙한 것은 서기 70년 8월이었다. 5년 동안이나 얼굴을 못 본 둘째 아들 도미티아누스가 19세의 늠름한 청년으로 성장하여 마중 나와 있었다.

60세의 베스파시아누스는 70년 1월 1일 열린 원로원 회의에서 이미 '제일인자'로 승인되었다. 그런데 귀국을 열 달이나 미룬 것은, 공식 발표로는 풍향이 좋지 않아서 알렉산드리아를 출항할 수 없기 때문이라는 것이었지만, 실제로는 예루살렘이 함락될 전망이 확실해질 때까지 기다렸기 때문이다. 로마군 통수권자인 황제의 지위를 확실히 하기 위해서라도 개선장군이 되어 본국에 귀환하는 편이 훨씬 유리했다.

결국 베스파시아누스는 서기 69년 7월에 동방 군단이 그를 황제로 추대했을 때부터 헤아리면 무려 1년 2개월 동안이나 이집트에서 '대기'한 셈이 된다. 하지만 그동안 그가 대기하기만 한 것은 아니다. 병력을 이끌고 서쪽으로 간 무키아누스한테 계속 보고를 받고 있었던 것은 확실하다. 물론 두 사람 사이의 거리와 당시의 정보전달 속도로 보건대 보고가 그렇게 빈번히 이루어지지는 못했겠지만, 그동안 베스파시아누스가 이집트에서 로마 원로원에 보낸 편지 내용은 정확한 정보를 입수한 사람만이 쓸 수 있는 것이었다.

또한 서기 70년 5월 시작되어 9월 말에 끝난 예루살렘 공략전의 전황도 총지휘를 맡은 맏아들 티투스한테서 상세히 보고받고 있었을 게 분명하다. 예루살렘에서 알렉산드리아까지는 직선거리로 600킬로미터가 채 안 된다.

그렇다고 베스파시아누스가 매사를 일일이 참견하지 않으면 직성이 풀리지 않는 남자는 아니었다. 전권을 위임받고 수도 로마로 간 무키아누스가 거의 무한한 재량권을 행사했듯이, 예루살렘 공략전을 지휘하는 티투스도 아버지한테 시시콜콜한 지시를 받지는 않았다. 그리고 티투스는 30세의 젊은 나이에다 총사령관 경험도 없지만, 그의 곁에는 역전의 노장인 이집트 장관 율리우스 알렉산드로스가 보좌하고 있었다. 게다가 휘하 병력은 유대 전역을 제압할 때 동원된 3개 군단에 1개 군단을 더한 4개 군단이다. 이 정도 규모의 병력이면, 엄정한 지휘계통에 따라 일사불란하게 움직이는 로마 군단은 무적의 전투력을 자랑한다. 예루살렘이 아무리 난공불락의 천연 요해지에 서 있고, 그 안에 설령 백만 명이 들어박혀 있다 해도, 베스파시아누스는 예루살렘 함락을 의심치 않았을 것이다. 유일한 문제는 시간이었다. 카르타고 공략에 걸린 3년이라는 기간은 그러나 예루살렘 공략에는 허용되지 않았다. 비텔리우스가 죽어 유일한 황제가 된 베스파시아누스가 언제까지나 본국을 비워둘 수는 없었기 때문이다.

앞에서도 말했듯이 베스파시아누스가 '대기' 장소로 이집트를 선택한 데에는, 이집트에서 생산되는 밀을 장악함으로써 비텔리우스파가 버티고 있는 본국 이탈리아에 '군량 보급을 차단'하려는 이유도 있었다. 주식을 수입에 의존하게 된 뒤, 본국 이탈리아에서 필요한 주식의 3분의 1은 이집트에서 수입하는 밀이 차지하고 있었다. 따라서 이집트를 손에 넣는 것은 강력한 무기를 갖는 것과 마찬가지였다. 하지만 베스파시아누스의 뛰어난 점은 이 '칼'을 칼집에 넣은 채, 빼려는 시늉조차 하지 않았다는 것이다. 원로원에 보낸 편지에서도 여기에 대해서는 냄새조차 피우지 않았다. 무언의 압력을 주는 데 그쳤다. 하지만 타키투스도 이 '무기'에 대해 언급한 것을 보면 알 수 있듯이, 당시 로마인에게는 설명할 필요도 없는 무언의 협박이었던 게 분명하다.

그리고 인간은 '유언'(有言)의 압력에는 반발하지만 무언의 협박에는

베스파시아누스

반발할 수도 없다. 순수한 무인으로만 여겨졌던 베스파시아누스가 사실은 인간 심리에 대해 상당한 통찰력을 갖고 있었던 것이다.

대기하는 동안 베스파시아누스가 한 일이 또 하나 있었다. 그것은 로마가 있는 서방에서는 할 필요도 없는 일이지만, 동방에서는 무시할 수 없는 효력을 발휘하는 퍼포먼스가 된다.

하루는 장님 하나와 앉은뱅이 하나가 베스파시아누스를 찾아왔다. 불구를 고치려고 이집트 신전에 참배했더니 베스파시아누스가 만져주면 고칠 수 있다는 계시가 내렸다면서 눈과 다리를 만져달라고 부탁했다.

베스파시아누스는 기적 따위는 믿지 않는 현실적인 로마인이다. 두 불구자의 부탁을 들어주는 데에는 심리적으로도 상당한 저항을 느꼈을 것이다. 하지만 주위 사람들이 계속 권유했다. 미신이라고 물리치는 것도 현명한 방법은 아니었다. 로마 황제는 제국 동방의 사람들에게도 황제였기 때문이다. 베스파시아누스는 곤혹스러워하면서도 그들을 만져주었다. 그런데 그가 손을 대자마자 장님은 눈을 뜨고 앉은뱅이는 벌떡 일어났다. 기적이다! 사람들은 환성을 지르고, 장님과 앉은뱅이는 고마

워서 어쩔 줄을 모르며 베스파시아누스의 발등에 키스를 퍼부었다. 베스파시아누스의 '기적'은 이집트 전역에 퍼지고 팔레스타인에도 퍼져서 시리아의 안티오키아에서도 화제가 되었다.

누군가가 연출한 '속임수'였을 테지만, 그보다 40년 전에 예수 그리스도가 행한 기적도 장님의 눈을 뜨게 하고 앉은뱅이를 일으켜 세우는 기적이 아니었던가. 내장의 질병을 고치는 기적은 기적으로 부적당할 것이다. 병을 고치는 퍼포먼스도 누구나 눈으로 분명히 볼 수 있는 게 아니면 효과를 기대할 수 없다. 로마 황제 베스파시아누스도 예수 그리스도와 같은 기적을 행한 셈이 된다.

하지만 같은 로마 제국에 속해 있으면서도 서방은 동방과 달랐다. 똑같은 기적의 퍼포먼스를 연출해 보여도, 서방에서는 호기심을 만족시키는 정도의 효력밖에는 발휘하지 못한다. 서방은 지도자에게 초능력이 아니라 인간의 능력을 요구한다. 자유로운 생활을 누리면서 평화와 질서를 유지해주기를 요구하는 것이다. 베스파시아누스도 본국 이탈리아로 돌아온 뒤에는 기적을 행할 필요가 없었지만, 그보다 더욱 어려운 책무가 기다리고 있었다. 내전으로 피폐해진 제국을 재건하는 일이었다.

제국의 재건

그렇다 해도 베스파시아누스는 행운을 타고난 사람이었다. 바타비족 출신 보조병의 반란으로 시작되어 갈리아 제국 창설에 이르기까지 차츰 고조되던 라인강 방위선의 불상사는 가을이 오기 전에 해결되어 있었다. 4년 전에 유대 땅에서 일어난 유대인 반란도 거의 수습되었고, 그 클라이맥스인 예루살렘 공략전은 다섯 달 만에 끝났다. 쾌속선으로 전해진 예루살렘 함락 소식은 베스파시아누스가 아피아 가도를 따라 수도로 북상하는 길에 이미 그에게 도착했을 것이다. 제국 서방의 라인강과 동방의 유대 땅에서 일어나 로마인의 걱정거리가 되었던 사건이 둘 다 해결되었기 때문에 베스파시아누스는 두 어깨에서 무거운 짐을 내려놓은 듯 홀가분한 상태로 수도에 들어갈 수 있었다.

또한 베스파시아누스가 본국을 비우고 있는 동안에 무키아누스가 시행한 정책들도 훌륭하다고 말할 수밖에 없었다. 그 열 달 동안 사실상의 황제 역할을 한 것은 무키아누스였다.

무키아누스가 단행한 일들을 열거해보면 다음과 같다. 여기서 특기할 만한 것은 그가 그 일들을 우선순위에 따라 하나씩 처리한 것이 아니라, 모든 일을 동시에 시작했다는 점이다. 동시에 시작한 데에는 그럴 만한 이유가 있었다. 그 일들은 우선순위를 정할 수 없을 만큼 하나같이 긴급하고 중요한 문제들이었기 때문이다.

첫째, 갈리아 제국 창설을 기치로 내건 게르만계 갈리아인의 반란을 진압하기 위해, 제국 서방에 주둔하는 모든 군단을 총집결하다시피 한 9개 군단을 투입했다. 영단이라 해도 좋은 결단이다. 그 덕분에 반란이 일어난 지 1년 남짓 만에, 반란군이 갈리아 제국 창설의 기치를 내건 시점부터 헤아리면 불과 두세 달 만에 라인강 방위선은 궤멸 상태에서 벗어나는 데 성공했다. 이 대책이 베스파시아누스가 귀국할 때까지 미루어졌다면, 반란 주모자 율리우스 키빌리스에게 동조하는 움직임은 라인강 서쪽과 동쪽으로 퍼져갔을 것이다. 적어도 게르만계 갈리아인이 사는 라인강 서쪽 연안과 동쪽 연안(오늘날의 네덜란드와 독일 전역)에 반란이 파급되었을 것은 분명하다. 그렇게 되면 로마 제국은 130년 전의 카이사르 시대와 똑같은 상태로 돌아갔을 테고, 방위선을 확립하기 위해 또다시 게르만족과 정면 대결을 벌여야 했을 것이다.

서기 69년부터 70년에 걸친 정황으로 보면, 군단병만으로 구성된 9

개 군단의 5만 4천 병력을 투입할 필요까지는 없었을지 모른다. 하지만 무키아누스는 대군을 투입하여 단번에 해결하는 전법을 택했다. 전투 상태가 오래갈수록 적과 아군에 증오심이 증폭되게 마련이다. 단기간에 해결하면 그것을 피할 수 있다. 그리고 전후 처리나 대책도 원한에 좌우되지 않고 이성적으로 추진할 수 있다.

대부분 로마 장수들이 지닌 공통된 특징은 무인다운 허영심과는 인연이 없다는 점이다. 그들은 대군으로 소수의 적을 공격하는 것도 주저하지 않았다. 대군으로 공격하면 문제를 조기에 해결할 수 있을 뿐만 아니라, 적과 아군의 희생을 줄일 수도 있기 때문이다. 500명 정도가 수비하는 마사다 요새를 공격하는 데 그 열 배나 되는 병력이 투입된 것을 두고 경멸하는 사람이 있다면, 그는 로마 장수의 정신을 모르는 사람이다. 율리우스 카이사르가 쓴 『갈리아 전쟁기』를 보아도 알 수 있듯이, 로마군의 전법은 병력이나 무기나 군량 보급 같은 확정 요소를 정비하는 것에서 시작된다. 그런 다음, 아군은 병사들의 사기 면에서도 적군보다 우세했다고 말한다. 다시 말해서 정신력 같은 불확정 요소는 맨 마지막으로 밀려나는 것이다. 제2차 세계대전 당시, 일본군에서는 이 불확정 요소가 가장 중시되었다. 일본이 패한 것은 당연한 귀결이다.

게르만계 갈리아인의 반란을 재빨리 해결한 뒤의 조치도 훌륭했다고 말할 수밖에 없다. 앞에서도 말했듯이 '아무 일도 없었던 것으로 한다'는 방침으로 일관했기 때문이다. 반란에 불을 댕긴 바타비족조차 항복한 뒤에는 반란 이전과 똑같은 상태로 돌아갔을 정도다. 갈리아 제국에 충성을 맹세하는 반국가적 행위를 저지른 로마 군단병에게도 죄를 묻지 않았다. 그리고 로마는 이렇게 관대한 조치를 내린 이유를 명확히 했다. 반란은 로마인끼리 황제 자리를 둘러싸고 싸운 불상사의 여파니까 죄를 묻지 않겠다는 게 그 이유였다.

자신들의 잘못을 인정한 것이다. 상대의 힘을 인정하지 않을 수 없어서 어쩔 수 없이 타협한 게 아니다. 바로 이 점이 중요하다. 이리하여 바타비족도, 갈리아 속주민도, 그리고 갈리아 제국에 충성을 맹세한 로마 군단병도 죄의식에서 해방된 상태로 로마 제국의 우산 밑으로 돌아올 수 있었다.

'아무 일도 없었던 것으로 한다'는 방침은 패배한 비텔리우스파 사람들에게도 적용되었다. 제1차 베드리아쿰 전투가 끝난 뒤 패자를 잘못 대우한 것이 제2차 베드리아쿰 전투의 원인이 된 것을 무키아누스는 잊지 않았다. 비텔리우스파에서 희생의 제물로 바쳐진 것은 군대를 이끌고 항전한 비텔리우스의 동생과 아직 어린 두 아들뿐이었다. 비텔리우스의 가족이나 친척 가운데 추방된 사람은 하나도 없다. 원로원의 비텔리우스파에게도 죄를 묻지 않았다. 비텔리우스가 휘하의 '라인 군단' 병사들을 발탁하여 편성한 근위대 병사들도 해고되지 않았다.

하지만 근위대는 본국 이탈리아에 배치된 유일한 군사력이다. 전(前) 황제인 비텔리우스를 지지한 병사들만으로 구성된 근위대를 그대로 놓아둘 수는 없다. 그래서 무키아누스는 비텔리우스가 15개 대대 1만 5천 명으로 증강한 근위대를 다시 9개 대대 9천 명으로 줄인다는 이유를 들어, 제국의 방위선을 맡고 있는 각 군단에 조금씩 나누어 배치했다. 그래서 이 일만은 단번에 해결할 수 없었다. 근위병들을 몇 차례에 걸쳐 조금씩 군단병으로 돌려놓는 작업과 9개 대대 9천 명의 근위병을 모두 베스파시아누스파 병사로 교체하는 작업을 동시에 진행한 모양이다.

서기 71년, 유대 전쟁을 끝내고 귀국한 티투스가 개선식을 마쳤을 때, 무키아누스는 이 황제의 아들을 근위대장에 취임시킨다. 근위대장은 대대로 원로원 계급에 버금가는 '기사계급' 출신이 맡는 게 관례였기 때문에, 많은 권한을 아버지와 공유해서 거의 '공동 황제'라 해도 좋은 티투스가 근위대장에 취임한 것은 격에 맞지 않았다. 하지만 베스파시아누스도 무키아누스도 형식을 따지기보다는 실질을 중시했다. 그리고 반감이나 원한이 생기지 않도록 비텔리우스파를 근위대에서 제거한 것은 지배자가 바뀔 때 생기기 쉬운 사회 불안의 씨도 제거해주었다. 되풀이 말하지만, 근위대의 진정한 힘은 병사의 질이나 양이 아니라, 수도에 병영을 두고 본국 이탈리아에 주둔하는 유일한 군사력이라는 데 있었다.

내전으로 피해를 본 지방자치단체나 개인들에게 손해를 보상할 때도 무키아누스는 승자와 패자를 구별하지 않았다. 전쟁터가 된 포강 유역, 승리한 병사들의 무질서한 행군으로 피해를 본 플라미니아 가도 연변의 도시들, 그리고 비텔리우스파 군대가 반년 가까이나 눌러앉아 있는 것을 참아야 했던 수도 로마의 시민들. 보상을 요구하는 지방자치단체나 개인들의 수와 보상액은 상당했을 것이다. 무키아누스는 이 문제만 전담하는 위원회를 내전이 끝난 직후인 서기 70년 1월에 이미 출범시켰다. 황제가 세 명이나 바뀐 서기 69년의 내란은 본국 이탈리아가 전쟁터가 되었다는 데 특징이 있었다. 그 손해 보상도 베스파시아누스가 황제 자리를 확립하는 데 영향을 미치는 본국 유권자가 상대인 만큼, 빠른 시일 내에 끝낼 필요가 있었다.

무키아누스는 이런 일들을 추진하는 동시에 내전 중 불타버린 카피톨리노 언덕의 유피테르 신전을 복구하는 공사도 일찌감치 착수했다. 로마의 많은 신 중에서도 유피테르(그리스어로는 제우스)는 최고신이고, 이 신에게 바쳐진 신전은 로마 역사가 시작된 이래 개선장군들이 승전의 감사 기도를 바치는 곳이었다. 화려한 개선식은 카피톨리노 언덕의 유피테르 신전에서 엄숙한 기도로 끝나는 것이 관례였다. 백마 네 필이 끄는 전차를 타고 개선행진을 하는 동안 군중의 갈채를 한몸에 받은 개선장군도 카피톨리노 언덕에 올라 최고신 유피테르 신전

앞에 도착하면 당장 전차에서 내려, 신전으로 통하는 하얀 대리석 층계를 붉은색 망토자락을 끌면서 혼자 올라가곤 했다. 로마인들이 이렇게까지 경의를 바친 유피테르 신전이 다름 아닌 로마인들이 내던진 횃불로 불타버린 것이다. 멀리 떨어진 라인강 유역의 속주민까지도 신들이 로마 제국을 버렸다고 믿고 '갈리아 제국' 창설까지 치달았을 정도다. 미신적인 서민들은 제국의 장래에 불안을 품었다. 그 불안은 시급히 없애버릴 필요가 있었다. 유피테르 신전 복구공사는 황제의 귀국도 기다리지 않고 시작되었다. 귀국한 베스파시아누스 황제도 석재를 짊어지고 카피톨리노 언덕을 오르는 인부들의 행렬에 가담했다.

로마 제국의 서방과 동방에서는 통치자가 백성들의 존경과 호의를 얻기 위해 벌이는 퍼포먼스도 이렇게 다르다. 동방에서는 기적이 효과가 있지만, 서방에서는 인부 흉내를 내는 게 효과가 있다. 동방 사람들이 석재를 짊어지고 인부들과 함께 언덕을 올라가는 황제를 보았다면 어떤 반응을 보였을까.

그렇긴 하지만, 모든 일이 무키아누스의 배려대로 순조롭게 진행되고 있는 본국에 돌아온 베스파시아누스가 줄곧 인부 흉내만 내고 있었던 것은 아니다. 서방 사람들은 최고 지도자에게 초능력을 요구하지는 않았지만, 최고 지도자로서 책무를 다할 것을 요구했기 때문이다.

베스파시아누스의 행운은 무키아누스라는 둘도 없는 협력자를 얻은 데 있었다.

그 첫째 이유는, 무키아누스가 열 달 동안 시행한 모든 정책이 황제로서 본격적인 통치를 시작하는 베스파시아누스의 짐을 덜어주었기 때문이다.

둘째는 무키아누스 자신의 처신이었다. 베스파시아누스가 귀국하자 이 둘도 없는 협력자는 이제 자신의 임무는 끝났다는 듯이 베스파시아누스에게 배턴을 넘겨주고 물러났다. 그렇다고 해서 집정관 자리를 요구한 것도 아니었다. 클라우디우스 황제 시대의 비텔리우스(황제가 된 비텔리우스의 친아버지)처럼, 집정관보다 더 높은 관직으로 여겨진 재무관에 황제와 함께 취임하는 영예도 요구하지 않았다. 집정관이나 재무관에 현직 황제와 함께 취임하면 그 권위와 권력이 여느 때보다 더 높아진다. 그러나 무키아누스는 제위를 세습하기로 결정한 베스파시아누스 황제의 뜻을 받아들여, 이 집정관과 재무관 자리를 베스파시아누스의 두 아들에게 양보했다. 무키아누스의 협력이 없었다면 베스파시아누스는 황제가 되지도 못했을 테니까, 무키아누스가 굳이 그 자리를 원했다면 베스파시아누스도 거절하지는 못했을 것이다. 무키아누스가 집정관이나 재무관에 취임하지 않은 것은 그 자신이 원하지 않았기 때문이라고 생각할 수밖에 없다.

그렇다고 무키아누스가 일선에서 완전히 물러난 것은 아니었다. 공직에는 취임하지 않았지만, 초대 황제 아우구스투스를 뒤에서 묵묵히 도와준 마이케나스처럼, 다시 말하면 무엇이든지 의논할 수 있는 개인 고문 같은 존재로 베스파시아누스의 치세를 도와주었다. 그런데 치세 후반이 되면 그의 소식을 들을 수 없게 된다. 아들 티투스의 중요성이 조금씩 높아졌기 때문일 것이다.

무키아누스는 지리를 다룬 책도 몇 권 집필했다. 지금도 그 일부가 남아 있지만, 창의성도 문장력도 평범한 작품이라는 것이 연구자들의 일치된 의견이다.

하지만 평범한 책을 쓴 인물이라고 해서 능력도 평범하다고 단언할 수는 없다. 실무능력도 문장력도 초일급이었던 카이사르가 오히려 예외적인 존재이고, 초일급 실무자였던 아우구스투스도 문장력은 실소를 금할 수 없는 수준에 불과했다. 글을 쓰게 했다면, 베스파시아누스도 평범한 저자 명단에 이름이 올랐을지 모른다. 그래도 네로가 죽은 뒤

로마 제국이 휘말린 혼란을 수습한 베스파시아누스와 무키아누스가 둘 다 일급 실무자였던 것은 분명하다.

아우구스투스가 내전을 수습하고 로마인 전체를 재통합하는 책무를 부여받았듯이, 베스파시아누스도 내전이라는 상처를 입은 로마 제국을 재건해야 하는 중책을 부여받았지만, 아우구스투스가 그 일을 결행한 시대에 비하면 일하기가 훨씬 쉬웠다.

초대 황제 아우구스투스의 통치에는 로마인에게 익숙지 않은 제정이라는 정치체제를 로마인에게 이해시켜야 하는 어려움이 늘 따라다녔다. 반면에 제9대 황제가 된 베스파시아누스는 이런 고생을 할 필요가 없었다. 100년 세월이 흐르는 동안 로마인들도 처음에는 마지못해 받아먹은 '약'이 굉장한 특효약이었다는 사실을 이해한 것이다. 현대식으로 말하면 제정에 대한 컨센서스가 이제는 확고해져 있었다. 따라서 로마 제정의 위기는 황제 통치체제의 위기가 아니라, 황제가 된 사람의 자질이 낳은 위기였다.

새로운 체제를 창조하려면 카이사르와 같은 선견지명과 창의력이 필요하고, 이 새로운 체제를 확립하려면 아우구스투스 같은 초일급 정치력이 필요하지만, 베스파시아누스가 짊어지게 된 제국 재건이라는 과제는 그런 것을 필요로 하지 않았다. 책임감만 확고하면 충분히 수행할 수 있는 과제였다. 그리고 이런 과제를 해결하는 데에는 건전한 상식만 있으면 충분했다. 창의적이지도 않고 뛰어난 능력도 없는 베스파시아누스를 한마디로 평하면 '건전한 상식인'이다. 하지만 어떤 체제도 오래 지속되면 일종의 피로 현상 비슷한 위기가 일어나게 마련이다. 로마 제정도 한 세기가 지난 이때, 그 불가피한 위기를 극복하려면 건전한 상식으로 돌아가서 재출발하는 것이 최선책이었다. 서기 70년 당시의 로마는 시대의 요청에 맞는 지도자를 얻은 셈이다.

그리고 건전한 상식을 가진 사람이라면 과거와 완전히 결별해야 한다고는 생각지 않는다. 베스파시아누스의 공식 이름은 임페라토르 카이사르 베스파시아누스 아우구스투스(Imperator Caesar Vespasianus Augustus)가 되었다. 카이사르가 창시하고 아우구스투스가 확립한 '율리우스-클라우디우스 왕조'는 네로를 마지막으로 무너졌다. 하지만 카이사르가 설계하고 아우구스투스가 건설한 로마 제정은 '플라비우스 왕조'의 창시자인 베스파시아누스가 이어받았다. 그 후로는 누가 황제가 되든, 로마 제국 황제의 공식 이름에는 '카이사르'와 '아우구스투스'가 붙는 것이 관례가 된다. 황제 부적격자는 배제되어도 황제 통치체제는 계속된다는 로마인의 생각을 반영한 것이다.

베스파시아누스가 황제로서 맨 처음 한 말은 아우구스투스와 티베리우스와 클라우디우스의 정치를 계승하겠다는 것이었다. 역사가 타키투스는 티베리우스와 클라우디우스를 악덕 황제로 매도하지만, 베스파시아누스의 말은 그렇게 생각지 않았던 로마인이 많았다는 사실을 보여준다. 베스파시아누스가 칼리굴라와 네로, 그리고 차례로 바뀐 갈바와 오토와 비텔리우스의 이름은 거론하지 않았다는 점에도 주목해주기 바란다. 이 황제들은 동시대인한테도 황제 부적격자로 여겨지고 있었다.

베스파시아누스의 치세는 '동방 군단' 병사들이 그를 황제로 추대한 서기 69년 7월 1일 시작된 것으로 되어 있다. 하지만 이제까지 서술한 여러 사정 때문에 실제 통치는 70년 11월 시작되었다고 봐야 할 것이다. 그때부터 죽음을 맞은 79년 6월까지가 그의 치세 기간이었다. 나이로 치면 61세부터 70세까지다. 변경의 군단기지 생활밖에 몰랐던 장수가 드넓은 제국 전역을 시야에 넣어야만 임무를 수행할 수 있는 정치가로 변모한 세월이다.

군단에서 잔뼈가 굵은 이 황제가 내건 목표는 평화와 질서였다. 질서가 흐트러지면 평화를 유지하기도 어려워지니까 '팍스 로마나'를 다시

야누스 신

기치로 내세웠을 뿐이지만, 내전의 국난을 1년 반이나 경험한 뒤였기 때문에 로마인들의 동의를 얻기도 더욱 쉬웠을 것이다.

그는 우선 야누스 신전의 문을 닫게 했다. 머리 두 개로 표현되는 야누스 신을 모신 신전 문이 열려 있으면 로마가 전쟁 상태에 있다는 표시이고, 문이 닫히면 평화가 돌아온 것을 의미한다. 로마인이라면 일부러 설명하지 않아도 쉽게 이해할 수 있는 일이었다.

인간 베스파시아누스

베스파시아누스는 '평화 포룸'(포룸 파케스)을 건설하겠다고 발표하고, 당장 공사를 시작했다. 포룸(Forum)이란 오늘날에도 남아 있는 포로 로마노 유적으로도 알 수 있듯이, 국가 운영에 필요한 정치·경제·행정 등의 기능이 모여 있는 지역의 총칭이다. 로마 시대의 도시라면 어디에나 있지만, 포로 로마노의 라틴어 명칭인 '포룸 로마눔'은 '로마의 포룸'이라는 뜻으로서 제국의 중추라고 해도 좋았다.

그런데 공화국 시대에는 포로 로마노만으로도 충분했지만, 로마 제국의 영역이 확대되자 그것만으로는 부족해졌다. 그래서 카이사르가 포로 로마노 북쪽에 '카이사르 포룸'을 건설하여, 국가 운영에 필요한 기능을 모아놓은 장소를 확대한 것이다. 제5권에서도 말했듯이, 카이

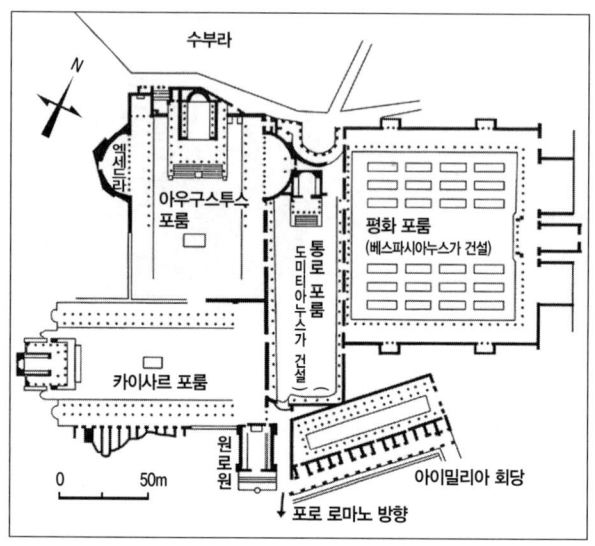

네르바 황제 시대(서기 96~98년) '황제들의 포럼'

사르가 창안한 '포럼'은 말하자면 '축소판' 포로 로마노다. 포로 로마노와 마찬가지로 이곳에는 신전도 있고, 재판이나 경제활동에 사용하는 회당(바실리카)도 있고, 그리스어와 라틴어 서적(당시에는 두루마리 책)을 모아놓은 공립 도서관도 있다. '엑세드라'라고 부르는 반원형 구역에서는 사설 학당이 열리기도 했으니까, 도시 생활에 필요한 많은 기능을 제공하는 곳이었다.

베스파시아누스의 '평화 포럼'도 카이사르나 아우구스투스의 포럼과 같은 목적으로 지어졌다. 최고 지도자가 시민들에게 제공하는 공공생활의 터전이라는 점도 마찬가지였다. 로마에서는 공공 건축물에 그것을 지은 사람의 이름을 붙이는 것이 관례였기 때문에, '베스파시아누스 포럼'이라고 불러도 비난할 사람은 없었을 것이다. 하지만 그는 그렇게 하지 않고 '평화 포럼'이라고 불렀다. 평화의 회복과 유지야말로 황제가 된 자신의 최고 목표임을 널리 알리고 싶어서였다.

'베스파시아누스 포룸'이라고 부르지 않은 데에는 또 하나 숨은 이유가 있었다. 지방 출신에다 기존 지배층에도 속하지 않는 그는 수도 출신의 명문 귀족인 카이사르나 그의 양자가 된 아우구스투스와 같은 '귀골'(貴骨)이 아니다. 누구나 납득하는 두 '신격'(神格)의 포룸 옆에 자기도 포룸을 세우는 것은 좋지만, 그 포룸에 신격처럼 제 이름을 붙이는 것은 삼가고 싶었던 것이다.

그렇다고 해서 베스파시아누스가 자신의 낮은 신분을 부끄러워한 것은 아니다. 황제가 된 그에게 아첨하는 자가 있었다. 폐하의 출신지인 리에티 근처에 헤라클레스 신이 다녀갔다는 땅이 있고, 서민들이 참배하는 사당까지 있으니, 폐하께서도 그 헤라클레스 신의 피를 이어받았다고 주장하는 게 어떠냐고 말한 것이다. 로마 건국 때부터의 명문 귀족 출신인 카이사르는 트로이 함락 때 그곳을 탈출하여 이탈리아로 망명했기 때문에 로마인의 선조가 된 아이네아스의 혈통을 이어받았고, 따라서 아이네아스의 어머니인 베누스 여신의 피를 이어받았다고 주장했다. 이는 널리 알려진 사실이었다. 독재자 술라도 베누스 여신의 혈통이라고 공언한 사람이었다. 베스파시아누스가 헤라클레스의 피를 이어받았다고 말하면 서민들은 믿을지도 모른다. 하지만 그는 '건전한 상식인'이었다. 큰 소리로 웃으면서 그 아첨의 말을 물리쳤다. 만약 받아들였다면 원로원 의원들한테 비웃음만 샀을 것이다.

베스파시아누스는 건장한 체격에 찐빵 같은 얼굴을 하고 있다. 얼핏 보기만 해도 서민적인 풍모였다. 그런 자신에게 어울리지 않는 일은 하나도 하지 않았다. 화려한 궁전을 짓지도 않았고, 아직 완성되지는 않았지만 화려한 내부 장식은 그대로 남아 있는 네로 황제의 '도무스 아우레아'(황금 궁전)에는 발걸음도 하지 않았다. 유대 전쟁 때 아내가 죽어서 지금은 독신이었지만, 황후를 맞이하려고도 하지 않았다. 애인은 있었지만, 로마의 상류층 여자가 아니라 노예 출신인 소싯적 친구였다. 그는 이 여인을 황후 자리에 앉히려 하지 않은 것은 물론, 어떤 일에도 참견하는 것을 허락하지 않았다. 일상생활도 전과 다름없이 검소했다. 황제가 된 뒤에도 여전히 군인이라는 게 그의 자랑이었다. 황제와 접견할 사람은 무기를 소지하고 있는지를 미리 검사받는 것이 보통이지만, 베스파시아누스는 이 제도마저 폐지했다.

행동거지도 세련됨과는 거리가 멀었고, 당시 교양의 대명사였던 그리스어는 이해한 모양이지만 듣는 사람을 감탄시키는 달변가는 아니었다. 다만 이 시골뜨기 황제에게는 뭐라고 말할 수 없는 유머 감각이 있었다.

베스파시아누스는 출신 신분이 낮았기 때문에, 자기를 만나고 싶어 하는 사람은 누구나 기꺼이 만나주었다. 이제는 소수파가 되었지만 아직도 공공연히 제정 타도를 외치는 공화주의자들과도 만났다. 그들은 대부분 수도 로마에서 철학을 가르치는 사람들이었다.

그들 가운데 한 사람이 황제 앞에서 공화정 복귀를 주장하자, 한동안 잠자코 귀를 기울이던 베스파시아누스는 더 이상 참을 수 없었던지 이렇게 말했다.

"나한테 처형당하기 위해서라면 무슨 소리든 지껄일 작정인 모양인데, 하지만 나는 깽깽 짖는다고 해서 그 개를 죽이지는 않소."

그 후 이 철학자들은 '견유학파'(犬儒學派)라고 불리게 되었다.

병과는 거리가 먼 상태로 살아왔기 때문에, 병으로 쓰러지자 죽음이 다가온 것을 깨달았다. 그리고 이렇게 말했다.

"불쌍하게도 내가 신이 되어가는 모양이군."

죽은 황제의 신격화는 이제 관례가 되어 있었다. 로마인에게 신은 이 정도 존재였다는 것도 알 수 있다.

그러나 베스파시아누스는 결코 단순한 호인이 아니었다. 친정을 시작한 서기 70년 가을부터, 아니 황제를 자칭한 69년 여름부터 이미 두 아들에게 제위를 물려주겠다는 생각과 황제권을 법제화하겠다는 생각을 명확히 밝혔다. 제위계승자를 명시해두면 제위를 둘러싼 다툼의 싹을 잘라버릴 수 있고, 법제화를 통해 황제권을 명쾌히 해두면 '율리우스-클라우디우스 왕조'의 황제들과 원로원의 관계를 특징지은 불화의 원인을 없앨 수 있다는 것이 '건전한 상식인' 베스파시아누스의 생각이었다.

'황제법'

베스파시아누스에게는 티투스와 도미티아누스라는 두 아들이 있었다. 두 아들의 제위계승권을 명확히 한 것은 물론 아버지로서의 애정이었다. 그러나 베스파시아누스에서 도미티아누스에 이르는 '플라비우스 왕조' 다음에는 역사상 '오현제 시대'라고 부르는 시대가 등장하는데, 이 시대의 다섯 황제가 선정을 베푼 가장 큰 이유는 양자계승제도에 있었다는 게 정설이다. 어쨌든 이 다섯 황제 가운데 네 사람은 친아들을 두지 못했기 때문에 양자가 제위를 계승했지만, 다 자란 친아들이 있었던 마르쿠스 아우렐리우스 황제는 친아들 콤모두스에게 제위를 물려주었다. 친아들이 있는 사람이 세습의 유혹에 저항하지 못하는 것은 인지상정이고, 그 시절에는 지도자 양성기관으로서 가정의 중요성이 높았기 때문에 세습은 제삼자를 쉽게 납득시킬 수 있는 제도이기도 했다.

그러나 세습권을 확립하는 것만으로는 충분치 않다는 것을 네로의 말로가 증명하고 있었다. 그래서 베스파시아누스는 후계자가 될 티투스에게 실적을 쌓을 기회를 주었다. 그때까지 유대 전쟁을 수행했던 자신은 일선에서 물러나고, 유대 전쟁의 총결산인 예루살렘 공략의 총지휘를 아들 티투스에게 맡긴 것은 그 때문이었다.

하지만 네로의 비극적인 말로가 남긴 교훈은 그것만이 아니었다. 원로원이 황제 부적격자라는 낙인을 찍으면, 다시 말해서 다수의 찬성으로 황제를 '로마 국가의 적'으로 간주하면, 황제도 당장에 보통 사람이 되어버린다. 원로원의 불신임을 받으면 그것으로 끝장이다. 어머니를 통해 초대 황제 아우구스투스의 피를 이어받았다고 우쭐대던 네로도 불신임을 당했다. 베스파시아누스는 출신은 네로와 비교할 수도 없고, 로마 지배층에서는 신참자다. 그런 자신이 황제 노릇을 하려면 기반이 튼튼해야 한다. 그 기반을 굳히는 의미에서 황제의 권력을 명쾌하게 법제화할 필요가 있다고 베스파시아누스는 생각했다.

둘도 없는 협력자인 무키아누스는 베스파시아누스의 이 생각을 정확하게, 게다가 시간을 낭비하지 않고 재빠르게 실현한다. 비텔리우스 황제가 살해된 지 열흘도 지나지 않은 서기 69년 12월 말 수도에 들어온 무키아누스는 당장 원로원을 소집하기로 마음먹는다. 그에게는 원로원 소집권이 없었기 때문에, 소집권이 있는 법무관 율리우스 프론티누스를 통해 원로원을 소집한 뒤, 의원들에게 다음 두 가지를 의결해달라고 요구했다.

제위 세습과 관련하여 무키아누스는 베스파시아누스의 말을 그대로 전했다.

"제위계승자 문제는 내 아들들을 인정할 것이냐, 아니면 다시 무정부 상태로 돌아갈 것이냐, 둘 중 하나를 택할 수밖에 없다."

1년에 황제가 세 명이나 등장했다 퇴장하는 것을 경험하고, 그때마다 사후 승인밖에 하지 못한 원로원 의원들은 심한 무력감에 빠져 있었다. 그들이 정국 안정으로 이어지는 제위 세습에 찬성표를 던진 것도 무리는 아니었다.

다음은 황제권을 명문화하는 것인데, 이것은 오늘날에도 로마의 카피톨리노 미술관에 남아 있는 비문을 보면 분명히 알 수 있다. '베스파시아누스 황제법'(Lex de imperio Vespasiani)이라는 제목이 붙은 이 비문의 요지는 다음과 같다.

(1) 아우구스투스, 티베리우스, 클라우디우스 황제도 그랬듯이, 베스파시아누스 황제는 그가 타당하다고 생각하는 어느 나라와도, 어느 군주와도 동맹이나 우호조약을 맺을 권리를 가진다.

(2) 아우구스투스, 티베리우스, 클라우디우스 황제도 그랬듯이, 베스파시아누스 황제는 원로원을 소집할 권리, 원로원에 법안을 제출할 권리, 법안을 원로원으로 되돌려보낼 권리를 가진다.

(3) 황제가 소집한 임시 원로원 회의에서 가결된 법안도 통상적으로 가결된 법안과 동등한 효력을 가진다.

(4) 본국 이탈리아의 행정을 맡는 법무관·재무관·집정관 등의 공직이나, 속주 통치를 담당하는 황제 속주 총독·원로원 속주 총독·이집트 장관이나, 세무를 담당하는 황제 재무관 등의 공직을 선출할 때 황제의 추천을 받은 자는 그에 상응한 배려를 받는다.

(5) 수도 로마의 거주구역을 확장할 필요가 있을 경우, 클라우디우스 황제가 그랬듯이, 베스파시아누스 황제도 그 권리를 가진다.

(6) 아우구스투스, 티베리우스, 클라우디우스 황제도 그랬듯이, 국가의 존엄성과 이익에 맞다고 판단될 경우, 베스파시아누스 황제는 어떤 것도 제안하고 실행할 권리를 갖는다.

(7) 아우구스투스, 티베리우스, 클라우디우스 황제도 그랬듯이, 베스파시아누스 황제는 원로원 회의나 민회의 결의에 대해 거부권을 행사할 권리를 가진다.

제6권 『팍스 로마나』를 읽은 사람이라면, 이것은 초대 황제 아우구스투스가 자기한테 집중시킨 권리와 똑같지 않은가 하고 생각할 게

황제법 비문(카피톨리노 미술관 소장)

분명하다. 사실 그렇다. (1)은 황제라는 칭호를 얻으면 자연히 따라오는 권리다. 로마군 최고 사령관이 황제니까, 군사와 거기에 수반되는 외교는 황제의 임무다. (2)와 (7)의 권리는 '호민관 특권'을 가지면 행사할 수 있는 권리다. (3)과 (6)의 권리도 일부러 명문화하지 않아도 '율리우스-클라우디우스 왕조'의 황제들이 실제로 행사한 권리다. (4)는 요컨대 황제와 연줄이 있는 자는 선거에서 배려를 받아야 한다는 것이다. 이것은 자기 사람을 쉽게 등용하기 위한 방책이지만, 실제로는 그렇게 한다 해도 굳이 법제화까지 할 필요는 없는 일이다. 여기에는 베스파시아누스의 낮은 신분과 그에 따른 천박함이 드러나 있는 것 같다.

하지만 100년 전에 제정을 창설한 아우구스투스가 이런 노골적인 표현으로 자기 권력을 명시하지 않은 것은, 그 당시에는 아직 군주정에 대한 로마인의 거부감이 심했기 때문이다. 카이사르가 암살된 것만 보아도 그 거부감이 어느 정도였는지를 충분히 짐작할 수 있다. 하지만 그로부터 한 세기가 지난 서기 70년, 로마식 군주정은 그동안 착실히 실적을 쌓았고, 그에 따라 지배자인 로마 시민과 피지배자인 속주민의 컨센서스를 얻을 수 있게 되었다. 노골적으로 표현해도 거부반응을 일으키는 것은 극소수의 이상주의자들뿐이었다. 그리고 무인답게 현실적이고 구체적인 것을 좋아하는 베스파시아누스는 황제가 된 뒤에 자신이 행사할 수 있는 권리를 아무도 불평할 수 없도록 명쾌하게 법제화하고 싶었을 것이다.

베스파시아누스는 비텔리우스가 살해되어 유일한 황제가 된 시점에서 이미 원로원으로부터 다음과 같은 권한을 인정받고 있었다.

'로마군 최고 지휘권', '호민관 특권', '최고 재판권', '아우구스투스라는 존칭', '제일인자.'

앞의 세 가지는 권력이고, 뒤의 두 가지는 권위를 나타낸다. '베스파시아누스 황제법'을 굳이 성립시키지 않아도 권력과 권위는 이미 보장되어 있었다. 따라서 '베스파시아누스 황제법'은 누가 보아도 분명히 알 수 있도록, 요컨대 아무도 불평할 수 없도록 그것을 법제화한 데 불과하다. 하지만 이 '황제법'의 진짜 목적은 맨 마지막에 그 권한들을 총괄하듯 덧붙어 있는 '상티오'(Sanctio)였다. 의역하면 '면책특권'이다. 그리고 이 조항의 복선이라고 할 수 있는 제6항, 즉 국익에 맞다고 판단될 경우 황제에게는 어떤 일도 허용된다는 조항은 이 '면책특권'과 연동하여 더욱 강력해진다.

이 '상티오' 조항은 다른 부분과 달리, 어떤 오해도 허용하지 않기 위해 한마디 한마디에 지나치게 주의를 기울인 나머지 전체 문장의 뜻이 오히려 불명료해지고 말았다. 법제처에 법안을 만들게 하면 이렇게 되지 않을까 싶을 만큼, 전형적인 법률가의 문체로 이루어져 있다. 하지만 그 의미를 항목별로 정리하면 다음과 같다.

(1) 황제가 민회나 원로원의 의결에 반하는 일을 해도 그에 대한 책

임을 묻지 않는다.

(2) 황제에게는 벌금을 부과하지 않는다.

(3) 민회나 원로원의 의결에 반하는 정책을 실시했다는 이유로 황제를 고발하거나 탄핵재판에 회부할 권리는 누구에게도 인정되지 않는다.

베스파시아누스의 둘도 없는 협력자였던 무키아누스는 이렇게 황제의 권한을 명확히 밝힌 '베스파시아누스 황제법'을 황제 제출 법안, 말하자면 황제 입법으로 의결하지 말고, 원로원 입법이라 해도 좋은 '원로원 권고' 형식으로 의결해줄 것을 요구한다. 요컨대 베스파시아누스 황제가 원해서가 아니라 원로원이 자발적으로 그것을 원했기 때문에 법제화하는 형식을 취해달라는 것이다. '상티오'를 추가한 '황제법'에서 제안자가 무슨 말을 하고 싶었는지를 한마디로 요약하면, 이 법을 채택하고 서명한 이상 당신들한테는 황제를 탄핵할 권리가 없다는 것이었다.

베스파시아누스로서는 원로원의 불신임을 받았기 때문에, 구체적으로 말하면 '국가의 적'으로 규정되었기 때문에 자살할 수밖에 없었던 네로의 전철을 밟고 싶지 않았을 것이다. 하지만 이 '황제법'의 성립은 제정의 중대한 전환을 뜻했다. 원로원은 이제 황제를 탄핵재판에 회부하거나 다수결에 따라 '국가의 적'으로 선언하여 정권 담당자를 바꿀 수 없게 되었다. 원로원은 제정 창시자인 아우구스투스도 인정했던 황제 견제 기능을 잃어버린 것이다.

베스파시아누스가 그것까지 요구한 것은 제정 100년의 실적을 배경으로 삼을 수 있었기 때문일까. 아우구스투스가 그것까지 요구하지 않은 것은 공화정에서 제정으로 바뀌는 미묘한 시기에 제정에 대한 로마인의 거부감을 무시할 수 없었기 때문일까. 만약 아우구스투스가 베스파시아누스와 같은 처지에 있었다면, 그도 역시 그런 면책특권을 요구했을까.

로마 역사에서 '원로원'은 거의 로마 자체라고 해도 좋지만, 로마의 발전과 더불어 그 기능도 변화해왔다.

왕정 시대에는 명문 집안의 우두머리들이 모여 왕에게 조언하는 기관이었다. 정원은 처음부터 300명으로 정해져 있었다.

기원전 509년에 로마가 공화정으로 바뀐 뒤, 원로원은 정원도 왕정 시대와 같고 유력자 집단이라는 점도 같았지만, 단순한 자문기관이 아닌 집행기관으로 탈바꿈한다. 공화정 시대의 로마를 오늘날의 기업에 비유하면, 시민은 평사원이고 원로원은 300명의 임원으로 구성된 중역회의와 비슷하다. 이 300명 가운데 해마다 두 명이 사원 투표로 선출되어 1년 임기의 사장을 맡는다. 두 명이 필요한 것은, 한 사람은 국내를 담당하고 또 한 사람은 국외를 담당할 필요가 있었기 때문이다. 공화정 시대의 '국외'는 패권 확장을 위한 전쟁을 지휘하는 것을 의미했다.

제정 시대에 들어오면 사장에 해당하는 황제는 이제 중역들 중에서 선출되지 않고 전임 사장의 아들에게 세습되거나, 전임 사장의 양자로 지명된 사람이 종신 사장에 취임하게 된다. 민회도 시민들이 경기장에 모여 환호성으로 찬성의 뜻을 표하거나 반대하는 소리를 지르는 형태로 바뀌어 있었기 때문에 전 사원의 투표로 사장을 선출하지도 않게 되었다.

이런 형태로 바꾸려고 맨 처음 시도한 사람은 율리우스 카이사르지만, 그 참뜻은 로마라는 기업이 이제 세계적인 규모를 갖춘 국제적 대기업으로 성장한 이상 그 우두머리가 해마다 바뀌는 것은 곤란하고, 300명이나 되는 임원의 합의제는 운영면에서 충분한 기능을 기대할 수 없다고 판단했기 때문이다. 제정은 통치능력을 향상시키기 위해서는 피할 수 없는 변화였다고 나는 생각한다.

카이사르의 이런 구상을 실현한 초대 황제 아우구스투스는 사장이 부적격자일 경우 탄핵할 수 있는 기능을 중역회의에 남겨두었다. 제정에 대한 견제 기능을 원로원에 맡긴 것이다.

하지만 제정으로 바뀐 뒤에도 원로원은 단순한 견제기관이 아니었다. 국가 요직에 앉을 인재들을 모아두는 기관이기도 했기 때문이다. 그렇기 때문에 아우구스투스는 원로원에 어울리는 권한을 주어야만 더욱 충분하게 기능을 발휘할 수 있다고 생각한 게 아닐까. 인간 심리로 보아도 충분한 기능을 기대하려면 충분한 권한을 주는 것이 가장 좋은 방책이기 때문이다. 군사력으로 '원로원 체제'를 무너뜨린 카이사르조차도 원로원을 폐지하지 않았다. 폐지하기는커녕 정원을 늘리기까지 했다. 다만 카이사르가 생각한 체제는 공화정 시대처럼 원로원이 주도하는 정치체제가 아니라 황제가 주도하는 정치체제였다. 카이사르의 뒤를 이은 아우구스투스 시대가 되면, 원로원은 인재 집합소 역할만이 아니라 황제를 도와서 국가를 운영하는 기관의 색채를 강하게 띠게 된다. 황제 자리에 앉아 있는 사람이 부적격자로 판단될 경우에는 불신임할 권한도 있었다.

그런데 베스파시아누스의 '황제법'에는 황제가 부적격자로 판단되는 경우에도 불신임할 수는 없다고 명기되어 있다. 상상하건대, 아우구스투스가 베스파시아누스와 같은 처지에 있었다 해도 '황제법'은 생각조차 하지 않았을 것이다.

그것은 왜냐하면, 황제 자리에 앉아 있는 자가 부적격자로 여겨질 경우 황제를 불신임할 권한―당시의 로마에서는 탄핵재판에 회부할 권한―을 빼앗긴 원로원이 취할 수 있는 수단은 암살밖에 없기 때문이다. 원로원에서 황제를 '국가의 적'으로 규정하면 황제는 자살할 수밖에 없으니까, 자살이든 암살이든 마찬가지라고 말할지도 모른다. 하지만

'무기'를 갖고 있어도 쓰지 않는 것과 '무기'를 빼앗겨버렸기 때문에 쓰고 싶어도 쓸 수 없는 것은 전혀 다르다. 내가 국가 지도자로서 베스파시아누스의 역량에 최고점을 줄 마음이 나지 않는 것은 법제화해봤자 어차피 완전한 해결을 기대할 수 없는 일을 굳이 법제화했기 때문이다. 법률에도 그것을 발의한 사람의 인격이 반영되는 법이다.

베스파시아누스는 이제 안심하고 황제 자리를 맡을 수 있다고 생각했는지도 모른다. 하지만 이 법률의 첫 번째 희생자는 그로부터 26년 뒤에 암살된 베스파시아누스의 둘째 아들 도미티아누스였다. 위험을 배제하려고 노력하면 할수록 위험에 발목이 붙잡힐 위험도 커진다는 것을 보여주는 좋은 예가 아닐까. 위험이 있으면 긴장감을 갖지 않을 수 없다. 그래서 무의식중에도 궤도를 수정하지 않을 수 없다. 로마 황제라면 해야 할 일과 해서는 안 될 일을 항상 의식하지 않으면 안 된다.

베스파시아누스는 이 '황제법'에서 볼 수 있듯이 제정의 전제화(專制化)를 크게 진척시켰지만, 흥미롭게도 9년에 걸친 그의 치세는 온당한 통치로 일관했다. 원로원의 불신임권을 박탈할 필요도 없을 정도의 선정이었다. 역사가들의 말에 따르면 특기할 만한 사건이 전혀 없었다. 특기할 만한 사건이 없었던 것은 선정과 행운이 겹쳤기 때문이지만, 베스파시아누스 자신의 출신과 평소의 서민적인 행동거지, 그리고 건전한 상식이 그의 인상을 부드럽게 해주었을 것이다. '서민 황제'가 베스파시아누스의 모습이었다. 그 자신이 누구보다도 거기에 만족하고, 그 효력을 잘 알고 있었다.

하지만 특기할 만한 사건이 없다는 것은 그런 사건이 일어나지 않도록 미리 손을 썼다는 뜻이기도 하다. 본국으로 돌아온 뒤 베스파시아누스의 업적을 추적해보면, 내전으로 피폐해진 조국 재건을 그가 어떻게 생각했는지를 알 수 있어서 흥미롭다. 그것을 연대순이 아니라 항목별로 분류하면 다음과 같다.

후계자 문제

베스파시아누스가 이집트에서 대기하고 있고, 티투스도 아직 예루살렘 공략에 착수하지 않은 서기 70년 1월, 무키아누스가 소집한 원로원 회의에서 베스파시아누스와 티투스가 70년을 담당할 집정관으로 선출되었다는 것은 앞에서도 말했지만, 그 이듬해인 71년을 담당할 집정관에도 베스파시아누스가 선출되었다.

그리고 서기 70년 가을에 베스파시아누스가 귀국한 뒤에는 거의 해마다 아버지와 아들이 집정관을 맡았다(72년, 74년, 75년, 76년, 77년, 79년). 베스파시아누스가 아들이 아닌 사람과 집정관직을 나누어 가진 것은 서기 71년과 73년뿐이고, 두 부자 이외의 사람이 집정관직을 차지한 것은 서기 78년 한 해뿐이다.

맏아들 티투스를 표면에 내세우는 베스파시아누스의 방식은 집정관직을 나누어 갖는 데에만 그치지 않았다.

유대 전쟁 종결을 축하하는 개선식에는 아버지와 아들이 제각기 백마 네 필이 끄는 전차를 타고 개선장군으로 참가했다. 주역과 조역이 아니라 주역이 두 명이었다는 게 서기 71년 봄에 거행된 이 개선식의 특징이었다.

베스파시아누스 황제는 개선식을 막 끝낸 티투스에게 자신과 마찬가지로 '임페라토르'를 개인 이름으로 사용할 수 있는 권리를 주었다. 그 밖에도 '절대 지휘권'과 '호민관 특권'까지 주었다. '최고'(마이우스)가 붙으면 로마군 전체의 우두머리라는 뜻이 되고, 이 최고 지휘권은 황제에게만 주어진다. 따라서 '절대 지휘권'을 부여받은 티투스는 부사령관이 된 셈이지만, 민회 소집권에다 거부권이라는 권한까지 갖는 '호민관

티투스

도미티아누스

특권'은 황제와 동등하다. 이래서는 공동 통치자라고 생각할 수밖에 없다. 만년의 아우구스투스가 후계자로 삼은 티베리우스에게 해준 대우와 똑같았다.

게다가 베스파시아누스는 티투스와 도미티아누스에게 카이사르라는 칭호도 주었다. 따라서 그 후 황제는 '카이사르 아우구스투스', 제위계승자는 '카이사르'라는 칭호로 불리게 된다. 제위계승자가 명확하지 않았던 것이 내전의 원인 가운데 하나라고 확신한 베스파시아누스는 아들에게 자기 자리를 물려주고 싶은 부정(父情)을 만족시키면서 내분의 싹도 잘라버리는 방책으로 제위계승자의 칭호까지 명확하게 정한 것이다.

원로원 대책

베스파시아누스는 전제적 색채가 짙은 '황제법'이 성립되기를 바란 사람치고는 원로원에 대한 태도가 온당하기 이를 데 없었다. 그것은 베스파시아누스가 갖고 있던 균형감각 때문일 것이다. 또한 원로원 의석을 메우고 있는 사람들이 대부분 출신과 성장 배경에서 그보다 상류층에 속해 있다는 점도 배려한 결과일 게 분명하다.

매달 1일과 15일에 열리는 통상적인 원로원 회의에는 중요한 의제가 없어도 반드시 참석했다. 9년 동안 거의 해마다 집정관직을 겸임했기 때문에 의장석에 앉을 필요도 있었지만.

회의에서는 활발한 토론을 장려했다. 반대 의견에도 찬성 의견과 마찬가지로 귀를 기울였다. 아무리 신랄한 독설을 들어도 불쾌한 기색은 전혀 보이지 않았다. 다만 반론은 제기했다. 하지만 재치와 유머와 촌철살인의 한마디로 상대를 공격하여 회의장을 웃음바다로 만들고 반대자를 고립시키는 카이사르 같은 재주는 타고나지 못했기 때문에 상대의 말을 반박할 때도 우거지상을 지으면서, 이 나이에 황제 따위를 맡고 있으니까 이런 공격을 받는다는 말밖에는 하지 않는다. 그래도 베스파시아누스가 그런 식으로 나오면 회의장 분위기가 한결 누그러졌다. 베스파시아누스는 번득이는 재치는 없었지만, 붙임성은 있었다.

그가 의원들의 호감을 산 또 다른 이유는 원로원 의원을 국가반역죄로 재판에 회부하는 짓은 하지 않겠노라고 공식적으로 발표했기 때문이다. '황제법'이 제정됨에 따라 원로원이 황제를 탄핵할 가능성이 사라진 이상 이제는 그런 짓을 되풀이할 필요가 없는데도 굳이 공식적으로 언명한 것은, 순박한 시골뜨기를 가장한 베스파시아누스가 위선의 효용성을 알고 있었다는 것을 보여준다. 그는 붙임성도 있었지만, 여간내기가 아니었다.

그는 경제적으로 어려운 의원에게 자금을 지원해주는 것도 잊지 않았다. 종신직에다 봉급도 없는 원로원 의원이 되려면, 적어도 100만 세스테르티우스 이상의 재산을 가져야 한다. 베스파시아누스 자신도 원로원 의원에 추천되었을 때 그 돈이 없어서 형인 사비누스를 보증인으로 세워 겨우 빌린 돈으로 원로원 의원이 된 경험이 있었다.

베스파시아누스는 제2대 황제 티베리우스가 고안하여 활용한 위원회 방식을 되살렸다. 문제를 서둘러 해결할 필요가 있을 경우, 또는 전문 지식이나 능력이 필요한 경우, 600명이 정원인 원로원에서 토의를 거듭하여 결론을 내리지 않고, 원로원 의원 5명으로 구성된 위원회에 해결을 맡기는 방식이다. 물론 통치의 효율성을 위해 고안해낸 방식이다. 돌이켜보면 군사를 잘 알고 군무를 수행하기 위해 제국 전역을 돌아다닌 황제는 티베리우스 이후로는 베스파시아누스가 처음이었다.

인재 등용

황제에 즉위한 직후, 아우구스투스와 티베리우스와 클라우디우스의 정치를 계승하겠다고 밝힌 베스파시아누스의 말은 거짓이 아니었다. 원로원 의원에 속주 출신을 12명 등용한 것이다. 속주 출신에게 원로원 의석을 준 것은 갈리아 중부와 북부의 갈리아인에게 원로원 문호를 개방한 클라우디우스 황제와 같지만, 베스파시아누스는 거기서 한 걸음 더 나아갔다. 그들 가운데 다섯 명에게 귀족 칭호까지 주었기 때문이다.

원로원에서는 예부터 연설할 때 '파트레스, 콘스크립티'라는 말로 시작하는 것이 관례가 되어 있었다. '의원 여러분'이라는 말과 비슷한 느낌이지만, 직역하면 '아버지들이여, 새로 가담한 자들이여'가 된다. '아버지'는 건국 이래의 명문 귀족, 구체적으로는 코르넬리우스·클라우디우스·율리우스·발레리우스·아이밀리우스 같은 가문을 가리키고, 키케로처럼 원로원에 처음 들어온 의원은 '아버지'가 아니라 '새로 가담한 자'에 불과하다. 베스파시아누스는 속주 출신 가운데 다섯 명을 '파트레스'와 거의 대등한 지위로 끌어올렸다. '율리우스-클라우디우스 왕조'라는 기존 지배층이 기능을 발휘하지 못하게 된 것이 네로의 실각과 그 후의 혼란을 초래한 원인이었다. 베스파시아누스는 활력이 시들어버린 지배층에 새로운 피를 수혈하려고 한 것이다. 그리고 '새로운 피'의 인선은 철저한 실력제일주의로 이루어졌기 때문에, 조상 대대로 지배층에 속해 있던 자들도 불평할 수가 없었다.

이 다섯 명 가운데 2천 년이 지난 오늘날에도 이름이 남아 있는 인물은 다음 세 명이다.

M. 울피우스 트라야누스——유대 전쟁이 시작되었을 때부터 끝날 때까지 제10군단을 이끌고 싸운 장수. 나중에 황제가 되는 트라야누스의 아버지. 에스파냐 출신.

C. 율리우스 아그리콜라——8년 뒤에 브리타니아를 제패하도록 파견된 장수. 역사가 타키투스의 장인. 갈리아 출신.

L. 율리우스 프론티누스——등용될 당시에는 법무관에 불과했지만, 그 후에는 '수도청(水道廳) 장관'을 포함하여 여러 부문의 공직을 역임했고, 오늘날까지 전해지는 고대 로마의 수도(水道)에 관한 해설서까지 남긴 인물. 이 사람도 아마 갈리아 출신일 것이다.

이들 세 사람을 포함한 12명의 출신지는 에스파냐·갈리아·그리스·소아시아·시리아·북아프리카 등 제국 전역의 속주에 걸쳐 있다. 카이사르나 클라우디우스는 제국 서방의 속주 출신에게만 원로원 문호를 개방한 반면, 베스파시아누스는 제국 동방의 속주 출신도 원로원에 맞아들였다.

귀족까지는 되지 못했다 해도 원로원에 의석을 갖는 게 무엇을 의미하는지를 당시 사람들은 잘 알고 있었다. 거의 모든 국가 요직은 원로원 의원들 중에서 선출된다. 우선 원로원에 의석을 가져야만 집정관도, 속주 총독도, 병사 수만 명을 지휘하는 사령관도 될 수 있다. 우리 고장의 자랑이라고 온 주민이 총출동하여 축하한 것도 무리가 아니었다. 이런 평균화 정책을 실행했기 때문에 속주도 본국과 마찬가지로 로마 제국의 일원이라는 공동운명체 의식이 강해진다.

그런데 이들의 이름을 보면, 열두 명 가운데 네 명이 '율리우스'라는 씨족 이름을 가지고 있다. 속주민에게 '율리우스'라는 씨족 이름을 줄 수 있었던 사람은 카이사르와 아우구스투스, 티베리우스, 칼리굴라 이 네 명밖에 없다. 클라우디우스와 네로는 클라우디우스 씨족에 속하니까, 이들 두 사람이 자신의 씨족 이름을 주었다면 그들의 씨족 이름은 '클라우디우스'가 되어야 한다. 베스파시아누스에게 씨족 이름을 받은 유대인 역사가 요세푸스가 플라비우스 요세푸스라고 불렸듯이.

칼리굴라는 이런 일에 무관심했다. 아우구스투스는 무관심하지는 않았지만, 이런 면에서는 보수적인 사람이었기 때문에 속주 출신에게 문호를 개방하는 데에는 소극적이었다. 그를 뒤이은 티베리우스는 '티베리우스 문하생'이라는 말이 생겼을 만큼 실력있는 사람을 등용하는 데에는 적극적이었지만, 아우구스투스가 하지 않은 일은 자기도 하지 않는다는 것을 신조로 삼았으니까 자신의 씨족 이름을 여기저기 인심좋게 나누어주지는 않았을 게 분명하다. 이런 경우에는 언제나 그렇지만, 결국 남는 것은 율리우스 카이사르뿐이다. 그렇다면 카이사르가 120년 전에 뿌린 씨가 성장하여 맺은 열매를 베스파시아누스가 수확한 셈이 된다. 반란을 일으키는 '율리우스'들도 있었지만, 제국의 중추에 들어와 제 어깨로 제국을 떠받치는 '율리우스'들도 로마 제국에는 부족하지 않았던 것이다.

'기사계급'과 평민에 대한 대책

베스파시아누스는 로마 사회에서 제2계급이라 해도 좋은 '기사계급'

출신이다. 그런데도 이 계급을 특별히 우대하지 않은 그의 균형감각은 충분히 칭찬할 만하다. 그렇긴 하지만, 여기서도 그는 앞사람이 세워놓은 이정표가 가리키는 방향으로 걸어간 데 불과했다.

여기서 말하는 앞사람은 아우구스투스와 클라우디우스였다. 공화정 시대에는 원로원 계급이 정치를 독점했기 때문에 '기사계급'은 경제 분야에서 활약할 수밖에 없었다. 이들을 행정에 등용한 것은 아우구스투스였다. 풍부한 경제 경험 덕에 실무능력이 뛰어난 그들을 광대한 제국을 통치하는 데 없어서는 안 될 실무 '관료'로 활용한 것이다. 따라서 공화정 시대에는 '경제계'로 총칭할 수 있었던 '기사계급'이 제정 시대에 들어선 뒤에는 경제만이 아니라 행정과 군사면에서도 전문가로 활약하게 되었다.

로마 사회는 원로원 계급·기사계급·평민계급·해방노예·노예 등으로 나뉘어 있었다. 로마인은 공화정 시대부터 있었던 이 계급 구분을 철폐하지 않고 존속시켰다. 다만 이 다섯 계급 사이의 유동성은 인정했다. 인정하는 정도가 아니라 장려했다. 노예에서 해방노예가 되고, 자격만 갖추면 로마 시민권을 가진 평민계급에 들어갈 수 있다. 기사계급 출신인 베스파시아누스도 군단에서 실적을 쌓고 공직을 거친 뒤 원로원에 들어갔을 뿐만 아니라 황제까지 되었다.

사회 구성원이 모두 평등하면 오히려 외부인을 소외시키게 된다. 새로 들어온 사람에게 당장 기존 구성원과 똑같은 권리를 인정할 수는 없기 때문이다. 인정하면 기존 구성원들 사이에서 반발이 일어난다. 오늘날에도 문제가 되고 있는 '순수 백인'의 인종차별 의식만 보아도 이 문제의 심각성을 이해할 수 있을 것이다. 그런데 고대 로마처럼 사회 계급을 인정하되 계급 간의 유동성을 인정하면, 외부인의 유입을 거부할 이유가 없어진다. 아직 실력을 보여주지 않은 사람은 우선 하층계급에 들어가게 하고, 그 후의 신분 상승은 당사자가 하기에 달려 있다는 것이다. 반면에 실력을 보여준 사람은 당장 그 실력에 어울리는 계급에 들어가는 것을 허용한다. 민주정을 지키기 위해 모든 구성원의 평등을 고수할 수밖에 없었던 그리스의 도시국가 아테네가 뜻밖에도 다른 폴리스 출신이나 노예에 대해서는 폐쇄적인 사회였던 반면, 공화정 시대에는 원로원이 주도하는 과두정이었고 제정 시대에는 군주정으로 바뀐 로마가 아테네보다 훨씬 개방적인 사회였다는 사실은 오늘날에도 생각해볼 가치가 있다. 고대 로마는 '그 시대의 한계가 허용하는 범위 안에서'라는 조건을 붙이긴 했지만, 기회 균등을 실현한 사회였다. 베스파시아누스는 카이사르가 개척하고 아우구스투스가 지반을 굳히고 티베리우스와 클라우디우스가 손질을 게을리하지 않았기 때문에 더욱 견고해진 그 길을 걸어갔을 뿐이다.

베스파시아누스는 '황제법'을 마련함으로써 원로원의 견제 기능을 박탈했지만, 이것으로 자신과 후계자인 아들들의 지위가 확고해졌다고는 생각지 않았다. 평민계급도 로마 시민권 소유자니까 어엿한 유권자다. 제정으로 바뀐 지 100년이 지난 서기 1세기 후반에는 집정관을 비롯한 국가 요직을 원로원에서 선출하게 되었고, 민회도 그 존재 의미가 퇴색해서 열리지 않게 된 지 이미 오래였다. 하지만 이 유권자들의 목소리를 반영할 기회가 완전히 사라진 것은 아니었다. 국가나 황제, 또는 요인들이 제공하는 각종 경기대회나 축제가 서민층의 의견을 반영하는 마당이 되어 있었다. 서민이라 해도 로마 시민임을 자랑스럽게 생각하는 그들은 거침없이 자기 의사를 표출했으니까, 지배자에게는 공포의 장소이기도 했다. 검투사 시합이나 전차경주에 개인적으로 흥미가 있든 없든, 황제가 그런 장소에 나타나면 열렬한 환영을 받은 것은 그런 곳이야말로 시민들이 최고 통치자에게 의견을 표출하는 장소였기 때문이다.

황제의 책무를 수행하면서 이런 장소에도 성실하게 얼굴을 내민 아우구스투스는 서민들 사이에서 아주 평판이 좋았다. 반면에 티베리우스는 황제의 책무는 충실히 수행했지만 카프리섬에 틀어박혀 서민들에게 얼굴을 보이지 않았고, 특히 검투사 시합이라면 질색을 한 것이 서민들 사이에서 악평을 받은 원인이었다. 황제로서 자격이 있는지 의심스러운 칼리굴라나 네로가 뜻밖에 서민들의 호감을 산 것은 경기대회나 축제에 '개근'한 덕분이기도 했다.

후세는 이것을 '빵과 서커스'라 하여 로마 제국의 가장 큰 악폐로 꼽는다. 하지만 가난한 사람에게는 굶어 죽지 않을 정도의 '빵'을 보장한 제도와 마찬가지로 '서커스'도 당시 사람들에게는 오락 이외의 의미를 갖고 있었다. 그것을 실증하는 예로, 베스파시아누스 자신이 경험한 에피소드를 소개하고자 한다.

유대의 공주

베스파시아누스의 맏아들 티투스는 아버지 휘하에서 유대 전쟁에 참전할 때부터 유대 공주 베레니케를 사랑하게 되었다. 베레니케는 클라우디우스 황제 시대에 유대 왕위에 복귀한 아그리파 1세의 딸이다. 유대 전쟁에서 로마 편에 붙은 아그리파 2세의 누나이기도 하다. 티투스보다는 열두 살이나 나이가 많고, 오리엔트 군주들과 두 번 결혼한 경험도 있었다.

그녀의 아버지인 아그리파 1세는 재기가 뛰어나 로마에서 교육을 받던 청년 시절에는 티베리우스 황제에게 위험 인물로 여겨질 정도였다. 그런데 아버지의 재능은 아들보다 딸이 더 많이 물려받는지도 모른다. 성격이 고분고분하여 로마의 이상적인 동맹자로 여겨지던 동생과 달리, 누나인 베레니케는 로마인 장관이 유대인을 박해하기라도 하면 엄중한 항의도 서슴지 않을 만큼 자존심이 세고 드센 성격을 갖고

티투스

있었다. 지혜가 뛰어났을 뿐 아니라, 넓고 깊은 교양도 갖추었던 모양이다. 초상이 남아 있지 않아서 역사가들의 기술을 믿을 수밖에 없지만, 날씬한 몸매에 행동거지도 우아한 미인이었다고 한다.

한편 티투스는 육체적으로나 정신적으로도 아버지 베스파시아누스와 비슷했다. 다만 나이가 젊기 때문인지, 아버지가 갖고 있던 일종의 교활함은 갖고 있지 않았다. 요세푸스 플라비우스의 『유대 전쟁기』에 묘사된 티투스는 총사령관인데도 졸병처럼 싸우는 사람으로, 용장이긴 했지만 지장이라고는 말할 수 없다. 순박하고 양심적인 청년이지만 냉철함이 부족하다. 그렇기 때문에 오리엔트의 아름답고 지적인 연상의 여인에게 홀딱 반해버렸을 것이다.

베레니케도 티투스가 바치는 애정을 받아들인 모양이다. 황제의 아들과 유대 공주의 재회는 베스파시아누스를 예방하기 위해 로마를 찾은 아그리파 2세가 누나를 동반한 덕분에 이루어졌다. 티투스는 애인을 황궁에 살게 했다. 베레니케와 사랑에 빠졌을 때부터 딸을 하나 낳은 아내와는 이혼했기 때문에 이런 일에서는 자유롭게 행동할 수 있는 독신이었다. 로마인도 유대 여자와 동거하는 것 자체는 문제삼지 않았다. 팔라티노 언덕의 황궁에는 황제 가족만이 아니라 유대 역사가인 요세푸스 플라비우스도 살고 있었고, 이집트 장관을 지내다가 유대 전쟁이 끝난 뒤에는 수도 경찰청장에 발탁된 유대인 티베리우스 율리우스 알렉산드로스도 자주 드나들었기 때문이다. 로마인들은 이것을 화젯거리로도 삼지 않았다.

카이사르가 클레오파트라에게 그랬듯이, 티투스가 고귀한 신분으로 태어난 유대 여인과 그대로 애인 관계를 유지했다면 아무 문제도 되지 않았을 것이다. 또한 티투스가 제위계승자가 아니라 일개 행정관이었다면, 유대 여인과 정식으로 결혼해도 로마인은 문제삼지 않았을 것이다. 실제로 베레니케의 언니는 로마에서 파견된 유대 장관과 결혼했다. 하지만 순박한 티투스는 사랑하는 여인을 애인으로 놓아둘 수가 없었다. 그런데 그는 베스파시아누스 황제의 뒤를 이을 게 분명한 제위계승자였다.

베레니케와 정식으로 결혼하고 싶다는 아들에게 베스파시아누스가 뭐라고 대답했는지는 알려져 있지 않다. 하지만 거기에 대한 대답은 황제 대신 민중이 했다.

그날 경기장 귀빈석에는 베스파시아누스와 티투스만이 아니라 유대 공주 베레니케도 앉아 있었을지 모른다. 자리를 가득 메운 관중들은 그들을 향해 맹렬한 반대의 외침소리를 질렀다.

티투스가 결혼하고 싶어하는 상대가 유대 여자였기 때문에 반대한 것은 아니다. 로마의 서민들은 오리엔트의 왕녀라는 말을 들으면 이집트 여왕 클레오파트라를 머리에 떠올렸다. 100년 전의 얘기지만, 그리스계 이집트 여왕인 클레오파트라에게 홀딱 반하여 조국 로마에 활을 쏘기까지 한 마르쿠스 안토니우스를 로마의 서민들은 잊지 않았다. 그리스계든 유대계든 그들에게는 마찬가지였다. 오리엔트 왕가의 여인이라는 것만으로도 안토니우스와 클레오파트라의 시절이 되돌아오지나 않을까 하는 두려움에 사로잡혔다.

티투스는 사랑을 포기했다. 베레니케는 유대로 돌아갔다. 그리고 9년이 지나 베스파시아누스가 죽고 티투스가 제위에 오른 뒤, 베레니케는 다시 한번 로마를 방문한다. 하지만 황제가 된 뒤에도 티투스는 경기장에서 들은 비난의 합창을 잊지 못했다. 유대 여인은 이번에도 다시 오리엔트로 돌아갈 수밖에 없었다.

티투스는 사랑을 성취하는 것은 체념했지만, 그래도 베레니케에게 사랑을 바치는 것은 그만두지 않았다. 베레니케와 헤어진 뒤에는 새로운 결혼 상대를 찾지 않았다. 애인조차 두지 않았다. 30대의 한창 나이에 독신을 고수했다. 율리우스 카이사르가 30대 시절에 남긴 말—"남들 위에 서는 사람은 밑에 있는 사람보다 자유가 제한된다"—을 티투스도 뼈저리게 느꼈을까. 아무리 '황제법'으로 보호를 받는다 해도, 황제는 무슨 짓이든 마음대로 할 수 있다고 생각했을 때부터 스스로 무덤을 파게 되는 법이다.

콜로세움

오늘날에도 도시 로마를 삽화 하나로 표현하고 싶으면, 누구나 콜로세움을 택할 것이다. 이 콜로세움을 건설한 사람이 바로 베스파시아누스 황제다. 따라서 이 원형경기장의 정식 명칭은 '암피테아트룸 플라비움'이다. 번역하면 '플라비우스 원형극장'이다. 반원형 극장인 '테아트룸'(theatrum) 형태는 그리스인이 창안한 것이기 때문에, 그 반원을 두

개 합쳐놓은 원형극장은 그리스어로 '한 쌍'을 뜻하는 '암피'(amphi)를 붙여서 '암피테아트룸'이라고 부른다. 그곳에서 개최되는 행사의 종류에 따라 의역하면, 원형경기장이나 원형투기장으로 번역할 수 있다. 이것이 베스파시아누스 시대에 처음 건설된 것이다. 정확히는 타원형이지만, 이 양식의 야외경기장은 완전히 로마인의 창안이다.

수도 로마에 건설된 이 원형경기장만 '콜로세움'이라는 통칭으로 불린 것은 네로의 거대한 입상(콜로수스) 바로 옆에 자리 잡았기 때문이다. 네로는 '도무스 아우레아'를 건설할 당시, 자신을 본뜬 거상(巨像)을 세우게 했다. 베스파시아누스는 그 거상을 파괴하지는 않았지만, 얼굴 부분을 네로에서 태양신으로 바꾸었다. 파괴하지 않은 이유는 이 거상이 그 규모 때문에 민중의 인기를 모으고 있었기 때문일 것이다.

콜로세움(Colosseum) 건설 현장은 네로가 인공호수를 만들 작정이었던 평지다. 공공 건축물이 즐비하게 늘어서 있는 포로 로마노나 카이사르와 아우구스투스의 '포룸' 근처에 네로가 고안한 대로 넓은 인공호수를 만들었다면, 시민들이 푸른 초목과 맑은 공기를 즐기면서 산책할 수 있는 휴식처가 되었을 것이다. 그런데 왜 그것을 희생하면서까지 5만 명이나 수용할 수 있는 원형경기장을 세웠을까.

제7권에서 네로를 다룰 때, 나는 뱃놀이를 할 수 있을 만큼 넓은 인공호수나 동물을 놓아 기르는 자연공원을 포함한 '도무스 아우레아'(황금 궁전) 자체가 로마 도심에 푸르름을 도입하려는 네로의 수도 개조 계획일 거라는 가설을 세웠다. 그리고 그 계획이 시민들에게 인기를 얻지 못한 이유는 도시 활용에 대한 네로와 당시 시민들의 견해 차이 때문이라고 말했다. 그리스를 좋아하는 네로는 수도 로마를 그리스식 아르카디아(이상향)로 바꿀 작정이었겠지만, 교외에 별장을 갖는 게 보통인 당시 시민들은 도시란 푸르름을 즐기는 곳이 아니라 사람들이 모이는 곳이라고 생각했다. 네로는 말할 것이다. 자연공원이나 인공호수에

콜로세움 복원모형

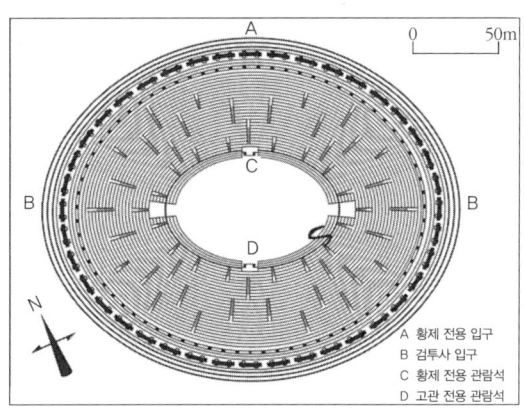
콜로세움 평면도

A 황제 전용 입구
B 검투사 입구
C 황제 전용 관람석
D 고관 전용 관람석

오늘날의 콜로세움

도 사람들이 모일 테고 즐길 수도 있을 거라고.

하지만 역시 다르다. 개인적으로 즐기는 것과 집단으로 즐기는 것은 다르다. 도심은 많은 사람을 끌어모을 뿐 아니라, 모인 사람들이 무언가 하나의 일에 함께 참여해야만 완전히 활용되었다고 말할 수 있다. 인공호수를 버리고 콜로세움을 세운 베스파시아누스가 도심 중의 도심은 어떻게 활용해야 하는지를 이해하고 있었다고 말할 수밖에 없다.

하지만 네로는 또 반박할 것이다. 도심에는 이미 대경기장(키르쿠스 막시무스)이 있었다고.

이탈리아어로 '치르코 마시모'라고 부르는 이 대경기장은 전차경주에 활용된 거대한 경기장으로서 당시에도 이미 15만 명을 수용할 수 있었고, 마지막에는 25만 명이나 수용할 수 있었다고 한다. 하지만 이렇게 넓으면, 관객 한 사람 한 사람의 참여의식을 한곳에 집중하기가 어려워진다. 너무 넓어서 그것이 확산되어버리는 것이다. 5만 명 정도라면, 게다가 그 5만 명이 폐쇄된 공간에 집중되어 있으면, 사람들의 참여의식도 더욱 강해진다. 축구 경기장을 머리에 떠올리면 그 느낌을 좀더 잘 이해할 수 있을 것이다.

콜로세움은 황제와 서민들이 얼굴을 맞대기에는 딱 알맞은 넓이였다. 5만 명이라 해도, 인구 백만의 도시인 로마에서는 지나치게 넓지도 좁지도 않다. 그리고 최고 권력자인 황제에게 콜로세움은 오락장만이 아니라 자신의 통치에 대한 찬성이나 비판을 받는 곳이기도 했다.

시민들도 그 점을 정확히 이해했다. 인공호수에는 비판적이었던 그들이 콜로세움 건설은 쌍수를 들어 환영했기 때문이다.

콜로세움은 미학적으로나 기술적으로도 최고의 걸작이다. 그렇게 규모가 큰데도 사람을 짓누르는 듯한 위압감이나 단조로움을 느끼게 하

콜로세움의 3층 아치   노동문명궁(에우르)

지 않는다. 로마인들이 좋아하는 아치 양쪽에 원기둥을 세우고, 아치 모양의 공간에는 입상을 세우는 형태가 연속되어 있는데, 1층에 사용된 기둥은 중후한 도리스식, 2층의 기둥은 산뜻한 이오니아식, 3층의 기둥은 섬세한 코린트식으로, 층마다 기둥 양식을 바꾸어 답답하고 단조로운 느낌을 없앴다. 이를 흉내냈다는 무솔리니 시대의 신도시 에우르의 건물과 비교해보라.

  게다가 출입구를 교묘히 배치하여, 사고라도 일어나면 15분 만에 모든 관객을 밖으로 내보낼 수 있었다고 하니, 기능면에서도 흠잡을 데가 없다. 투기에 사용하는 맹수는 지하에 설치된 엘리베이터를 이용하여 담당자가 위험에 노출되지 않고 지상으로 끌어낼 수 있는 설비가 갖추어져 있었다. 게다가 관중을 로마의 강렬한 햇빛에서 보호하기 위해, 돛을 만들 때 사용하는 범포로 관중석 위를 덮었다. 콜로세움에서 행사가 열릴 때마다 미세노 해군기지에서 온 해병들이 그 작업을 했다지만, 그게 어떻게 가능했는지는 오늘날에도 알려져 있지 않다.

  우리는 2천 년 뒤인 오늘날에도 지상에 우뚝 서 있는 콜로세움을 볼 수 있지만, 지금 우리가 보는 콜로세움은 로마 제국 시대의 3분의

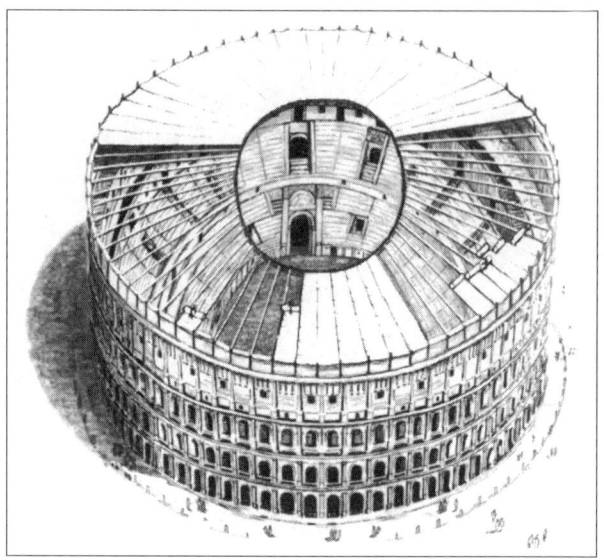

콜로세움의 덮개
(상상도)

1 규모에 불과하다. 기독교가 지배하게 된 뒤, 로마의 공공 건축물은 죄다 석재 공급처로 바뀌어버린다. 콜로세움에서 떼어낼 수 있는 것은 전부 떼어서 가져가버렸다. 아치마다 놓여 있던 수많은 입상도, 벽면을 덮고 있던 대리석판들도 모두 제거한 뒤에 남은 '뼈대'가 오늘날의 콜로세움이라 해도 지나친 말이 아니다. 독일의 문호 괴테는 이렇게 말했다. 이탈리아를 여행할 때는 육체의 눈만으로 보지 말고 마음의 눈으로 보라고. 콜로세움도 그런 눈으로 볼 필요가 있는 대상 가운데 하나다.

그런데 '평화 포룸'을 건설하여 평화와 질서의 회복을 부각하고, 콜로세움을 건설하여 오락을 제공하는 동시에 황제와 일반 시민의 관계를 부각한 것은 아주 좋은 일이지만, 그래서 시민들도 하나같이 지지를 보냈지만, 무엇보다 앞서는 것은 돈이다. 네로의 방만한 재정 운영에다 1년 동안 내전의 무질서가 계속된 뒤인지라, 무엇보다 국가 재정을 건전화하는 것이 급선무였다. 베스파시아누스는 국가 재정을 재건한 면에서도 역사상 가장 유명한 인물이다. 어떤 연구자는 그가 최고의 국세청 장감이라고 말하기까지 했다.

최고라는 평가를 받는 데에는 그만한 이유가 있다. 베스파시아누스는 세율도 올리지 않고, 함부로 새로운 세금을 만들지도 않고, 어떻게 하면 세수(稅收)를 늘릴 수 있을지를 연구하여 그것을 성공시킨 사람이었다. 하지만 베스파시아누스가 어떻게 성공할 수 있었는지를 말하기 전에, 로마의 국가 재정 자체가 어떻게 구성되어 있었는지를 알아둘 필요가 있을 것 같다.

재정 재건

로마 제국의 재정에 대한 세부 내용은 연구자들의 필사적인 노력에도 불구하고 오늘날에 이르기까지 전혀 알려져 있지 않다. 아마 앞으로도 그 내용이 명확하게 밝혀지기를 기대하기는 힘들 것이다. 로마인이 세제를 중시하지 않고 그때그때 임시변통으로 무책임한 세제를 시행했기 때문은 결코 아니다. 그와는 반대로, 넓고 얕게 세금을 걷는 것을 지향하는 세제야말로 선정의 근간임을 잘 알고 있던 로마 황제들이 전체적으로는 치밀한 세제를 마련하고 개별적으로는 '케이스 바이 케이스'로 대처했기 때문에, 그 모든 세제를 파악하기에 충분한 사료가 남아 있지 않은 탓이다. 로마 제국이 멸망하고 중세가 되자, 각지에 할거하는 봉건 제후나 호족들이 제멋대로 세금이나 통행료를 징수하는 무정부 상태가 생겨났고, 그래서 로마 시대의 세제에 대한 관심까지 사라져버렸기 때문이다. 그 시대에는 고대 로마의 세제에 대한 사료도 아직 존재했을 테지만, 베껴서 남길 필요까지는 없다고 생각하여 방치해두는 바람에 소실되어버렸을 것이다. 그래도 각 사료에 산재하는 기록을 토대로 추측해보면, 로마 제국의 세제는 대충 다음과 같았던 것으로 여겨진다.

세입(歲入)

1. 세금 징수에 의한 수입

(a) 직접세 — 고대 도시국가에서 시민의 권리는 국정에 참여하는 것이고, 의무는 병역으로 나라를 지키는 것이었다. 도시국가(폴리스) 아테네의 시민들도 병역 의무는 있었지만 직접세를 낼 의무는 없었다. 로마도 도시국가에서 출발한 제국이다. 군단병이 되려면 로마 시민권을 갖고 있어야 했다는 사실이 보여주듯, 제국의 안전보장을 담당하는 로마 시민에게는 직접세가 부과되지 않는다. 하지만 여기서부터가 아테네와 로마의 차이점이다.

로마 시민권 소유자는 본국 이탈리아 태생이나 속주 출신 로마인만이 아니다. 속주 태생이라도 25년 동안 병역을 마치면 로마 시민권을 얻을 수 있고, 의사나 교사는 치료나 교육에 직접 종사하면 로마 시민권을 얻을 수 있었다. 또한 정치적 이유(카이사르가 피정복 지역의 유력자들에게 인심 좋게 나누어준 경우)나 개인적 이유(베스파시아누스가 유대 역사가 요세푸스에게 준 경우)로 로마 시민권을 얻을 수 있었던 사람도 적지 않았다. 로마법의 보호를 받는다는 이점과 함께 직접세가 면제되는 것도 로마 시민권이 보장하는 직접적 이익이었다.

따라서 직접세의 태반은 속주세가 차지하게 된다. 로마 시민권이 없는 속주민은 제국의 안전보장을 담당할 의무를 면제받으니까, 안전보장 비용을 부담하라는 것이다. 그래서 속주세를 부과하는데, 이윤을 낳는 재산과 인간에게 부과된다. 세율은 소득의 10퍼센트로 정해져 있었다. 여자와 어린애와 노인은 이윤을 낳지 못하는 것으로 간주되어 과세 대상에서 제외되어 있었다.

하지만 로마 시민권 소유자에게만 부과되는 직접세도 존재했다. 초대 황제 아우구스투스가 창안한 이 상속세는 고대에는 어디에도 없었던 세금이다. 세율은 5퍼센트. 다만 육촌 이내의 친족은 과세 대상에서 제외되었고, 해마다 내야 하는 세금도 아니었다. 그밖에 노예의 신분을 버리는 자에게 부과되는 노예해방세가 있었다. 세율은 노예로 팔릴 경우 본인에게 매겨지는 가격의 5퍼센트였다. 이 세금에 대해서는 제6권에서 설명했다.

(b) 간접세―로마 제국에는 크게 두 종류의 간접세가 있었다.

관세―아우구스투스 시대에는 각 지방의 경제력에 따라 1.5퍼센트 내지 5퍼센트의 관세가 부과되었지만, 제정으로 바뀐 지 100년이 지난 베스파시아누스 시대에는 지방의 경제력 격차도 줄어든 듯, 5퍼센트가 제국 전역의 관세율로 정착된 것 같다. 다만 이집트 세관을 통해 들어오는 향료나 비단, 보석 같은 동양의 사치품에는 아우구스투스 시대에 붙었던 25퍼센트의 관세가 그대로 유지되었다.

매상세―일종의 소비세로, 세율은 1퍼센트였다. 다만 주식인 밀은 네로 황제 시대부터 비과세되었다.

세금 징수에 의한 수입은 이 정도였다.

2. 국가 소유의 금·은·동 및 기타 광산에서 들어오는 수입

로마 제국은 국영사업을 되도록 피했지만 광산만은 국유화했다. 여기서 나오는 수익을 중시했기 때문만이 아니라, 제국 안에서 유통되는 통화의 액면가치와 소재가치를 일치시키는 것은 정부의 책무였기 때문이다.

3. 국유지를 임대하여 얻는 수입

로마가 본국이나 속주에 갖고 있는 '국유지'를 전부 합치면, 문자 그대로 광대하다. 대부분은 경작지였는데, 그것을 농민에게 빌려주었다.

국가와 농민은 지주와 소작인의 관계지만, 카이사르가 집정관 시절인 기원전 59년에 성립시킨 '율리우스 농지법'에 따라 소작인의 차지권(借地權)은 완벽하게 보장되어 있었다. 차지권의 세습도 인정되었고, 땅을 빌린 뒤 20년이 지나면 차지권을 양도할 수도 있었으니까, 소작인이라기보다 생산시설을 국가에서 빌린 자영업자 같은 느낌이다. 차지료는 1년 수확의 10퍼센트였던 모양이다. 이 비율은 농지가 아니라 목축의 경우에도 마찬가지였다.

여기까지가 통상적인 세입이다. 농축업자의 경우는 '물납'(物納)이라 하여 생산물로 세금을 냈다. 그밖의 임시 세입으로 다음 두 가지가 추가된다.

(a) 전쟁에서 얻은 전리품을 매각하여 얻는 수입.

(b) 국가 반역죄로 사형이나 유배형에 처해진 자의 재산을 몰수하여 얻는 수입.

그러나 베스파시아누스는 이런 임시 수입을 기대할 수 없었다. 제국이 된 이후 로마는 정복보다 방위를 주목적으로 삼게 되었고, 베스파시아누스 자신이 국가 반역죄로 원로원 의원을 고발하지 않겠다고 선언했기 때문이다. 그러면 국가를 운영하는 데 피할 수 없는 세출은 어떠했을까.

언젠가 미야자와 기이치(宮澤喜一) 씨를 만날 기회가 있어서, 이 경제 전문가에게 평소에 품고 있던 의문을 물어보았다. 로마 제국에 비하면 오늘날의 선진국들은 하나같이 세율이 높은데, 왜 그러냐고. 미야자와 씨는 사회복지비 탓일 거라고 대답했다.

그렇다면 고대 로마에는 사회복지를 위한 세출이 없었을까.

세출(歲出)

1. 군사비

황제의 책무 가운데 하나는 안전보장과 식량보장이었다. 평화가 유지되면 경제도 활성화하고, 따라서 안전보장은 식량보장과 마찬가지라는 사실에 대해 로마 제국에서는 아무도 이의를 제기하지 않았다.

베스파시아누스 시대에는 브리타니아 제패를 계속하고 유대에 군대를 주둔시킬 필요가 있었기 때문에 28개 군단을 유지해야 했다. 28개 군단이라면 주전력인 군단병은 16만 8천 명, 보조전력인 보조병도 그와 거의 같은 수다. 이 병사들에게 국가는 거처와 식량과 무기를 공급하고, 해마다 급료를 지급해야 한다. 또한 군단병이 20년 뒤에 만기 제대할 때는 퇴직금을 주는 제도도 있었다. 고대에는 보기 드문 제도다. 역사가 타키투스나 철학자 세네카의 말을 빌릴 필요도 없이, '팍스 로마나'를 유지하려면 비용이 들었다.

2. 공공사업비

그래도 광대한 로마 제국을 둘러싸고 있는 긴 방위선을 30만 정도의 병력으로 지킬 수 있었던 것은 그 많은 병사나 무거운 무기를 신속하게 이동시키기 위해 건설한 로마식 가도망이 정비되어 있었기 때문이다. 로마인은 다리도 도로의 연장으로 생각했다. 돌로 포장된 도로를 따라 오다가 나무 다리를 건넌다는 생각은 로마인과는 인연이 없었다. 도로가 포장되어 있으면 다리도 포장되어 있어야 한다. 그것도 도로에서 곧장 나아갈 수 있는 형태로 포장되지 않으면 쓸모가 없었다. 또한 도로망이 기능을 제대로 발휘하기 위해 제방이나 운하가 필요하면, 그것도 도로망의 일부니까 당연히 건설했다. 앞에 있는 것이 바다나 하천일 때는 항만공사를 해야 할 필요도 있었다.

이런 사회간접자본은 당초 목적이 군사인 탓도 있어서 군단병들이 공사를 담당했다. 이런 실정 때문에 군사비와 공공사업비를 명확히 구분하기가 어려웠다. 하지만 두 가지를 분리하지 못해도 상관없다. 당시의 고속도로망인 로마 가도망은 민간에게도 개방되었고, 게다가 통행료도 없이 공짜였으니까.

신전을 짓는 것도 역시 국비로 충당되는 공공사업이었다. 다신교 민족이라 신전의 수도 많았다. 로마인은 유피테르나 아폴로나 베누스(비너스) 같은 신들만이 아니라, 화합(콩코르디아) 같은 추상적인 개념까지 신으로 만들어버렸다. 이런 신들을 모시는 신전 건축공사는 '소키에타스'(societas)라고 불린 사기업에 입찰을 거쳐 위탁하는 것이 보통이었다. 소키에타스는 영어 'society'의 어원이다. 이와 같은 공사 방식은 신전만이 아니라 상하수도·공중목욕탕·경기장 등의 건설공사 같은 중요한 공공사업에도 적용되었다. '평화 포룸'과 콜로세움도 사기업이 공사를 위탁받아 건설했다. '소키에타스'는 대부분 한 사람이 아니라 여러 명의 자금 제공자가 자본을 모아서 설립했기 때문에 주식회사의 초기 형태라고 말할 수도 있다.

수도 로마에 있는 주요 공공 건축물들은 공화정 말기에 개인이 사재를 털어서 지은 경우가 많았다. 몇 가지만 예를 들면 폼페이우스 극장·카이사르 포룸·율리우스 회당·율리우스 투표장 등이다. 이런 공공 건축물들은 개인이 기부한 것이므로, 건축 당시에는 국비가 들지 않는다. 하지만 어떤 건축물도 유지 보수는 반드시 필요하다. 공공사업비의 적지 않은 부분이 도로나 상하수도, 공공 건축물을 수리하고 복구하는 데 사용되었다.

3. 인건비

광대한 제국을 운영하려면 사람이 필요하다. 수도 로마에 근무하는 집정관·법무관·회계감사관·안찰관 같은 정부 고위직은 무급이지만,

수도에 근무하더라도 사무직 관료는 유급이다. 또한 속주에 근무하는 총독에게는 필요경비가 인정되었고, 총독 밑에서 일하는 사무직 관료는 당연히 유급이었다. 이들에게 지출되는 인건비도 상당한 액수였을 게 분명하지만, 로마 제국은 그 넓은 영역을 다스린 것치고는 뜻밖에도 관료 왕국으로 변하지 않았다. 징세 사무를 포함하여 많은 업무를 민간에 위탁했기 때문이 아닐까. 수도 로마에도 관청들이 즐비하게 늘어서 있는 관청가는 존재하지 않았다.

4. 축제비

이것도 다신교였기 때문에 나타난 현상이지만, 로마인의 휴일은 일요일이 아니라 신들에게 바쳐진 축일이다. 축제비가 많이 든 이유는 신전에서 거행되는 제사 의식에 드는 비용보다 신에게 바친다는 명목으로 의식이 끝난 뒤 으레 벌어지는 각종 경기대회에 많은 비용이 들었기 때문이다. 로마인에게 휴일은 신전에서 신에게 기도를 드린 뒤 경기나 투기를 즐기는 날이었다.

5. 사회복지비

'소맥법'에 따라, 수도에 사는 시민에게는 매달 5모디우스의 밀을 무상으로 배급받을 수 있는 권리가 인정되어 있었다.

그 역사는 오래되어서 기원전 2세기까지 거슬러 올라간다. 기원전 123년에 호민관이었던 가이우스 그라쿠스(그라쿠스 형제 가운데 동생)가 성립시킨 법안이 '소맥법'의 시작이었으니까, 베스파시아누스 황제 시대부터 헤아리면 거의 200년 동안이나 계속된 제도다. 처음에는 빈민들에게 주식인 밀을 시가의 60퍼센트 가격으로 배급했지만, 이것이 정쟁의 도구로 변한 결과, 기원전 1세기부터는 마침내 무상배급제도가 정착되었다. 제정 시대에 접어든 뒤, 무상배급을 받는 사람의 수는 약

20만 명이었다. 이들은 일인당 5모디우스(약 30킬로그램)의 밀을 매달 공짜로 받을 수 있었다.

배급을 받을 수 있는 자격 조건은 수도에 사는 로마 시민권 소유자였다. 지역을 수도 로마로 한정한 것은 동서고금을 막론하고 가난한 자들이 흘러드는 곳은 대도시였기 때문이다. 또한 직간접으로 황제에 대한 지지와 반대를 분명히 밝히는 것도 수도에 사는 이 '유권자'들이었다. '소맥법'은 결국 유권자 대책이기도 했다.

여자와 10세 이하의 어린이는 무상배급을 받을 자격이 인정되지 않았지만, 이론적으로는 원로원 의원이나 기사계급에 속하는 '소키에타스' 사장도 마음만 먹으면 무상배급을 받을 수 있었다.

하지만 '소맥법'의 진짜 목적은 가난한 사람들을 굶주림에서 구해주는 데 있다. 그래도 유권자 대책이니까, 대상을 빈민층으로 한정하면 효력을 잃어버린다. 그래서 로마 당국은 묘안을 짜냈다. 한 달에 5모디우스의 밀을 공짜로 받을 수 있는 배급권과 축제 행사장에 공짜로 들어갈 수 있는 입장권을 신청하면 당국이 그것을 심사해서 증명서(Tesserae frumentariae)를 발급해주는데, 이 증명서를 받으려면 신청자 본인이 출두해야 한다고 규정한 것이다. 서민이나 해방노예와 함께 마르스 광장에 길게 줄을 서서 오랫동안 기다려야 하고, 기다리다가 아는 사람이나 친구를 만나는 창피도 견뎌야 한다. 요컨대 창피와 시간 낭비라는 무형의 장애물을 설치한 것이다. 이 방법은 정말로 복지를 필요로 하는 자들만 혜택을 누릴 수 있게 해주었다.

'빵과 서커스'

후세 사람들이 로마인을 비난할 때 맨 먼저 들먹이는 것이 '빵과 서커스'(Panem et circenses)다. 로마인은 국가로부터 식량을 보장받았기 때문에 일할 필요가 없었고, 역시 국가가 제공하는 투기 따위를 즐기면서 놀고 지냈다는 것이다.

그러면 여기에 부모와 세 자녀로 구성된 일가족이 있다고 하자. 세 아이 가운데 첫째와 둘째는 10세가 넘었지만 그중 하나는 딸이고, 10세가 되지 않은 막내는 아들이다. 이 다섯 식구 가운데 '소맥법'으로 보장된 권리를 누릴 수 있는 것은 아버지와 장남뿐이다. 이들 두 사람이 공짜로 받을 수 있는 밀은 매달 10모디우스, 약 60킬로그램이다. 하루 배급량은 2킬로그램이 된다. 배급받는 것은 밀가루가 아니라 탈곡만 끝낸 상태의 밀이었으니까, 이것을 우선 가루로 빻는 데 비용이 든다. 가루로 빻은 뒤의 요리법에는 크게 두 가지가 있다. 첫째는 빵으로 구워서 먹는 법. 로마인들은 빵집에 밀가루를 가져가서 구워달라고 부탁했다. 둘째는 야채나 치즈를 넣어 죽처럼 걸쭉하게 끓여서 먹는 법. 어느 방법에도 돈이 든다. 첫 번째 경우에는 빵집에 돈을 주어야 하고, 두 번째 경우에는 죽에 섞을 재료를 구입하는 비용과 연료비가 든다. 이런 비용은 계산에 넣지 않는다 해도, 밀 2킬로그램을 사용한 요리로 하루에 얻을 수 있는 칼로리는 4천 칼로리 안팎이었을 것이다. 일가족 다섯 명이 이것으로 살아갈 수 있었을까.

물론 우리나라에서도 생활보호법에 따른 빈민구호책이 시행되고 있다. 그러나 대상자가 일자리를 얻어 수입을 얻기 시작하면 지원이 중단된다. 하지만 고대 로마에서는 직업을 갖고 있어도 밀을 공짜로 배급받을 수 있는 자격을 상실하지 않는다. 일가족 다섯 명이 4천 칼로리만 섭취하면 굶어 죽는 것만 간신히 면할 뿐이고, 그 이외에는 보장되지 않기 때문이다. 독신자도 별차이가 없다. 하루에 1킬로그램의 밀은 공짜지만, 공동주택에 방 한 칸이라도 빌리면 방세를 내야 한다. 게다가 옷가지도 사야 하고, 우선 밀가루만 먹다가는 영양실조로 결국 병에 걸린다. 어떻게든 일을 해서 수입을 얻을 필요가 있었다. 되풀이 말하지만,

국가가 보장해준 것은 적어도 굶어 죽게 하지는 않겠다는 것뿐이었기 때문이다.

'빵과 서커스'는 로마인 자신이 한 말이다. 하지만 이것은 풍자작가의 과장이고, 그런 과장을 곧이곧대로 받아들이면 역사적 진실에 다가갈 수 없다. 그리고 이 '소맥법'이 존재했기 때문에 인구 백만의 도시 로마에서 굶어 죽는 사람이 나오지 않았다는 사실도 무시할 수는 없다. 또한 제국의 경제력이 향상되면서 지방도시나 속주에도 이와 비슷한 사회복지가 보급되었기 때문에 그 광대한 로마 제국에서 기아로 인한 집단 사망이 전혀 일어나지 않았다는 사실은 특기할 만하지 않을까. 매일처럼 아프리카나 아시아에서 벌어지는 기아 사태가 텔레비전으로 방영되는 현대로부터 무려 2천 년 전의 일이었다.

하지만 겨우 굶어 죽지 않을 정도의 배급이라 해도, 그 수가 20만 명에 이르면 국고 부담이 커진다. 밀 1모디우스의 시가는 평균 10세스테르티우스였다지만, '소맥법'이 국고에 주는 부담을 시가로 계산할 수는 없다. 그리고 밀은 네로 시대부터 비과세였다. 따라서 생산자 가격에 덧붙는 것은 '소키에타스'가 소유하고 있는 배에 밀을 실어서 오스티아 항에 하역할 때까지의 수송비. 생산비와 수송비를 전부 합친다 해도 1모디우스의 가격은 6세스테르티우스 안팎이었을 것이다.

20만 명에게 1년 동안 밀을 배급하는 데 필요한 총량은 1,200만 모디우스. 여기에 드는 비용이 7,200만 세스테르티우스라면, 로마 제국의 사회복지비는 로마군 전체 장병에게 지급하는 급료의 3분의 1이나 되었다. 굶어 죽는 것을 막기 위한 시책은 상당한 비용을 필요로 한 셈이다. 그래도 황제들은 이 정책을 계속 시행했다. '소맥법'의 혜택을 누릴 수 없는 사람들에게 필요한 밀에 대해서도 공급량을 확보하고 가격을 안정시키기 위해 항만이나 창고 설비를 완비하는 등 노력을 게을리하지 않았다.

황제의 책무 가운데 가장 중요한 것이 안전보장과 식량보장이었기 때문이다. 이 두 가지 가운데 하나라도 제대로 이루어지지 않으면, 경기장에서 야유를 당하는 정도로는 끝나지 않는다. 잘못하면 목숨이 위태롭다.

하지만 현대 국가의 복지제도를 알고 있는 우리가 생각하는 사회복지에는 의료와 교육도 빼놓을 수 없다.

그런데 로마인은 이 두 가지를 국가의 책무로 생각지 않았다. 다만 예외는 있었다. 군단기지라면 어디에나 마련되어 있는 군병원이다. 전선의 군단기지에는 이렇게 시설이 완비된 병원이 있었지만, 제국의 수도 로마에는 당연히 있어야 할 큰 병원이 없다. 시민의 환심을 사고 싶으면, 황제들은 다투어 큰 병원을 지어도 좋았을 것이다. 하지만 황제들이 다투어 건설한 것은 큰 병원이 아니라 큰 목욕탕이었고, 여름철에도 풍부한 물을 공급하기 위한 상수도였다. 로마 제국 시대의 수도 로마를 복원한 지도에서 찾아볼 수 없는 대규모 공공시설이 또 하나 있다. 그것은 바로 학교다.

교육과 의료

고대 로마인이 의료와 교육에 무관심했던 것은 아니다. 율리우스 카이사르는 기원전 45년에 이미 의료와 교육에 종사하는 의사와 교사에게는 본인의 출신지나 피부색에 관계없이 로마 시민권을 준다는 법안을 성립시켰다. 로마 시민권을 갖는다는 것은 곧 속주세라는 직접세를 면제받는다는 뜻이기도 했다. 카이사르의 생각은 직접세를 면제해줄 테니까 적정한 보수를 받고 의료나 교육에 종사하라는 것이었다. 현대의 일본에 비유해서 말하면, 출신 국가가 일본이든 한국이든 미국이든 독일이든 인도든 관계없이 일본 국적을 주고, 일본에서의 소득세를 면

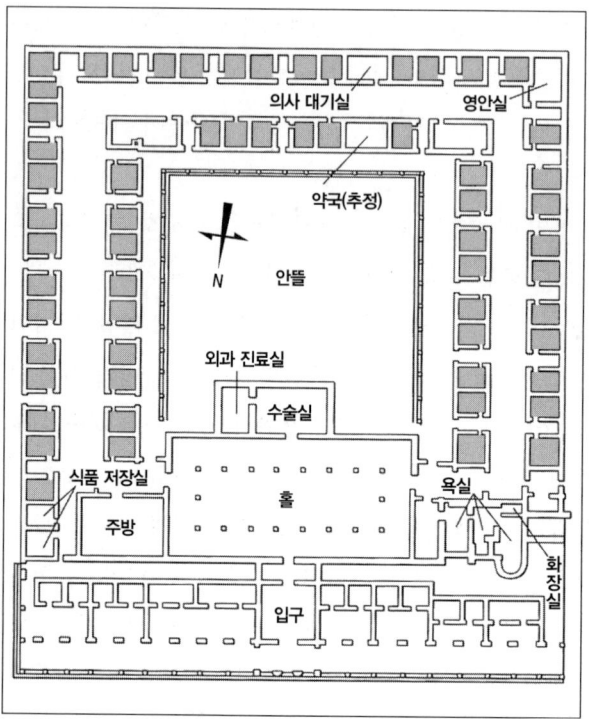

크산텐 군단기지의
군병원 평면도
(■는 병실)

제해줄 테니까 일본에서 의료나 교육에 종사하라는 것과 마찬가지다. 요컨대 지적 직종에 종사하는 사람들에게 특전을 주어 그 직종의 자유시장을 만들어내고, 그에 따른 경쟁원리를 도입하여 그들의 수준을 향상시키고 비용을 적정 수준으로 유지하려 한 것이다. 그래서 대규모 국립병원과 공립학교는 없지만, 소규모 진료소나 사설 학당은 난립하게 되었다. 의술의 신 아이스쿨라피오스(그리스에서는 아스클레피오스)의 신전에 딸린 진료소나 의사의 사택 일부가 질병 치료에 활용되었을지도 모르고, 신전이나 포룸이나 회당의 한 귀퉁이가 사설 학당 자리로 제공된 사실은 기록에도 남아 있다. 카이사르 포룸에는 초등학생이나 중학생의 것으로 보이는 낙서까지 남아 있다.

 카이사르의 이런 방식은 로마 제국이 존재하는 동안 줄곧 유지되었다. 의료와 교육을 민간에 맡긴 이 방침이야말로 로마의 사회복지비가 국가 재정을 압박하지 않은 요인이 아닐까. 요컨대 로마 제국은 국가가 반드시 해야 할 일을 제외한 나머지 일은 모두 민간에 위탁하는 방침으로 일관했기 때문에, 오늘날 말하는 '작은 정부'를 실현할 수 있었던 게 아닐까.

그러나 이 방식이 로마 사회에 정착할 수 있었던 것은 교육과 의료에 대한 로마인들의 사고방식이 그 토대를 이루었기 때문일 것이다.

로마인들은 교육이란 기본적으로 의욕과 자질과 경제적 여력이 있는 자가 받아야 하는 것으로 생각했다. 하지만 경제적 여유가 없는 노예라 해도 의욕과 자질이 있으면 주인의 아들과 함께 가정교사의 가르침을 받을 기회가 있었다. 또한 로마 사회에서는 교육 수준의 높낮이가 경력에 별로 영향을 미치지 않았다. 역대 황제들 중에도 당시 최고의 교육을 받을 수 있는 곳으로 알려져 있던 아테네나 로도스섬에 유학한 사람은 없다. 다만 역대 황제들은 제국의 수도 로마에 국립도서관을 정비하는 데에는 열심이었다. 도서관은 그 자체가 이미 연구소다. 또한 원로원 의사록을 포함한 로마의 공식 기록은 모두 공개되어 있었기 때문에, 그 문서가 보관되어 있는 '타불라리움'(의역하면 '공문서 보관소')도 연구기관이라고 말할 수 있었다. 게다가 유복한 가정은 자녀 교육비를 아끼지 않는다. 또한 도서관에서 연구나 집필을 하면서 아이들을 가르치는 일을 병행하면 직접세 면제라는 특전도 누릴 수 있었다. 이렇게 환경이 갖추어지면 사람은 저절로 모여들게 마련이다. 속주 출신의 유망한 젊은이들은 초목이 바람에 휘듯 로마로 몰려들었다. 그들은 로마의 아이들을 가르쳐 학비를 벌기도 했다.

의료에 관한 로마인의 사고방식은 그들의 생사관에 기인한 것이 아닐까 생각된다. 제국이라는 공동체의 평화를 유지하기 위해 싸우다가 다친 사람에게는 완벽한 치료가 보장된다. 하지만 수명은 이미 정해진 것으로 생각하고 감수한다. 그렇다면 나을 가능성이 있는 경우에만 질병을 치료하기 위해 노력하지 않았을까. 로마 황제 가운데 수명을 늘리려고 기를 쓴 사람은 하나도 없다. 사회적으로 높은 지위에 있는 고령자가 병으로 쓰러져 더 이상 살 수 없다는 것을 깨달으면, 치료를 거부하고 곡기를 끊고 자살을 선택한 경우가 적지 않다. 로마인은 무슨 수를 써서라도 수명을 늘리겠다는 생각과는 인연이 없었다. 사회적 지위나 지적 수준이 높을수록, 두뇌나 정신이나 육체가 다 소모된 뒤에도 계속 목숨을 부지하는 것을 싫어했다. 그렇기 때문에 생명이 있는 동안 충실하게 사는 것이 중요하다는 스토아 철학의 가르침이 로마인들에게 깊숙이 침투한 게 아닐까.

그리고 그리스 의학의 시조인 히포크라테스의 가르침도 계속 살아 있었다. 병에 걸린 뒤에 치료하기보다는 우리 몸이 원래 갖추고 있는 저항력을 높이는 것을 중시하는 사상이다. 로마 황제들이 대형 병원보다 대형 목욕탕이나 상수도시설을 건설하는 데 열심이었던 것도 이 사상의 귀결이 아닐까 여겨진다.

몸을 깨끗하게 유지하는 습관은 면역력을 증진시킨다. 식량을 보장하는 것은 체력을 유지하여 병을 멀리하는 데 도움이 된다. 베스파시아누스 시대에 로마에는 공중목욕탕이 두 개 있었다. 하나는 아우구스투스 시대에 아그리파가 기증한 것이고, 또 하나는 네로 황제가 기증한 것이다. 베스파시아누스의 뒤를 이어 황제가 된 티투스는 콜로세움이 내려다보이는 높은 언덕에 세 번째 대형 목욕탕을 건설했다.

로마 시대의 목욕탕을 '테르마이'(thermae)라고 부르는데, 입욕과 마사지 설비만이 아니라 운동장과 도서관, 게임을 즐길 수 있는 오락장, 정원 등 모든 것이 갖추어져 있어서 여가 선용을 목적으로 하는 종합시설이었다. 몸을 깨끗이 씻고 마사지로 혈액순환을 좋게 한 다음에는

티투스의 공중목욕탕(복원상상도 및 평면도)

각자 기호에 따라 장기 게임을 즐기든, 필드에서 공놀이에 열중하든, 독서를 하든, 산책을 즐기든, 그것은 각자의 자유다. 카이사르는 의사에게 직접세 면제라는 특전을 주었지만, 베스파시아누스는 마사지사에게도 같은 특전을 주었다. 로마인들이 마사지를 유난히 좋아했기 때문이지만, 마사지의 효용성을 중시한 대우이기도 했다. 목욕탕은 동틀녘부터 시작된 하루 일이 끝나는 오후 2시께에 문을 열어 해질녘에 문을 닫았다.

이 로마 특유의 '목욕탕' 입장료는 남자가 0.5아시스, 여자가 1아시스였다. 여자가 더 비싼 데에는 여자인 나도 불만이지만, 여자는 육체노동을 하지 않는 것으로 여겨졌기 때문일 것이다. 어린이는 무료였다. 그밖에 병사, 공직에 종사하는 해방노예와 노예도 무료로 들어갈 수 있었다. 이런 '목욕탕'은 원로원 의원부터 노예에 이르기까지 모든 사람에게 개방되어 있었다. 또한 특별한 축하행사가 있는 날에는 모든 사람에게 무료 입장의 혜택을 주었다.

그런데 0.5아시스는 밀 300그램의 가격에 해당한다. 온탕·열탕·냉탕 등 세 종류의 욕탕과 그밖의 온갖 설비를 갖춘 넓고 호화로운 목욕탕을 이 정도 입장료로 운영하기는 어렵다. 공영이 아니면 계속 운영할 수 없을 게 분명하다. 여가 선용과 위생수준 유지라는 목적이 있었기 때문에, 공적 자금을 지출해서라도 계속 운영하게 했을 것이다. 이 로마식 목욕탕은 로마 제국 안이라면 어디에나 있었다. 본국 이탈리아에서는 중소 도시에 불과한 폼페이에도 병원 유적은 없지만 목욕탕 유적은 있다. 제국의 북쪽 변경인 영국의 하드리아누스 성벽 근처에 남아 있는 목욕탕 유적을 보았을 때는 무심코 웃어버렸다. 얕은 여울가에 있어서 마치 일본의 온천장 같았기 때문이다. 다만 구조는 어디까지나 로마식으로 튼튼하게 지어졌고, 짜임새도 논리적으로 되어 있었다.

지금까지 이야기한 것은 말하자면 로마 제국의 연간 예산이다. 예산에는 그 나라 국민들의 사고방식이 반영될 수밖에 없다. 로마 제국의 '예산'도 로마인의 사고방식을 반영하고 있다. 이런 세출을 줄이는 것은 불가능한 일이었다. 그것은 로마인의 생활방식 자체를 부정하는 결과가 되기 때문이다.

하지만 기존 세금의 세율을 올리면 사회 불안 요인이 될 게 뻔하기 때문에, 그것도 불가능하다. 폭군으로 평가받는 칼리굴라나 네로도 그것까지는 겁나서 손을 대지 못했다. 그렇긴 하지만 갈리아 제국 소동으로 무너지기 직전인 라인강 방위선을 재건하고, 브리타니아를 제패하고, 직할 통치를 실시할 수밖에 없는 유대에 1개 군단을 상주시키는 데에는 많은 비용이 들었다. 어떻게든 조세 수입을 늘릴 필요가 있었.

그러면 후세가 최고의 국세청장감으로 평가하는 베스파시아누스는 이 어려운 문제를 어떻게 해결했을까.

재원을 찾아서

베스파시아누스는 건전한 상식의 소유자였다. 상식인이 '구조조정'을 강요당했을 경우 맨 먼저 하는 일은 현재 상태를 정확히 파악하는 것이다. 서기 73년, 베스파시아누스와 아들 티투스는 재무관에 취임한다. 황제와 황태자가 함께 제국 전역에서 실시되는 국세조사(켄수스)를 진두 지휘하게 된 것이다.

제국 전역에 걸친 국세조사는 제정이 된 뒤 한 세기 동안 베스파시아누스 시대를 포함하여 세 번 실시되었다.

서기 14년 ─ 아우구스투스 황제와 제위계승자인 티베리우스가 임기 1년 반인 재무관(켄소르)에 취임했다.

서기 47년 ─ 클라우디우스 황제와 그의 둘도 없는 협력자였던 루키우스 비텔리우스가 재무관에 취임했다.

서기 73년 ─ 베스파시아누스 황제와 제위계승자인 티투스가 함께 재무관에 취임했다.

고대에 국세조사를 실시한 민족은 로마인뿐인데, 그것은 이런 조사의 원래 목적이 병역에 끌어낼 수 있는 나이의 성인 남자 ─ 즉 17세부터 45세까지의 로마 시민권 소유자 ─ 의 수를 정확히 파악하는 데 있었기 때문이다. 그런데 제정으로 바뀐 뒤에는 속주까지 포함한 제국 전역에 사는 사람들이 어느 정도의 생산 수단을 갖고 있는지를 알기 위한 조사로 바뀌었다. 따라서 로마 제국이 실시한 '국세조사'는 오늘날에도 몇 년에 한 번씩 실시되는 국세조사보다는 오히려 해마다 실시되는 세금 확정신고의 색채가 짙었다. 조세 실무를 민간기업에 맡길 수 있었던 것도 이들이 소득을 조사하여 세금 액수를 결정하는 게 아니라 결정된 세금을 징수하는 일만 맡았기 때문이다. 세금 확정신고와 비슷한 국세조사가 매년이 아니라 30년의 간격을 두고 실시된 것은 조사 자체가 엄청난 수고를 필요로 한데다, 당시에는 인플레이션도 존재하지 않았다는 사실이 보여주듯 경제 상태의 추이가 지극히 완만했기 때문일 것이다.

그렇긴 하지만 베스파시아누스의 의도가 국세조사를 통해 조세 수입을 늘리는 데 있었던 것은 물론이다. 지난번에 국세조사를 한 지 벌써 26년이 지났다. 이 기간은 1년의 내란기를 제외하면 경제 활성화에 유리한 평화가 지속되었다. 그동안 경제력이 향상된 것은 상식적으로 생각하면 충분히 알 수 있는 일이다.

베스파시아누스가 조세 수입을 늘리기 위해 생각해낸 또 다른 방책은 국유지 임차료 수입을 재평가하는 것이었다.

기원전 59년에 카이사르가 성립시킨 '농지법'에는 국유지를 임차할 수 있는 면적에 상한선이 정해져 있었다. 이 법의 목적이 중소 규모의 자작농을 진흥하는 데 있었기 때문이다.

호주에게는 500유게룸(125헥타르). 그밖에 아들 명의로 아들 1인당 250유게룸. 다만 일가족이 임차하는 총면적은 1천 유게룸을 초과할 수 없다.

따라서 국유 경작지를 분할할 때의 최소 단위는 250유게룸(62.5헥타르)이 된다. 또한 만기 제대병에게 퇴직금으로 주어진 토지의 하한선은 200유게룸(50헥타르)이었던 모양이다. 국유지를 빌려주거나 공여할 때의 최소 단위가 50헥타르였다면, 그보다 좁은 토지는 빌려주거나 공여할 수 있는 대상이 되지 않았다는 얘기다.

하지만 토지가 이 분할법에 적합한 형태로 존재하는 것은 아니다. 각지에 '자투리땅'이 산재했을 게 분명하다. 그리고 200유게룸에 미달하는 토지는 거기에 인접한 땅을 빌려 경작하는 사람이 마음대로 경작했기 때문에 사실상의 임차지가 되어 있었다. 그런데도 서류상으로는 임차지가 아니니까 국가에 임차료를 낼 의무가 없다. 이런 상태로 130년이 지났다.

베스파시아누스가 한 일은 이 '자투리 농지'도 일일이 측량하여 임차료를 부과하는 것이었다. 이것만으로도 조세 수입이 상당히 늘어났다고 한다.

조세 수입을 늘리려는 베스파시아누스 황제의 열의는 마지막으로 '벡티갈 우리나이'(Vectigal urinae)라는 세금을 신설하는 형태로 나타났다. 가십을 좋아하는 로마인들이 가장 많이 도마에 올려놓은 이 세금은 '오줌세'라고 번역할 수밖에 없다.

위생관념이 강했던 로마인은 하수도 정비에 열심이었지만, 시내 곳곳에 공중변소를 설치하는 데에도 열심이었다. 다만 베스파시아누스가 고안한 '오줌세'는 공중변소 이용자에게 부과된 것이 아니라, 공중변소에 모인 오줌을 수거하여 양털에 포함되어 있는 기름기를 빼는 데 사용하는 섬유업자에게 부과되었다. 공짜 오줌을 사용하여 이윤을 낸다는 것이 그 이유였다.

여기에는 아들 티투스가 이의를 제기했다. 아버님, 그렇게까지 하지 않아도 되지 않습니까. 베스파시아누스는 아들의 코앞에 은화 한 줌을 들이대면서 냄새가 나느냐고 물었다. 티투스가 나지 않는다고 대답하자, 황제는 말했다. "나지 않느냐. 이건 오줌세로 거둔 세금인데."

오늘날에도 유럽에서는 베스파시아누스라는 이름이 그 나라 공중변소의 통칭으로 되어 있다. 이탈리아에서 '베스파시아노'라고 말하면, 로마 황제가 아니라 공중변소를 가리키는 게 보통이다.

죽음

서기 79년 6월 24일, 베스파시아누스 황제는 세상을 떠났다. 난생처음 병에 걸린 황제는 고향 온천에 가서 요양도 해보았지만 효과를 보지 못한 채 황제니까 일어나서 죽어야 한다면서 몸을 일으키려고 애쓰다가 숨을 거두었다. 향년 70세. 황제로서 10년을 지낸 뒤의 죽음이었다.

하지만 이 익살스러운 무인 출신 황제는 제국 재건자로서 임무를 모두 마치고 죽었다. 손을 대긴 했지만 미처 끝내지 못한 일은 맏아들 티투스와 둘째 아들 도미티아누스가 차례로 제위에 올라 마무리해줄 거라고 확신했기 때문에 편안히 눈을 감을 수 있었을 것이다.

로마 제국이 발행하는 금화와 은화 및 동화는 액면가치와 소재가치를 일치시켜 건전한 경제 활성화를 실현하는 기축통화 구실을 하지만, 그와 동시에 황제의 업적을 제국 전역에 알리는 효과적인 선전 수단으로도 활용되고 있었다. 앞면에는 황제의 옆얼굴, 뒷면에는 그 업적을 상징하는 도안이 새겨지는 게 보통이지만, 약자화된 문장이 새겨지는 경우도 많았다. 베스파시아누스 황제 시대에 발행된 통화에 새겨진 문장을 열거하면 다음과 같다.

'황제에 의한 평화 회복'
'베스파시아누스와 그 아들들에 의한 영속적인 평화 확립'
'국가에 대한 군대의 충성 회복'
'베스파시아누스, 시민의 자유의 수호자'
'황제의 공정한 통치'
'로마 시민인 것은 더없는 행운'
'로마 시민이여, 영원하라!'

베스파시아누스는 제위에 오를 때 공약한 대로 평화와 질서를 회복하고 그것을 유지했다. 게다가 기존 지배층 밖에서 태어난 몸으로 그 일을 해냈다. 베스파시아누스가 죽었을 때, 제국의 최고 권력자인 황제가 본국에서는 제2계급인 '기사계급' 출신이었다는 데 거부반응을 보인 사람은 원로원 계급에도 더 이상 존재하지 않았다. 죽기 직전에 "불쌍하게도 내가 신이 되어가는 모양이군" 하고 말한 베스파시아누스는 죽은 뒤 그의 '걱정'대로 신격화되었지만, 로마 제국에서는 신이 되는 것조차도 업적에 바탕을 두었으니 재미있다.

아들 티투스의 제위 계승은 순조롭게 이루어졌다. '황제법'에 따라 미리 정해져 있었다는 이유도 있다. 하지만 아버지가 제국을 다스리는 동안 거의 줄곧 공동 통치자로서 쌓아온 업적이 인정받은 것도 무시할 수 없다. 또한 로마인들이 종교 문제가 아니라 속주민 반란으로 처리한 유대 전쟁을 해결한 당사자였다는 점도 티투스가 갖고 있는 유일한 카드였다. 로마인의 역사를 더듬어갈 때, 제국 안전보장의 최고 책임자는 황제라는 사실을 잊어서는 안 된다. 따라서 로마 황제에게 군사에 대한 지식과 능력과 업적이 문제되는 것은 '임페라토르'(총사령관, 황제)라는 라틴어의 의미를 생각해보아도 당연한 일이었다.

제6부
티투스 황제
〔재위: 서기 79년 6월 24일~81년 9월 13일〕

39세에 즉위한 티투스만큼 좋은 황제가 되려고 애쓴 사람도 없지 않을까 싶다. 당시에도 공복(公僕)이라는 표현이 존재했다면, 티투스야말로 그것을 진심으로 믿고 철저한 공복이 되려고 애썼을 게 분명하다. 백성이 원치 않으면 평생의 사랑까지도 포기하는 그런 사람이었다.

　그는 '인술라'(insula)라고 불린 공동 임대주택에서 태어났다고 한다. 이는 그가 태어날 당시에 아버지인 베스파시아누스의 사회적·경제적 형편이 어느 정도였는지를 보여준다. 하지만 그가 받은 교육은 일반 서민층의 수준과는 거리가 멀었다. 당시에는 베스파시아누스가 클라우디우스 황제의 측근인 해방노예 나르키소스의 총애를 받았기 때문에, 소년 티투스는 황제의 아들인 브리타니쿠스와 함께 교육을 받았다. 날마다 팔라티노 언덕의 황궁에 가서 라틴어와 그리스어, 논리학에서부터 변론술·무예·기마술·악기 연주까지 배웠다. 빈약한 체격은 아니지만 키가 작달막하고, 풍채나 행동거지에서 고귀함이라고는 약에 쓰려고 해도 찾아볼 수 없었지만, 성품이 온후하고 순수해서 남의 사랑을 받는 인물이었다.

　하지만 누추한 셋집에서 호화로운 궁전으로 통학하는 생활도 오래 계속되지는 않았다. 베스파시아누스는 아들이 황제 아들의 측근이 되기보다는 군단에서 현지 교육을 받기를 원했기 때문이다. 아버지의 임지에 아들이 동행하는 것은 로마에서 흔히 있는 일이었다. 소년 티투스는 어머니의 슬하와 로마를 떠나 아버지의 임지인 라인강 연안의 군단기지에서 생활하게 되었다. 아버지의 임지가 브리타니아로 바뀌면 아들도 브리타니아로 따라갔다. 그 후에는 다시 북아프리카로 이동한다. 이렇게 아버지를 따라다니면서 티투스는 현지 경험을 쌓아갔다. 그동안 군무 경험을 쌓은 것은 물론이다. 28세 되던 해, 유대 전쟁 총사령관에 임명된 아버지 휘하에서 처음으로 1개 군단을 지휘하는 군단장이 되었다. 그리고 황제에 추대된 아버지를 대신하여 30세의 나이로 예루살렘 공략전을 총지휘하게 된 티투스는 그 임무도 충실히 수행했다.

좋은 황제가 되고 싶어 한 티투스에게는 그 꿈을 실현할 수 있는 조건이 두루 갖추어져 있었다. 나이도 경험도 업적도 부족하지 않았다. 그가 공동 통치자로 참여한 베스파시아누스 시대의 선정 덕분에, 강권을 휘둘러 억압하지 않으면 안 될 반대파도 존재하지 않았다. 그런데 선의에 넘치는 티투스 황제의 치세는 거듭되는 재난으로 물들게 된다.

서기 79년 6월 24일—베스파시아누스 황제 사망. 티투스가 제위에 오르다.

두 달 뒤인 8월 24일—베수비오 화산 폭발. 폼페이와 헤르쿨라네움(오늘날의 에르콜라노)을 비롯한 나폴리만 동부 해안 일대의 도시들이 매몰되다. 사망자 5천 명.

이듬해인 서기 80년 봄—수도 로마의 도심에서 대화재가 일어나다.

그 이듬해인 서기 81년 여름—수도를 비롯한 본국 이탈리아 전역에 전염병이 발생하여 많은 사망자를 내다.

같은 해 9월 13일, 티투스 황제는 생명의 불꽃이 다 타버리기라도 한 것처럼 숨을 거둔다. 향년 40세. 겨우 2년 남짓한 그의 치세는 대재난의 사후 처리에 밤낮으로 몰두하다가 끝나버린 듯한 느낌이 든다.

폼페이

여기서 나는 유대 전쟁을 기술할 때와 비슷한 문제에 직면하지 않으면 안 된다. 로마 역사에서는 숱한 사건 가운데 하나에 불과했던 일이 후세에는 엄청나게 중요한 의미를 부여받은 사건으로 변모하는데, 그런 사건을 어떻게 다루어야 할 것인가 하는 문제다.

서기 66년 여름에 일어나, 70년의 예루살렘 공방전에서 절정에 이르고, 73년 봄의 마사다 옥쇄로 끝나는 유대 전쟁은 유대 민족의 역사에서는 대단히 중요한 의미를 갖는다. 당연히 오늘날에도 그 사건을 다룬 연구서나 역사서, 전기, 역사소설 따위는 수없이 많다. 현대 이스라엘인에게 마사다 요새 유적은 성지가 되어 있다.

서기 79년 여름에 베수비오 화산 폭발로 폼페이와 헤르쿨라네움이 매몰된 사건은 본국 이탈리아에서 일어난 일이기 때문에 더더욱 슬프고 불행한 사건이었던 것은 사실이다. 하지만 그것도 1천 년이 넘는 로마사에서는 로마인들이 견뎌야 했던 수많은 불행 가운데 하나일 뿐이다. 그런데 그곳이 매몰된 지 1,800년이나 지난 19세기에 발굴이 시작되어 20세기인 오늘날에는 가장 많은 관광객을 끌어모을 만큼 유명해졌다. 포로 로마노를 모르는 사람이라도 폼페이는 알고 있을 것이다. 그런데 동시대를 살았던 타키투스의 기술에는 폼페이라는 이름조차 남아 있지 않다. 20세기에는 모르는 사람이 없을 만큼 유명해진 폼페이도 동시대인에게는 '캄파냐 지방의 풍요로운 도시들' 가운데 하나에 불과했던 것이다. 하지만 그 때문에 폼페이는 로마 제국 시대에 수없이 존재한 전형적인 지방도시인 채로 봉인되어 있다가 2천 년 뒤에 다시 모습을 드러내게 되었고, 발굴 작업을 계속하는 까닭도 바로 거기에 있다.

하지만 나는 『로마인 이야기』를 전체 제목으로 삼은 로마 통사(通史)를 쓰고 있다. 이런 내 입장에서는 그 사건이 당시 로마인에게 어느 정도의 의미를 갖고 있었는지를 서술 기준으로 삼을 수밖에 없다. 폼페이를 덮친 그 불행을 상세히 서술한다면 당시 로마의 통치기구가 내포한 온갖 문제점을 밝혀낼 수 있을까. 그렇다면 나도 그 사건을 상세히 서술할 것이다. 그러나 폼페이 비극의 경우는 '고베 대지진'과 달리 100퍼센트 천재지변이었다. 베수비오 화산이 폭발한 직후에 적절한 대책으로 희생자 수를 줄이는 것은 아예 불가능했다.

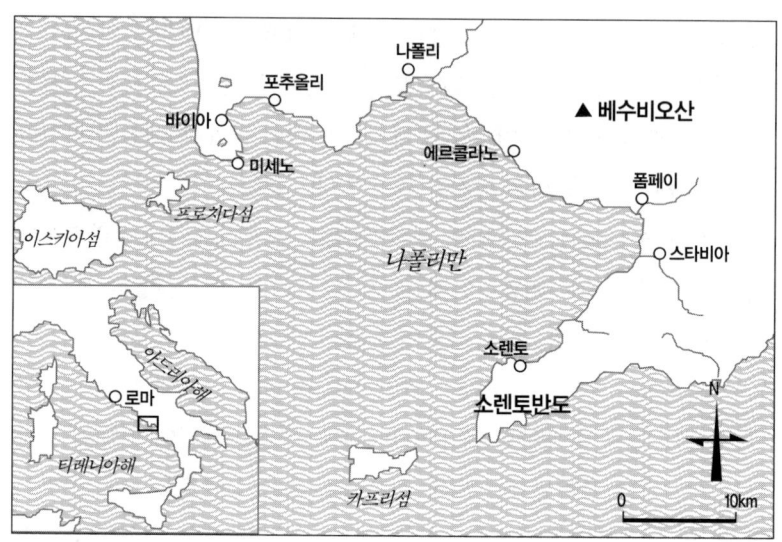
나폴리만 주변도

그리고 오늘날에는 폼페이가 너무나 유명해졌기 때문에, 폼페이의 비극을 다룬 저술은 바닷가 모래알만큼이나 많다. 통사와는 반대로 단일한 역사적 사건을 다룬 글을 '모노그래프'라고 하는데, 폼페이에 대한 상세한 기술은 숱하게 존재하는 모노그래프에 맡길 수밖에 없다. 따라서 여기서는 꼭 필요한 점만 기술하기로 하겠다.

나폴리를 중심으로 하는 캄파냐 지방 사람들은 지진에 익숙해져 있었다. 나폴리 서쪽에 펼쳐진 무역항 포추올리, 고급 피한지인 바이아, 군항 미세노에서 이스키아섬에 걸친 일대는 곳곳에 온천이 솟을 정도니까 화산지대. 또한 나폴리에서 동쪽으로 가면 베수비오산과 그 기슭에 있는 폼페이에 이르는데, 네로 시대인 17년 전(서기 62년)에는 강한 지진이 폼페이 일대를 덮쳤다. 서기 79년 당시의 폼페이는 17년 전의 지진 피해를 거의 복구한 상태였다.

하지만 베수비오산이 분화하리라고는 아무도 예측하지 못했다. 900

년이 넘도록 한 번도 분화하지 않았기 때문에 사화산으로 간주되었다. 능선은 꼭대기까지 울창한 수목으로 덮여 있어서, 기원전 1세기에 스파르타쿠스의 난이 일어났을 당시에는 이 검투사에게 호응한 노예들이 도망쳐 들어갈 수 있었을 정도였다. 휴화산이나 활화산 특유의 거친 바위나 흙이 그대로 노출되어 있는 곳은 어디에도 보이지 않았다. 이것이 사망자 수를 늘리는 결과를 낳았다. 누구나 여느 때의 지진이 또 일어났다고 믿고, 진동이 가라앉을 때까지 집 안에 숨어서 가만히 기다렸기 때문이다.

그런데 그날은 평소의 진동만으로 끝나지 않았다. 진동에 뒤이어 불덩어리 같은 돌멩이가 비오듯 쏟아졌다. 낱개로는 가볍지만, 겹겹이 쌓이면 지붕을 짓누른다. 지붕이 무너지자 그제야 사람들은 집에서 탈출할 생각이 들었지만, 그때는 이미 화산이 폭발한 지 대여섯 시간이 지난 뒤였다. 분화가 시작된 것은 오후 1시께였던 모양이다. 사람들이 탈출을 결심했을 때는 이미 해가 기울었다는 얘기가 된다. 하지만 그 무렵에는 쏟아지는 돌멩이도 더욱 커지고, 낙하 속도도 빨라져 있었다. 사람들은 옷가지나 쿠션으로 머리를 가린 채, 초롱불빛에만 의지하여 달아나기 시작했다.

하지만 피난민들의 숨통을 끊은 것은 그 후 소리도 없이 덮쳐온 화산재였다. 화산재를 잔뜩 머금은 안개구름이 낮게 깔리면서 사람들을 질식시켰다. 불운하게도 바람이 불어가는 방향으로 대피한 사람들은 아무리 도망쳐도 이 안개구름에서 벗어나지 못했다. 후세는 이 안개구름을 서지(surge)라고 부르게 되었다. 폼페이에서 5킬로미터쯤 남쪽에 있는 스타비아이(오늘날의 스타비아)에서도 서지로 인한 희생자가 나왔다. 폼페이에서도 헤르쿨라네움에서도 희생자들은 대부분 질식해서 죽은 듯하다. 8월 24일 오후 1시에 시작된 이 비극은 이튿날인 25일 아침에는 이미 끝나 있었다. 폼페이도 헤르쿨라네움도 4미터 높이로 쌓인 돌멩이와 화산재 밑에 매몰되어 있었다. 게다가 막판에는 화산재가 섞인 비까지 내렸기 때문에, 이 돌멩이와 화산재 더미는 시멘트처럼 딱딱하게 굳어버렸다.

희생자 수는 2천 명이라는 사람도 있고 5천 명이라는 사람도 있다. 폼페이 인구는 1만 5천 내지 2만 명이었던 모양이다. 바닷가 피한지인 헤르쿨라네움에서는 주민 대다수가 해변으로 달아났지만, 지진으로 바다도 거칠어져 배가 접안할 수 없는 상태였다. 화산재가 섞인 구름은 이들도 감싸버렸다.

현장 증인

서기 79년 여름의 이 비극에는 리포터가 한 사람 있다.

밀라노에서 북쪽으로 30킬로미터쯤 가면 낭만적인 호수 코모에 이른다. 호반도시 코모의 기원은 율리우스 카이사르가 퇴역병을 이주시킨 기원전 1세기로 거슬러 올라가는데, 이곳 코모에서 플리니우스 카이킬리우스 세쿤두스가 태어난 것은 네로 황제 시대인 서기 60년이었다. 베수비오 화산이 폭발한 해에는 18세가 되어 있었다. 아버지를 일찍 여의었기 때문에 독신인 외삼촌의 양자가 되어, 화산이 폭발했을 당시에는 외삼촌의 근무지인 군항 미세노에 머물고 있었다. 미세노는 나폴리만을 사이에 두고 베수비오산과 마주 보고 있다.

어머니의 오빠였던 외삼촌은 37권에 달하는 『박물지』(*Naturalis Historia*)의 저자로 유명한 플리니우스 세쿤두스다. 이 방대한 저서는 티투스 황제에게 헌정되었다. 서기 23년에 코모에서 태어난 그는 베수비오 화산이 폭발했을 때 56세가 되어 있었다.

역사에서는 이들 외삼촌과 조카를 '손위' 플리니우스와 '손아래' 플리니우스로 구별한다. 하지만 우리나라에서는 대(大)플리니우스와 소

(小)플리니우스라고 부르는 게 보통이다. 구별할 필요는 있었다. 외삼촌도 조카도 국가 공무원이었고, 글의 소재는 달랐지만 둘 다 저술가였기 때문이다. 카이사르 이후 로마에서는 공직 경력을 쌓으면서 저술에서도 전문가적 솜씨를 보이는 경우가 드물지 않았다. 아니, 이런 생활 방식이 고대 로마에서는 오히려 보통이었다고 말하는 편이 타당할지도 모른다.

지방 출신으로 큰뜻을 품고 젊은 나이에 고향을 떠나 수도로 나와서 면학에 힘쓰는 젊은이의 전형이었던 대(大)플리니우스는 라인강 연안의 군단에 딸린 기병부대장으로 공직 생활을 시작했다. 다음에는 황제 재무관으로 남프랑스 속주에 부임한다. 재무관은 속주세를 비롯한 세금 징수 책임자니까, 요즘 같으면 지방 세무서장에 해당한다. 그런데 이 분야에서 그의 근무 성적이 높은 평가를 받은 듯, 북아프리카와 에스파냐에 이어 갈리아 북부에도 황제 재무관으로 부임한다. 수도 로마로 돌아온 뒤에도 요직을 역임하다가, 결국 미세노에 주둔하는 해군 사령관에 임명되었다. 직무의 성격상 직속 상관인 베스파시아누스 황제와는 지위에 관계없이 절친한 사이였다고 한다. 플리니우스가 잠자는 시간을 줄여서 조사와 연구를 하니까 저술 활동이 직무에 지장을 주는 일은 전혀 없다고 말하면, 베스파시아누스 황제는 빙긋이 웃으면서 "알았어, 알았다고" 하고 대꾸한다. 실제로 직무 이외의 모든 시간을 연구에 바치는 모습을 보면, 함께 살고 있는 조카가 감동하지 않을 수 없을 정도였다.

조카인 소(小)플리니우스의 공직 경력은 외삼촌과는 좀 다르다. 군단 대대장으로 출발하여 군단에 딸린 회계감사관을 지낸 뒤에는 수도로 돌아와 호민관에 당선되었다. 그 후에는 원로원에 들어가 국가 재정 책임자로서 세출을 담당했다. 트라야누스 황제가 등장하면서 소아시아의 비티니아 속주 총독에 취임했는데, 이 기간에 트라야누스 황제와 플리니우스 사이에 오간 편지는 당시의 로마 제국을 아는 데 중요한 사료로도 유명하다.

제국의 전성기를 살았던 이 온화한 낙천주의자가 같은 시대에 살면서 매사를 비관적으로 보는 성향이 강했던 타키투스와 어떻게 친구 사이가 되었는지는 불가사의하지만, 그것은 아마도 자기보다 열 살이나 연상인 타키투스의 재능을 깊이 존경했기 때문이 아닐까 생각된다. 소플리니우스에게는 동업자든 아니든 재능이 풍부한 사람에 대한 질투심이 전혀 없었다. 그들은 둘 다 변호사이기도 했고, 한 번은 둘이 공동으로 변호를 맡은 적도 있었다.

서기 79년 여름의 베수비오 분화를 기록한 유일한 현장 증인이 바로 소플리니우스다. 역사를 쓰는 데 필요하니까 대플리니우스가 어떻게 죽음을 맞이했는지 알려달라는 타키투스의 부탁을 받고 소플리니우스가 보낸 두 통의 답장에 그의 목격담이 기록되어 있다. 이 편지가 씌어진 시기는 타키투스가 『역사』를 준비하기 시작한 서기 100년께로 여겨진다. 그렇다면 베수비오 화산이 폭발한 지 20년 뒤에 이루어진 '증언'이 되는 셈이다.

이 편지 두 통의 전문을 여기에 소개하고자 한다. 베수비오 분화와 폼페이의 최후에 관한 서책은 수없이 많으니까, 좀더 자세히 알고 싶은 사람은 쉽게 구할 수 있을 것이다. 역사상 하나의 사건에만 초점을 맞춘 역사 저술을 모노그래프라고 부르는데, 통사를 쓸 경우에는 한 가지 사건을 그렇게 상세히 서술하기가 불가능하다. 그렇긴 하지만, 편지 전문을 번역하는 이유는 현장 증인의 증언을 소개하는 것 외에 또 하나가 있다. 이 편지들은 로마 제국의 전성기를 대표하는 두 사람, 아니 대플리니우스를 포함한 세 사람이 지식인으로서 어떤 태도를 지니고 있었는지를 알려주는 단서이기도 하기 때문이다.

첫 번째 편지

─플리니우스가 타키투스에게 삼가 인사를 드립니다.

당신은 외삼촌의 죽음을 좀더 정확하게 후세에 전할 필요가 있으니까, 가까이에 있었던 내가 그것을 이야기해달라고 요구했습니다. 당신의 붓을 통해 후세에 전해진다면, 외삼촌의 죽음도 불멸의 영광을 얻을 게 분명합니다. 그래서 먼저 그 점에 대해 고맙다는 말을 하고 싶습니다. 외삼촌이 경치가 아름답기로 유명했던 그 일대 도시들의 파편 밑에서 남몰래 죽었다 해도, 그 잊을 수 없는 재난으로 죽은 사람들이나 매몰된 도시들과 마찬가지로 영원히 기록에 남길 만한 존재임은 분명하기 때문입니다. 외삼촌은 자신의 저술로 이미 후세에서의 영광이 보장되어 있다 해도, 거기에 당신의 글이 보태진다면 그분의 영광은 반석처럼 탄탄해질 것입니다.

늘 생각하는 일이지만, 기록에 남길 만한 행위를 하는 재능이나 읽을 만한 글을 쓰는 재능 가운데 하나를 신들로부터 부여받은 사람은 참으로 행운아라고 생각합니다. 하지만 더 큰 행운은 그 두 가지 재능을 다 부여받은 사람입니다. 외삼촌은 자신의 저술로 두 번째 행운을 획득했고, 첫 번째 행운은 이제 당신의 붓을 통해 얻게 될 것입니다. 그렇기 때문에 나는 당신의 요구에 흔쾌히 응하겠습니다. 아니, 당신께 그런 요구를 받은 덕분에 조카인 내가 외삼촌의 이름을 불멸의 것으로 만드는 데 조금이나마 보탬이 될 수 있게 된 것을 진심으로 기뻐하고 있습니다.

그 무렵 함대 지휘를 맡고 있던 외삼촌은 해군기지가 있는 미세노에 계셨습니다. 8월 24일 오후 1시께였습니다. 맨 먼저 이변을 알아차린 것은 우리 어머니였습니다. 어머니는 거대한 먹구름이 보인다고 외쳤습니다. 외삼촌은 일광욕과 냉수욕을 끝내고 침실에서 간단한 점심을 드신 뒤 평소 때처럼 책상 앞에 앉아 계시다가, 어머니 말을 듣고는 실내화를 신고 베란다로 나가셨습니다. 바닷가 높은 언덕에 서 있는 관저의 베란다는 이 이례적인 현상을 관찰하기에는 가장 적당한 곳이기도 했습니다.

화산이 뿜어내는 먹구름 같은 연기가 높고 크게 퍼져 나가고 있었습니다. 멀리서(미세노곶에서 40킬로미터 이상의 거리) 바라보아서는 어느 화산인지 알 수 없었습니다. 그게 베수비오 화산이라는 것은 나중에야 알았습니다. 그 베수비오산에서 피어오르는 거대한 연기는 소나무 모양을 하고 있었습니다. 긴 줄기가 상공을 향해 높이 치솟은 다음, 꼭대기에서 사방으로 큰 가지처럼 갈라져 있었기 때문입니다. 폭발 때문에 맹렬한 기세로 솟아오른 뒤 폭풍의 기세가 가라앉았기 때문인지 아니면 연기 자체의 무게 때문인지, 중앙에서 좌우로 퍼질수록 색깔도 달라지고 있었습니다. 어떤 곳은 하얗고, 어떤 부분은 잿빛이고, 또 다른 부분은 검붉은색을 띠고 있었습니다. 이 색깔은 밀려 올라간 화산재나 돌멩이가 뒤섞인 정도에 따라 달라진 게 아닌가 싶습니다.

매사에 호기심과 탐구심이 왕성한 외삼촌은 이 이례적인 현상을 좀 더 가까이에서 관찰하고 싶은 마음에 사로잡혀, 소형 쾌속선을 준비하라고 명령했습니다. 나에게도 함께 가고 싶으면 가도 좋다고 말했습니다. 하지만 나는 외삼촌이 내준 숙제를 마저 끝내고 싶으니까 집에 남겠다고 대답했습니다.

관저를 떠나 군항으로 가려던 외삼촌에게 타스쿠스의 아내인 렉티나의 편지가 배달되었습니다. 그 편지에는 베수비오산 기슭에 있는 그들의 별장에도 위험이 닥쳐와, 달아날 길은 바다밖에 없다는 하소연이 적혀 있었습니다. 이 편지를 읽고 외삼촌의 마음은 당장 박물학 연구자에서 함대 사령관으로 바뀌었습니다. 외삼촌은 함대를 당장 출항시키라고 지시했습니다. 외삼촌도 그중 한 척에 올라탔습니다. 잘 아는 사이인 렉티나만이 아니라 위험에 노출되어 있을 많은 사람을 구하기 위해서였습니다. 그 언저리(아마 헤르쿨라네움)는 기후가 쾌적하고 풍광이 아름다워서 별장도 많고 사람들도 많이 살고 있었습니다.

미세노항을 떠난 함대는 동쪽으로 항로를 잡았습니다. 피난민을 가득 싣고 도망쳐 오는 배들과 엇갈렸지만, 미세노 함대에 소속된 배들은 위험한 곳을 향해 곧장 나아갔습니다. 베수비오 화산이 순식간에 눈앞으로 다가왔습니다. 한창 폭발하고 있는 베수비오 화산의 무시무시한 전모를 충분히 관찰할 수 있을 정도였습니다.

갑판 위에는 벌써 화산재가 떨어지기 시작했습니다. 화산재는 함대가 다가갈수록 뜨거워지고 양도 많아졌습니다. 뒤이어 숯처럼 검게 타버린 돌멩이며 아직도 숯불처럼 타고 있는 돌멩이가 쏟아져 내리기 시작했습니다. 해안에 접안하기는 불가능해졌습니다. 해안으로 다가갈수록 파도가 거칠어졌고, 게다가 느닷없이 나타난 여울이 항해를 방해했고, 흘러내린 용암이 벌써 바닷가에까지 이르러 있었기 때문입니다.

그것을 본 외삼촌은 잠시나마 망설인 모양입니다. 구조를 포기한 채 돌아가고 싶은 생각도 들었을 것입니다. 하지만 결국 조타수에게 "행운은 용기있는 자를 돕는다"고 말하면서, 폼포니아누스의 별장을 향해 뱃머리를 돌리라고 명령했습니다. 이 조타수는 나중에 그때 있었던 일을 나에게 다 말해주었습니다. 폼포니아누스의 별장은 거기서 남동쪽인 스타비아에 있었습니다. 하지만 평소에는 그토록 잔잔한 나폴리만 전체가 그 무렵에는 거친 바다로 변해 있었습니다.

폼포니아누스의 별장에 있던 사람들은, 위험이 다가오고 있는 것은 분명하지만 그렇게 금방 닥쳐오지는 않을 거라고 생각한 모양입니다. 배는 주인의 명령에 따라 하인들이 옮겨 실은 물건으로 가득 차 있었지만, 아직 선착장에 묶여 있었습니다. 역풍이 가라앉자마자 출항할 작정이었겠지요. 그때 외삼촌이 도착했지만, 풍향은 좀처럼 바뀌지 않았습니다. 폼포니아누스는 겁에 질린 나머지 심장이 터질 지경이었습니다. 외삼촌은 친구를 격려하고 기운을 북돋워주었지만 소용이 없었습니다. 그래서 평소와 다름없이 행동하면 평상심을 되찾지 않을까 싶어, 친구와 함께 목욕을 하고 마사지도 받은 다음 저녁식사를 즐겼습니다.

그러는 동안에도 베수비오는 용암으로 능선이 붉게 물들고, 여기저기서 불길이 치솟고 있었습니다. 밤의 어둠을 등지게 된 뒤로는 분화구에서 뿜어나오는 불길이 더욱 선명하게 빛나는 것처럼 보였습니다. 그것을 바라보며 절망에 빠지는 이들을 달래기 위해, 외삼촌은 저건 산장 주인이 깜박 잊고 등불을 끄지 않은 채 대피해서 일어난 화재라고 말하며 돌아다녔습니다. 그 후 외삼촌은 잠을 자러 갔습니다. 걱정거리라고는 하나도 없는 사람처럼 깊이 잠들었다고 합니다. 비만한 외삼촌은 코를 심하게 골았기 때문에 침실 밖에서도 그 소리가 들렸습니다.

그러나 얼마 후 침실이 면해 있는 안뜰이 요동치기 시작하고, 지표면 자체가 솟아올랐습니다. 쏟아져 내리는 화산재와 벌겋게 타오르는 속돌은 양도 점점 많아지고 속도도 계속 빨라졌습니다. 그대로 잠들어 있었다면, 침실문까지 쌓인 돌멩이와 화산재 때문에 외삼촌은 두 번 다시 밖으로 나오지 못했을 것입니다. 외치는 소리에 깨어나 밖으로 나온 외삼촌을 한숨도 자지 못한 폼포니아누스와 사람들이 맞이했습니다. 다들 어떻게 할지를 의논했습니다. 이대로 별장에 머무를 것이냐, 아니면 밖으로 대피할 것이냐를 결정해야 했습니다.

별장도 정원도 끊임없이 흔들리고 있었습니다. 지진은 대지를 뒤엎기라도 할 기세여서 서 있기도 어려운 지경이었습니다. 진동은 멀어졌

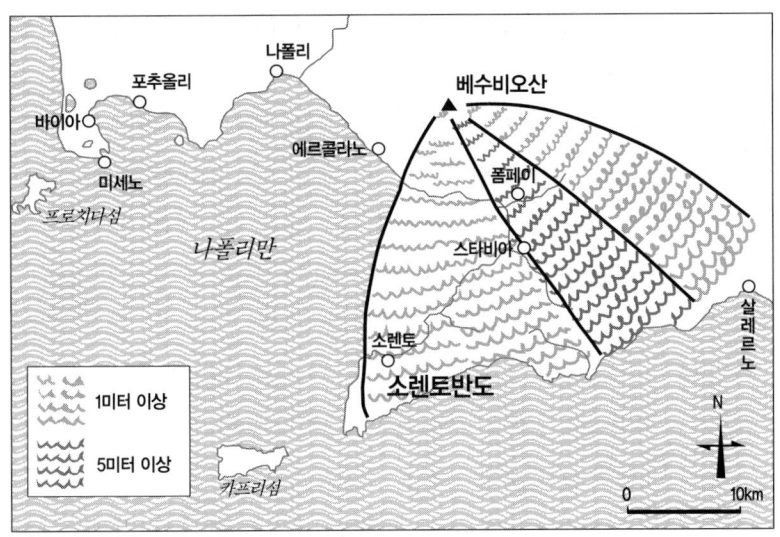

베수비오산의 화산재 등이 대량으로 쌓인 지역

나 하면 다시 돌아오면서 도무지 멈출 기미를 보이지 않았습니다. 밖으로 대피한다 해도, 무게는 가볍지만 열기를 머금은 돌멩이가 쏟아져서 위험했습니다. 하지만 두 가지 방법 중에서는 그래도 밖으로 대피하는 쪽이 덜 위험할 것 같았습니다. 그래서 사람들은 모두 베개나 쿠션을 머리에 올려놓고 긴 끈으로 묶었습니다. 이것으로 탈출 준비를 끝냈습니다.

다른 곳에서는 이미 아침이 되어 있을 터였습니다. 하지만 베수비오에서 불어오는 바람을 정면으로 받게 된 지역 사람들은 아직도 여느 때의 밤보다 더욱 캄캄한 어둠 속에 있었습니다. 베수비오가 뿜어내는 엄청난 화염과 섬광도 그 어둠을 몰아내지는 못했습니다. 사람들은 초롱불을 켜들고 어둠을 밝히면서 선착장으로 달려갔습니다. 배를 띄울 수 있을지 어떨지 확인하려고 말입니다.

그러나 바다는 전날보다 더욱 거칠었고, 게다가 바람은 여전히 역풍이었습니다. 이래서는 별장으로 돌아갈 수밖에 없었습니다. 별장으로 돌아온 외삼촌은 타일 바닥에 시트를 깔고 누웠습니다. 그러고는 누운 채 두 번 냉수를 청하여 마셨습니다. 그러는 동안 코를 찌르는 유황 냄새와 화산재를 머금은 대기가 소리도 없이 집 안을 가득 채우기 시작했습니다. 사람들은 밖으로 달아났습니다. 외삼촌도 하인의 부축을 받아 일어났습니다. 하지만 곧 쓰러져서 그대로 숨을 거두었습니다. 상상하건대, 분화로 발생한 유독가스에 질식하여 호흡곤란을 일으킨 듯합니다. 평소에도 외삼촌은 폐와 기관지가 약했습니다.

햇빛이 다시 돌아온 것은 외삼촌이 마지막으로 햇빛을 본 지 사흘 뒤였습니다. 별장으로 돌아온 사람들은 쓰러졌을 때와 똑같은 모습으로 누워 있는 외삼촌을 발견했습니다. 손상된 부위도 없고, 옷도 그때 입었던 그대로 흐트러지지 않았고, 시체라기보다는 잠들어 있는 사람처럼 보였답니다.

그동안 미세노에서 어머니와 나는…… 아니, 이런 이야기는 역사와 관계없고, 당신이 알고 싶어 한 것은 외삼촌의 죽음에 대한 진상입니다. 그러니까 이만 붓을 놓겠습니다. 하지만 이것 하나만은 덧붙여두겠습니다. 내가 여기서 말한 것은 모두 나 자신이 현장에서 목격한 사실이거나, 현장에 있었던 사람들이 그 직후에 나에게 들려준 것뿐입니다.

이런 사실들 중에서 무엇을 취하고 무엇을 버릴지는 당신 생각에 달려 있습니다. 편지를 쓰는 것과 역사를 쓰는 것은 다릅니다. 친구에게 쓰는 것과 대중을 상대로 쓰는 것은 다른 게 당연하니까요.

그럼 안녕히 계십시오.―

두 번째 편지

―폴리니우스가 타키투스에게 삼가 인사를 드립니다.

당신은 외삼촌 죽음의 진상을 밝힌 지난번 편지에서 하다 만 이야기를 계속해달라고 요구했습니다. 미세노에 남은 내가 어떤 불안에 시달렸고 어떤 위험을 겪었는지를 마저 이야기해달라고 말입니다.

내 마음에 슬프고 끔찍한 추억이 되살아난다 해도 감히 이야기하겠습니다(베르길리우스의 『아이네이스』에서 인용).

외삼촌이 배를 타고 떠난 뒤, 나는 해질녘까지 공부에 몰두했습니다. 외삼촌을 따라가지 않은 것은 공부를 계속하기 위해서였으니까요. 공부를 끝낸 뒤, 평상시처럼 목욕을 하고 저녁을 먹고 잠을 자러 갔습니다. 선잠이었습니다. 지진이 잠을 방해했기 때문이지만, 지진이 드물지 않은 캄파냐 지방인데도 그날 밤의 지진은 특별했습니다. 단순한 진동이 아니라 무너져내릴 것 같은 격렬한 진동이었기 때문입니다.

그때 어머니가 내 방으로 달려오셨습니다. 나도 어머니한테 가려고 침상에서 막 일어난 참이었습니다. 우리는 둘 다 같은 생각을 한 것입니다. 아직 자고 있다면 깨워야 한다고.

어머니와 나는 안뜰 한구석에 앉았습니다. 그곳에서 조금만 걸어가면 해안이었습니다. 용기가 있었는지, 아니면 무모했기 때문인지(어쨌든 나는 열여덟 살이었습니다), 나는 티투스 리비우스의 책을 가져오게 하여 그것을 읽기 시작했습니다. 달리 할 일도 없었으니까요. 그것도 그냥 읽은 게 아니라 요점을 메모하면서 읽었습니다. 에스파냐에서 와서 관저에 머물던 외삼촌 친구가 안뜰에 앉아 있는 어머니와 그 옆에서 공부하는 나를 보고는 분개하여, 나한테는 어떻게 그처럼 태연할 수 있느냐고, 어머니한테는 저런 아들을 그냥 두다니 어떻게 그처럼 무사태평할 수 있느냐고 비난했습니다. 나는 그러거나 말거나 계속 책을 읽었습니다.

그러는 동안 아침이 되었습니다. 하지만 아침 햇살은 아직 희미하고 어스레했습니다. 그 햇빛 속에서 주위를 둘러보니 집들은 대부분 무너져 있었습니다. 우리가 사는 저택은 주위에서 떨어진 높은 지대에 있고, 화려하지는 않아도 크고 튼튼한 구조였지만, 무너진 다른 집들을 본 뒤로는 이 집도 안전할 것 같지 않다고 하인들이 걱정하는 것도 당연했습니다.

그래서 우리는 결국 밖으로 대피하기로 결정했습니다. 우리 일행이 저택을 나와 교외를 향해 걷기 시작하자, 어쩌면 좋을지 몰라 허둥대던 인근 주민들도 우리를 따라왔습니다. 공포 속에서는 자신의 생각을 밀고 나가기보다 남의 판단에 따르는 편이 현명하게 여겨지는 법입니다. 그래서 하인들을 거느린 우리 일행 뒤에는 긴 행렬이 이어지게 되었습니다.

집들이 늘어서 있는 시가지를 막 벗어난 곳에서 우리 일행은 일단 걸음을 멈추었습니다. 거기서도 이상한 일들이 많이 일어나 우리는 놀라움과 두려움에 사로잡혔습니다. 길은 평탄한데도, 귀중품과 당장 필요한 물품을 가득 싣고 따라온 우리 짐수레가 요란하게 흔들려, 가만히 세워둘 수가 없었습니다. 바퀴 양쪽을 돌로 고정해도 소용이 없었습니다.

눈 아래 펼쳐진 바다도 여느 때와 달랐습니다. 바닷물이 난바다까지 물러간 뒤 드러난 모래밭에는 죽은 물고기와 조개들이 잔뜩 널려 있었습니다. 그 저편은 간담이 서늘해질 만큼 시커멓고 거대한 구름에 가로막혀 있었습니다. 그 거대한 연기는 끊임없이 솟구치는 화염에 붉게 물들어, 마치 캄캄한 밤에 빛나는 거대하고 강렬한 번갯불을 보는 것 같았습니다.

거기에 눈을 빼앗긴 채 우두커니 서 있던 어머니와 나에게 아까 말한 외삼촌 친구가 다가와서 외쳤습니다. "부인께는 오빠이고 자네한테는 외삼촌인 플리니우스가 살아 있다면, 두 사람의 안전을 무엇보다 걱정할 거요. 불행하게도 플리니우스가 죽었다 해도, 무엇보다 마음에 걸리는 것은 역시 두 사람의 안전일 거요. 빨리 대피할 생각은 않고 뭘 망설이고 있는 거요?"

어머니와 나는 외삼촌 소식을 알 때까지는 우리 두 사람의 안전을 걱정할 수 없다고 대답했습니다. 그는 더 이상 아무 말도 않고 우리 곁을 떠나 혼자 대피했습니다.

곧이어 화산에서 뿜어나온 연기가 땅으로 내려오고 바다를 뒤덮기 시작했습니다. 카프리섬은 이미 시야에서 사라졌지만, 이제는 가까운 미세노곶조차도 보이지 않게 되었습니다. 그것을 본 어머니는 나에게 달아나라고 말했습니다. "너는 젊으니까 달아날 수 있어. 나이도 많고 몸도 늙은 내가 같이 가면 너마저 죽을지 몰라. 나 때문에 너까지 죽게 할 수는 없다. 어서 떠나거라. 네가 안전하게 대피했다는 것만으로도 나는 편안히 죽을 수 있어." 어머니는 애원하다시피 말했습니다. 그러나 나는 어머니와 함께가 아니면 나 혼자 살아나고픈 생각이 없다는 대답만 되풀이했습니다. 그러고는 어머니의 손을 잡고 급히 걷기 시작했습니다. 어머니는 간신히 따라왔지만, 걸음이 느린 건 당신 탓이라면서 계속 자책하셨습니다.

그 무렵에는 화산재까지 내려오기 시작했습니다. 이상한 예감이 들어 무심코 뒤를 돌아보니, 마치 강에서 넘쳐나온 물이 땅을 서서히 덮어가듯 짙은 안개 같은 것이 뒤에서 다가오는 게 보였습니다. 나는 어머니에게 말했습니다. "길에서 벗어납시다. 뒤따라오는 사람들한테 밟히지 않도록."

우리는 길에서 벗어났습니다. 달아나는 군중한테서 멀리 떨어진 곳까지 가서야 겨우 몸을 쉴 수 있었습니다. 이윽고 밤이 다가와 우리를 덮쳤습니다. 하지만 여느 밤과는 달랐습니다. 달이 없는 것도 아니고 구름이 잔뜩 낀 것도 아닌데 마치 불빛 하나 없는 밀폐된 방에 있는 것처럼 기묘한 느낌이 드는 밤이었습니다. 그 어둠 속에서 우리는 여자들의 울부짖음과 아이들의 울음소리, 남자들의 고함소리를 들을 수 있었습니다. 부모를 찾는 소리, 자식을 소리쳐 부르는 소리, 남편이나 아내를 불러대는 소리가 사방에서 메아리쳤습니다. 자신의 운명을 탄식하는 이들도 있었고, 사랑하는 가족에게 덮친 운명을 한탄하는 이들도 있었습니다. 죽도록 겁에 질린 사람들은 차라리 빨리 죽게 해달라고 빌었습니다. 많은 사람이 두 팔을 쳐들고 신들에게 기도했지만, 그보다 더 많은 사람은 신은 이제 어디에도 없다고, 이 어둠은 영원히 계속되어 세상의 종말에 이를 거라고 외쳤습니다.

공포와 절망 때문에 왜곡되어 전해진 정보가 진정한 해악을 끼친 예도 적지 않았습니다. 미세노의 한 건물이 무너지고 또 다른 건물은 화염에 휩싸였다는 소식이 전해졌습니다. 둘 다 거짓 소문이었지만, 그때는 누구나 믿었기 때문에 절망이 더욱 깊어졌습니다.

주위가 조금 밝아졌습니다. 하지만 아침이 찾아왔기 때문이 아니라 화염 때문이었습니다. 다행히도 화재는 멀리서 멈췄습니다. 하지만 재가 내려왔습니다. 다음에는 짙고 무거운 화산재가 비처럼 쏟아져 내렸습니다. 우리는 자주 일어나서 화산재를 털어내야 했습니다. 그것을 게을리하면 당장 화산재에 뒤덮여, 그 무게에 짓눌려버릴 것만 같았습니다. 당시 내 나이를 생각하면, 그때 내가 사람들의 공포에 감염되어 동요한 나머지 군중 틈에 섞여 피난하지 않은 것, 그리고 비탄에도 잠기지 않고 절망의 소리도 지르지 않고 침착하게 행동할 수 있었던 것을 스스로 칭찬해주고 싶을 정도입니다. 그때 나는 다른 사람들과 함께 죽게 될 거라고는 조금도 생각지 않았습니다. 여기서 짧은 일생을 마칠 거라는 생각, 앞으로의 긴 인생에서 나를 기다리는 커다란 가능성도 모두 여기서 나와 함께 사라질 거라는 생각은 한 번도 머리에 떠오르지 않았으니 정말 이상한 일입니다. 그때의 상황을 생각하면, 살기보다 죽는 쪽이 훨씬 편했을 텐데 말입니다.

화산재를 머금은 짙은 안개도 결국에는 희미해져 단순한 안개구름으로 바뀌었습니다. 그 후에야 비로소 햇빛이 돌아왔습니다. 하지만 그날은 태양 자체도 어슴푸레해서 일식이라도 일어난 것 같았습니다. 풍경이 너무나 달라져 있어서 우리는 눈을 믿을 수가 없었습니다. 보이는 것들은 모두 눈에 덮인 것처럼 깊이 쌓인 화산재 밑에 파묻혀 있었으니까요.

나는 어머니를 모시고 하인들을 재촉하여 미세노로 돌아갔습니다. 저택 안으로 들어가자마자 맨 먼저 한 일은 지친 몸을 쉬는 것이었습니다. 그날 밤도 공포와 희망이 뒤섞인 기분으로 보냈습니다. 지진이 좀처럼 멈추지 않는 데 대한 공포, 이보다 더 심해지지 않을까 하는 공포는 역시 떨쳐버릴 수가 없었습니다. 여느 때라면 남들이 그토록 무서워하는 지진의 조짐 따위는 웃어넘겼을 텐데 말입니다. 하지만 아무리 큰 불안과 공포에 시달려도 어머니와 내 마음은 정해져 있었습니다. 외삼촌 소식이 오기를 기다리자고. 소식이 올 때까지는 절대로 여기서 움직이지 않겠다고 굳게 결심한 것입니다. ―

진두 지휘

서기 79년 8월 24일에 발생한 대참사가 수도 로마에 전해진 것은 이틀도 지나지 않은 26일께였을 것이다. 군사대국이기도 한 로마는 정보 전달의 중요성을 완벽하게 이해했기 때문에, 어떤 사태가 일어났을 경우 그것이 확정된 뒤에 보고하는 것이 아니라 발생한 시점에서 신속하게 전달하도록 되어 있었다. 게다가 참사가 일어난 것은 나폴리만 연안이다. 이 일대에 별장을 소유하는 것이 신분의 상징처럼 여겨졌으니까 수도에 사는 유력자들에게도 그것은 남의 일이 아니었다.

원로원 계급 출신도 아니고 부자도 아니었던 티투스는 이 일대에 별장을 갖고 있지 않았다. 하지만 그는 황제다. 불과 두 달 전에 즉위했다고는 하지만, 안전과 식량을 보장하는 것이 가장 큰 책무로 되어 있는 황제였다. 또한 좋은 황제가 되겠다는 의욕은 누구에게도 뒤지지 않았다. 여진은 아직도 계속되었다. 하지만 이재민 대책본부를 현지에 설치하기로 결정하고, 자신이 직접 진두 지휘를 맡았다. 분화 당시의 바람은 동남쪽을 향해 불고 있었다. 베수비오 화산에서 동쪽과 남쪽으로 선을 그으면 서로 90도 직각을 이루는 두 선 사이에 끼어 있는 지역이 집중적인 피해를 입었을 것이다. 나머지 지역에서도 사망자는 나오지 않았을지 모르나 지진 피해는 있었을 것이다. 요컨대 나폴리만을 둘러싼 연안 일대가 모두 재해지역이라고 생각해야 한다.

남부 이탈리아의 전형적인 지방도시였던 폼페이는 4~5미터 높이로 쌓인 돌멩이와 화산재에 파묻힌데다 그 직후에 내린 비로 그것이 단단히 굳어버렸기 때문에, 시신을 발굴하는 것조차 불가능한 상태였다. 하지만 당시에는 신전의 원기둥이나 원형경기장의 윗부분은 아직 지표면 위로 얼굴을 내밀고 있었을 것이다. 그런데 세월이 흐르면서 바람에 실려온 흙이 쌓이고, 식물이 뿌리를 뻗어 모든 것을 덮어버렸다. 근대에 발굴될 때까지 폼페이는 그런 모습이었다. 티투스 황제의 선의와는 관계없이, 폼페이와 헤르쿨라네움을 비롯하여 베수비오 분화로 매몰된 도시와 마을은 서기 79년 당시에는 그대로 방치해둘 수밖에 없었다.

그러나 다행히 화를 면한 이재민도 많았다. 캄파냐 지방은 이탈리아에서도 풍요로운 지방으로 알려져 있다. 인구밀도도 당시에는 다른 어느 곳보다 높았다. 티투스가 진두 지휘하는 대책본부는 해야 할 일이 산더미 같았다.

로마인들은 침상 위에 매트리스를 깔고 거기에 한쪽 팔꿈치를 괸 자세로 비스듬히 누워서 식사를 하지 않으면 식사라고 부를 가치도 없다고 생각했다. 식탁 앞에 의자를 놓고 앉아서 먹는 것은 어린애나 노예의 식사법이고, 식당에 방 한 칸을 할애할 수 있을 만큼 널찍한 집에 사는 사람의 식사법은 아니라고 생각했다. 다만 이처럼 느긋하게 즐길 수 있는 식사는 로마 시대에도 저녁식사뿐이었다. 아침과 점심은 식탁 앞에 앉아서 재빨리 끝낸다. 바빠서 시간을 낼 수 없을 경우에는 저녁식사도 그렇게 해치운다. 하지만 이것은 로마인들에게는 현대인들이 패스트푸드점 같은 곳에서 선 채로 음식을 입에 쑤셔넣는 거나 마찬가지였다. 재해지역에서 구호대책에 몰두하는 티투스의 일상도 로마인들이 생각하는 올바른 식사법과는 거리가 먼 생활이었다. 황제가 결코 빠질 수 없는 행사가 없는 한 수도로 돌아가지도 않았다.

티투스가 재해대책에 몰두할 수 있었던 것은 아버지 베스파시아누스가 살아 있을 때부터 사실상의 공동 황제로서 나라를 다스려본 경험이 있었기 때문이다. 황제의 통상적인 임무에도 익숙해져 있었고, 그 일을 계속 수행하는 데 필요한 사람과 체제도 정비되어 있었다. 그런 티투스가 시행한 재해대책은 타키투스의 『역사』에 상세히 기술되어 있을 게 분명하지만, 이 시기를 다룬 부분이 중세를 거치는 동안 소실되어버렸기 때문에 지금은 알 수가 없다. 다만 한 가지 분명한 것은, 유가족이 없는 희생자의 재산을 국고에 넣는 관례를 이번 경우에는 따르지 않았다는 점이다. 유가족도 없이 사망한 사람들의 재산은 같은 고향 출신 이재민을 지원하는 데 보태기로 결정했다. 폼페이는 해외 교역도 왕성했던 도시다. 폼페이 주민 중에는 해외에 재산을 가지고 있는 사람도 적지 않았다. 일가족 전체가 희생되는 바람에 상속자도 없는 이런 재산은 국가 소유가 되지 않고, 다행히 재난을 면한 사람들의 피해복구비로 쓰였다.

세제 면에서의 지원책이 어떤 것이었는지도 알 수 없다. 비슷한 참사가 속주에서 일어나면 우선 속주세를 3년 내지 5년 동안 면제해주지만, 캄파냐 지방은 본국 이탈리아에 있다. 본국에는 원래 속주세라는 이름의 직접세가 존재하지 않았다. 다만 관세나 매상세는 면제되었을지도 모른다. 그리고 사회간접자본 복구. 이것만은 국가가 해야 할 일이고, 서기 79년 같은 대참사의 경우는 지방자치단체 차원에서 복구하기에는 부담이 너무 컸다. 서기 62년에 지진이 일어났을 때는 폼페이만 한 도시에서는 자력으로 복구할 수 있었지만.

서기 80년으로 해가 바뀌어도 티투스 황제는 여전히 현지의 대책본부에서 재해대책에 몰두했던 모양이다. 80년 4월에 수도 로마에서 화재가 일어났다는 소식을 듣고, 캄파냐 지방에 있던 티투스는 황급히 로마로 돌아온다. 이렇게 재난이 연달아 일어나니, 40세의 황제는 잠시도 몸을 쉴 틈이 없었다.

카피톨리노 언덕에서 시작된 불길이 언덕을 내려와 인접한 마르스 광장의 남쪽 절반을 태운 서기 80년의 화재는 '로마의 대화재'로 알려진 네로 시대의 화재만큼 피해가 크지는 않았다. 하지만 그 일대에는 각종 공공 건축물이 즐비하게 늘어서 있다. 견고한 석조건물이라 무너지지는 않았지만, 불이 꺼진 뒤에 방치해두면 붕괴 위험이 늘 따라다닌다. 특히 피해가 큰 건축물은 테베레강에 인접한 플라미니우스 경기장이었다. 트라시메노 호반에서 한니발과 싸우다가 전사한 플라미니우스가 집정관 시절에 건설한 것이 북이탈리아로 통하는 두 간선도로 가운데 하나인 플라미니아 가도와 이 경기장이다. 건설된 지 300년, 가도는 간선도로의 기능을 계속 발휘했지만, 플라미니우스 경기장도 경기장과 소년들의 체력 훈련장으로 건재했다. 그런데 서기 80년의 화재로 큰 피해를 입은 것이다. 손상이 너무 심해서 복구를 포기하고 방치할 수밖에 없었던 모양이다. 하지만 불탄 자리가 오랫동안 그대로 놓여 있을 턱이 없었다. 원래 두꺼운 돌벽이 늘어서 있는 구조다. 그 하나하나가 민가로 바뀌는 것은 시간문제였다. 오늘날에는 유대인 예배당을 중심으로 하는 유대계 로마 시민들의 거주지역이 되어 있다.

하지만 '플라미니우스 경기장'(키르쿠스 플라미니우스)은 300년이나 되는 세월 동안 사람들에게 친숙해진 공공장소다. 게다가 건설자 플라미니우스는 평민계급의 영웅이었다. 그 경기장도 원래 평민 전용 운동장으로 건설되었다. 그 후 플라미니우스 경기장은 공화정 시대가 끝날 때까지 평민계급의 근거지였고, 민회는 포로 로마노에서 열려도 호민관이 소집하는 평민집회는 플라미니우스 경기장에서 열리게 되어 있었다. 공화정이 끝나고 제정으로 바뀐 지 한 세기가 지났다. 하지만 통치가 무엇인지를 아는 사람이라면, 사용할 수 없게 된 플라미니우스 경기장을 대신할 경기장을 평민계급에게 마련해주어야 할 필요성을 당연히 깨달을 것이다.

티투스도 그것은 알고 있었을 것이다. 하지만 그 자신은 알지 못했어도 그에게는 죽음이 다가오고 있었다. 플라미니우스 경기장을 대신할 다른 경기장을 세우는 일은 다음 황제인 도미티아누스가 즉위할 때까지 기다릴 수밖에 없었다. 이 '도미티아누스 경기장'(스타디움 도미티아니)은 오늘날 나보나 광장이라는 아름다운 광장으로 탈바꿈했다.

플라미니우스 경기장 다음으로 큰 피해를 입은 공공 건축물은 그 바로 북쪽에 있었던 아우구스투스의 '옥타비아 회랑'(포르티쿠스 옥타비아)과 카이사르가 건설한 '사이프타 율리아'였던 모양이다.

이런 공공 건축물을 복구하기 위해 티투스 황제가 먼저 개인 재산을 내놓았다. 그러자 로마의 부유층도 다투어 돈을 기부했다. 공공 건축물 복구비는 모두 이런 기부금으로 충당되었다. 공공사업에 돈을 기부하

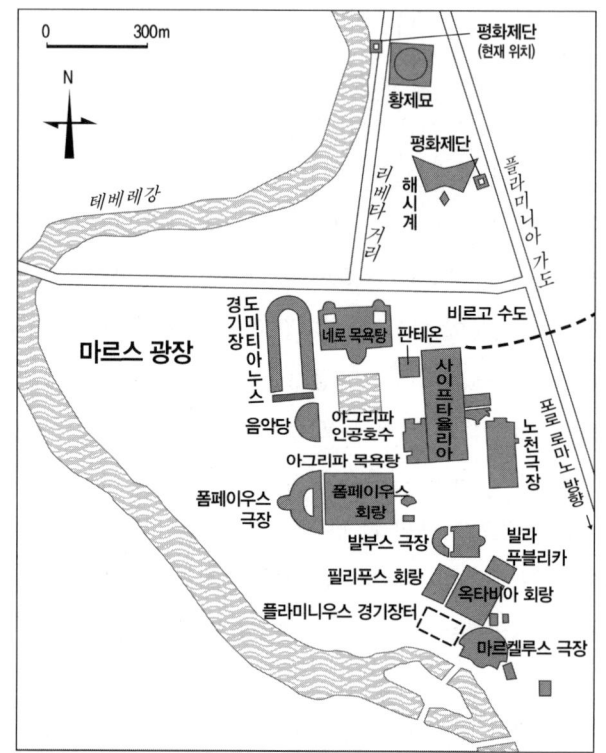

서기 1세기 말의 마르스 광장

는 것은 로마인들에게는 요즘 말하는 '노블레스 오블리주'(존경받는 사람의 의무)로 여겨졌기 때문이다.

베스파시아누스 시대에 착공된 '플라비우스 원형극장'(암피테아트룸 플라비움), 통칭 '콜로세움'도 서기 80년에 드디어 완성되었다. 티투스는 베수비오 분화와 수도 로마의 화재 등 잇따른 재난으로 우울해하는 시민들의 기운을 북돋워주기 위해 콜로세움에서 처음 열리는 행사는 성대하게 치르기로 결정했다. 완공된 직후라서 눈부시게 빛났을 콜로세움은 나들이옷을 차려입은 남녀노소로 가득 메워졌을 것이다. 맨 위층은 노예한테도 개방되었다. 준공 축하행사가 며칠 동안이나 계속되었는지는 확실치 않다. 하지만 사람들의 열광이 검투사 시합에 모아졌을 것은 쉽게 상상할 수 있다. 이 위험한 격투기의 주인공인 검투사 가운데 3분의 2는 노예 출신이었지만, 나머지 3분의 1은 자유민이었다. 위험하긴 해도 높은 보수를 기대할 수 있었기 때문에, 자유민들 중에도 직업으로 검투사를 선택하는 사람이 적지 않았다. 또한 이 격투기를 잘하는 사람은 인기 스타가 되어 유복한 여자들에게 유혹을 받는 것도 결코 꿈은 아니었다. 요즘 같으면 권투나 씨름 선수와 비슷한 존재였다.

티투스 황제는 '티투스 목욕탕'(테르마이 티티)이라고 불리게 되는 로마식 공중목욕탕—목욕 시설 외에 체육관·도서관·오락실·정원까지 갖춘 목욕탕—을 네로의 꿈으로 끝난 '도무스 아우레아'(황금 궁전) 자리에 세웠다. 티투스 자신도 이곳으로 목욕을 하러 갔다고 한다. 황제가 온다고 해서 다른 사람의 입장을 금지하지도 않았다. 황제는 친구나 친지를 데리고 목욕탕에 다녔겠지만, 벌거벗으면 황제도 일반 시민도 노예도 마찬가지였다. 티투스가 그것을 원했기 때문이다. 로마식 목욕탕에는 원래 남탕과 여탕은 구별되어 있지만 신분에 따른 구별은 없었다. 원로원 의원과 서민이 한데 어울려 목욕을 했다. 가끔 별장에 가서 지내곤 했던 소플리니우스도, 별장에서 며칠 지내기 위해 일부러 욕실을 만들 필요는 없다면서, 가까운 도시의 공중목욕탕을 이용했다. 로마인들의 목욕법은 온욕·증기욕·냉욕을 차례로 거치는 방식이어서, 목욕물을 데우기만 하면 되는 욕실처럼 만들기가 간단치 않았기 때문이기도 하다.

죽음

서기 81년에 발생한 전염병을 두고 역사가 수에토니우스는 "전례없는 전염병"이라고 표현했는데, 이 표현만 가지고는 어느 정도 규모였는지 알 수 없다.

하지만 규모가 어떻든, 전염병은 발생했다. 티투스는 전염병이 발생하자마자 대책위원회를 발족시켰다. 이런 사태가 일어나면, 평소에는 각자 진료소에서 환자를 치료하는 의사들이 총동원되었다. 로마 시민권을 부여받고, 그래서 직접세를 면제받는 특전도 누리니까 대부분 그리스인인 의료 관계자들도 로마인과 똑같은 의무를 짊어지고 있었다. 이런 제도 덕분인지, 아니면 전염병의 규모가 원래 한정되어 있었기 때문인지, 가을로 접어들자 전염병은 가을에 자리를 내주듯 모습을 감추었다. 하지만 전염병에 걸린 것도 아닌데 티투스가 병으로 쓰러졌다.

잇따른 재난으로 심신에 피로가 쌓였기 때문인지도 모른다. 티투스는 아버지가 병으로 쓰러졌을 때 요양하러 간 고향 온천에 가고 싶어 했다. 동생 도미티아누스가 온천까지 따라갔다. 하지만 온천에 도착한 지 얼마 되기도 전에 티투스는 세상을 떠난다. 서기 81년 9월 13일이었다. 서기 40년 12월 30일에 태어났으니까, 41세도 채우지 못하고 죽은 셈이다. 그의 치세는 2년 3개월에 불과했다.

이 소식을 들은 사람들은 모두 진심으로 황제의 죽음을 슬퍼했다. 유대 공주와의 결혼에 반대하여 경기장에서 야유를 보냈던 일반 시민들도, 그 항의를 진지하게 받아들여 독신으로 살다가 세상을 떠난 티투스를 사랑하고 있었다. 현지에서 재해대책을 진두 지휘한 황제. 공중목욕탕에도 자주 나타난 황제. 서민들에게 티투스는 이상적인 황제를 구현하고 있었다. 로마 시대에는 황제가 시민들에게 보너스를 주는 것이 상례가 되어 있었지만, 티투스는 보너스를 한 번도 주지 않았다. 하지만 시민들은 그가 거듭된 재난에 사재를 내놓은 것을 알고 있었다.

황제의 권력을 견제하는 기관이라는 인식 때문에 전통적으로 반황제 세력이 강한 원로원도 티투스의 죽음을 슬퍼한 것은 마찬가지였다.

반황제파 원로원 의원들이 가장 두려워한 것은 고발자의 탄핵이었지만 티투스는 그런 고발을 들으려고도 하지 않았다. 남을 죽음으로 몰아넣기보다는 차라리 내가 죽는 편이 낫다는 것이 그럴 때 티투스가 으레 하는 말이었다.

하지만 황제와 협력하여 제국을 통치하는 것이 원로원이다. 황제로서 적격자인지 아닌지도 그들에게는 평가 기준이 되었다. 수도 로마와 본국 이탈리아만이 아니라 제국 전역에 대한 통치도 잊지 않았던 티투스는 그런 면에서도 높은 평가를 받고 있었다. 한 예로 에스파냐, 북아프리카의 누미디아, 키프로스섬, 아시아 속주라고 불린 소아시아 서부 지역의 도로망을 정비한 것을 들 수 있다. 본국 이탈리아에서도 79년 하반기에 마르키아 수도(水道)를 수리했고, 80년에는 아우렐리아 가도와 플라미니아 가도 일부를 정비했다. 79년부터는 오늘날의 이탈리아 트리에스테에서 크로아티아의 풀라에 이르는 가도를 새로 건설하기 시작했다. 이것은 완전한 신규 사업이었기 때문에, 이 가도는 티투스의 씨족 이름인 플라비우스를 따서 '비아 플라비아', 즉 플라비아 가도로 명명되었다.

그러면서도 자신의 승전을 기리는 개선문은 공사를 서두르지 않았기 때문에, 그가 죽은 뒤에야 겨우 완공되었다. 속주 출신을 원로원에 맞아들이는 일에도 아버지처럼 적극적이어서 속주민한테도 평판이 좋았지만, 유대 땅에 사는 유대인만은 예외였을 것이다. 그들에게 티투스는 예루살렘을 공략하여 신전을 불태운 장본인이었다. 그러나 로마인과 공생하기로 작정한 유대인들은 티투스를 싫어하지 않았다. 제국의 각 도시에 있었던 유대인 사회에서 티투스를 비난했다는 사료는 오늘날까지 하나도 발견되지 않았다. 『유대 전쟁기』를 쓴 요세푸스와 티투스의 우정은 12년 전에 두 사람이 처음 알게 되었을 때부터 티투스가 죽을 때까지 계속 이어졌고, 서로를 존중하는 마음도 끝까지 변치 않왔다.

그러나 빈정대기 좋아하는 로마인은 칭찬만 해서는 직성이 풀리지 않는다. 동시대인 가운데 한 사람은 이런 말을 남겼다.

"치세가 짧으면 누구나 좋은 황제일 수 있다."

티투스가 치세 2년 만에 세상을 떠난 뒤 제위를 물려받은 사람은 동생인 도미티아누스다. 이 도미티아누스의 치세는 15년 동안 이어지게 된다.

제7부

도미티아누스 황제

〔재위: 서기 81년 9월 14일~96년 9월 18일〕

'기록말살형'

로마 제국에는 '담나티오 메모리아이'(Damnatio Memoriae)라는 형벌이 있었다. 의역하면 '기록말살형'이 될까. 원로원에서 원고 측이 고발 이유를 진술하고 피고 측 대리인인 변호사가 변론을 전개한 뒤에 비로소 의원 전원이 판결을 내리는 정당한 재판 절차를 거쳐야만 성립되는 황제 탄핵제도다. 요즘으로 말하면 의회가 불신임한 권력자를 탄핵 재판에 회부하는 제도와 비슷하지만, 미국 대통령보다 훨씬 강력한 권한을 부여받고 있었던 로마 제국 황제에 대한 것인만큼, 탄핵이 이루어지는 방식도 훨씬 엄격해지는 것은 당연했다. 구체적으로는 다음과 같은 조치가 내려진다.

(1) 유죄 판결을 받은 황제의 조상(彫像)은 모두 파괴한다.

(2) 모든 공식 기록, 비문, 통화에서 당사자의 이름을 삭제한다.

(3) 그 황제의 자손은 대대로 프라이노멘(개인 이름)으로 인정받은 '임페라토르'를 사용할 권리를 박탈당한다.

(4) 황제의 치세 중에 이루어진 잠정조치(원로원 의결을 거치지 않고 발표된 칙령)는 모두 폐기된다.

내세를 믿지 않고, 따라서 현세에서 이루어진 업적과 그에 따른 사후의 명성을 가장 중시한 로마 엘리트들에게 '담나티오 메모리아이'만큼 불명예스러운 중벌은 없었다. 황제에 대해 이렇게까지 강력한 무기를 갖고 있었던 것이 로마 원로원이었다. 로마 제정에는 후세의 어느 제정에도 없었던 견제 기능이 있었다고 내가 누누이 말하는 것도 바로 이 때문이다. 물론 원로원과 더불어 로마 제국의 양대 주권자였던 로마 시민권 소유자, 실제로는 수도에 사는 시민들이 단결하여 황제를 지지하면, 아무리 원로원이라 해도 이 '무기'를 사용하는 데 신중을 기할 수밖에 없었을 것이다. 하지만 시민들이 황제의 통치에 대한 의사를 표현하려면 경기장에서 직접 반응을 보이거나, 회의를 열고 있는 원로원에 쳐들어가 압력을 가할 수밖에 없다. 오늘날의 국회처럼 의원이 선거로 선출된다면 유권자의 뜻을 무시하는 것은 허용되지 않겠지만, 로마 원로원은 종신제여서 범죄라도 저지르지 않는 한 의석을 잃는 경우는 없었다.

따라서 시민이 명확한 의사 표시를 하지 않으면, 그리고 원로원 의원들 가운데 반황제파가 다수를 차지하면, 원로원은 이 '무기'를 얼마든지 사용할 수 있다. 베스파시아누스가 가결시킨 '황제법'도 이 권한까지는 부정하지 않았다. 따라서 로마 제국 특유의 이 제도는 황제와 원로원 사이를 긴장시키는 요인으로 계속 남아 있었다. 로마 황제와 원로원의 관계를 이해하려면, 미국 대통령과 야당이 다수를 차지하는 의회의 관계를 떠올리는 것이 지름길이다.

이 '기록말살형'으로 단죄된 황제 중에는 네로가 있었다. 칼리굴라 황제도 사실상 이 조치를 받았지만, 공식적으로는 단죄되지 않았다. 그 이유는 두 가지다. 첫째는 칼리굴라의 성격 자체가 지리멸렬해서 수에토니우스처럼 가십을 좋아하는 사람을 즐겁게 해주는 언동은 많이 했지만 통치는 아무것도 하지 않았고, 따라서 말살할 만한 기록도 남기지 않았기 때문이다. 둘째, 성격이 온후한 클라우디우스 황제가 전임자에 대한 과격한 조치를 좋아하지 않았기 때문이다. 반대로 네로는 치세 기간이 4년인 칼리굴라보다 훨씬 긴 14년이고, 말살할 만하다고 판단된 '기록'도 많았다. 게다가 네로의 경우는 살아 있는 동안에 단죄가 이루어졌다. 그렇기 때문에 더욱더 현직 최고 권력자에 대한 탄핵재판의 색깔이 짙었다.

공식 기록이 동판에 새겨져 있으면, 동판 자체를 녹여버린다. 대리석에 새겨져 있는 경우에는 쓰러뜨리고, 부술 수 있으면 부숴버린다. 하지만 크기가 크고, 단죄된 대상자 이외의 인물이나 사실이 새겨진 경우도 적지 않다. 그런 경우에는 대상자의 이름만 깎아내거나 메워서 없애버린다. 2천 년 뒤에 그것을 발굴하는 고고학자에게는 지식과 상상력을 시험받는 기회가 된다. 다만 화폐에 대한 조치는 달랐다. 화폐는 제국 전역에 널리 유통되었기 때문에, 그것을 모두 회수한 뒤에 녹여서 다시 주조한 새 화폐와 교환해주는 것은 불가능했기 때문이다. 그 덕분에 네로의 얼굴을 새긴 화폐는 여전히 사용되었다.

이런 조치는 오늘날에도 볼 수 있다. 무솔리니가 건설한 각종 건축물도 같은 운명을 당했다. 건물 자체를 파괴할 수는 없으니까, 벽면에 새겨진 그의 이름만 시멘트를 부어 없애버리는 방식을 택했다. 또한 동상이나 석상을 파괴하는 것은 공산주의 정권이 무너졌을 때 우리도 자주 본 장면이다. 오늘날까지 전해지는 칼리굴라와 네로의 동상이나 석상이 이상하게 적은 것도 죽은 뒤에 파괴되었기 때문이다. 그리고 이제부터 이야기할 도미티아누스도 사후에 '기록말살형'으로 단죄받게 된다.

네로 황제에 대해서라면 나도 황제로서 부적격자였다고 평가할 것이다. 하지만 도미티아누스는 그렇게 간단히 황제 부적격자로 단정할 수 없다. 역사가 타키투스의 평가를 전적으로 믿는다면 별문제지만, 제7권 말미에서도 말했듯이 타키투스가 아무리 제정 시대 최고의 역사가라해도 나는 그의 말을 전적으로 믿지는 않는다.

또한 '담나티오 메모리아이'라는 형벌의 존재이유에 대해서도 의문을 품지 않을 수 없다. 로마인은 공화정과 제정을 불문하고 자기가 당한 패배나 저지른 실수에서 눈을 돌리지 않는 민족이었다. 그런데 기록말살이란 무엇인가. 생각조차 하기 싫은 황제와 그의 치세를 잊고 싶어서, 거기에 관련된 모든 것을 지워 없애버리는 것이다. 그래 놓고는 현실적으로 불가능하다는 이유로, 잊고 싶은 황제의 얼굴이나 업적이 새겨진 통화는 계속 사용한다. 이건 로마인답지 않은 방식이다. 게다가 네로와 도미티아누스에 이어 오현제의 한 사람으로 유명한 하드리아누스 황제도 하마터면 '기록말살형'으로 단죄될 뻔했다. 후임 황제인 안토니누스 피우스가 필사적으로 반대하지 않았다면, 오현제 중에서도 이 치욕적인 형벌로 단죄된 사람이 나왔을 것이다. 원로원이 선고하는 '기록말살형'은 원로원의 보복 조치가 아니었을까. 보복은 이성이 아니라 감정의 산물인 경우가 많다는 사실을 잊어서는 안 된다.

인간 도미티아누스

베스파시아누스 황제의 둘째 아들인 도미티아누스가 임페라토르 카이사르 아우구스투스 도미티아누스(Imperator Caesar Augustus Domitianus)라는 이름으로 제위에 오른 것은 형 티투스가 죽은 다음 날이었다. 서기 51년에 태어났으니까, 30세의 젊은 황제가 탄생한 것이다. 제위 계승은 순조롭게 이루어졌다. 아버지 베스파시아누스가 자기 다음에는 맏아들 티투스, 그다음에는 둘째 아들 도미티아누스를 계승자로 정해놓고, 원로원의 승인도 받아두었기 때문이다. 베스파시아누스가 살아 있을 때부터 티투스와 도미티아누스는 이제 제위계승자의 칭호가 된 '카이사르'라는 칭호로 불렸기 때문에, 티투스가 즉위했을 때와 마찬가지로 도미티아누스의 제위 계승도 당연한 일로 받아들여졌다.

하지만 30세의 젊은 나이에 제위를 계승한 것은 아버지 베스파시아누스의 계산에는 들어 있지 않았던 게 아닐까. 두 아들이 차례로 제위를 계승할 수 있도록 궤도는 확실히 깔아두고 죽었지만, 두 아들의 나이로 보아 티투스가 불과 2년 만에 죽으리라고는 미처 예상치 못했을 게 분명하다. 물론 티투스 자신도 예상하지 못했다.

베스파시아누스의 생각을 추측해보면, 자기 다음에 황제가 될 티투

도미티아누스(왼쪽)와
베스파시아누스(오른쪽)

스는 40세라는 나이로 보아 적어도 10년 내지 15년은 제국을 다스릴 게 분명하고, 그동안 티투스가 제위계승자로 결정되어 있는 동생 도미티아누스에게 통치 경험을 쌓을 기회를 마련해줄 거라고 믿었을 것이다. 티투스도 황태자 시절에 아버지 베스파시아누스 밑에서 통치 경험을 쌓을 기회를 얻었으니까, 동생한테도 그렇게 해줄 게 틀림없다고 믿었던 게 아닐까.

베스파시아누스는 일찍부터 티투스를 사실상의 공동 황제로 삼아서 통치 경험을 쌓게 했다. 황제가 된 티투스는 그때까지 해온 일을 계속하기만 하면 되었다. 하지만 둘째 아들 도미티아누스에게는 전혀 그런 배려를 하지 않았다. 티투스가 제위에 오르면, 아버지한테 받은 배려를 동생한테 그대로 베풀어줄 거라고 믿었기 때문일 것이다. 형제 사이에는 열 살의 나이 차이가 있었다. 아마 티투스도 같은 생각이었을 것이다. 제위에 올랐을 때 그는 40세도 채 안 된 나이였다. 10년 내지 15년, 어쩌면 20년은 더 살 수 있을 거라고 생각한 것도 당연하다. 그사이에 아버지가 자기한테 베풀어준 기회를 이번에는 자기가 동생한테 주면 된다고 생각한 게 아닐까. 그런데 실제로는 2년 동안 재해대책에만 골몰하다가, 그 일이 겨우 끝났나 했더니 이번에는 죽음이 닥쳐온 것이다. 궤도가 확실하게 깔려 있었기 때문에 도미티아누스의 즉위는 순조롭게 이루어졌지만, 30세의 새 황제는 통치에 필요한 실무 경험도 없이 제위에 오르게 되었다.

게다가 도미티아누스의 즉위는 또 하나의 불운을 내포하고 있었다. 그것은 군사 경험이 전혀 없다는 사실이었다.

로마 황제의 가장 큰 책무는 '임페라토르'라는 칭호가 보여주듯 최고 사령관으로서 제국 전체의 안전을 보장하는 것이다. 필요하면 군단을 이끌고 적과 맞서야 한다. 전쟁이 없을 때에도 방위체제가 제대로 기능을 발휘하는지 어떤지를 감독할 의무가 있다. 요컨대 전략과 전술을 잘 알고, 그것을 적절히 구사하는 능력이 필요했다.

전략적 재능은 대개 천부적인 자질이니까, 반드시 전쟁터에서 경험을 쌓을 필요는 없다. 실전 경험이 풍부한 백인대장이라고 해서 몇 개 군단을 지휘하는 사령관이 될 수 있는 것은 아니다. 하지만 전술적 능력은 실제 경험에 영향을 받는다. 전투는 임기응변의 능력에 좌우되는 경우가 많기 때문이다.

군단에서 잔뼈가 굵은 아버지를 따라 제국 각지의 기지를 돌아다니고, 3년 동안은 유대 전선에서 사령관 경험까지 쌓은 티투스는 군사적 능력을 키울 기회가 많았다. 게다가 다행히도 베스파시아누스와 티투스의 12년에 걸친 치세는 평화로웠다. 두 사람이 충분한 방위대책을 세운 보람이 있어서, 아직도 제패가 진행되고 있는 브리타니아를 제외하면 로마 제국 어디에서도 전쟁이 일어나지 않았다. 하지만 그 때문에 도미티아누스는 군사적 능력을 키울 기회를 얻지 못했다.

모두 입을 모아 좋은 황제라고 칭송한 티투스에 이어 젊은 나이에 황제가 된 도미티아누스는 툭하면 형과 비교되는 것 자체가 불쾌했을 것이다. 하지만 비교를 그만둘 수는 없다. 이 형과 아우는 많은 면에서 대조적이었고, 게다가 그 차이가 두 사람 통치의 실상에 다가가는 열쇠가 되기 때문이다.

아버지가 제위에 올랐을 때 티투스는 29세였다. 한편 도미티아누스는 이제 갓 18세가 되어 있었다. 티투스는 서른 살이 다 될 때까지 자기가 언젠가는 로마 제국의 최고 권력자가 되리라고는 꿈에도 생각지 않고 살아왔다. 반대로 동생은 18세 때부터 언젠가는 황제가 된다는 확신과 함께 성장했다. 서민적이었던 티투스에 비해, 도미티아누스는 늘 자기가 차지할 지위를 의식한 귀족적인 생활방식을 고집했다. 이런 차이도 성장 환경을 생각하면 어쩔 수 없는 일이다. 그리고 티투스 쪽은 제위에 대한 야망이 얼마나 강했는지 의문이지만, 도미티아누스는 강력한 의지와 함께 제위에 올랐다. 여기에도 두 사람의 나이 차이와 성장 환경의 차이가 큰 영향을 미친 게 아닐까 여겨진다.

이들 형제가 아내로 맞은 여인들의 출신을 보아도 차이는 뚜렷하다. 티투스의 아내는 이름도 알려지지 않은 사람의 딸인 반면, 황제의 아들이 된 뒤 도미티아누스가 아내로 맞이한 여자는 네로 시대의 명장 코르불로의 막내딸이었다. 네로가 코르불로에게 자살을 명령한 것이 군단병들의 마음을 네로 황제한테서 멀어지게 한 진짜 원인이라고 할 만큼, 코르불로는 명망이 높은 장수였다. 티투스와 도미티아누스는 전혀 다른 인격 형성기를 보냈고, 그 중요한 시기인 11년의 차이는 모든 면에 영향을 미쳤다. 게다가 외모도 달랐다. 티투스는 땅딸막한데, 도미티아누스는 키도 훤칠하고 늠름한 체격에 얼굴도 잘생긴 젊은이였다.

로마 황제란

후세에 살고 있는 우리는 고대 로마의 역사를 다룰 때, 별로 깊이 생각하지도 않고 '로마 황제'라고 말하거나 쓴다. 하지만 고대 로마인들은 제정이 된 뒤에도 '황제'(임페라토르)가 아니라 '제일인자'(프린켑스)라는 호칭을 사용했다. 임페라토르는 공화정 시대부터 군사령관을 부르는 호칭이었기 때문이다. 이 낱말이 성립된 사정으로 보아도, 제정 시대의 로마인들 중에서 평소에 '황제'(임페라토르)라는 호칭을 사용하는 것은 군단병뿐이었다. 물론 개선식 때는 일반 시민도 이 호칭을 사용했지만.

다음에 생각해야 할 것은 이 두 가지 호칭이 내포하는 의미의 차이다. '임페라토르'가 최고 사령관인 이상, 부하 장병들은 그에게 절대 복종할 의무가 있다. 명령과 복종의 관계가 명확하지 않은 군대는 군사조직으로서 기능을 발휘할 수 없기 때문이다.

그런데 '제일인자'가 되면 문제가 달라진다. '프린켑스'(Princeps)는 로마 시민권 소유자 가운데 '넘버원'이라는 뜻이다. 따라서 이 호칭도 공화정 시대부터 존재했다. 한니발을 격파하여 숙적 카르타고와의 대결에 사실상 마침표를 찍은 스키피오 아프리카누스도 이 호칭으로 불렸고, 변호사로 성공한 철학자 키케로도 법조계의 '프린켑스'라고 불렸다. 이런 성립 과정이 보여주듯, 로마 시민은 '제일인자'에게 절대 복종해야 할 의무가 전혀 없다.

넘버원을 뜻하는 이 호칭을 사실상의 군주에 대한 호칭으로 삼은 것은 초대 황제 아우구스투스다. 율리우스 카이사르가 '독재관'이라는 호칭으로 자신의 지위와 권력을 명확히 한 것이 암살당한 요인의 하나라고 믿은 아우구스투스는, 군주정을 연상시키는 '독재관'이 아니라 공화정 냄새를 풍기는 '제일인자'라는 호칭을 택하여, 로마가 공화정에서 제정으로 바뀌면 종래의 지위와 권력이 줄어들 게 뻔한 원로원—기존 지배층—을 회유하려 했다. 그리고 그의 의도는 멋지게 성공했다.

그러나 이로써 로마 황제는 절대 복종 대상인 '임페라토르'인 동시에 절대 복종 대상이 아닌 '프린켑스'라는 모순을 내포한 존재가 되어버렸다. 이것도 내가 로마 제정을 두고 '미묘한 허구'라고 표현한 이유 가운데 하나다. 역사학자들 중에는 이런 모호한 형태로 제정을 시작했다고 아우구스투스를 비판하는 사람이 적지 않다. 하지만 나는 그들의 견해에 동의할 수 없다. 500년이나 지속된 공화정을 제정으로 바꾸려면, 실제로는 '황제'이면서도 계속 '제일인자'를 자처할 수밖에 없었다고 생각하기 때문이다. 그러지 않고는 로마를 제정으로 이행시킬 수 없었을 것이다. 그리고 아우구스투스 이후의 로마를 보면, 그가 이 일을 결행한 덕택에 거둔 성과는 분명하다.

첫째, 광대한 제국을 통치하려면, 합의를 특색으로 하는 공화정보다 우두머리가 말단까지 통제하면서 모든 것을 포괄적으로 다루는 군주정이 훨씬 효율적이었다. 이것은 이데올로기 문제가 아니라 통치 효율상의 문제였다.

둘째, 대제국을 운영하려면 그것을 담당할 인재가 필요한데, 인재 확보에는 어느 체제가 효과적인가 하는 문제다. 600명으로 구성된 원로원은 자연히 자신의 기득권을 유지하는 쪽으로 돌아서는 숙명을 피할 수 없고, 따라서 폐쇄적인 지배계급을 형성하는 경향이 있다. 반면에 군주는 한 사람이기 때문에 널리 인재를 구하려고 애쓸 수밖에 없다. 그렇다면 원로원 체제와 군주정 가운데 어느 쪽이 인재 확보에 효과적인지는 자명하다. 로마가 피정복자인 속주민에게까지 문호를 개방한 것은 황제 주도의 제정을 선택한 결과이기도 했다.

로마는 본국 이탈리아 출신인 원로원 의원들이 계속 다스려야 한다고 주장한 사람들, 예컨대 키케로나 폼페이우스나 브루투스 같은 '공화파'가 승리했다면, 로마 제국은 후세의 대영제국처럼 본국이 식민지를 지배하는 형태의 제국이 되었을 것이다. 하지만 로마는 브루투스 일당에게 살해된 율리우스 카이사르의 구상에 따라, 본국과 속주를 포함하는 거대한 공동운명체라는 형태의 제국을 창출해냈다.

역사가 기번은 이렇게 말했다. 로마가 왜 멸망했느냐고 묻기보다, 로마는 어떻게 해서 그처럼 오랫동안 존속할 수 있었는가를 물어야 한다고. 다민족·다종교·다문화 사회인 로마는 하나의 국가로 통합되기 어려운 제국이었는데도 불구하고, 어떻게 해서 그처럼 오랫동안 수명을 유지할 수 있었는가를 문제삼아야 한다는 뜻이다. 하지만 거기에 대한 대답은 간단하다. 로마인은 타민족을 지배한 것이 아니라, 타민족까지도 로마인으로 만들어버렸기 때문이다. 대영제국의 쇠퇴는 식민지들이 독립했기 때문이지만, 로마 제국에서는 속주들의 독립이나 이반은 끝까지 일어나지 않았다.

로마가 국가로서 누린 긴 수명을 생각하면, 아무리 모호한 형태라고 비난해도 아우구스투스가 창작한 '미묘한 허구'는 효과적이었다. 다만 '미묘'하기 때문에 이 체제를 운영하는 당사자의 성격이나 자질이 체제 운영에 영향을 미치지 않을 수 없다. 황제 부적격자로 누구나 인정할 수밖에 없는 칼리굴라와 네로를 제외하고, 이 미묘한 체제를 운영한 당사자들을 나름대로 분류해보면 다음과 같다.

(1) 로마 황제는 로마 시민들 중에서 제일인자일 뿐이라고 믿었던 사람—통치 전반기의 티베리우스, 클라우디우스, 티투스.

(2) 그렇게 믿지는 않지만, 믿는 척했던 사람—아우구스투스, 베스파시아누스.

(3) 그렇게 믿지도 않았고, 믿는 척하지도 않은 사람—통치 후반기의 티베리우스, 도미티아누스.

언젠가는 황제가 될 거라고 확신했지만, 형이 뜻밖에 일찍 죽는 바람에 30세의 나이로 제위에 오른 도미티아누스가 맨 먼저 한 일은 아내 도미티아에게 '아우구스타'(Augusta)라는 존칭을 부여한 일이다. '아우구스타'는 황제의 존칭으로 정착된 '아우구스투스'(Augustus)의 여성형이다. 나는 '황후'라고 번역했지만, 황제의 아내면 누구나 자동적으로 이 존칭을 받은 것은 아니다. 공화정이 계속되고 있다는 인상을 주고 싶었던 아우구스투스는 자기가 죽은 뒤에야, 즉 유언으로 아내 리비아에게 이 존칭을 주었다. 리비아에 이어 '아우구스타'라는 존칭을 받은 황후는 클라우디우스 황제의 아내이자 네로 황제의 어머니인 소(小)아그리피나였다. 도미티아는 제정으로 바뀐 지 100년 동안 '아우구스타'라는 존칭을 받은 세 번째 여자가 되었다.

그러나 로마인들은 아무도 여기에 이의를 제기하지 않았다. 원로원도 진심으로 동의한 모양이고, 경기장에서 민중의 야유도 일어나지 않았다. 무엇보다 도미티아가 제국의 공로자로 누구나 인정하는 코르불로의 딸이었기 때문이다. 게다가 베스파시아누스는 첩밖에 두지 않았고, 티투스는 유대 공주와 사랑을 체념한 뒤에는 독신을 고수했기 때문에 베스파시아누스 시대부터 사실상의 '퍼스트 레이디'는 도미티아였다. 날씬하고 아름답고 고귀한 자태에다 행동거지도 기품이 있어서, '아우구스타'라는 호칭에 도미티아만큼 잘 어울리는 여인도 없었을 것이다. 단정한 미모라서 차가운 인상을 주지만, 그 점도 아우구스투스의 아내인 리비아를 연상시킨다. 또한 도미티아누스가 젊었을 때 유부녀인 그녀에게 홀딱 반하여 끈질기게 설득한 끝에 겨우 아내로 삼은 것도 전남편 자식을 데리고 아우구스투스에게 시집온 리비아와 비슷했다. 다만 아우구스투스는 리비아의 남편과 직접 담판하여 아내를 양보받았지만, 도미티아누스는 전혀 그런 배려를 하지 않은 모양이다. 리비아의 전남편은 전처의 결혼식에서 보증인을 맡았지만, 도미티아의 전남편인 아일리우스 라미아는 결혼식에 참석하기는커녕 아내를 빼앗은 남자에게 평생 적개심을 감추지 않았다.

그러나 도미티아누스는, 황제가 된 기쁨을 시민들과 함께 축하하고 싶다면서 즉위한 뒤 반년을 축제와 향연으로 보낸 칼리굴라 황제를 흉내내지는 않았다. 대규모 축제도 벌이지 않은 모양이다. 황제로서 하고 싶은 일이 무엇인가를 분명히 자각했기 때문이다.

공공사업(1)

무엇이 언제 착공되었는지를 알려주는 정확한 사료가 없기 때문에 추정할 수밖에 없지만, 황제가 된 직후에 도미티아누스는 세 가지 공공사업에 착수했다.

첫째는 중세 이후 나보나 광장으로 탈바꿈한 '도미티아누스 경기장'이다. 플라미니우스 경기장이 불타는 바람에 사용할 수 없게 된 이상, 이를 대신할 수 있는 서민 전용 체육시설을 마련해줄 필요가 있었기 때문이다. 이 경기장만은 도미티아누스가 '기록말살형'에 처해진 뒤에도 계속해서 '스타디움 도미티아니'(Stadium Domitiani)라는 이름으로 불렸는데, 이름을 바꾸지 않은 것은 경기장 건설을 고맙게 여기던 평민들이 원로원 결의에 항의하면서까지 건설 당시 명칭을 버리지 않았기 때문이다.

두 번째는 아버지가 착공하여 형이 준공한 콜로세움이다. 아직도 맨 위층은 미완성인 채 남아 있었기 때문이다. 그것을 당초 계획대로 완성하는 것은 베스파시아누스의 아들이기도 한 도미티아누스에게는 당연한 일이기도 했다.

세 번째는 '네르바 포룸'이다. 이 일대를 포룸으로 개발한 것은 도미티아누스였지만, 그가 죽은 뒤 '기록말살형'에 처해졌기 때문에 다음 황

도미티아누스 경기장(복원 모형)

오늘날의 나보나 광장

제인 네르바의 이름을 따서 부르게 되었고, 따라서 지금도 '네르바 포룸'이라는 명칭으로 알려져 있다.

이 일대는 아우구스투스가 지은 포룸과 베스파시아누스가 지은 '평화 포룸' 사이에 끼어 있는 세로 120미터, 가로 45미터의 길쭉한 곳으로서, 이곳을 빠져나가 카이사르 포룸 옆을 지나면 포로 로마노에 이르기 때문에, 수부라와 포로 로마노를 잇는 통로로 쓰이고 있었다. 그런데 수부라는 활기에 차 있긴 하지만 서민들이 사는 지역이다. 한편 포

네르바 포룸(복원상상도)

로 로마노는 로마 제국의 정치와 경제 중심지로서 그 위상을 점점 높여 가고 있었다. 이 두 지역을 잇는 일대가 서민층을 상대하는 포장마차나 노점, 이를 뽑아주거나 수염을 깎아주는 가게들로 점령되어 있는 상태는 개선해야 한다고 도미티아누스는 생각했다.

로마인들이 생각하는 '포룸'은 사면 가운데 한 면에는 신전을 세우고, 나머지 삼면은 모두 회랑으로 에워싸는 것이다. 회랑 뒤쪽은 가게나 사무실로 쓰이는 것이 보통이다. 이런 건축양식은 로마인이 좋아한 공간 활용법이기도 했다.

그런데 위의 세 가지는 모두 수도 로마의 주민을 위한 사업이다. 하지만 도미티아누스가 생각하는 이상적인 황제가 되려면 그것만으로는 부족하다. '임페라토르'라는 칭호에 부끄럽지 않도록 제국의 안전을 보장하는 최고 책임자의 면모를 보이는 것이 로마 제국 황제에게는 필요불가결한 일이라고 그는 생각했다. 황제는 적이 쳐들어온 뒤에 격퇴할 게 아니라, 미리 방위체제를 완벽하게 갖추어 야만족의 침입을 억제해야 한다는 것이 그의 생각이었다. 그는 그 일을 단행할 시기가 왔다고 느끼고 있었다. 이리하여 로마의 방위체제를 말할 때 빼놓을 수 없는 '리메스 게르마니쿠스'(게르마니아 방벽) 건설이 시작된 것이다. 하지만 여기에 착수하기 전에 두 가지 문제를 해결하지 않으면 안 되었다. 하나는 병사들 처우 문제였고, 또 하나는 게르만족 문제였다.

봉급 인상

도미티아누스 황제는 무려 110년 만에 병사 급료를 인상했다. 남아 있는 사료로는 군단병, 그것도 직책이 없는 일반 병사의 봉급밖에 알 수 없지만, 그 추이를 도표로 만들어보면 다음과 같다. 말이 나온 김에 덧붙이자면, 20년이라는 복무 기간은 그대로였고, 만기 제대한 뒤에 받을 수 있는 퇴직금 3천 데나리우스도 변화가 없었던 모양이다.

비숙련 노동자의 하루 벌이가 12아시스였던 시대지만, 군단병에게는 의식주가 보장된다. 게다가 다른 직업에서는 기대할 수 없는 퇴직금도 받을 수 있었다. 그뿐만 아니라 질병이나 부상으로 휴직해도 봉급을 받을 수 있었다. 그렇긴 하지만, 좋아하는 여자와 만나기 위한 '집'이나 외출할 때의 '옷'과 '식사'가 병사들의 주머니에서 지출된 것은 당연하다.

도미티아누스가 결정한 봉급 인상에 대해 원로원은 탐탁지 않은 반응을 보였다. 황제가 돈으로 병사들의 지지를 사려 한다는 것이다. 하지만 아무리 인플레이션이 없었던 시대라 해도, '팍스 로마나'가 정착된 지 100여 년 동안 생활 수준은 확실히 향상되었다. 그동안 제국의 경제 규모가 확대된 것을 생각하더라도, 봉급 인상은 충분히 허용될 수 있는 시책이 아니었을까. 그리고 도미티아누스는 병사 1인당 봉급은 인상하되 로마군 병사의 총수를 줄이기로 작정하고 치세 말기에 그것을 실현했다. 요컨대 그는 군대의 정예화를 염두에 두었을 것이다. 평화가 100

로마 군단병의 연봉 추이

	데나리우스(은화)	세스테르티우스(동화)	아시스(동화)
공화정 시대	70	280	1,120
율리우스 카이사르가 인상한 뒤	140	560	2,240
아우구스투스가 인상한 뒤	225	900	3,600
도미티아누스가 인상한 뒤	300	1,200	4,800 (일당: 약 13아시스)

년이나 지속되면, 그리고 그동안에도 사회간접자본은 계속 정비되었으니까, 제국 전역에서 경제가 활성화한 것은 당연하다. 아우구스투스 시대에는 군단에 자원입대라도 하지 않으면 먹고살 수 없는 젊은이가 많았을 것이다. 하지만 그 후 100년, 직업을 가져야만 생계를 꾸려나갈 수 있는 젊은이들도 군대가 아닌 다른 분야에서 얼마든지 일할 기회를 얻을 수 있었다. 이런 상황에서 군대 전체의 질을 유지하고 싶으면 보수를 개선할 수밖에 없었다.

하지만 여기서 도미티아누스는 젊은 나이에 어울리지 않게 약삭빠른 재주를 보인다. 봉급은 인상하되, 그 인상분은 군단 소속 회계감사관에게 맡겨서 적립한 뒤, 만기 제대할 때 퇴직금과 함께 적립금을 내주기로 결정한 것이다. 오늘날 말하는 '사내 조합금'과 비슷하지만, 병사들은 도미티아누스의 이 조치를 납득했다. 퇴직금은 만기까지 복무하지 않으면 받을 수 없지만, 이 적립금은 만기가 되기 전에 전사하거나 병사해도 그 병사의 근친자에게 지급하기로 규정되어 있었기 때문이다. 도미티아누스 이전에도 만기가 되기 전에 사망한 병사들에 대해서는 사령관이나 군단장이 유가족에게 약간의 보상금을 주었다. 하지만 그것은 상관들의 개인적 배려였고, 퇴직금처럼 제도화되어 있었던 것은 아니다. 따라서 받은 사람도 있지만, 받지 못한 병사도 많았다. 도미티아누스는 그것을 국가 시책으로 제도화한 것이다.

'게르마니아 방벽'

군단병에 대한 처우를 개선한 뒤, 도미티아누스는 그들을 동원하여 '리메스 게르마니쿠스'(Limes Germanicus)를 건설했다. '게르마니아 방벽'의 필요성을 이해하려면, 지도를 펴놓고 살펴보기만 해도 충분하다. 로마 제국의 북쪽 방위선이 라인강과 도나우강이라면, 라인강과 도나우강의 상류가 모이는 이 일대가 방위에서는 가장 취약하다. 강은 상류로 갈수록 산악지대로 들어간다. 험한 산악지대에서 인간이 통로로 사용할 수 있는 것은 강 연안뿐이다. 게다가 두 강의 발원지 근처에는 낮에도 어둡다는 뜻에서 '검은 숲', 즉 '슈바르츠발트'라고 불리는 넓은 숲이 가로놓여 있었다. 로마군 병사들은 적과 마주 보고 싸우는 회전에서는 압도적인 우세를 자랑했지만, 제국의 북쪽 방위선 너머에 살고 있는 것은 미개척지의 험한 지형을 활용하여 게릴라 전법으로 공격해오는 게르만족이다. "숲은 게르만의 어머니"라고 공언할 정도니까, 숲으로 도망쳐 들어가기라도 하면 그들이 훨씬 강했다. 브리타니아의 숲에서는 이길 수 있었던 카이사르도 게르마니아의 숲에서는 감히 싸우려고 하지 않았다.

이렇게 되면, 라인강과 도나우강의 방위선을 연결하여 두 강의 상류와 슈바르츠발트를 포함한 일대를 제국 영토 안에 넣어버리자는 생각에 도달하는 것은 시간문제가 아니었을까. 티베리우스 황제는 벌써 그 생각을 마음에 품고 있었던 것 같다. 도미티아누스 이전에 라인강과 도나우강에서 싸워본 경험이 있는 황제는 티베리우스뿐이다. 그리고 도미티아누스는 문학이나 시보다 티베리우스가 남긴 명령서나 정책입안

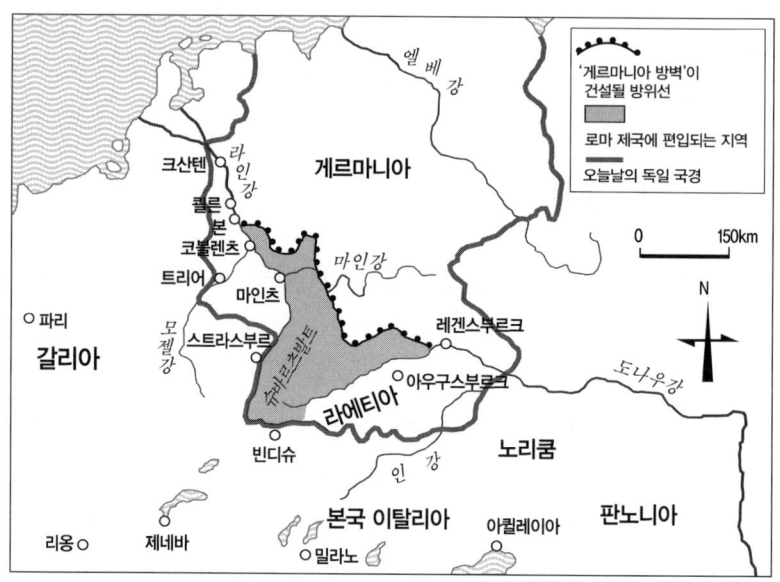

로마 제국의 북쪽 방위선

서를 더 관심있게 읽었다고 한다. 티베리우스는 엘베강까지 진격하여 게르마니아 중부를 로마 영토에 편입시키자는 아우구스투스의 생각을 배제하고, 게르마니아 서부와 중부를 가르는 라인강을 방위선으로 확립하려고 애쓴 황제였다. 그런 티베리우스가 '검은 숲'을 방치해두는 위험을 깨닫지 못했을 리가 없다. 하지만 티베리우스 이후의 황제들이 그의 관심을 이어받지 않은 것은, 티베리우스가 라인강 방위선을 철벽처럼 다져둔 덕분에 게르만족의 침입에 시달리는 일이 없었기 때문이다. 위험이 닥치지 않으면 대책을 강구하지 않는 것은 로마인도 다를 게 없다.

그런데 '게르마니아 방벽'을 건설하려면 종래의 방위선인 라인강을 건너 게르만족 거주지까지 진격해야 했기 때문에, 그 땅에 사는 게르만족을 평화적으로 굴복시키거나, 그것이 불가능할 경우에는 전투에 호소해서 굴복시키는 것이 선결문제였다. 그래서 원로원은 필요도 없는 데 쓸데없는 전쟁을 했다고 도미티아누스를 비난하게 되지만, 도미티아누스는 필요가 생기기 전에 선수를 치는 정책을 결행했다고 나는 생각한다. 그의 뒤를 이은 황제들 중에서도 특히 트라야누스와 하드리아누스는 이 방벽의 중요성을 인식하고, 그것을 더욱 보강하는 데 열심이었다. 트라야누스 황제가 도나우강 방위선을 강화하는 일에 전념할 수 있었던 것도 '게르마니아 방벽'이 기능을 발휘한 덕분에 라인강 방위선을 걱정할 필요가 없었기 때문이다.

그러면 '리메스 게르마니쿠스'(게르마니아 방벽)는 구체적으로는 어떤 형태로 어디에 만들어졌을까.

오늘날에도 볼 수 있는 로마 제국 시대의 변경 방벽은 잉글랜드와 스코틀랜드의 경계선에 남아 있는 '하드리아누스 방벽'이다. 영국인들은 하드리아누스 황제가 건설한 이 방벽을 '헤이드리언스 월'(Hadrian's Wall)이라고 부른다. 요소요소에 우뚝 솟아 있는 요새들은 석벽으로 연결되어 있어서, 로마 시대의 방벽은 모두 이런 것이었나 생각하게 되지만, 사실 이런 형식의 '리메스'(변경 방벽)는 고대에 브리타니아라고 불린 오늘날의 영국에서만 찾아볼 수 있다. 변경을 지킨다는 목적은 같지만, 구조는 제각각 다르다. 브리타니아와 게르마니아도 다르고, 사막에서 쳐들어오는 적에 대처해야 했던 유프라테스나 북아프리카의 방위선은 또 달랐다.

'게르마니아 방벽'에는 400미터 내지 700미터의 거리를 두고 사방 40미터의 석조 요새가 세워졌다. 각 요새 사이의 거리는 그것이 세워지는 지형에 따라 다르다. 전망이 탁 트인 평지라면 간격이 길어지고, 복잡한 지형이라면 짧아지는 식이다. 각 요새 사이는 석벽으로 연결되어 있지 않았다. 하지만 전혀 연결되지 않았다고도 말할 수 없다. 로마군은 하룻밤밖에 지내지 않을 숙영지에도 깊이가 3미터나 되는 해자를 파고 그 위에 나무 울타리까지 둘러쳤다. 고고학적 조사에서는 돌은 발견할 수 있지만 나무는 썩어서 흙으로 변해버렸고, 해자도 2천 년이 지나면 사라지는 게 당연하다. 하지만 로마 제국이 건재했던 시대에는 V자 모양의 해자가 길게 이어져 있었을지 모르고, 그 안쪽에는 울타리가 이어져 있었을지도 모를 일이다. 아니, 해자와 울타리가 길게 이어져 있었을 것은 분명하다.

율리우스 카이사르 때부터 로마 군단에 딸린 기병대에는 게르만족이 많이 기용되었다. 이 기마민족의 말 다루는 솜씨는 예부터 유명했다. 로마가 막아야 했던 것은 장사나 그밖의 평화적 목적으로 로마 영토에 들어오는 게르만족 개개인이 아니라, 무장하고 쳐들어오는 게르만족 기마 집단이었다. V자 모양으로 깊이 판 해자와 몇 미터 높이의 울타리만으로도 기마 집단의 습격을 곤란하게 만드는 효과가 있었을 것이다. 그리고 요새를 지은 것은 거기에 틀어박혀 적을 맞아 싸우기 위해서가 아니라, 적의 침입을 감시하는 것이 주된 목적이었다.

적의 내습을 알자마자 좌우의 요새나 약간 후방에 자리 잡은 보조부대 기지에 연기나 봉화로 적의 침입을 알린다. 말을 타고 달려가서 전하는 경우도 있다. 도미티아누스는 후방기지와 요새 사이만이 아니라 요새와 요새 사이의 연락을 위해서도 염주처럼 요새들을 연결하는 도로를 요새 바로 밑에 건설했기 때문이다. 속주민으로 구성된 보조병만으로 부족하면, 로마 시민으로 구성된 군단이 후방기지에서 출동한다. '게르마니아 방벽'에서는 오늘날의 독일 마인츠와 프랑스의 스트라스부르, 그리고 스위스의 빈디슈에 군단이 주둔해 있었다.

마인츠는 '리메스'와 가깝지만, 라인강 상류에 있는 스트라스부르와 '리메스' 사이에는 슈바르츠발트가 가로놓여 있다. 그래서 도미티아누스는 '검은 숲' 중앙을 가로지르는 로마식 가도를 건설했다. 낮에도 컴컴한 숲속을 로마식 도로가 관통한다는 것은 요즘 같으면 고속도로를

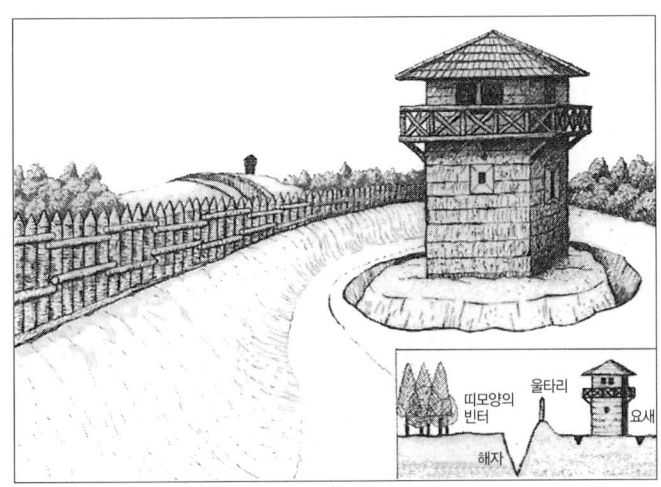
게르마니아 방벽(겨냥도 및 단면도)

뚫는 것과 마찬가지다. 여태까지는 좁고 구불구불해서 길이라고 말할수도 없는 야생동물의 통로가 게르만족이 이용한 길이었다. 그런데 로마인은 거기에 고속도로를 뚫어버린 것이다. 마름돌을 평탄하게 깔아서 포장한 5미터 너비의 길 양쪽에 배수용 도랑까지 갖춘 로마식 가도다. 게다가 깔린 돌이 흔들리지 않도록, 돌 밑으로 뿌리를 뻗을 위험이 있는 나무는 모두 잘라버린다. 길 양쪽의 나무를 폭넓게 베어낸 데에는 방위상의 이유도 있었다.

로마식 가도를 뚫는 것은 단순히 사람이나 말이 지나다닐 수 있는 길을 내는 것만으로는 끝나지 않는다. 낮에도 어둡고, 그래서 숲의 민족인 게르만족의 요새였던 거대한 숲에 로마식 가도를 뚫는다는 것은 그 숲까지도 로마화하겠다는 의사 표시이기도 했다. 오늘날의 슈바르츠발트에는 아우토반(독일의 고속도로)이 몇 개나 뚫려 있지만, 2천 년 전에 '아우토반'을 본 갈리아인과 게르만족은 로마인의 기술력에 눈이 휘둥그레졌을 것이다. 이로써 배후의 갈리아를 감시할 임무도 있었던 스트라스부르 군단은 기지를 옮기지 않고도 최전방인 '리메스'로 언제든지 달려갈 수 있게 되었다. 그리고 오늘날의 스위스 빈디슈에 군단기지를 둘 필요는 이제 없어진 것이나 마찬가지였다.

그러면 '게르마니아 방벽'은 어디에 건설되었을까. 저지 게르마니아와 고지 게르마니아의 경계선, 즉 오늘날의 본과 코블렌츠의 중간에서부터 마인츠 북쪽까지는 라인강을 따라 나아가지만, 거기서부터는 라인강을 벗어나 동쪽으로 나아간다. 그리고 네카어강까지 품에 안으면서 곧장 남하하여 로르히에 이르면, 거기서부터는 완만한 곡선을 그리며 동쪽으로 나아가 레겐스부르크에 이른다. 로마 시대에 '카스트라 레기나'라고 불린 오늘날의 레겐스부르크에서 도나우강 방위선과 합류할 때까지가 '게르마니아 방벽'이었다. 전체 길이는 542킬로미터. 이로써 라인강과 도나우강이라는 제국 북쪽의 양대 방위선은 서로 연결되었다. 이는 상대적으로 적은 군사력으로도 제국의 북쪽 변경을 효율적으로 방위할 수 있게 되었다는 뜻이다. 실제로 그때까지 8개 군단이 필요했던 라인강 방위선은 이제 6개 군단만으로도 충분히 지킬 수 있게 되었다.

'리메스 게르마니쿠스'는 네 가지 요소로 이루어져 있었다. 감시용 요새와 보조부대 기지, 군단기지, 그리고 그 사이를 연결하는 도로망. 참으로 로마 가도는 모든 면에서 로마 제국의 동맥이었다.

이 '게르마니아 방벽'이 완벽한 형태를 갖추게 된 것은 하드리아누스 황제 시대였다. 악명이 높았던 황제, 게다가 '기록말살형'으로 단죄된 황제가 착수한 일이라 할지라도, 효과적이라고 생각되면 주저없이 그 사업을 계속 추진하고 보강한 로마 지도자들은 칭찬받아 마땅하다.

'게르마니아 방벽'은 2천 년 뒤의 군사 전문가조차도 방위체제의 걸작이라고 평가하지만, 아무도 살지 않는 땅에 건설하는 것은 아니니까, 건설에 앞서 건설 예정 지역에 살고 있는 게르만족과의 문제를 해결해야 했던 것은 당연하다.

카티족

　동쪽에서 라인강으로 흘러드는 지류 가운데 마인강이 있다. 이 강의 남쪽 일대에 사는 부족은 게르만족 중에서도 약소 부족인 마티아키족이었다. 로마 제국의 경계선 밖에 사는 게르만족이라 해도 우호관계를 수립할 수 있는 부족과는 우호관계를 맺은 티베리우스 황제의 전략에 따라, 로마인에게 생산물을 팔러 오는 등 로마인과 교류를 계속한 부족이다. 하지만 이 마티아키족은 그들의 거주지를 동쪽과 북쪽에서 에워싸고 있는 강력한 카티족의 지배를 받고 있었다. 카티족은 로마인과 줄곧 적대관계에 있었던 부족이다. 도미티아누스의 생각은 이러했다. 우선 마티아키족을 로마 제국에 포함시킨다. 그런 다음 마티아키족의 거주지 북쪽에서 동쪽까지 '리메스'를 건설한다. 그로써 카티족의 침략을 억지하는 방위체제를 확립한다. 그래서 '게르마니아 방벽'은 우선 마인강 유역에서부터 건설되기 시작했다.

　종합적인 방위체제라고 생각해도 좋은 '리메스'를 건설하는 이상, 그것이 건설되는 곳에서는 군사설비를 우선하는 게 당연하다. 사방 40미터의 요새, 사방 400미터의 보조부대 기지, 그 사이를 그물눈처럼 연결하는 도로망. 게다가 이 도로망은 주전력인 군단의 주둔지와 연결되어야만 비로소 기능을 제대로 발휘할 수 있다. 그것을 다 건설하려면 넓은 토지를 수용하는 것이 불가피하다. 마티아키족은 거주지에서 쫓겨난 것이 아니니까 조상 대대로 삶의 터전이었던 곳에 계속 눌러살 수는 있었지만, 소유지를 많이 빼앗기게 된다. 그러나 도미티아누스는 무상으로 몰수하지 않았다. 군사상 필요한 토지를 징발하는 대신, 경제 원조를 해주었다. 다시 말하면 사들인 것이다. 마티아키족은 패자가 아니니까, 로마인이 토지 일부를 국유화하는 형태로 승자의 권리를 행사할 수는 없었다. 그리고 마티아키족은 게르만족이다. 같은 게르만족인 카

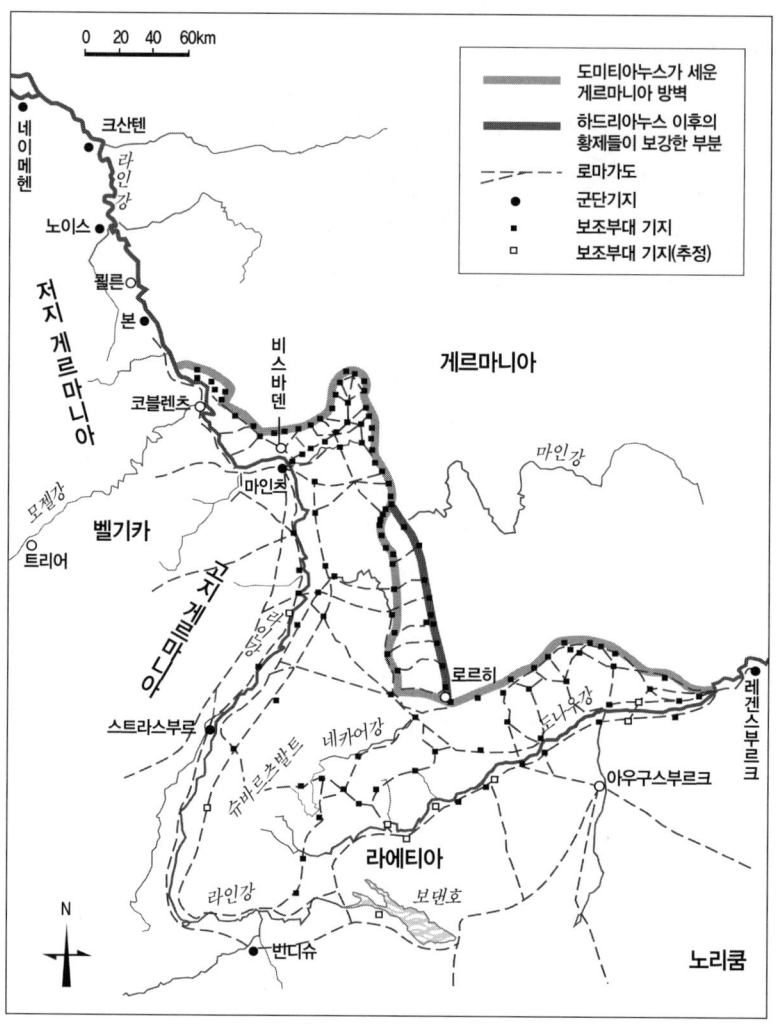

게르마니아 방벽

*게르마니아 방벽은 다른 지역의 로마 방위체제와 마찬가지로 요새·보조부대 기지·군단기지·도로망으로 이루어져 있다.

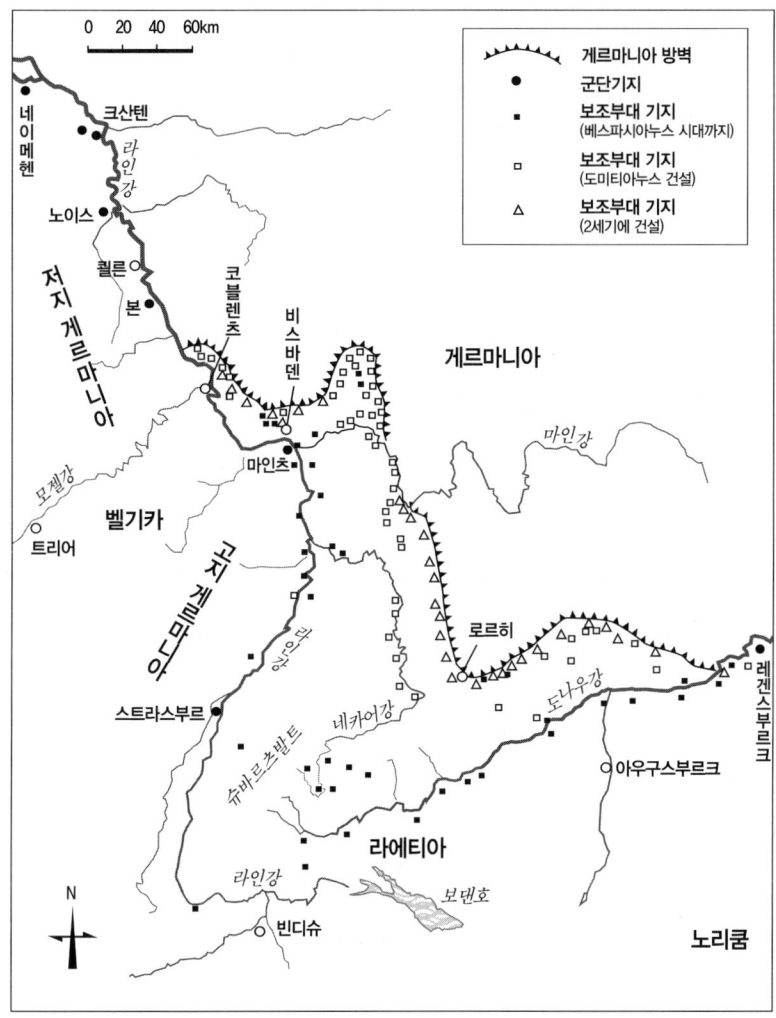

완성되었을 당시의 게르마니아 방벽

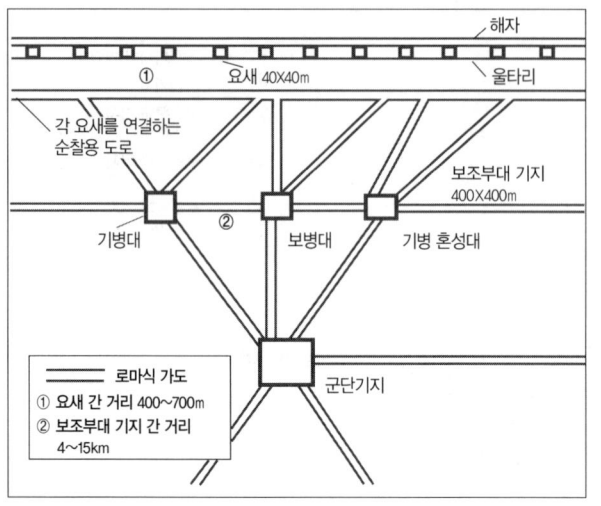

티족과 결별하고 로마 쪽에 붙는 이익을 납득시키는 것이 이민족을 지배할 때의 원칙이기도 했다. 이리하여 로마는 마티아키족을 로마화하는 데 성공했다.

하지만 방위체제 확립은 그 대상이 된 부족의 반발을 불러일으킬 수밖에 없다. 카티족은 눈앞에서 시작된 '리메스' 건설을 수수방관하지 않았다. '리메스'를 건설한다는 사실은 공표하지 않은 채, 갈리아 지방의 국세조사를 한다는 명목으로 현지에 가 있던 도미티아누스가 군대를 총지휘하게 되었다. 원래 도미티아누스는 '임페라토르'를 강하게 의식한 나머지, 그 이름대로 군대를 지휘하여 전공을 세우고 싶어 했다. 제위에 오른 지 2년 만에 카티족과 전투다운 전투를 벌이게 되자, 32세의 황제는 피가 끓었을 것이다. 하지만 그의 불행은 실전 경험이 전혀 없다는 점이었다.

그래도 로마군은 카티족에게 승리를 거두었다. 하지만 깨끗한 승리는 아니었다. 바꿔 말하면 구경꾼의 박수갈채를 받을 만한 승리는 아니었다. 그래서 도미티아누스가 카티족에 대한 승리를 축하하여 수도 로마에서 개선식을 거행하고, 게르만족을 제패한 자를 뜻하는 '게르마니쿠스'를 자칭하기 시작하자, 원로원 의원들은 냉소를 보냈고 일반 시민은 시큰둥한 반응을 보였다.

하지만 잃는 게 있으면 얻는 것도 있게 마련이다. 만약 카티족에게 압승을 거두었다면, 도미티아누스는 주목적인 '리메스 게르마니쿠스' 건설을 잊어버리고 게르만족과의 전쟁에 깊이 발을 들여놓았을지도 모른다. 첫 단계는 네카어강과 평행으로 '리메스'를 건설하는 것이었고, 두 번째 단계는 네카어강을 품안에 끌어안는 '리메스'를 건설하는 것이었다. 제1단계 작업은 순조롭게 진행되었고, 제2단계 작업도 공사를 맡은 군단 소속 기사들에게는 벌써 완성된 모양이 눈에 보일 정도로 진척되어 있었다. 이것이 완벽한 형태를 갖춘 것은 오현제 시대에 접어든 뒤였다. 이 '게르마니아 방벽'의 중요성을 이해하지 못한 것은 수도에 살고 있어서 최전방의 형편을 알지 못하는 사람들뿐이었다고 말할 수밖에 없다. 이런 자들의 전형인 원로원 의원들은 패한 카티족에게 도미티아누스가 관대한 조치를 취한 것까지도 비난거리로 삼았다.

라인강과 도나우강 상류 일대를 '리메스'로 둘러싸면, 로마 제국의 북쪽 방위선은 철벽이 된다. 하지만 아직 도나우강이 남아 있었다. 이쪽 방면을 철벽으로 만드는 일은 더 이상 뒤로 미룰 수 없게 되었다. 도나우강 북쪽 연안의 야만족들이 단결할 움직임을 보였기 때문이다. 그 움직임은 점점 구체화되었다. 도미티아누스가 다음에 수행해야 할 군사적 과제, 아니 로마 방위체제 전반의 다음 과제는 이 도나우강이었다.

로마 제국의 북쪽 방위선이자 오늘날 유럽의 양대 하천인 이 두 강은 다양한 이름을 가지고 있다. 다음은 두 강의 나라별 명칭이다.

라인강(길이 1,320km)	도나우강(길이 2,858km)
라틴어 — 레누스(Rhenus) 이탈리아어 — 레노(Reno) 프랑스어 — 랭(Rhin) 독일어 — 라인(Rhein) 네덜란드어 — 레인(Rijn)	라틴어 — 다누비우스(Danuvius) 이탈리아어 — 다누비오(Danubio) 독일어 — 도나우(Donau) 헝가리어 — 두노(Duna) 루마니아어 — 두너레아(Dunărea) 세르비아어 — 두나우(Dunav) 불가리아어 — 두나프(Dunav)

내각

로마 황제가 강력한 권한을 가지고 있었다는 것은 아무도 이의를 제기할 수 없는 역사적 사실이다. 하지만 강력한 권한을 가지고 있다는 것은 그만큼 많은 문제 해결을 위임받고 있다는 뜻이기도 하다. 도미티아누스는 왕성한 의욕을 가지고 제위에 오른 사람이었다. 게다가 그는 젊었고, 위선을 싫어하는 성격이었다. 황제와 원로원이 함께 제국을 통치한다는 것은 아우구스투스가 아니고는 쓸 수 없는 가면이고, 실제로 통치하는 것은 황제라고 도미티아누스는 생각했다. 그리고 이런 생각을 구태여 감추려고 하지도 않았다. 도미티아누스는 요즘 말로 하면 '내각'이라고 할 수 있는 '제일인자 보좌위원회'(Concilium Princepium)를 개혁하는 작업에 착수했다.

제6권에서 말했듯이, 초대 황제 아우구스투스가 창설한 이 기관은 당초에는 21명으로 구성되어 있었지만, 곧 26명으로 증원되었다. 구성원은 '제일인자'(프린켑스)인 황제, 1년 임기의 집정관 2명, 오늘날의 각 부처 장관에 해당하는 법무관·회계감사관·재무관·안찰관, 그리고 원로원 의원들 중에서 추천으로 선발된 20명이다. 황제가 집정관을 겸하는 해가 많고, 재무관을 두지 않는 해도 있고, 재무관을 두는 경우에도 대개 황제가 겸임하기 때문에 구성원 수는 일정하지 않다. 하지만 이 '내각'이 실제로 제국을 통치하는 것은 창설자 아우구스투스의 참뜻이었고, 그 후 100년 동안 계속된 현실이었다.

도미티아누스의 개혁은 원로원 몫으로 주어진 20명을 줄이고, 그 대신 기사계급 출신을 등용한 것이다.

로마 사회에서 '기사계급'은 원로원 계급에 버금가는 제2계급이고, 원로원 계급이 국정을 독점한 공화정 시대에는 경제 활동에 전념한 '재계'였지만, 제정은 이들에게 관계로 진출할 수 있는 길을 열어주었다. 아우구스투스·티베리우스·클라우디우스 등 제국을 통치했다고 말할 수 있는 황제들은 모두 기사계급 출신을 등용하는 데 열심이었다. '기사계급'이라는 명칭은 공화정 시대에 기병으로서 조국 방위에 참여한다는 의미로 붙여진 것이지만, 이제 그 '알맹이'는 사라지고 '이름'만 남아 있었다. 그런데 제정 시대에 들어오자마자 황제가 임명하는 행정관료로 활약할 수 있는 무대가 이들에게 주어진 것이다. 대항 세력인 원로원과 맞서기 위해서라도, 황제에게는 손발이 되어 움직여줄 인재가 필요했기 때문이다.

이집트 장관, 각 속주의 황제 재무관, 오늘날의 서울시장에 해당하는 수도 행정장관, 수도 경찰청장, 근위대장, 상하수도 최고 책임자, 지방자치단체 의회 의장 등은 거의 다 기사계급 출신이 차지했다. 또한 제정이 정착 단계에 접어들면서 각 군단장도, 여러 개 군단을 지휘하는 사령관도 기사계급 출신이 맡게 되었다. 하지만 이들을 등용한 황제들이 현명했던 것은, 기사계급 출신들을 원로원에 대항하는 세력으로 키우지 않고, 오히려 이들을 원로원에 들여보내 조상 대대로 원로원 계급에 속해 있었던 사람들의 반발을 억제한 점이다.

이들을 원로원에 들여보내는 것은 간단했다. 회계감사관이나 호민관을 지내면 자동적으로 원로원에 의석을 얻을 수 있도록 되어 있었기 때문이다. 그러니까 회계감사관이나 호민관에 당선시키면 된다. 또는 원로원도 인정할 수밖에 없는 업적을 쌓은 사람을 황제가 추천하기만 하면 된다. 기사계급 출신도 원로원에 들어가는 것을 명예로 생각하고 기꺼이 받아들였다. 베스파시아누스를 비롯하여 제8권에 등장하는 인물의 절반 이상이 기사계급 출신인 원로원 의원이다. 공화정 시대에는 국정에서 배제되었던 사람들에게 제정은 국정에 참여할 수 있는 기회와 지위를 준 것이다.

그러나 '내각'에서 원로원 몫을 줄이면서까지 기사계급 출신을 집어넣은 것은 도미티아누스가 처음이었다. 그로서는 이제 기사계급이 제국 통치의 일각을 담당하게 되었으니 당연하다고 생각했겠지만, 원로원이 기꺼이 찬동할 개혁은 아니었다. 그러나 원로원의 반발은 적어도 이 시기에는 아직 표면화하지 않았다. 기사계급 출신을 받아들인 '내각'이 기능을 아주 잘 발휘했기 때문이다. 상상하건대, 도미티아누스가 개혁한 로마 제국의 '내각'은 국회의원이 장관에 기용되는 내각책임제의 내각보다는 원외 인사들 중에서 대통령이 임명하는 사람들로 구성되는 대통령중심제의 행정부와 비슷하지 않았을까. 도미티아누스의 '내각'에서 원로원 몫인 20명이 얼마나 줄어들었는지는 알 수 없다. 하지만 기사계급 출신이 '입각'한 것 자체가 원로원 의원들에게는 황제의 권력 남용으로 보였다.

도미티아누스는 이른바 '관저'를 조직화하는 일도 단행했다. 황제에게 집중되는 엄청난 업무를 처리하기 위해 비서관 체제를 정비한 것이다. 각 비서관의 담당 분야는 이 체제를 처음 채택한 클라우디우스 황제 시대와 같다. 하지만 클라우디우스의 비서관 체제가 제대로 기능을 발휘하는데도 평판이 나빴던 것은 노예 출신의 이른바 해방노예들을 기용했기 때문이다. 그것을 알고 있었던 도미티아누스는 비서

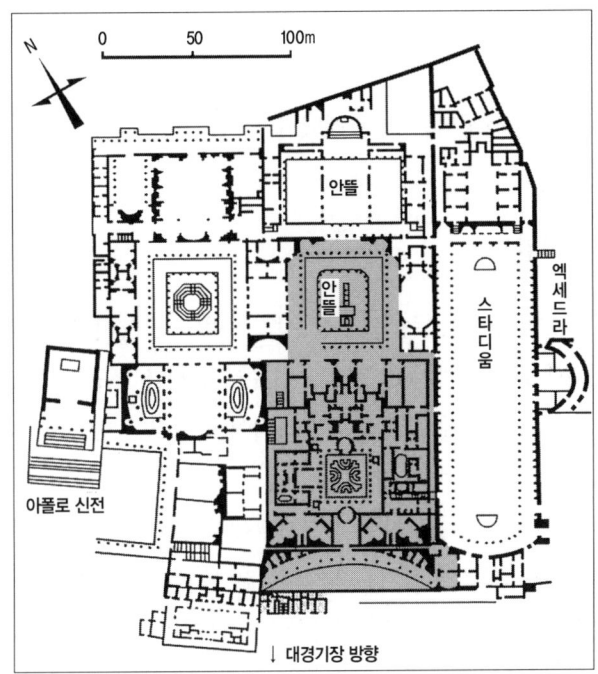

팔라티노 언덕의 도미티아누스 궁전(■는 사적 공간, 나머지는 공적 공간)

관 전원을 기사계급에서 등용했다. 그리고 이 비서관 체제가 좀더 기능을 발휘하도록 하려는 생각이었는지, 아니면 황궁을 로마 황제라는 지위에 걸맞게 바꾸고 싶었는지, 도미티아누스는 팔라티노 언덕의 거의 절반을 차지하는 웅장한 궁전을 지었다. 그것은 사저라기보다 관저였고, 시민들을 초청하여 경기도 벌일 수 있는 본격적인 '스타디움'까지 갖추어져 있었다. 이 궁전으로 말미암아, 그 이전까지는 다른 사람도 살고 있었던 팔라티노 언덕이 이제는 황제의 전용 구역이 되었다.

이렇게 말하면 기사계급 출신밖에 중용하지 않은 것 같지만, 원로원 의원을 홀대한 것은 아니다. 티베리우스 황제가 시작한 위원회 방식은 이제 제국의 통치체제로 정착해 있었고, 티베리우스를 황제의 본보기로 생각한 도미티아누스는 필요하면 당장 다섯 명의 위원을 뽑아서 문제를 해결하는 위원회 방식을 활용했다. 위원회 위원은 원로원 의원들 중에서 선정되는 게 관례였다.

사법

도미티아누스는 꼼꼼한 성격이었던 모양이다. 질서가 없으면 일이 제대로 돌아가지 않는다는 이유로 질서를 존중하는 차원을 넘어, 모든 것이 제자리에 깔끔하게 정리되어 있지 않으면 성에 차지 않을 만큼 질서를 좋아했던 것 같다.

이런 성격이 극장이나 경기장에서 앞좌석을 제공받는 원로원 의원이나 기사계급의 석차를 명확히 정하는 정도에 머무른다면 그냥 웃어넘길 수도 있다. 하지만 엄정한 법집행이라는 측면에서 이 성격이 발휘되면, 때로는 사람들의 간담을 서늘하게 만들기도 한다.

로마에는 건국 당시부터 신성한 불을 지키는 임무를 부여받은 여사제 조직이 있었다. 30년 임기 동안 그녀들은 처녀성을 지킬 의무가 있다. 이 의무를 어긴 경우에 주어지는 처벌은 생매장이었다. 사회적 지위가 높은 이 여인들은 포로 로마노 남동쪽에 마련된 거처에서 생활한다.

평생을 처녀로 지내는 것은 아니라 해도, 소녀 시절부터 여사제가 되는 그녀들은 한창 나이에 독수공방을 해야 한다. 이들의 남자관계가 드러난 적도 전혀 없지는 않았지만, 지금까지는 어느 황제도 예부터 내려오는 법을 엄격하게 집행하지 않았다. 그런데 도미티아누스는 그 법을 엄격하게 집행했다. 남자관계가 드러난 사람이 하필이면 여사제들을 통솔하는 지위에 있는 여제사장이어서 상황이 더욱 나빠졌다. 여제사장은 예부터 내려오는 법에 따라 생매장을 당했고, 상대 남자는 대중

앞으로 끌려나와 죽을 때까지 채찍질을 당했다.

하지만 질서를 존중하는 성향은 인간 사회에 좋은 결과를 가져오는 경우도 적지 않다. 미성년자의 매춘을 엄금하고, 미성년자에게 매춘을 시킨 자를 엄벌하는 법률을 처음으로 제정한 것은 도미티아누스였다. 로마에서는 17세 이하를 미성년으로 규정하고 있었다.

도미티아누스가 무엇보다 싫어한 것은 속주 통치 담당자들의 부정행위였다. 로마에는 공화정 시대부터 임기가 끝난 속주 총독을 속주민이 부정 부패 등으로 고발하는 제도가 있다. 속주 총독은 모두 원로원 의원이지만, 속주민을 대리하여 전직 총독을 고발하는 것도 대개는 원로원 의원이다. '오라토르'라고 불린 로마 시대 변호사들은 원고 측에 서는 경우도 있고 피고를 변호하는 경우도 있는데, 변호사 수임료는 클라우디우스 황제가 정한 1만 세스테르티우스의 상한선이 그대로 내려오고 있었다.

변호사를 겸하던 역사가 타키투스의 재정 형편은 알 수 없지만, 최소한 100만 세스테르티우스의 재산을 가져야만 들어갈 자격이 있는 원로원에 의석을 갖고 있었으니까 부유층에 속했을 게 분명하다. 타키투스의 친구인 소(小)플리니우스는 원래 풍족한 집에서 태어난데다 베수비오 분화 때 사망한 외삼촌 대(大)플리니우스의 유산도 물려받았으니까, 부자였을 것은 의심할 여지가 없다. 그들에게 1만 세스테르티우스의 변호료는 그리 대단한 액수가 아니었을 것이다. 그런데도 '오라토르'를 수없이 맡은 것은, 법률로 문제를 해결하는 법정에서 피고를 고발하거나 변호하는 것이 상류층에 속하는 자의 책무라고 생각했기 때문이다.

황제들도 같은 생각이었을 것이다. 티베리우스와 클라우디우스는 속주 통치의 성과를 법률로 판가름하는 이런 재판에 자주 참석했고, 도미티아누스도 그들을 본받았다. 황제의 가십에만 관심을 기울인 수에토니우스도 공정한 속주 통치를 위해 애쓴 도미티아누스를 칭찬했다. 속주 통치의 선악은 제국 전반의 통치를 좌우할 만큼 중요한 것이었다. 황제들은 이 점을 분명히 인식했고, 황제가 다스리는 통치 방식을 혐오한 타키투스도 여기에 대한 인식에서는 황제들과 마찬가지였다.

서기 4세기 초, 콘스탄티누스 대제 시대의 수도 로마를 나타낸 지도를 보면, 400년 전에 건설된 공공 건조물이 건축 당시의 형태 그대로 남아 있는 것을 알 수 있다. 가장 큰 이유는 역대 황제들이 수리를 게을리하지 않고 유지 보수에 신경을 썼기 때문일 것이다. 아피아 가도는 서기 300년 당시에 이미 600년이 넘은 도로였다.

또 하나 알 수 있는 것은 '세계의 수도'(카푸트 문디) 로마에 당연히 있어야 할 대규모 학교나 병원이 전혀 없다는 사실이다. 그 이유는 앞에서도 여러 번 말했지만, 지극히 로마적인 '민생'의 결과라는 게 내가 세운 가설이다.

그런데 그 지도에 존재하지 않는 것, 아니 로마에 끝내 존재하지 않았던 것이 또 하나 있다. 그것은 드넓은 제국을 운영하는 데 없어서는 안 될 행정관료들을 한곳에 모아놓은 지역, 요즘으로 말하면 관청가다. '세계의 수도' 로마에는 관청가가 없었다.

요즘에 비하면 관료체제가 발달하지 않았기 때문이라고 말할 수 있을지도 모른다. 하지만 로마 제국은 인간이 살 수 있는 땅으로는 후세의 어떤 나라보다 넓은 지역을 다스렸다. 여러 가지 역사적 사실을 토대로 이 의문에 대한 해답을 추측해보자.

관청가가 없었다는 것은 곧 독립된 관료조직이 존재하지 않았다는 뜻이다. 그렇다면 독립된 관료조직을 갖지 않고 어떻게 그 넓은 제국을 운영할 수 있었을까? 여기에 대해서는 학자들, 특히 고고학자들의 연구 성과가 해답의 실마리를 제공해준다.

지방자치

로마인은 이탈리아반도밖에 영유하지 않았던 시절부터 이미 중앙집권과 지방분권을 병립시킨 민족이다. 그 시대의 '중앙'은 승자인 로마였고, '지방'은 로마와 싸워서 패한 이탈리아의 다른 부족이나 그리스계 및 에트루리아계 도시였지만, 그 당시부터 이미 로마는 '중앙'이 해야 할 일과 '지방'에 맡겨도 되는 일을 분리했다. 이런 경향은 광대한 지역을 영유하게 된 제정 시대에도 본국과 속주의 관계로 형태를 바꾸어 계승된다. 현실적인 로마인들이 이 노선을 계승한 것은, 마땅히 그래야 한다고 믿었기 때문이 아니라, 그렇게 하지 않으면 대제국을 통치할 수 없다는 사실을 알았기 때문이다. 중앙집권과 지방분권은 자칫하면 이율배반이 되기 쉽지만, 어쨌든 결과적으로 로마 제국은 중앙집권만으로 운영된 나라가 아니라, 중앙집권과 지방분권을 교묘히 병립시켜 양쪽의 장점이 더 잘 발휘될 수 있는 체제를 구축하는 데 성공했다.

간단히 정리하면, '중앙'은 안전보장과 세제 정비 및 사회간접자본 확충 같은 국가적 사업만 맡고, 그밖에 '지방'에서 할 수 있는 일은 모두 '지방'에 맡겨져 있었다. 로마인이 '지방자치단체'(무니키피아)라고 부른 도시나 읍에는 축소판 원로원이라 해도 좋은 의회가 있고, 지방의회 의원은 선거로 선출되었다. 폼페이 유적에 남아 있는 벽보가 보여주듯, 민회가 유명무실해진 지 오래인 수도 로마보다 지방의 선거운동이 오히려 활발했다.

제정으로 바뀐 뒤에는 지방자치단체가 본국 이탈리아만이 아니라 속주에도 수없이 많았지만, 자치를 인정받아도 재원이 없으면 자치권을 행사할 수 없다. 지방분권이 효력을 발휘하려면 반드시 재원을 확보하여 재정 자립을 이루어야 한다. 당시는 지방세라는 게 존재하지 않은 시대였다.

초대 황제 아우구스투스가 이 점을 배려하지 않은 것은 제정 수립을 무엇보다 우선할 필요가 있었기 때문일 것이다. 하지만 제정을 확립할 의무를 부여받은 제2대 황제 티베리우스와 제4대 황제 클라우디우스는 본국만이 아니라 속주에서도 각 지방자치단체의 재원을 확보하기 위해 노력했다. 베스파시아누스와 티투스 시대에도 이 일은 계속 추진되었다. 따라서 이 일은 '게르마니아 방벽'처럼 도미티아누스가 착수한 사업을 후임 황제들이 완벽하게 마무리했다고는 말할 수 없다. 그래도 도미티아누스가 이 문제에 특히 열성적으로 대처했다고는 말할 수 있다. 이 시대에 처음으로 지방자치단체가 무엇을 재원으로 삼았는지가 분명해지기 때문이다.

비문 등의 기록에 따르면, 지방자치단체가 소유한 토지나 사무실, 점포 등의 임대료가 수입의 대부분을 차지했던 모양이다. 시내 중심가에 있는 '포룸'의 회랑 뒤쪽에 가게를 갖고 싶으면 소유주인 지방자치단체에 임대료를 내는 것이다. 그밖에 공중목욕탕이나 상수도에서도 수입을 기대할 수 있었다. 로마 시대의 '고속도로'는 무료였지만, 수돗물은 돈을 받았다.

하지만 지방세도 없는데다 공중목욕탕 사용료도 정책 가격이라 아주 싸고, 수돗물도 시내 곳곳에서 온종일 흘러나오는 샘물을 사용하면 공짜다. 자택에 수도를 끌어들인 사람한테서 받는 수도요금은 재원이라고 말할 수도 없었을 것이다. 그 정도 재원으로 지방자치단체가 살림을 꾸려나갈 수 있었을까 하고 생각하겠지만, 오늘날에는 지방자치단체의 임무로 여겨지는 일을 그 당시에는 대부분 개인의 기부금에 의존했다는 사실을 잊어서는 안 된다. 자기가 속해 있는 공동체를 위해 사재를 내놓는 것은 혜택받은 자의 책무인 동시에 명예로 여겨졌다. 새 가도나 다리를 건설하는 것은 국가의 임무였지만, 그것을 유지 보수하는 일은 그 가도나 다리가 통과하는 지방의 역할로 되어 있었다. 사재를 내놓아 그 일을 해냈다고 자찬한 비문은 수없이 발굴되고 있다.

생각해보면 로마 제국 전체가 공동체와 개인의 협력으로 운영되었던 것 같다. 국가로서는 발달하지 않은 상태일지 모르나, 뜻밖에도 기능을 잘 발휘했으니 재미있다.

공공사업(2)

개인의 생각으로 이루어지는 일이 중시된 시대니까 로마 황제가 공공사업을 하는 것은 당연하게 여겨졌겠지만, 공공 건설사업은 로마 황제에게 빼놓을 수 없는 임무였다. 로마 황제는 마치 건설부장관도 겸했던 것 같다. 이런 면에서 도미티아누스의 업적은 아버지와 형을 훨씬 능가했다.

앞에서 말한 수도 로마의 공공 건축물을 제외하더라도, 발굴된 비문을 통해 도미티아누스가 착공한 것으로 확인된 건축물만 해도 상당수에 이른다. '기록말살형'으로 비문이 파괴된 것을 고려하면, 실제로는 그보다 훨씬 많았을 것이다. 그것을 열거하면 다음과 같다.

로마 근교의 티볼리, 로마의 외항인 오스티아, 플라미니아 가도의 종점인 리미니, 시칠리아 서부의 항구도시로서 북아프리카에 있는 카르타고와의 연락항인 마르살라 등의 수도공사.

이집트 나일강 유역의 관개공사. 이집트는 본국 이탈리아가 필요로 하는 밀의 3분의 1을 공급하고 있었다.

그리스 델포이에 있는 아폴로 신전의 복구. 아버지나 형과 달리, 도미티아누스는 그리스 문화에 심취해 있었다.

아피아 가도보다 먼저 건설된 라티나 가도의 전면 보수공사. 라티나 가도는 수도 로마와 카푸아를 잇는 도로다. 상식적으로 생각해보아도, 수도 로마에서 오리엔트로 가는 길목인 남부 이탈리아와 로마

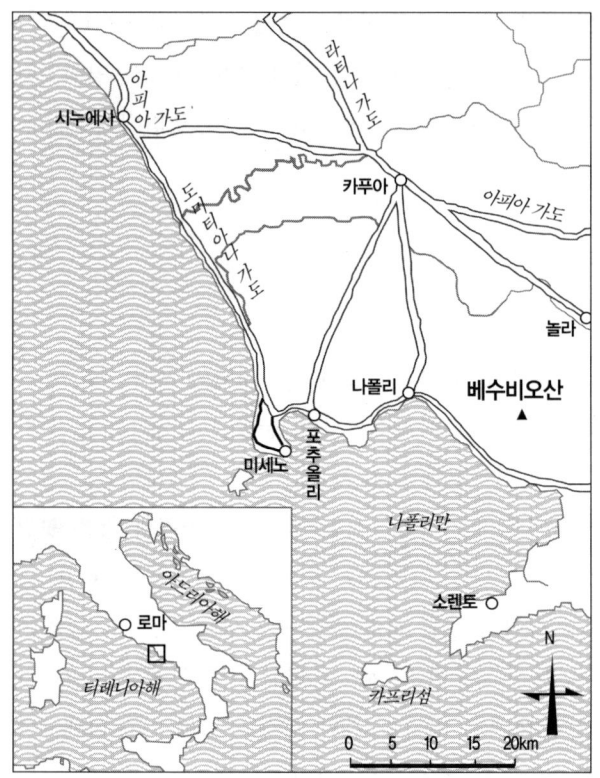

카푸아 주변 도로

를 잇는 도로가 아피아 가도 하나뿐일 리가 없다. 여러 개 있는 것이 당연하다.

'도미티아나 가도' 건설. 도미티아누스가 '기록말살형'으로 단죄되었는데도, 건설자의 이름을 딴 이 가도의 명칭은 '도미티아누스 경기장'(오늘날에는 나보나 광장)과 함께 로마 시대가 끝날 때까지 그대로 남아 있었다. 로마에서 남하한 아피아 가도는 지금은 폐허가 된 시누에사에서 내륙지방으로 들어가 카푸아에 이르지만, 도미티아누스가 건설한 가도는 시누에사에서 그대로 바다를 따라 남하하여 무역항 포추올리를 거쳐 나폴리에 이른다. 그 덕분에 육로를 따라 군항 미세노로 가기도 훨씬 쉬워졌다. 동틀녘에 로마를 떠나면 해질녘에 도착하는 게 보통이었던 여정이 두 시간이면 끝나게 되었다고 노래한 시가 남아 있다. 또한 아피아와 라티나라는 두 간선도로가 합류하는 카푸아에서 포추올리와 나폴리로 가는 도로도 건설되었지만, 그것을 도미티아누스가 건설했는지, 아니면 그가 죽은 지 2년 뒤에 황제가 된 트라야누스가 건설했는지는 확실치 않다. 어쨌든 로마 가도는 단순한 도로가 아니라 정책적인 사업이었다는 것을 실감할 수 있다.

사르데냐섬의 도로망 정비. 사르데냐에 도로망을 깔아서 로마화—로마인의 생각으로는 문명화—하는 것은 낮에도 컴컴한 게르마니아 숲에 로마식 가도를 뚫는 것과 비슷한 의미를 갖고 있었다. 즉 약탈을 나쁜 짓으로 여기지 않는 게 양치기들의 전통이었지만, 도로망이 깔리면 그들도 그렇게 제멋대로 날뛸 수는 없기 때문이다.

아우구스투스가 에스파냐의 베티카 속주에 건설한 '아우구스타 가도'의 전면 보수. 이 공사는 서기 90년에 끝났다.

아프리카 속주의 총독 주재지인 카르타고와 누미디아 속주에 있는 테베스테(오늘날의 테베사) 군단기지를 잇는 가도 보수.

소아시아에서도 특히 흑해에 면한 북부지방의 도로망 정비.

도나우강 하류의 모에시아 속주(오늘날의 세르비아)에 있는 두 개의 군단기지를 연결하는 가도 건설. 이 공사는 서기 92년에 끝났다. 그때까지 '모에시아 속주'라고 부른 도나우강 하류 전역을 방위상의 이유로 양분한 것도 도미티아누스였다. 속주 하나를 두 개로 나누면, 한 사람이었던 속주 총독도 두 사람이 된다. 전방에 있는 속주의 통치는 곧 방위를 의미했고, 황제가 임명하는 속주 총독은 전략 단위인 2개 군단 이상의 지휘권을 가진 무관이었다. 도미티아누스 황제가 최전방이라 해도 좋은 이 일대의 도로망 정비에 열성을 쏟은 것은 직접 군대를 이끌고 다키아족과 싸운 경험에서 교훈을 얻었기 때문일 것이다.

역사가 몸젠은 로마 제국의 국경을 군사적 국경과 정치적 국경으로 나눈다. 군사적 국경이란 그 선을 넘어 쳐들어오면 당장 반격체제가 가동한다는 점을 적에게 보여주기 위한 방위선이다. 앞에 강이 있으면 그 연안에 군단기지를 건설하고, 하천 같은 천연 요새에 의존할 수 없는 지역에서는 '리메스'를 건설하여 적의 침입을 억제하는 것이다. 군사적 국경은 이런 효력 외에, 투입해야 하는 병력을 줄이는 효과도 있었다. 한편 정치적 국경은 아직 완성되지 않은 방위선을 가리킨다. 그곳을 국경으로 삼을 생각은 늘 있지만 지금까지 이렇다 할 필요성에 쫓기지 않은 탓도 있어서 방위선을 구축하는 작업을 서두르지 않았을 경우, 그것을 정치적 국경이라고 한다. 그래도 로마 제국은 정치적 국경을 군사적 국경으로 확립하는 쪽으로 꾸준히 나아가고 있었다.

라인강을 군사적 국경으로 확립한 것은 티베리우스였고, '게르마니아 방벽'을 건설하여 라인강과 도나우강 상류 지역을 군사적 국경으로 확립한 것은 도미티아누스였다. 도나우강을 군사적 국경으로 확립하는 사업의 마지막 단계도 도미티아누스 시대에 시작되었다. 다만 그는 시작만 해놓았고, 도나우강 방위선을 군사적 국경으로 완전히 확립한 사람은 트라야누스와 하드리아누스였다.

'야간경기' 개최

도미티아누스는 이런 '큰 사업'만이 아니라 '작은 일'의 중요성도 아는 황제였다. 이것을 후세는 '빵과 서커스'라는 한마디로 요약하여 비난하지만, 유권자라면 누구나 국정에 대한 판단력을 갖추고 있을 거라고 생각하는 것은 인간성에 대한 환상이다. 환상이 아니라 현실이라면, 선전의 필요성은 사라진다. 어쨌든 굶어 죽을 걱정도 없고 경기도 공짜로 즐길 수 있다면 서민들로서는 나쁠 게 없었다. 게다가 도미티아누스는 사상 처음으로 '야간경기'를 제공한 황제이기도 했다.

등불을 켜려면 돈이 많이 들기 때문에, 서민들은 해가 뜨면 일하기 시작하고 해가 지면 잠을 잘 수밖에 없었다. 그런 시대에 5만 명은 충분히 수용할 수 있는 콜로세움 전체를 환히 비추는 수많은 등불빛 아래서 야간경기를 관전하는 것만큼 서민들을 호사스러운 기분에 잠기게 해주는 일도 없었을 것이다. 황제나 부자들은 등불에 둘러싸여 저녁을 먹는 게 보통이었지만, 일반 서민층은 공화정 시대와 마찬가지로 해가 지기 전에 저녁을 끝내는 것이 당연했다. 로마의 밤하늘은 결코 암흑이 아니다. 특히 여름에는 미드나이트 블루란 바로 이런 색깔을 말하는가 하고 감탄할 만큼 아름다운 감청색을 띤 맑은 밤하늘이 펼쳐진다. 그 밤하늘 밑에서 야간경기를 관전하는 것이다.

그렇긴 하지만, 야간경기를 개최하려면 엄청나게 많은 돈이 들었을 것이다. 역사가들의 기록을 보아도 야간경기는 국가에 특히 중요한 축제일에만 벌어진 모양이다. 중요한 축제일에 열리는 행사에는 황제가 '도시락'을 제공하는 것이 관례였다. 따라서 야간경기를 관전하는 동안 '핫도그나 콜라'를 살 필요도 없었다.

하지만 '리메스'를 건설하고, 사회간접자본에도 돈을 쏟아붓고, 야만족을 상대로 전쟁도 치르고, 야간경기까지 제공하면 국가 재정이 파탄나지 않았을까. 그런데 그런 걱정을 비웃기라도 하듯 건전 재정을 계속 유지했으니 흥미롭다. 도미티아누스의 뒤를 이은 네르바도, 그 뒤를 이은 트라야누스도 국가 재정을 재건하느라 고생할 필요는 없었다. 베스파시아누스가 아들 티투스와 함께 실시한 국세조사를 통해 "세율은 올리지 않되, 받아야 할 곳에서는 정확히 세금을 받는" 세제를 확립한 덕분에 세수입이 늘어났기 때문일 것이다. 동시대인한테는 '인색하다'는 평을 듣고 후세의 연구자들한테는 이상적인 국세청장감으로 평가받는 베스파시아누스가 있었기 때문에, 아들 도미티아누스가 대규모 사업을 광범위하게 벌일 수 있었던 게 분명하다.

기능적이고 공정한 세제는 선정의 근간이고, 이것을 안전보장이나 사회간접자본 확충과 더불어 '중앙정부'의 임무로 생각한 로마인은 정치가 무엇인지를 잘 알고 있는 '정치적 인간'이었을 것이다. 인간은 헤아릴 수 없이 많지만, 아리스토텔레스가 말하는 '정치적 인간'은 많지 않은 것이 인간 사회의 현실이다.

그리고 무언가를 이루면 이룬 대로, 거기서 발생하는 새로운 문제에 직면해야 하는 것이 인간의 숙명이다. 예상된 일이기는 했지만, 34세가 된 도미티아누스에게 부여된 임무는 도나우강 방위선을 강화하는 일이었다. 즉 도나우강을 군사적 국경으로 만드는 작업이다.

브리타니아

서기 85년부터 도나우강 북쪽의 다키아족과 로마 사이에 전쟁이 시작되지만, 그 이야기로 넘어가기 전에 브리타니아 제패에 대해 언급해둘 필요가 있을 듯싶다. 다키아 전쟁과 브리타니아 제패는 얼핏 무관해 보이지만, 사실은 뜻밖에 관계가 깊다. 로마가 브리타니아(오늘날의 잉글랜드와 웨일스)만이 아니라 칼레도니아(오늘날의 스코틀랜드)까지 완전히 제패하기를 고집했다면, 도나우강 방위선을 확립하는 일은 로마 제국에도 엄청난 부담이 되었을 것이기 때문이다.

브리타니아 제패는 이 사업에 처음 손을 댄 율리우스 카이사르가 브리타니아에 상륙했다 철수한 뒤, 90여 년 동안이나 방치되어 있었다. 그 일을 다시 시작한 것은 제4대 황제 클라우디우스였다. 따라서 브리타니아에 대한 본격적인 제패는 서기 43년에 시작되었다고 해야겠지만, 제11대 황제 도미티아누스 시대에는 잉글랜드와 웨일스 지방은 완전히 정복되고 스코틀랜드 제패가 진행되고 있었다. 브리타니아 속주의 수도도 콜체스터에서 로마인들이 '론디니움'이라고 부른 오늘날의 런던으로 옮겨와 있었다. 그렇긴 해도, 브리타니아(오늘날의 잉글랜드와 웨일스)를 정복하는 데에만 40년 세월이 걸린 셈이다. 브리타니아보다 세 배나 넓은 갈리아를 제패하는 데 8년밖에 걸리지 않은 것을 생각하면 지나치게 느린 것 같지만, 그 이유로는 다음 네 가지를 들 수 있다.

첫째, 알프스산맥을 사이에 두고 본국 이탈리아와 맞닿은 갈리아는 안전보장체제를 확립해야 할 필요성 때문에라도 되도록 일찍 제패를 끝내야 했다. 이런 갈리아와는 달리, 좁긴 하지만 바다 건너에 있는 브리타니아에 대해서는 구태여 제패를 서두를 필요가 없었다.

둘째, 갈리아에서는 군사력 외에도 갈리아인을 협박할 수단이 있었지만, 브리타니아에는 그것이 없었다.

갈리아 지도자들에게 카이사르는 양자택일을 강요했다. 피지배자도 공동운명체로 대하는 로마의 지배를 받을 것이냐, 아니면 지배자와 피지배자의 차별이 엄연한 게르만족의 지배를 받기를 바라느냐. 라인강을 건너오는 게르만족의 위협은 갈리아인들에게 악몽이 아니라 현실이었다. 카이사르 시대에도 로마를 택한 갈리아인들은 그로부터 120년 뒤에 일어난 '갈리아 제국' 소동 때에도 게르만족보다는 로마를 선택했다.

갈리아인과 달리 브리타니아인에게는 협박 수단으로 이용할 수 있는 존재가 없었다. 게르마니아와 브리타니아 사이에는 북해가 가로놓여 있고, 아일랜드의 켈트족은 위협이 되지 않았다. 갈리아를 제패하는 데 8년이 걸리고 브리타니아를 제패하는 데 40년이 걸린 것은 갈리아인이 약하고 브리타니아인이 강했기 때문은 아니다.

셋째, 정복 사업을 시작한 두 인물이 제패에 대해 가지고 있었던 생각의 차이 때문이 아닐까. 다시 말하면 율리우스 카이사르와 클라우디우스 황제의 사고방식이 달랐기 때문이 아닐까.

카이사르는 우선 갈리아 전역을 무력으로 제패하고, 그 직후에 내가 제4권에서 '전후 처리'라고 말한 갈리아 재편성까지 해치워, 갈리아 전역을 재빨리 속주로 만들어버렸다. 기존 부족들은 그대로 놓아두고, 부족장들에게는 자신의 씨족 이름인 '율리우스'와 로마 시민권을 주어 로마의 구성원으로 만들었다. 유력 부족의 부족장들에게는 원로원 의석까지 주었는데, 이것이 키케로나 브루투스 같은 보수파의 반발을 사는 원인이 되었다.

한편 클라우디우스는 로마의 패권을 조금씩 넓혀가는 방식을 채택했다. 우선 무력으로 정복한 다음, 그 지역을 재편성하고, 그와 병행하여 사회간접자본을 정비한다는 순서는 카이사르와 같지만, 카이사르가 전국 규모로 전개한 것과 달리 지방 규모로 추진하면서 패권의 고리를 조금씩 넓혀가는 방식이었다. 어느 쪽이 타당했는지는 별문제로 하고, 이 정략의 차이는 두 사람의 성격 차이로 돌릴 수밖에 없다.

넷째, 갈리아와 브리타니아에 대한 로마인들의 생각이 달랐기 때문이 아닐까.

로마인으로는 최초로 도버해협을 건넌 카이사르에게, 브리타니아는 갈리아에 대한 지배력을 유지하기 위해 미리 싸워두는 상대에 불과했다. 브리타니아인은 로마에 굴복하기를 싫어하는 갈리아인과 공모하여 갈리아에 개입할지도 모른다. 갈리아 제패를 진행하고 있는 카이사르는 브리타니아인에게 타격을 주어 개입 가능성을 사전에 꺾어버리는 것으로 충분하다고 생각했다. 그래서 브리타니아에 깊이 들어가지는 않았다.

하지만 만약에 카이사르가 암살당하지 않고 오래 살았다면 어땠을까. 그의 정략으로 미루어보아, 브리타니아를 완전 제패하는 방향으로 나아갔을지도 모른다. 그렇게 되었다면 제패는 단기간에 끝났을 테고, 브리타니아에서도 카이사르식 전후 처리가 이루어졌을 것이다. 하지만 이것은 '만약'의 영역을 넘어서지 못했다. 그 결과, 도미티아누스 시대에는 원로원 의원 600명 가운데 갈리아 출신이 40명을 차지한 반면, 브리타니아 출신은 한두 명 있을까 말까 한 정도에 머물렀다. 이 경향은 그 후에도 변치 않는다.

로마 원로원의 성격으로 보아, 원로원 의원이 되는 것은 제국 전체의 정치를 담당하는 위치에 선다는 뜻이다. 영국은 로마 연구가 가장 활발한 곳이고 연구자들도 가장 열심이라 더욱 딱한 느낌이 들지만,

로마 시대의 잉글랜드는 제국의 다른 어느 곳보다도 낙후되고 소외된 변경의 색채가 짙었다. 원로원 의원의 출신지를 보아도 이 차이는 뚜렷하다. 이왕 로마에 정복당할 바에는 클라우디우스가 아니라 카이사르에게 정복당하는 편이 나았다. 생각난 김에 한마디 덧붙여두면, 맨체스터처럼 '체스터'가 붙는 지명은 요새를 뜻하는 라틴어 '카스트룸'(Castrum)에서 유래했다.

도미티아누스 시대의 브리타니아로 다시 돌아가보자. 아무리 제패를 서두르지 않고 천천히 진행했다 해도, 당시에는 가장 조직적이었던 로마군이 40년이나 소비했다면 성과가 나오는 게 당연하다. 클라우디우스 시대에는 군단기지가 콜체스터 하나뿐이었는데, 도미티아누스 시대에는 카디프와 체스터 및 요크에 군단기지를 두고 브리타니아에 상주하는 3개 군단을 배치하게 되었다. 게다가 베스파시아누스가 기용한 아

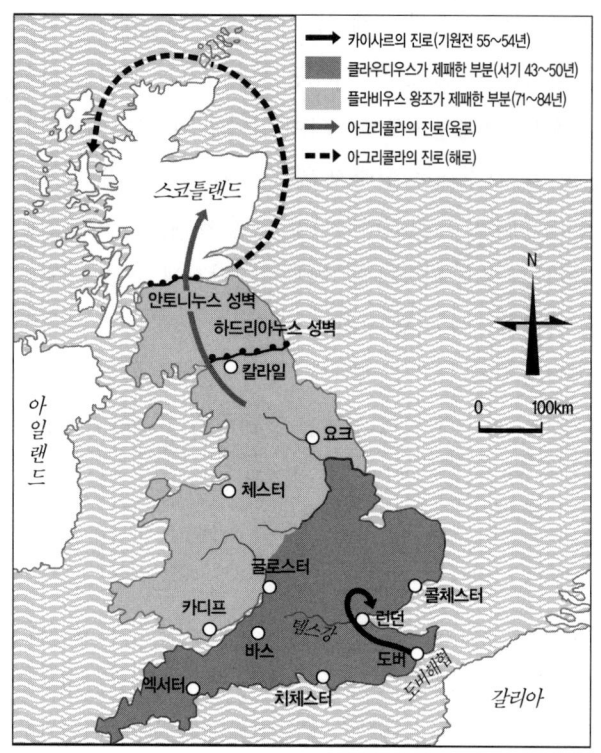

아그리콜라의 스코틀랜드 제패(편의상, 나중에 하드리아누스 황제와
안토니누스 피우스 황제가 세운 성벽도 포함)

그리콜라가 총독에 취임한 서기 78년부터 84년까지 7년 동안은 로마인들이 칼레도니아라고 부른 스코틀랜드 깊숙이까지 제패가 이루어지고 있었다. 에든버러와 글래스고를 잇는 선 북쪽까지 진격했을 뿐 아니라, 로마 함대는 스코틀랜드 북쪽을 도는 항해까지 감행했다. 동시대인이자 아그리콜라의 사위인 타키투스가 브리타니아만이 아니라 칼레도니아까지 제패하는 것도 시간문제라고 생각했다 해도 무리는 아니었다.

그러나 타키투스는 양심적인 지식인으로 후세의 유럽인들이 인정하는 만큼 로마를 제국주의 국가라고 비난하고 싶어 하는 후세가 반드시 인용하는 말도 했다. 『아그리콜라』라는 저서에 나오는 카르가쿠스의 연설이 바로 그것이다. 카르가쿠스라는 인물은 사료에 존재하지 않으니까, 저자인 타키투스가 가공의 브리타니아인을 내세워 자신의 생각을 대변시킨 게 분명하다.

"로마인은 굴복도 복종도 할 가치가 없는 민족이다. 그들은 세계의 약탈자. 육지에는 더 이상 분탕질하고 다닐 땅이 없어졌기 때문에 이제 바다 속에까지 손을 집어넣고 있다. 적이 유복하면 그들은 탐욕스러워진다. 적이 가난하면 오만해진다. 동방도 서방도 그들 로마인의 굶주림과 갈증을 채워줄 수는 없다. 그들은 제국이라는 거짓 이름으로 도둑질과 살인, 약탈을 저지른다. 그러고는 말한다. 세계 평화를 위해서라고. 실제로는 세계를 사막으로 만들면서."

타키투스가 양심적인 지식인으로 칭송받는 이유는 정복자의 일원이면서도 조국에 대한 비판을 잊지 않았기 때문이다. 로마군에 공격당한 쪽에서 보면, 세계 평화 따위는 알 바 아니니까 자기들을 그냥 내버려두라는 심정이었을 것이다. 제3권에서 로마에 계속 반항한 폰투스 국왕 미트리다테스의 주장을 소개했듯이, 나도 타키투스만큼은 아니지만 양심적인 것에는 무관심하지 않다.

하지만 그 타키투스가 다른 곳에서는 또 다른 생각을 토로했으니, 양심적 지식인이라는 건 참 복잡하구나 하는 생각도 든다. 그것은 『게르마니아』라는 저서에 나오는 문장인데, 제목만 보아도 알 수 있듯이 로마인의 숙적인 게르만족을 다룬 책이다. 타키투스는 우선 공화정 시대의 상황을 언급한 뒤에 이렇게 말을 잇고 있다.

"그 시대부터 트라야누스 황제가 두 번째 집정관을 맡은 해까지 무려 200년 세월이 지났다. 게르만족을 무찌르는 데 실로 얼마나 오랜 세월이 필요했는가! 그동안 얼마나 숱한 희생을 치러야 했는가!

삼니움족도 카르타고인도 에스파냐인도 갈리아인도, 아니 파르티아인까지도 우리에게 이렇게 골치아픈 걱정거리는 아니었다. 그런데 게르만족은!

게르만족에게 패한 우리 집정관은 또 얼마나 많은가. 카르보(기원전 113년), 카시우스(기원전 107년), 스카우루스와 카이피오와 마리우스(기원전 105년). 이런 패배로 로마는 집정관 군단 5개(즉 10개 군단)를 잃었다.

아우구스투스 황제 시대에 테우토부르크숲에서 발루스와 3개 군단이 전멸한 사건(서기 9년)은 최대의 비극이었지만, 이긴 싸움에서도 로마는 적잖은 희생을 치러야 했다. 이탈리아 안에까지 쳐들어온 게르만족은 마리우스의 반격으로 쫓겨났고(기원전 101년), 신격 카이사르는 갈리아에서 싸웠고(기원전 58년), 드루수스는 적지 게르마니아로 진격해 들어갔고(기원전 12년), 티베리우스와 게르마니쿠스가 그 뒤를 이어 차례로 게르마니아에서 전투를 벌였다. 이런 싸움에서는 모두 치열한 전투 끝에 로마군이 승리를 거두었다. 그 후에는 칼리굴라의 어리석은 책동을 빼고는 한동안 평화가 계속되었다. 그러다가 서기 69년에 로마의 혼란을 틈탄 바타비족이 반란을 일으켜 갈리아 제국 소동이 일어난다. 이때 게르만족은 로마군의 군단기지까지 파괴하고 약탈했다. 그러나 이 사건은 다행히 일찍 해결할 수 있었다. 오늘날(서기 100년대)에 이르러서야 겨우 게르만족과 싸우면 으레 로마군이 이기게 되었지만, 그렇다고 게르만족을 완전히 굴복시킨 것은 아니다."

양심적인 지식인이라도 상대에 따라서는 호전적이 되는구나 하고 생각하면 쓴웃음이 나오지만, 로마가 제패한 브리타니아에 대해서는 너그러워질 수 있어도, 끝내 완전히 제패하지 못한 게르만족에 대해서는 아무리 조국에 비판적인 타키투스라 해도 애국심이 앞섰을 것이다. 서기 80년대, 도미티아누스 황제의 머리를 차지했던 것도 바로 이 게르만 문제였다.

다키아 전쟁

서기 84년 겨울, 도미티아누스는 7년 동안이나 브리타니아 제패를 혼자 떠맡고 있던 총독 아그리콜라를 본국으로 불러들였다. 타키투스가 『역사』 첫머리에서 "브리타니아는 제패가 끝났는데도 방치되었다"고 씁쓸하게 말한 것은 아그리콜라의 귀국과 함께 로마의 스코틀랜드 제패가 중단되었기 때문이다. 로마는 칼레도니아를 제패하는 것은 단념했지만, 브리타니아를 방치한 것은 아니었다.

그런데 도미티아누스는 왜 이제 와서 스코틀랜드 제패를 포기했을까. 그 무렵 도미티아누스가 도나우강 방위선을 강화하기 위해 군단이 필요했던 것은 분명하다. 이미 도나우강 하류 지역에서는 강북에 사는 게르만족이 자주 불온한 움직임을 보였기 때문이다. 브리타니아에서 도나우 방면으로 군단을 이동시키려면 스코틀랜드 제패는 단념할 수밖에 없다. 전쟁 수행 방식을 바꾸려면 지휘관을 교체하는 것이 가장 효과적이다. 공격을 장기로 삼는 아그리콜라 대신에 수비형 지휘관을 보내면 된다.

도미티아누스의 후임 황제들, 특히 하드리아누스 황제의 브리타니아 대책으로 미루어보아도, 서기 84년 당시에 도미티아누스가 채택한 방책이 잘못되었다고는 생각할 수 없다. 하지만 이미 출동해 있는 군대를 철수시키는 것은 비난의 표적이 되기 쉽다. 아우구스투스는 엘베강을 국경으로 삼기 위해 게르마니아 중심부로 군대를 진격시켰다. 그런데 티베리우스가 이런 아우구스투스의 생각을 물리치면서까지 라인강으로 철수를 감행하자, 타키투스는 티베리우스를 맹렬히 비난했다.

따라서 도미티아누스의 잘못은 칼레도니아 제패를 단념한 것이 아니라, 용장 아그리콜라를 제대로 활용하지 못한 데 있었다고 나는 생각한다. 그 무렵 도나우 전선은 로마의 다른 어느 곳보다도 공격형 지휘관이 필요했다. 도미티아누스가 본국으로 불러들인 아그리콜라를 도나우 전선에 파견하여 다키아 전쟁의 일선 사령관에 임명했다면, 도나우 전선은 다른 양상으로 전개되었을지도 모르고, 아그리콜라에게 심취해 있던 타키투스도 도미티아누스에 대한 비난을 상당히 누그러뜨리지 않았을까.

도미티아누스는 티베리우스를 본보기로 삼았다지만, 티베리우스는 군사적 재능만이 아니라 실전 경험도 풍부했다. 이런 재능과 경험은 전투를 지휘할 때만 발휘되는 것이 아니라, 휘하 장수를 등용할 때도 발휘된다. 이 점에서 도미티아누스는 결함을 지니고 있었다. 이제부터 서술할 다키아 전쟁만큼 도미티아누스의 결함을 분명히 드러낸 사건도 없다.

교역보다는 해적질로, 농경이나 수공업보다는 약탈행위로 생계를 꾸리려는 자가 있는 한 방위의 필요성은 사라지지 않는다. 그리고 방위의 결과가 대화나 타협보다 힘으로 결정되는 경우가 압도적으로 많은 것은 양쪽의 사고방식이나 가치관의 차이 때문이다. 로마 제국은 로마 특유의 공동운명체를 형성하여 제국 내에서는 사고방식을 공유할 수 있게 되었지만, 사고방식을 공유하지 않는 외부인들에 대해서는 걱정이 끊일 날이 없었다. 학교에서 배우는 로마사는 서기 5세기에 일어난 야만족의 침입이 로마 멸망의 원인인 듯한 인상을 준다. 하지만 이것은 완전한 오해다. 공화정과 제정을 통틀어 로마의 역사는 야만족 침입의 역사와 완전히 겹친다고 해도 좋다. 수도 로마까지 야만족이 침입한 기원전 390년부터 로마가 다시 야만족에 유린당하는 서기 410년까지 800년 동안 로마가 존속할 수 있었던 것은 무엇보다 방위력이 건재했기 때문이다. 실제로 서기 5세기에 일어난 야만족의 침입은 '민족 대이동'이라고 부를 정도의 규모였지만, 동로마 제국은 붕괴를 면했다. 콘스탄티노플을 수도로 하는 동로마 제국에서는 방위체제가 기능을 발휘했기 때문이다. 대이동하는 야만족도 이 동로마 제국을 피해 방위체제가 제대로 작동하지 않게 된 서로마 제국으로 쳐들어온 것이다.

민족 간의 충돌이 '사고방식'의 차이 때문이라 해도 좋은 현실에서, 패배자가 되고 싶지 않으면 방위에 대한 노력을 게을리해서는 안 된다. 로마 황제의 양대 책무는 안전보장과 식량보장이었다. 그리고 '식량' 보장은 '안전'을 보장할 수 있어야만 비로소 달성할 수 있는 목표이기도 하다. 황제에 대한 평가가 군사적 업적으로 좌우되는 경향이 있는 것은 황제가 '임페라토르'인 이상 피할 수 없는 운명이었다. 영어로 황제를 뜻하는 '엠퍼러'(emperor)의 어원인 '임페라토르'는 최고 사령관을 뜻한다.

서기 85년 겨울이 가까워지던 어느날, 로마에 충격적인 소식이 전해졌다. 도나우강 하류의 북쪽 연안에 살고 있는 다키아족이 대거 강을 건너 로마 영토인 남쪽으로 쳐들어왔다는 소식이었다. 야만족이 침입했다는 소식은 물론 뉴스이긴 하지만, 충격적인 뉴스는 아니다. 그것이 충격으로 바뀐 것은, 다키아족을 격퇴하러 나간 군단이 참패당하고 그 군단을 지휘하던 모에시아 속주 총독 사비누스가 전사했다는 소식이 뒤이어 도착했기 때문이다.

도미티아누스는 직접 전선에 나가기로 결정했다. 이듬해 봄에 시작될 로마군의 반격을 현지에서 총지휘하기로 결정한 것이다. 그리고 실전 지휘관으로는 근위대장 푸스쿠스를 데려가기로 했다. 푸스쿠스의 경력은 알려져 있지 않다. 하지만 근위대는 국경을 지키는 군단과 달리 전선에서 근무해본 경험이 없다 해도 지나친 말이 아니다. 그 대장인 푸스쿠스가 군복만 화려한 근위대장에 불과했다면, 그런 인물에게 실전 지휘를 맡긴 도미티아누스가 잘못했다고 말할 수밖에 없다. 야만족은 전략 전술도 없이 대거 습격해오기 때문에 대응하기가 어렵다. 그것이 야만족을 상대하는 전투의 특징이다. 정규군은 정규군을 상대하기보다 게릴라를 상대하기가 더 어려운 것과 같은 이치다. 6년 동안이나 칼레도니아에서 게릴라를 상대로 싸운 아그리콜라를 등용해야 했다. 도미티아누스도 개인적으로는 아그리콜라를 싫어하지 않았다. 싫어하기는커녕, 충분한 영예를 주어 경의도 표했다. 그런데 왜 아그리콜라를 활용하지 않았는지 이해하기 어렵다.

그래도 서기 86년에 벌어진 다키아족과의 첫 전투는 로마의 승리로 끝났다. 5개 군단의 주전력과 그와 거의 같은 수의 보조병 외에 근위대의 절반도 참전했다니까, 로마가 동원한 총병력은 6만 명이 넘은 셈이다. 이렇게 많은 병력을 투입하여 다키아족을 일단 도나우강 북쪽으로 쫓아내는 데에는 성공했다.

다키아 족장 데케발루스는 전투를 종결하고 평화조약을 체결하자고 제의해왔다. 로마는 거절한다. 도나우강 북쪽으로 진격하여 다키아족의 본거지를 쳐부수는 것을 두 번째 전투의 목표로 삼았기 때문이다.

서전에서 승리를 거둔 데에 만족한 도미티아누스는 두 번째 싸움은 푸스쿠스에게 맡기고 수도 로마로 돌아갔다. 황제로서 할 일이 산적해 있었기 때문이기도 하다. 하지만 도미티아누스가 전선에 머물렀다 해도 두 번째 전투 결과가 달라지지는 않았을 것이다. '게르마니아 방벽'을 구상하고 실행한 사람이니까, 도미티아누스도 전략적 감각은 갖고 있었다. 하지만 실전은 예측할 수 없는 사태의 연속으로 이루어지고, 임기응변의 능력만이 비극을 면하게 해준다.

도미티아누스가 보고를 받은 두 번째 전투 결과는 참패였다. 1개 군단과 근위병은 전멸하고, 총지휘를 맡고 있던 푸스쿠스도 전사했다는 것이다. 군단기인 은독수리 깃발도 적에게 빼앗기는 수모까지 당했다. 다키아족과의 이 전투는 오늘날의 세르비아와 루마니아 일대에서 벌어졌다. 로마군은 다키아족의 본거지인 사르미제게투사로 쳐들어가기는커녕, 도나우강을 건너 북상하기 시작했을 때 사방에서 협공을 당했다고 한다.

도나우강 중류와 하류 및 주변(편의상, 나중에 생긴 다키아 속주의 경계선도 포함)

도미티아누스에게는 통렬한 타격이었을 것이다. 하지만 그도 로마인이었다. 패배를 맛보았을 때 로마인들이 맨 먼저 생각하는 것은 어떻게 하면 설욕할 수 있을까 하는 것이다.

설욕전 준비는 1년 동안 신중하게 진행되었다. 로마에서는 패배를 경험한 군대를 후방으로 돌리고 새로운 병력을 투입하여 설욕전을 벌이는 경우는 거의 없다. 패배를 맛본 병사들을 다시 전선에 투입한다. 로마군만큼 '설욕'이라는 낱말이 어울리는 군대도 없었다.

사령관이 전사했기 때문에 후임 사령관을 선정해야 한다. 이번에는 신중하게 골랐다. 도미티아누스가 임명한 사령관은 율리아누스였다. 모에시아 속주에 주둔하는 군단장을 지낸 경험이 있고, 기사계급 출신인 푸스쿠스와는 달리 원로원 의원에다 집정관까지 지낸 사람이었다. 이 인사에서는 원로원의 비판을 피하려는 의도가 엿보인다. 그렇긴 하지만, 현지 사정을 잘 알고 다키아족과 싸워본 경험도 풍부한 인물인 것은 분명하다. 설욕전에 투입할 병력을 증강하지는 않았다. 전사자들 때문에 생긴 구멍을 메우기 위해 카르타고에 주둔해 있는 1개 대대가 지중해를 건너 도나우강까지 이동했다는 소문이 사람들의 입에 오르내린 정도였다.

서기 88년, 로마군을 이끌고 도나우강을 건너 다키아 땅으로 진격한 율리아누스는 교묘한 움직임으로 적을 유인하여 평원으로 끌어내는 데 성공한다. 로마군은 넓은 평원을 무대로 벌어지는 회전에서는 천하무적이었다. 결과는 로마군의 대승이었다. 이리저리 도망쳐 다니는 다키아족 병사들을 이번에는 로마군 병사들이 쫓아가서 죽였다. 하지만 다키아족의 본거지까지 쳐들어가지는 못했다. 겨울이 눈앞에 다가와 있었기 때문이다. 그 지방의 겨울이 얼마나 혹독한지를 알고 있는 율리아누스는 도나우강 남쪽으로 철수한 뒤 배다리를 해체하고 이듬해 봄까지 병사들에게 휴식을 주었다.

반란

불만은 대개 상황이 나빠졌을 때 분출하는 법이다. 그러나 서기 88년에서 89년에 걸친 겨울은 상황이 호전된 시기였다. 따라서 왜 그런 시기에 고지 게르마니아군 사령관 사투르니누스가 휘하의 2개 군단을 이끌고 도미티아누스에게 반기를 들었는지 이해하기 어렵다. 하지만 굳이 이유를 찾는다면 몇 가지 경우를 유추해볼 수 있다.

첫째, 황제의 독재 통치를 굳이 감추려 하지 않은 도미티아누스에게 반감을 품은 원로원 의원들이 부추긴 게 아닐까.

둘째, 다키아 전쟁에 전념하고 있는 도미티아누스의 허를 찌를 속셈이었던 게 아닐까.

셋째, 이 무렵 제국 동방에 네로 황제를 자칭하는 인물이 나타났기 때문이 아닐까. 그 사내는 파르티아에 가서, 자기를 앞세워 로마에 대한 군사행동을 일으키라고 권했다. 그렇게 되면 도미티아누스는 도나우강 하류의 다키아족만이 아니라 유프라테스강 동쪽의 강대국 파르티아에 대해서도 시급히 대응책을 강구해야 할 테니까, 그 틈에 서방에서 도미티아누스에 대한 반란의 불길을 댕기려고 생각한 게 분명하다. 제7권에서도 말했듯이, 네로가 로마와 파르티아 사이에 평화를 확립했기 때문에 파르티아 국왕은 네로에게 고마움을 느끼고 있다. 전통적으로 로마의 가상적국인 파르티아가 로마에 반대하여 일어날 마음이 있다면, 네로 황제를 내세우는 것은 무시할 수 없는 효력을 갖고 있었다. 제국 서방에서는 원로원과 시민만이 아니라 군단까지도 네로에게 등을 돌렸고, 결국 네로는 자살할 수밖에 없었지만, 파르티아 문제를 해결하여 동방에 평화를 가져왔기 때문에 오리엔트에서는 네로를 높이 평가하고 있었다.

하지만 국왕은 바뀌었어도, 파르티아는 로마와의 우호관계를 깰 뜻이 없었다. 도미티아누스의 요청에 따라 가짜 네로는 시리아 속주 총독에게 인계되었다. 물론 그 사내는 당장 처형되었다.

따라서 파르티아가 가짜 네로를 옹립하여 로마에 반기를 들리라 믿고 반란의 불길을 댕겼다면, 사투르니누스는 상황을 잘못 판단했다고 말할 수밖에 없다. 하지만 도미티아누스와 동년배인 타키투스도 "파르티아 왕국은 네로 황제를 자칭하는 가짜를 내세워 로마에 반기를 들려 했다"고 말했다. 실제로는 간단히 해결된 사건이지만, 일시적으로나마 로마인의 간담이 서늘해졌던 모양이다. 그리고 가짜 네로 사건과 마찬가지로 고지 게르마니아에서 일어난 반란도 간단히 처리되었다.

고지 게르마니아군 사령관 사투르니누스가 휘하 병사들의 추대를 받아 황제를 자칭한 것은 서기 89년 1월 12일이었다. 도미티아누스는 당장 에스파냐에 주둔해 있는 제7군단장 트라야누스에게 병력을 이끌고 마인츠로 이동하라는 명령을 내리고, 자신은 남아 있는 근위병만 이끌고 북쪽으로 올라갔다. 하지만 황제도 트라야누스도 그렇게 서둘러 달려갈 필요는 없었다. 저지 게르마니아군 사령관인 막시무스가 독자적인 판단으로 군대를 이끌고 남하하여, 본과 코블렌츠의 중간 지점에서 사투르니누스파 병사들을 무찔렀기 때문이다. 1월 25일에는 모든 상황이 끝나 있었다. 사투르니누스는 자결했고, 그를 황제로 추대했던 병사들은 자신들의 경거망동을 인정하고 용서를 구했다. 내전이라고 말할 수 있을 정도의 유혈사태도 일어나지 않았다.

그러나 문제가 해결된 뒤에 마인츠에 도착한 도미티아누스는 문제가 해결되었다고 생각하지 않았다. 그로서는 처음 겪은 반란이었다. 자결하기 전에 사투르니누스는 남에게 누를 끼칠 위험이 있는 서류를 모두 불태워버렸지만, 도미티아누스의 분노는 격렬했다. 사투르니누스의 야욕에 공모자가 된 군단 장교들 중에서 여러 명이 처형되었다. 도미티아누스는 에스파냐에서 갈리아를 가로질러 도착한 트라야누스를 고지 게르마니아군 사령관에 임명했다.

행운의 여신

참으로 운명이란 무슨 계기로 바뀔지 모르는 법이다. 인간의 행운과 불운을 행운의 여신이 변덕을 부린 결과로 여기고 싶어 하는 인간의 심사도 이해할 수 있을 것 같다.

이 사건이 일어나지 않았다면, 30대 중반에 불과한 트라야누스가 고지 게르마니아군 사령관에 발탁되지는 않았을 것이다. 그의 아버지는 베스파시아누스와 티투스 치하에서 유대 전쟁을 치른 군단장이었다. 그러므로 트라야누스는 베스파시아누스처럼 밑바닥부터 차근차근 진급한 군인은 아니었다. 하지만 베스파시아누스는 기사계급 출신이라도 본국 이탈리아 태생인 로마인이다. 반면에 트라야누스는 아버지가 베스파시아누스 황제의 배려로 원로원 의원이 되고 귀족 칭호까지 받은 신분이긴 하지만, 에스파냐 속주 출신이었다. 이 트라야누스가 9년 뒤에는 네르바 황제의 양자가 되어 최초의 속주 출신 황제가 되었는데, 평온한 에스파냐에서 1개 군단을 지휘하며 세월을 보냈다면 아무리 현명한 네르바 황제라도 그를 후계자로 지명하지는 못했을 것이다. 속주 출신이 황제가 되면 기존 지배층의 반발을 살 게 분명하다. 트라야누스의 이 약점을 보완해준 것이 고지 게르마니아군 사령관으로서 9년 동안 쌓은 업적이었다. 로마군만이 아니라 어느 나라 군대도 마찬가지겠지만, 최전방에서 지휘를 맡는 것은 승진이다. 같은 총독이라도, 위험한 전선에서 근무하는 것과 안전한 후방에서 근무하는 것은 무게가 전혀 다르다. 30대 중반에 이 요직에 앉을 수 있었던 것이 트라야누스를 황제의 길로 인도한 셈이다.

하지만 트라야누스보다 두 살 위인 도미티아누스에게는 행운의 여신이 미소를 보내지 않았다. 다키아족과의 전투에서는 대승을 거두었다. 하지만 그것을 활용하지는 못했다. 주변 상황이 완전히 달라져버렸기 때문이다.

평화협정

오늘날의 오스트리아 수도 빈, 헝가리 수도 부다페스트, 세르비아 수도 베오그라드는 모두 로마 군단기지에서 유래한 도시들이다. 빈에서 부다페스트까지 동쪽으로 흘러온 도나우강은, 거기서 베오그라드까지는 거의 정남쪽으로 방향을 바꾸었다가, 거기서 다시 동쪽으로 완만한 곡선을 그리며 흑해로 흘러든다. 고대 로마인은 시대와 무관한 지리적 거리를 바탕으로 하지 않고, 시대와 밀접한 관계가 있는 지정학적 관점에서 도나우강을 세 부분으로 나누었다. 그 관점에 따르면 빈까지가 도나우강 상류, 빈에서 베오그라드까지가 중류, 베오그라드에서 흑해까지가 하류다.

서기 1세기 말의 황제였던 도미티아누스는 이 지역에 두 개였던 속주를 네 개로 재편성한다. 도나우강 상류인 서쪽에 있는 판노니아 속주를 '가까운 판노니아'(판노니아 수페리오르)와 '먼 판노니아'(판노니아 인페리오르)로 나누고, 하류인 동쪽에 있는 모에시아 속주를 '가까운 모에시아'(모에시아 수페리오르)와 '먼 모에시아'(모에시아 인페리오르)로 분할한 것이다. 방위체제를 강화하기 위해서였던 게 분명하다.

로마인들이 로마 제국의 존속은 도나우강 중류에서 하류에 걸친 이 방위선을 지키는 데 달려 있다고 인식하기 시작한 게 서기 1세기 말이었다. 도나우강 상류 지역은 라인강 연안의 본과 도나우강 연안의 레겐스부르크를 잇는 '게르마니아 방벽'이 건설되면서 철벽 같은 군사적 국경으로 바뀌어 있었기 때문이다.

그러나 로마인은 카이사르가 시작하고 티베리우스가 정착시킨 정책에 따라, 아무리 국경을 철벽으로 만들더라도 국경 안팎을 단절하지 않고 교류를 허용했다. 아니, 사람과 물자의 교류는 오히려 장려했다. 방위선 밖의 부족들에게도 로마에 병력을 제공하거나 물자를 교역할 기회를 주어 로마와 우호관계가 성립되면, 우방이라고는 할 수 없다 해도 최소한 적이 되지는 않기 때문이다. 이렇게 로마는 국경 밖에도 우호적인 부족을 갖는 정책을 계속 추진하고 있었다. 이른바 '분리하여 지배하라'는 정책이다.

따라서 국경 밖에 사는 부족들의 존재 자체는 위협이 아니었다. 그런 부족들이 단결하는 게 위협이었다. 다키아족이 로마에 위협적인 존재가 된 것은 족장이 왕을 자칭했을 만큼 주변의 약소 부족들을 통합하는 데 성공했기 때문이다.

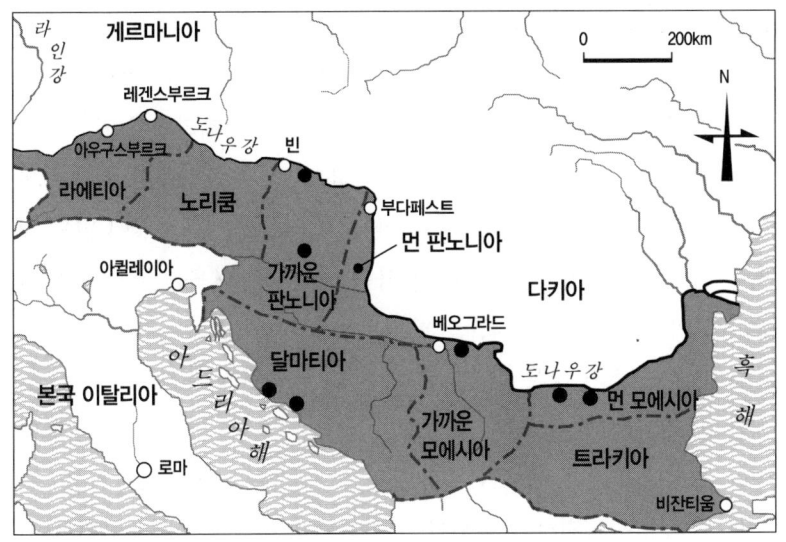

속주를 재편한 뒤의 도나우 군단 배치도(● 는 군단기지 소재지)

이 다키아족의 세력은 유능한 지도자 데케발루스를 얻은 덕분에 더욱 강해진다. 데케발루스는 자기 부족의 거주지인 도나우강 하류만이 아니라 중류 지역에 사는 마르코만니족·콰디족·야지게스족까지 합병하여 도나우강 북쪽 일대에 왕국을 세우려는 야망을 품고 있었다. 마르코만니족과 콰디족과 야지게스족은 로마에 병력을 제공하고 물자를 교역하면서 로마와 우호관계를 유지하는 부족들이다. 빈 서쪽에서 베오그라드에 이르는 도나우강 북쪽에 사는 이들 부족은 게르만계에 속했다.

이들 세 부족이 개별적으로나마 로마에 반기를 들 움직임을 보이기 시작한 것이다. 그것도 로마가 다키아에 참패당한 뒤가 아니라 대승을 거두어 설욕한 뒤에 움직이기 시작했다. 같은 도나우강 북쪽에 사는 다키아족의 압력이 약해졌다고 생각했기 때문일까. 어쨌든 도나우강 하류 지역에서 다키아에 대승을 거둔 로마는 도나우강 중류 지역에서 새로운 적과 직면하게 되었다.

도미티아누스 황제는 중류와 하류에서 여러 적과 동시에 맞붙는 것은 불리하다고 생각했다. 실제로 첫 번째 시도는 보기 좋게 실패로 끝났다. 그리고 다키아 왕 데케발루스도 참패를 맛본 뒤에는 열세를 만회할 방법을 찾고 있었다. 여기서 로마와 다키아의 이해관계가 일치했다. 다키아와 평화협정을 맺으면 로마는 중류의 세 부족에 대한 반격에 전념할 수 있고, 대국 로마를 무력이 아닌 외교에 의존할 수밖에 없는 처지로 몰아넣은 다키아는 도나우강 북쪽 전역에서 위세를 높일 수 있다는 계산이었다.

도미티아누스가 죽은 뒤 '기록말살형'에 처해졌기 때문에 확실한 날짜는 알 수 없지만, 로마와 다키아의 평화협정은 서기 94년 무렵에 맺어진 것으로 보인다. 이 무렵부터 도나우강 중류 지역에서 로마군의 반격이 적극적으로 변하기 때문이다. 어쨌든 도미티아누스는 다키아 왕의 대리인으로 로마를 방문한 왕자를 우호국 군주처럼 대우했다.

평화협정 내용도 '기록말살형' 때문에 알 수 없다. 그러나 한 가지만은 알려져 있다. 로마가 다키아에 참패했을 당시 포로가 된 로마 병사를 돌려받는 대가로, 포로 1인당 1년에 2아시스를 다키아 쪽에 지불한다는 조항이다.

포로가 몇 명이었는지도 알 수 없다. 그리고 1인당 1년에 2아시스를 지불하는 것도 영구적인 것인지 아니면 기한이 정해져 있었는지도 알 수 없다.

도미티아누스로서는 다키아족의 본거지까지 쳐들어갈 가능성이 멀어진 이상, 본거지에 붙잡혀 있는 로마 병사를 구해내려면 돈으로 사는 수밖에 없다고 생각했는지도 모른다. 2아시스는 공중목욕탕 입장료의 네 배다. 시장에서 거래되는 밀가루 500그램 값에 불과하다. 병사 연봉을 기준으로 하면 450분의 1이다. 이만한 비용으로 도나우강 하류 지역에 대한 걱정을 접을 수 있다면 값싼 대가라고 생각했을지도 모른다.

하지만 이 협약이 로마인들의 비난을 사게 되었다. 로마인은 1개 군단 6천 명이 전멸한 것도 참아냈다. 그러나 평화를 돈으로 사는 것은 용납할 수 없었다. 그 돈이 아무리 상징적인 액수에 불과하더라도, 아니 그렇기 때문에 더욱 받아들일 수 없다고 생각했다. 패자가 승자에게 바치는 연공(年貢) 같은 느낌이 들기 때문이다. 평화란 어떤 대가를 치르고라도 얻을 가치가 있는 것일까? 이 문제에 대한 해답은 제정 중기에 접어들고 있는 이 시대에도 로마인들에게는 새삼 생각해볼 필요도 없을 만큼 분명했을 것이다.

하지만 평화협정이 체결된 직후의 몇 년 동안은 자존심을 희생하여 얻은 이 평화가 큰 효력을 발휘했다. 다키아 왕은 협정을 지켰고, 로마군은 도나우강 북쪽까지 진격하여, 오랫동안 로마와 우호관계에 있었으면서도 하필이면 이 시기에 로마 영토를 침범한 세 부족을 철저히 응징할 수 있었다.

그러는 동안에도 도미티아누스는 자주 전선을 시찰하고, 군단기지를 강화하려고 애썼다. 도나우강 남쪽에 배치된 군단기지가 석조 건물이 늘어선 도시로 변모한 것은 이 시기였다. 우호관계가 된 다키아족의 거주지와 마주 보고 있는 도나우강 하류에서도 군단기지를 도시화하는 작업이 계속 추진되었다. 평화협정을 맺은 상대에 대해서도 방위 노력을 게을리하지 않는 것은 모순이 아니라 당연한 일이라고 로마인들은 생각했기 때문이다. 파르티아나 아르메니아와 우호관계가 지속되는데도 그 국경에 군단을 계속 배치한 것과 마찬가지다.

그렇다면 원로원이나 시민에게 불만을 살 줄 뻔히 알면서 군이 다키아족과 평화협정을 맺은 것은 최고 통치자로서 올바른 선택이었을까.

하나의 '계측기'

철학은 배웠지만 역사를 전문적으로 배운 적이 없는 나는 르네상스 시대의 이탈리아나 고대 로마에 대해서는 아마추어에 불과하다. 따라서 내가 쓰는 로마사는 학자가 쓰는 로마사가 아니라 작가가 쓰는 로마사다. 그렇긴 해도, 브레히트(독일의 작가)나 유르스나르(프랑스의 작가)의 작품을 보아도 알 수 있듯이, 작가라고 해서 제멋대로 쓸 수는 없고, 작품 소재로 선택한 이상 거기에 대해 조사하거나 연구할 필요가 있다. 따라서 조사와 연구의 필요성은 학자나 작가나 별차이가 없지만, 거기에 임하는 자세는 다른 것 같다. 그 차이를 한마디로 말하면, 학자는 사료를 믿는 경향이 강하지만 작가는 사료가 있어도 그것을 절대적으로 믿지는 않는다는 것이다.

역사적 '증거'는 크게 역사 기술과 고고학적 성과로 구분할 수 있는데, 역사 기술은 본래 객관적 태도를 취하기가 어려운 사람이 남긴 기록이고, 고고학적 성과도 현재까지 발굴된 유물에 한정될 수밖에 없다. 이 두 가지 점을 무시할 수 없기 때문에 무조건 믿을 마음이 나지 않는 것이다. 역사 기술은 어디까지나 그것을 저술한 사람이라는 '필터'를 통과하면서 한번 걸러진 역사적 사실이다. 그리고 고고학적 성과는…… 예컨대 도시 로마를 보기로 들면 충분할 것이다. 현대의 로마는 고대 로마 위에 세워져 있기 때문에, 로마 제국 시대에 '세계의 수도'였던 고대 로마의 전모를 철저히 밝혀내고 싶으면 현대의 로마에 사는 사람들을 모두 어딘가로 이주시키고 로마 시가지 전체를 발굴할 수밖에 없다. 폼페이는 매몰되었기 때문에 사람이 살 수 없게 되었고, 따라서 그 땅에 사는 사람들을 이주시킬 필요가 없었기 때문에 전면적으로 발굴하여 고대 도시를 실상 그대로 세상에 드러낼 수 있었다. 폼페이가 고고학적으로 중요한 의미를 갖는 것은 그 때문이다.

이처럼 역사적 증거나 사료는 불확실성을 갖게 마련이지만, 그래도 여기에 바탕을 두지 않고는 역사를 쓸 수 없다. 하지만 그것을 절대적으로 믿는 것과 의심을 품으면서 참고하는 것은 역시 다르다. 이 차이는 인간성을 어떻게 보느냐에 따른 차이가 아닐까.

그러면 학자가 아닌 나는 인간성을 어떻게 보는가. 로마사를 쓰면서 내가 판단 기준으로 삼은 것이 하나 있다.

최고 통치자인 황제가 행한 일이 공동체(레스 푸블리카), 즉 국가에 이로웠느냐 해로웠느냐를 판정할 때, 나는 타키투스를 비롯한 역사가들의 평가보다는 그 황제의 후임자들이 그의 정책이나 사업을 계승했느냐 아니냐를 판단 기준으로 삼았다.

이 '계측기'를 가지고 평가해보면, 로마 역사상 최고의 통치자는 뭐니뭐니 해도 역시 카이사르와 아우구스투스다. 로마 제국은 결국 이 두 사람이 만든 것이다. 로마인들도 이 두 사람만 계속 '신격'(神格)이라고 불렀으니까, 그들도 나와 동감이었던 게 분명하다. 그리고 이들을 뒤이은 티베리우스와 클라우디우스도 타키투스나 수에토니우스한테는 나쁜 황제로 낙인이 찍혔지만, 내 '계측기'에 따른 평가에서는 상당히 명예를 회복할 수 있다. 그렇다면 악명 높은 로마 황제의 전형인 네로는 어떨까.

파르티아와 항구적인 우호관계가 수립된 것은 코르불로의 훌륭한 준비 작업 덕택이긴 하지만, 코르불로에게 지시를 내린 것은 네로 황제다. 그 결과, 당시 양대 강국의 우호관계는 무려 반 세기 동안이나 지속되었고, 그 관계를 깬 것은 파르티아가 아니라 로마의 트라야누스 황제였다. 파르티아와 관계가 좋았던 반세기 동안 제위에 오른 황제는 내전 기간의 세 사람을 제외하면 베스파시아누스·티투스·도미티아누스·네르바다. 이들은 모두 네로가 성립시킨 평화협정을 그대로 지켰다. 그리고 공격형 황제였던 트라야누스의 뒤를 이은 수비형 황제인 하드리아누스와 안토니누스 피우스는 네로의 외교 노선을 계승하여 또다시 반세기 동안 파르티아와 우호관계를 유지했다. 외교면에서는 네로의 공적이 컸다고 말할 수밖에 없다.

그렇다면 네로의 '도무스 아우레아'(황금 궁전) 건설은 어떻게 평가해야 할까.

이 사업은 그리스 문화에 심취해 있던 네로가 수도 로마의 도심에 그리스식 아르카디아, 즉 수목이 울창한 이상향을 실현하기 위해 착수한 것이다. 오늘날의 환경보호론자가 적극적으로 지지할 게 분명한 좋은 동기에서 출발했다. 하지만 좋은 동기가 반드시 좋은 결과로 이어지는 것은 아니다. 카이사르처럼 "나쁜 결과로 끝난 일도 처음에는 좋은 동기에서 시작된 경우가 많다"고 말하는 사람도 있을 정도다. 네로가 꿈꾸었던 '푸른 도심'은 베스파시아누스가 콜로세움을 세우고 티투스가 공중목욕탕을 짓고 트라야누스가 그보다 더 큰 공중목욕탕을 짓고 하드리아누스가 신전을 세우는 바람에 흔적도 없이 지상에서 사라져버렸다. 대도시의 도심을 어떻게 활용할 것이냐 하는 점에서 네로와 다른 로마인들의 생각이 달랐기 때문이다. 도심은 그곳에 모인 시민들이 함께 하는 일에 활용되어야 한다는 로마식 사고방식을 기준으로 하면, 그런 로마인의 심정에 어긋나는 일을 단행한 네로는 최고 통치자로서 잘못을 저질렀다고 말할 수밖에 없다.

그러면 네로와 마찬가지로 죽은 뒤에 '기록말살형'에 처해진 도미티아누스 황제의 업적은 어떻게 평가해야 할까.

내가 지금까지 이야기한 그의 업적은 모두 후임 황제들에게 계승되었다. 법을 집행할 때의 지나친 엄격함만 다소 누그러졌을 뿐이다. 미성년자 매춘 금지법도 그 후 오랫동안 살아남았다. 하지만 어떤 업적보다도 가장 특기할 만한 것은 라인강과 도나우강의 방위선을 연결하여 국방의 기능성을 향상시킨 '리메스 게르마니쿠스'(게르마니아 방벽)일 것이다. 타키투스 같은 문인은 이것을 무시했지만, 도미티아누스의 후임 황제들 가운데 '리메스 게르마니쿠스'를 보강하는 데 신경을 쓰지 않은 사람은 하나도 없다. 아피아 가도와 마찬가지로, 건설 의도가 분명하고 건설 장소가 올바로 선택되기만 한다면 후임자들은 그것을 보강하거나 유지 보수하는 일만 하면 된다. '게르마니아 방벽' 건설은 도미티아누스의 최대 업적이라 해도 좋다.

그렇다면 다키아족과의 평화협정은 어떻게 평가하는 것이 타당할까.

서기 96년에 사망한 도미티아누스의 뒤를 이어 제위에 오른 것은 네르바다. 하지만 네르바는 1년도 지나기 전에 트라야누스를 양자로 삼아서 후계자를 명확히 한다. 네르바가 죽고 트라야누스가 제위에 오른 것은 서기 98년이다. 트라야누스는 황제가 된 뒤에도 사령관 시절의 임지인 고지 게르마니아('리메스 게르마니쿠스'도 포함된다)에 남아서 전쟁 준비에 몰두한다. 그리하여 서기 101년에 시작된 것이 역사상 유명한 '다키아 전쟁'이다. 도미티아누스 황제가 성립시킨 다키아족과의 평화협정은 그가 죽은 지 5년도 지나기 전에 트라야누스 황제에 의해 휴지 조각이 되어버린 셈이다.

로마인들은 역시 돈을 주고 얻은 평화를 납득하지 못했던 것이다. "다키아족은 로마에 지고도 위세를 올리고 있다"는 타키투스의 개탄이 당시 로마인들의 생각이었을 것이다. 말이 나온 김에 덧붙여두면, 역사가 타키투스는 도미티아누스보다 네댓 살 젊었다. 둘은 말뜻 그대로 동시대인이었다.

도미티아누스를 바라보는 시민들의 눈초리가 차가워졌을 게 분명하다. 하지만 도미티아누스 자신은 별로 개의치 않았던 것 같다. 황제가 가진 권력의 절대적 우월성을 믿었는지도 모른다. 이 점도 그렇지만, 고독을 사랑하고 폐쇄적인 성격이었다는 점에서도 그가 본보기로 삼은 티베리우스와 비슷하다.

티베리우스도 그랬지만, 도미티아누스도 제국 통치의 최고 책임자로서 마땅히 해야 한다고 생각한 일은 누구하고도 의논하지 않고 실행에 옮겼다. 그중 하나는 교육 개혁이었다. 이것도 '게르마니아 방벽'과 마찬가지로 후임 황제들에게 계승된 정책이다. 아니, 로마 제국이 멸망한 뒤에도 오랫동안 계승되었으니까 '게르마니아 방벽'보다 더 긴 생명을 누렸다고 해야 할지도 모른다.

교육 개혁

네로 황제와 같은 서기 37년에 태어난 마르쿠스 파비우스 퀸틸리아누스는 이름만 보면 본국 태생의 로마인처럼 보인다. 그런데 사실은 에스파냐 북부의 사라고사에서도 에브로강을 거슬러 올라간 곳에 있는 칼라오라라는 도시에서 태어난 속주민이다. 하지만 교사인 아버지에게 이끌려 어릴 때 로마로 이주했기 때문에, 로마에서 자랐다 해도 좋다. 율리우스 카이사르가 제정한 법률에 따라 교사도 의사와 마찬가지로 로마 시민권을 취득할 수 있었고, 시민권은 세습권이기 때문에 퀸틸리아누스도 성년이 되자마자 로마 시민이 되었다. 수도 로마에서는 아버지의 배려 덕분에 경제력이 허용하는 수준보다 더 높은 교육을 받을 수 있었다.

22세에 그는 고향 에스파냐로 돌아왔다. 아버지가 세상을 떠났는지도 모른다. 퀸틸리아누스는 고향에 돌아와 교편을 잡았지만, 소도시인 칼라오라가 아니라 속주 총독의 주재지인 타라고나를 직장으로 선택한 모양이다. 네로 황제의 후임으로 추대된 에스파냐 총독 갈바가 로마로 갈 때 퀸틸리아누스도 동행했기 때문이다. 이리하여 퀸틸리아누스는 황제 세 명이 차례로 교체된 서기 68년부터 69년까지의 로마를 자기

눈으로 보게 되었다. 그를 발탁하고 돌봐준 갈바가 살해된 뒤에도 퀸틸리아누스는 그대로 로마에 머무르면서, 제국의 수도에서 다시 교편을 잡는다.

교사로서는 아버지보다 성공했다. 40세가 되기 전에 변론술 학교를 개설했기 때문이다. 이곳은 말하자면 하버드대학의 '로스쿨'(법과대학원) 같은 곳이었다. 어쨌든 제자들이 쟁쟁했다. 타키투스와 소(小)플리니우스도 퀸틸리아누스의 '로스쿨' 졸업생이었다. 나중에 황제가 된 하드리아누스도 청년 시절에 여기서 공부했다. 퀸틸리아누스는 제자들만 가르치는 것이 아니라 직접 법정에 서서 변론도 했으니까, 교과 과정은 이론과 실제가 균형있게 배합되어 있었을 게 분명하다.

학교를 개설하고 변호사도 겸했지만, 퀸틸리아누스는 청빈하기로 유명했다. 그렇지만 그는 "변호사란 많은 사람이 가지고 있지 않은 재능을 발휘하여 남을 위해 봉사하는 직업"이라는 신조를 스스로 실천했을 뿐이다. 이런 신조를 가진 사람을 아버지로 두면 가족이 고생하는 법이다. 딸 하나는 돈이 없어서 결혼도 못하다가 보다 못한 소플리니우스가 결혼자금을 마련해준 덕분에 겨우 결혼할 수 있었다. 하지만 청빈을 좋아하는 베스파시아누스 황제가 그런 퀸틸리아누스에게 호의를 베풀어주었기 때문에, 이 에스파냐인은 1년에 10만 세스테르티우스의 봉급을 받게 된다. 국가에서 봉급을 받은 교육자는 그가 처음이었다.

황제가 티투스에 이어 도미티아누스로 바뀐 뒤에도 퀸틸리아누스에게는 연봉이 계속 지급되었다. 하지만 도미티아누스는 이 고명한 교육자를 다른 일에 활용하기로 마음먹었다. 황제가 생각해낸 일인지, 아니면 퀸틸리아누스가 자주 궁전에 초대되어 황제와 대화를 나눈 결과인지는 알 수 없다. 어쨌든 고대의 유일하고도 체계적인 교육론은 이렇게 탄생했다.

라틴어로 '엘로퀸티아'(eloquentia: 영어로는 eloquence, 이탈리아어로는 eloquenza)는 웅변이나 변론으로 번역되고, 자기 생각을 남에게 전달하는 기술을 뜻하는 웅변술이나 변론술로 번역되는 경우도 많다. 하지만 '엘로퀸티아'는 말을 효율적으로 사용하여 자기 생각을 적절히 표현하는 수사법(rhetorica)의 의미도 포함하고 있다. 나는 웅변이나 변론이 아니라 설득력이라고 번역하는 경우가 많았다.

'엘로퀸티아'를 배우는 목적이 우선 자기 생각을 남에게 좀더 효과적으로 전달하기 위해서인 것은 말할 나위도 없다. 하지만 사용하는 '무기'가 언어인 이상, 두 번째 목적이라고 할 수 있는 또 다른 효능도 있지 않을까.

그것은 머릿속에서 생각한 것을 말로 표현하는 과정에 생각 자체가 좀더 명료해지는 효능이다. 이렇게 되면 '엘로퀸티아'는 인격 형성의 한 수단이 된다. 고대 로마인들이 '엘로퀸티아'를 중시한 것은, 다시 말해서 수사학이 빼놓을 수 없는 교양 과목으로 여겨진 것은 수사법을 습득하여 정치가나 변호사로 출세하려는 목적 외에 자신의 생각을 명확히 해주는 효능을 기대할 수 있었기 때문이다. 카이사르나 타키투스의 저서에서 볼 수 있듯이, 로마인의 문체는 간결하고 명쾌한 것이 특징인데, 그것도 '엘로퀸티아'를 중시한 성과로 여겨진다.

퀸틸리아누스가 쓴 12권의 『인스티투티오 오라토리아』(*Institutio Oratoria*)는 말뜻 그대로 번역하면 『변론술 대전(大全)』이라고 할 수밖에 없다. 하지만 내용을 고려하여 의역하면 『교육론 대전』이라고 해도 좋다. 이 저작은 퀸틸리아누스가 20년 이상 교육 현장에서 쌓은 경험을 토대로, 미래의 지도자가 될 청소년들에게 필요한 교양을 어떻게 가르치면 좋은지를 교사들에게 설파하기 때문이다.

그 내용을 보면 '엘로퀸티아'의 실제 형태인 '오라토리아'의 역사, 의미, 교육법, 법정에서의 활용례 등 다양하지만, 어디까지나 배우는 학생이 아니라 가르치는 교사를 대상으로 쓰여 있다. 이 책을 쓰라고 주문한 도미티아누스도, 그 주문을 받아 책을 쓴 퀸틸리아누스도 국가에서 교육이 어떤 형태로 존재해야 하는가를 이해했기 때문일 것이다. 교육은 내버려두어도 스스로 성장하는 천재를 위해 존재하는 것이 아니라, 사회 전반의 지력(知力) 향상을 목표로 삼아야 한다. 교육에 종사하는 자에게는 인종이나 민족에 관계없이 로마 시민권을 주고, 그로써 직접 세인 속주세를 면제해주는 특전을 부여한 카이사르 이후, 국가적 차원에서 교육의 중요성에 착안한 것은 도미티아누스가 처음이었다고 말하면 지나친 칭찬일까.

이 저술은 서기 95년에 완성되어, 이듬해 로마에서 간행되었다. 그로부터 몇 달 뒤에 도미티아누스가 살해된다. 그러나 로마 제국의 지도층을 육성하기 위한 교과과정을 집대성한 이 저술은 그 후에도 오랫동안 교육 관계자들의 필독서가 되었다. 간행된 지 1천 년이 지난 중세 후기에도 재간행되었으니까, "라틴어로 말하고 쓰는 법을 배우는 데 가장 좋은 교과서"라는 어느 중세 지식인의 평가도 납득이 간다. 말이 나온 김에 덧붙여두면, 로마인의 언어였던 라틴어는 로마 제국이 멸망한 뒤에도 거의 1천 년 동안 서양 기독교 세계의 공용어와 지적 언어로 계속 사용되었다.

그러나 동시대인은 언제나 엄격한 법이다. 이 저술이 간행되었을 당시의 반응도 칭찬 일색은 아니었다. 냉소가로 유명한 풍자시인 마르티알리스에게 걸리면, 퀸틸리아누스가 그토록 공들여 집필한 저술도 이런 평가를 받게 된다.

"교실 걸상에 차분히 앉아 있지도 못하는 학생들과 악랄하기로 이름난 로마 변호사들을 영원히 세상에 알리는 것이 목적이라면, 이 책이야말로 그 목적을 달성하는 데 가장 완벽한 입문서다."

내 독후감도 '이 책은 역시 학교에서 가르치는 교과과정의 범주를 벗어나지 못하는 내용이구나' 하는 것이었으니까, 마르티알리스의 평가를 보고는 웃어버렸지만, 가슴을 두근거리며 읽는 쾌감을 교육론에 기대하는 쪽이 잘못이다. 그래도 오늘날의 교육부 지침에 비하면 훨씬 재미있다는 것만은 장담할 수 있다. 2천 년이 지난 오늘날에도 라틴어로 계속 출판되고 있으니까.

공포정치

이 책 첫머리에 소개한 타키투스의 『역사』 첫 부분을 여기서 다시 인용하고자 한다.

"신들에게 바치는 제사는 소홀히 하고, 거리낌 없이 간통을 저지르고, 바다에는 불쌍한 자들을 추방지로 실어나르는 배가 넘쳐나고, 암초는 이런 희생자들의 피로 물들었다.

수도 로마에서 자행되는 극악무도한 행위는 제국의 다른 어느 곳보다도 무시무시했다. 고귀한 혈통도, 재물도, 공적도, 공직을 거부하는 것조차도 죄로 간주되었다. 고발자에게 금품을 주어 그들의 공격에서 벗어나려 해도, 그 결과는 더 많은 악을 낳을 뿐이었다. 고발자들은 사제나 집정관 같은 명예직만이 아니라 황제 재무관을 비롯하여 실권을 가진 관직까지 대가로 요구하고, 그리하여 사회를 온통 증오와 공포로 가득 채웠기 때문이다. 노예들은 돈에 매수되어 오랫동안 모셔온 주인을 배반하고, 해방노예는 옛 주인에게 반항하고, 적이 없었던 사람조차 친구 때문에 파멸당했다."

타키투스에 따르면, 여기에 쓰인 일들은 모두 서기 81년부터 96년까지 지속된 도미티아누스 시대에 일어난 일이다. 언제나 그렇듯이 타키투스의 문장력에는 감탄할 수밖에 없지만, 진상은 어떠했을까.

'신들에게 바치는 제사를 소홀히 했다'는 비난은 내전으로 제사를 바칠 계제가 아니었던 갈바와 오토 및 비텔리우스에게는 해당되지만, 도미티아누스에게는 해당되지 않는다. 도미티아누스는 아우구스투스가 시작한 '세기제'(世紀祭)를 거행하기 위해 도나우 전선에서 로마까지 먼 길을 달려오기도 했다. 수도에 머물 때는 최고 제사장의 역할을 고지식할 만큼 성실하게 수행했다.

도미티아누스가 복고파인 타키투스의 불만을 샀다면, 그것은 로마인들이 외국에서 들어온 신으로 여기는 아폴로나 이시스 같은 신들에게 바쳐진 신전을 세우고 수리하는 데 열심이었기 때문이 아닐까. 그리고 도미티아누스는 네로와 마찬가지로 운동과 시가와 변론의 우열을 겨루는 경연대회를 장려했다. 그리스를 발상지로 하는 이런 대회를 개최하기 위해 팔라티노 언덕의 절반을 차지하는 궁전 안에는 본격적인 경기장도 만들어졌다. 4년마다 황제가 주최하는 이 로마식 올림픽이 그 원조인 그리스 올림픽과 다른 점은, 로마에서는 최고신 유피테르에게 바쳐졌다는 점뿐이었다.

황제가 장려한 덕분에 이런 경기대회는 수도나 본국만이 아니라 속주에서도 열리게 되었다. 종목은 창던지기·원반던지기·달리기·권투·레슬링·전차경주 등이었다. 출전 자격에는 제한이 없었던 모양이다.

그러나 로마의 지식인들은 그리스의 학문과 예술은 좋아하면서도, 왠지 그리스식 경기대회는 싫어했다. 따라서 로마식 올림픽은 그들에게 평판이 나빴다. 존경하는 타키투스처럼 완고하게 도미티아누스를 반대하지 않았던 소플리니우스조차도 그가 머물고 있는 남프랑스에서 경기대회가 중단된 것을 기뻐하는 편지를 남겼다. 편지가 당시의 '언론'이라면, 도미티아누스는 로마의 전통을 소홀히 하지 않았는데도 소홀히 한 것처럼 비친 게 아닐까.

'거리낌 없이 간통을 저지른다'는 타키투스의 언급은 완전한 오해다. 도미티아누스의 법집행은 지나칠 만큼 엄격했고, 아우구스투스 시대의 간통죄 처벌법을 되살린 것도 도미티아누스였다. 도미티아누스 자신도 남의 눈을 꺼리지 않고 태연히 바람을 피울 수 있는 남자는 아니었다.

'바다에는 불쌍한 자들을 추방지로 실어나르는 배가 넘쳐나고, 암초는 이런 희생자들의 피로 물들었다'는 문장으로 시작되는 대목은 도미티아누스의 공포정치를 규탄하지만, 우선 희생자가 몇 명이었느냐가 문제다. 이 경우에는 도미티아누스 반대파였던 역사가들이 남긴 숫자를 믿어도 좋을 것이다. 이것이 도미티아누스를 '기록말살형'에 처한 주된 이유였기 때문이다.

도미티아누스의 치세 15년 동안 사형이나 추방형에 처해진 사람은 주로 후반기에 집중되어 있는데, 사형당한 사람은 8명 내지 9명, 추방당한 사람은 5명 내지 6명, 공직생활에 절망하여 은둔한 사람은 3명 내지 4명이었다.

이들은 거의 다 원로원 의원이다. 원로원 의원인 타키투스에게는 동료들이었다. 그밖에 본국 이탈리아에서 추방된 사람으로는 점쟁이와 그리스인 철학자 집단이 있었다. 점쟁이를 추방한 것은 운명을 예견한다면서 민심을 현혹하고 돈까지 뜯어낸다는 이유 때문이다. 로마 지배층은 전통적으로 점쟁이에게 냉담하여, 이들에게는 로마가 살기 어려운 곳이었지만, 어쨌든 로마는 '세계의 수도'다. 돈은 넘쳐흐르고, 동서고금을 막론하고 인간은 점을 좋아하게 마련이다. 점쟁이를 추방하기 시작한 것은 티베리우스 시대부터지만, 아무리 쫓아내도 그들은 어느새 로마로 돌아와 있었다.

그리스인 철학자들을 본국 이탈리아에서 추방한 문제에 관해서는 당시의 철학자가 어떤 사람들이었는지를 알아둘 필요가 있다.

그리스 철학이 창의성이 풍부했던 것은 기원전 3세기까지다. 그 후의 철학자들은 동시대의 로마인이 적절히 표현했듯이 "과거에 쌓아둔 것을 조금씩 꺼내 팔아먹는 것을 업으로 삼는 자들"이었다. 그러나 지중해 세계의 패권을 손에 넣은 로마인은 그리스인의 정치적 능력은 경멸하면서도 학문적 능력은 존중했기 때문에, 그리스 철학자들의 '시장'은 로마의 지배를 받게 된 뒤 오히려 급증했다. 그리스인 가정교사를 두는 것은 그 집안이 유력하고 유복하다는 증거나 마찬가지였다. 스키피오 아프리카누스와 그라쿠스 형제도 그리스인 학자에게 교육을 받았다. 당시 학문의 도시로 유명했던 알렉산드리아에서 배운 갈리아인을 가정교사로 고용한 카이사르의 집안이 공화정 시대의 로마에서는 오히려 예외였다.

하지만 제정이 진행되면서 수도 로마에는 제국 전역의 인재들이 모여들었다. 그리고 카이사르의 교사 우대책이 교육계의 그리스인 독점 상태를 무너뜨리는 결정타가 되었다. 도미티아누스가 교육 과정을 작성해달라고 의뢰한 상대는 에스파냐 출신의 퀸틸리아누스였다. 교사라면 당연히 그리스인이었던 상황은 이제 과거의 일이 되어버렸다. 라틴어와 함께 국제어로서 그리스어의 중요성은 여전했지만, 이제는 그리스어도 갈리아인이나 에스파냐인이나 북아프리카 출신이 가르치는 시대가 되어 있었다.

'시장'이 줄어들면 당사자들이 맨 먼저 생각하는 것은 남에게 없는 특징을 드러내는 것이다. 철학자를 자칭하는 그리스인들은 민주체제와 폭군의 대립관계를 떠들어대기 시작했다. 이 두 가지는 전성기의 그리스 역사에도 얼마든지 있었다.

이들이 말하는 민주체제는 원로원과 시민이 주도권을 쥐고 있었던 공화정 시대의 로마였고, 폭군은 제정으로 바뀐 뒤의 황제였다. 황제들에게 그리스 철학자들은 '기피 인물'이 되어버렸다. 요즘 같으면 비자가 나오지 않는 자들이다. 이들을 본국 이탈리아에서 추방하는 일은 티베리우스 시대에 이미 시작되었다. 하지만 그리스 철학이나 언어를 가르치는 것뿐이라면 반사회적 언동이 아니고, 그리스인 교사에 대한 수요도 끊이지 않았기 때문에, 추방은 점쟁이의 경우와 마찬가지로 일시적인 효과밖에 발휘하지 못했다. 따라서 그리스 철학자에 대한 추방 조치는 수없이 되풀이되었지만, 이 조치가 일반 시민의 반감을 사지 않은 것은 로마인이 본질적으로 탁상공론을 싫어하는 민족이었기 때문이다. 그렇다 해도 도미티아누스는 그리스 철학자들을 추방하여 로마 지식인들의 비난을 사기보다는 아버지 베스파시아누스처럼 이런 말로 끝내버릴 수도 있었을 것이다.

"나한테 처형당하기 위해서라면 무슨 소리든 지껄일 작정인 모양인데, 하지만 나는 깽깽 짖는다고 해서 그 개를 죽이지는 않소."

그 후 그리스 철학자들은 '견유파'(犬儒派)로 불리게 되었다. 도미티아누스가 추방한 것은 바로 이들이었다. 부자지간이라 해도 성격 차이는 어쩔 수 없는 모양이다.

하지만 타키투스는 공포정치에 희생된 사람의 수를 문제삼기보다 공포정치의 최전선에 선 이른바 고발자들(델라토르)과 그들의 암약을 허용한 도미티아누스를 맹렬히 비난하는 것 같다. 그렇다면 후세의 연구자들이 '밀고자'나 '밀정'이나 '고발자'로 번역한 제정 시대의 '델라토르'는 도대체 어떤 사람이었는지 알아둘 필요가 있다.

'델라토르'

로마 법정은 다음 네 가지 요소로 이루어져 있었다. 재판장은 원로원에서 선출된 법무관이 맡는다. 임기를 마친 속주 총독이 속주민에 의해 고발당할 경우에는 '오라토르'(Orator)라고 불린 변호사가 원고 측을 대리하여 검사 역할을 맡는다. 물론 '오라토르'가 피고 측 변호를 맡는 경우도 많았다. 하지만 '델라토르'(Delator)는 고발자로 번역되는 것으로도 알 수 있듯이 고발이 전문이기 때문에 피고 측에 서는 경우는 전혀 없었다.

배심원은 '켄툼비리'(Centumviri)라고 불렸는데, 직역하면 '백 명의 남자'다. 트라야누스 황제 시대부터는 180명으로 정원이 늘었지만, 배심원의 명칭은 여전히 '백 명의 남자'를 뜻하는 '켄툼비리'였다. 배심원은 원로원 계급과 기사계급 및 평민계급에 속하는 유자격자들 중에서 1년에 한 번씩 추천으로 선발되었다. 배심원이 되려면 일정 수준 이상의 재산을 소유해야 했던 모양이다. 이런 자격 조건을 설정한 것은 어느 정도의 재산을 가져야만 판단의 객관성을 유지할 수 있다는 이유 때문이었다.

수도 로마에서는 율리우스 카이사르가 세운 '바실리카 율리아' 회당에서 재판이 열렸다. 이 건물은 가로 101미터에 세로 49미터인 직사각형이지만, 재판이 열리는 날에는 중간에 칸막이를 쳐서 네 구역으로 나눈다. 네 건의 재판을 동시에 진행하기 위해서인데, 법치체제의 창시자인 로마인인 만큼 사소한 일도 재판으로 시비를 가리는 경우가 많았다. 따라서 배심원 100명도 네 팀으로 나뉘어, 25명이 평결을 내렸다.

'바실리카 율리아'는 사방이 트여 있어서, 방청하고 싶은 사람은 누구나 방청할 수 있었다. 로마에서는 변호사들도 목청을 높여 변론 솜씨를 겨루었지만, 방청객들도 얌전히 듣고만 있지는 않았다. 키케로처럼 대중적 인기를 얻는 데 탁월한 재주를 가진 변호사가 고발이나 변론을 맡으면, 수많은 청중이 몰려들어 박수갈채를 보내거나 환성을 지르곤 했다. 그래서 다른 세 건의 재판을 진행할 수 없을 정도였다고 한다. 하지만 밋밋한 변론이 지루하게 계속되면, 방청객들도 외면한 채 회당 계단에 주저앉아, 바닥에 새겨놓은 장기판에서 돌멩이로 심심풀이 삼아 장기를 두면서 판결을 기다리곤 했다.

퀸틸리아누스는 키케로를 로마가 낳은 최고의 변호사라고 칭송했지

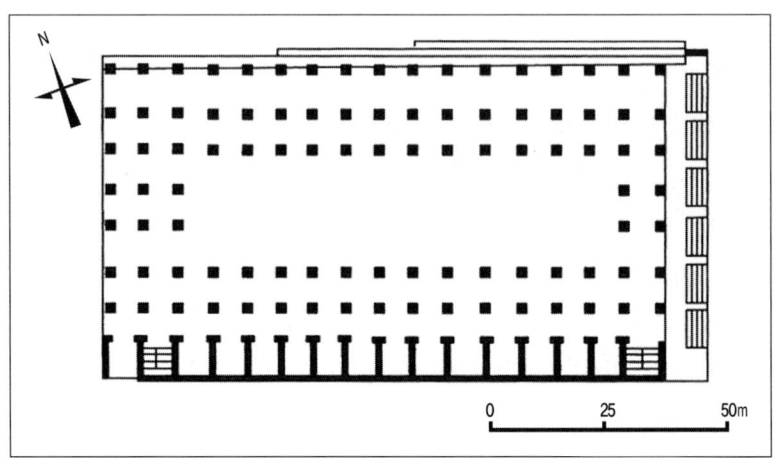

바실리카 율리아(율리우스 회당) 평면도

만, 키케로는 배심원도 방청객들의 반응에 영향을 받지 않을 수 없는 게 실정이라고 말했다. 법을 다루는 당사자가 법집행의 불공정성을 고백하는 것 같지만, 이것도 동서고금을 막론하고 언제 어디서나 변함이 없는 인간성의 일면인지도 모른다.

검사 역할도 맡고 변호사 역할도 맡는 '오라토르'와 달리, '델라토르'는 검사 역할만 전문적으로 맡는다. 로마 제국에서는 델라토르도 변호사와 마찬가지로 공직이 아니라 민간 직업이었다. 즉 보수를 전제로 하는 자유업이었다. 하지만 실제로는 어떻든 간에 겉으로는 엘리트의 책무로 되어 있었던 '오라토르'의 수임료 상한선이 1만 세스테르티우스로 정해져 있었던 것과 달리, '델라토르'는 유죄 판결을 받은 자에게 몰수한 재산의 일부를 보수로 받는다. 델라토르는 재산 사냥꾼이나 마찬가지라 하여 사람들이 꺼리고 싫어한 것은 이 때문이기도 했다. 몰수 재산의 일부가 어느 정도였는지는 알려져 있지 않다. 연구자들 중에는 4분의 1이었다고 주장하는 사람도 있다.

하지만 '델라토르'가 혐오 대상이 된 것은 수단 방법을 가리지 않고, 다시 말하면 함정수사나 협박으로 증언을 끌어내는 짓까지 동원해서 증거나 증인을 찾아내고, 그것을 토대로 피고를 법정에 세우는 수법을 사용했기 때문이다. 다만 '델라토르'는 익명의 정보제공자는 아니다. 공인은 아니지만, 법정에 나와서 고발 이유를 진술하니까 밀고자나 밀정처럼 그늘에 숨어 있는 존재는 결코 아니었다. 한마디 덧붙이면, 영어의 'delate'(고발하다)와 그 명사형인 'delation'(고발, 고소)은 '델라토르'라는 라틴어에서 유래한 낱말이다.

따라서 '델라토르'는 '밀고자'나 '밀정'으로 번역하기보다 '검사'나 '검찰관'으로 의역하는 편이 적절하지 않을까. 오늘날에는 검사가 공직이지만 로마 시대에는 개인의 자유업이었다는 점을 염두에 둘 필요가 있다. '델라토르'가 미움받는 직업이었다지만, 그들을 혐오하는 정도는 사람에 따라 다르지 않았을까. '델라토르'의 공격이 오로지 원로원 의원에게만 집중되었기 때문에 타키투스나 소플리니우스 같은 원로원 의원들이 꺼리고 싫어한 것은 당연하지만, 다른 사람들도 검찰과 관련되는 것을 좋아하지는 않았을 것이다. 오늘날에도 검찰과는 되도록 관계를 맺고 싶어 하지 않는 게 일반인의 심정이 아닐까. 소플리니우스가 남긴 편지에는 "이번 델라토르는 만만찮다"는 말이 나온다. 또 다른 편지에는 '델라토르'와 '오라토르' 사이에 오가는 뜨거운 설전이 생생하게 묘사되어 있다. 원로원 의원이면서 '변호사'(오라토르)이기도 했던 타키투스나 소플리니우스가 '검사'(델라토르)를 적대시한 것은 당연하지 않을까.

다만 다음 사실은 분명히 해둘 필요가 있다. '오라토르'이면서 원로원 의원인 사람은 많았지만, '델라토르' 중에는 원로원 의원이 없었다는 사실이다. '델라토르'는 법치국가에 꼭 필요한 존재지만, 사람들의 존경을 받는 직업은 분명 아니었던 듯하다. 적절한 비교는 아닐지 모르나, 어떤 수단을 써서라도 클린턴 대통령을 법정에 세우려고 애쓴 스타 특별검사가 대통령이 아니라 의회의 유력한 의원들을 공격 대상으로 삼았다면 로마 제국의 '델라토르'와 비슷하지 않았을까. 미국의 대통령과 의회 의원들은 선거로 뽑힌 사람들이고, 따라서 낙선이라는 배제 수단을 기대할 수도 있지만, 로마의 황제와 원로원 의원들은 종신제였기 때문에 상대를 배제할 수단이 없었다는 사실을 잊어서는 안 된다. 황제와 원로원 의원들 사이의 투쟁이 격렬해진 것도 당연하다.

'델라토르'는 표적이 된 원로원 의원들한테는 미움을 받고, 공인으로 출세할 길도 막혀 있었던 모양이지만, 사회에서도 배척당한 것은 아니다. 도미티아누스가 죽은 뒤 제위에 오른 네르바가 황궁에서 만찬을 열었을 때의 일화다. 그날 밤 만찬회의 주빈은 도미티아누스 시대에 '델라토르'로 명성을 날린 베인토네였다. 네르바는 신사적인 성품의 소유자답게 부드럽고 유쾌하게 만찬을 진행하다가 문득 이런 말을 했다. "메살리누스가 살아 있었다면 지금쯤 어떻게 되어 있을까?" 말년에는 눈이 멀어 가난하게 살다가 죽었지만, 메살리누스도 베인토네처럼 도미티아누스 시대에 맹위를 떨친 '델라토르'였다. 네르바 황제의 말을 듣고, 만찬에 참석한 사람 가운데 하나가 지체없이 대답했다. "이 자리에 초대를 받았겠지요."

오현제 시대에도 '델라토르' 제도가 폐지되지 않았다면, 이 제도 자체는 로마인도 용납했던 게 분명하다. 문제는 희생자 수가 아니라, 황제가 원로원 내부의 반대파를 제거하는 데 이 제도를 이용했느냐 아니냐에 있다. 티투스는 '델라토르'의 고발에 귀를 기울이는 것조차 거부했지만, 도미티아누스는 이 제도를 적극 활용했다. 아무리 그렇다 해도, '바다에는 불쌍한 자들을 추방지로 실어나르는 배가 넘쳐나고, 암초는 이런 희생자들의 피로 물들었다'는 타키투스의 표현은 좀 지나치다는 느낌도 들지만, 변호사이자 원로원 의원이고, 원로원의 의의를 확신하기 때문에 공화주의자이기도 했던 타키투스의 관점에서 보면 도미티아누스가 증오할 만한 적으로 보인 것도 당연하다. 그것은 도미티아누스가 제정 사상 처음으로 종신 재무관에 취임했기 때문이다. 아버지 베스파시아누스와 형 티투스만이 아니라, 아우구스투스에서 네로에 이르는 '율리우스-클라우디우스 왕조'의 황제들도 종신 재무관에 취임하려고는 하지 않았다.

종신 재무관

재무관은 공화정 때부터 존재한 관직으로, 공화정 시대에는 집정관을 지낸 사람이 선출되고, 집정관보다 더 권위있는 자리로 여겨졌다. 임기도 다른 관직은 1년인데, 재무관은 1년 반이다. 본래의 임무가 국세조사였기 때문에 임기도 길었다. 재산과 병역 해당자를 조사하는 것이 국세조사의 주요 목적이니까, 공정한 조사를 위해서라도 모든 공직을 거쳐서 출세의 정점에 도달한 사람이 재무관을 맡는 것이 타당하게 여겨졌다.

재무관에게는 국세조사 외에 다른 권한도 있었다. 그중 하나는 국가 시책에 따른 공공사업을 발주하는 일이다. 최초의 로마 가도인 아피아 가도는 기원전 312년에 재무관인 아피우스 클라우디우스가 건설했다. 이 사람은 로마 최초의 상수도를 건설하기도 했다. 재무관은 그밖에 국가의 풍기를 바로잡는 권한도 갖고 있었다. 로마인들은 하부구조가 상부구조를 결정하는 게 아니라, 상부구조가 하부구조를 결정한다고 생각했다. 풍기를 바로잡는 임무를 부여받은 재무관이 국가의 상부구조인 원로원 의원에게 관심을 집중시킨 것은 당연하다.

재무관에게는 사회 지도층에 어울리지 않는다고 판단된 원로원 의원의 의석을 박탈할 권한도 주어졌다. 일단 원로원에 들어가면 죽을 때까지 의석을 빼앗길 염려가 없는 원로원 의원을 그 자리에서 쫓아낼 수 있는 권한은 재무관만이 갖고 있었다. 공화정 시대의 로마는 이처럼 몇 겹으로 견제 기능을 마련하여 권력 남용을 방지했다. 재무관이 두 명이었던 것도 같은 이유 때문이었다.

하지만 제정 시대에 들어오면, 아우구스투스가 후계자인 티베리우스와 함께 재무관에 취임한 것이 선례가 되어, 황제가 재무관을 겸임하게 된다. 다만 아우구스투스도 티베리우스도 클라우디우스도, 그리고 베스파시아누스와 티투스도 재무관에 취임하긴 했지만, 겉으로는 국세조사를 하기 위해서라는 명분을 내걸었고, 원로원 의원의 의석 박탈권이라는 '무기'는 끝내 칼집에서 빼지 않은 채 임기를 마쳤다. 전가의 보도는 칼집에 그대로 넣어두어야만 보도일 수 있기 때문이다.

도미티아누스 시대에 이 선례가 깨진다. 서기 83년 가을, 제위에 오른 지 불과 2년 뒤에 그는 동료 한 명과 함께 재무관에 취임했다. 그리고 1년 반의 임기가 끝난 서기 85년 봄, 이번에는 종신 재무관에 취임했다. '종신 독재관'(딕타토르 페르페투아)은 율리우스 카이사르가 새로 마련한 자리였고, '종신 재무관'(켄소르 페르페투아)도 도미티아누스가 새로 마련한 관직이다. 물론 동료가 없이 혼자 취임했다.

원로원이 긴장한 것도 당연하다. 대규모 공공사업은 황제의 지위와 이름으로 얼마든지 시행할 수 있고, 국세조사는 10년 전에 실시했다. 로마 제국의 국세조사는 오늘날의 세금 확정신고와 비슷하지만, 조사가 어렵기 때문에 30년에 한 번꼴로 실시하는 게 보통이었다.

따라서 도미티아누스가 재무관 취임에 집착하는 것은 공공사업이나 국세조사의 필요성 때문이 아니었다. 이것은 원로원 의원이 아니라도 충분히 짐작할 수 있는 일이었다. 종신 재무관에 취임한 뒤에도 도미티아누스는 손에 넣은 '무기'를 좀처럼 빼들지 않았지만, 원로원 의원들은 황제가 그 무기를 가지고 있다는 것을 충분히 알고 있었다.

도미티아누스가 이 '무기'를 빼들기 시작한 것은 아시아 속주 총독 켈리아리스가 역모를 꾸민 혐의로 결석재판을 받고 처형된 사건이 일어난 서기 87년부터였다. 그로부터 2년 뒤에는 고지 게르마니아군 사령관 사투르니누스의 반란사건도 일어났다. 이 두 사건은 원로원 내부의 황제 반대파가 군단 지휘권을 가진 속주 총독을 부추긴 결과로 여겨지고 있었다. 이 무렵 도미티아누스는 '게르마니아 방벽'을 건설하고 도나우강 북쪽의 야만족에 대한 대책을 세우느라 전선과 수도를 오가며 바쁜 나날을 보내고 있었다.

40세 안팎의 나이에는 분노를 억제하기가 어려웠을지도 모른다. 그는 '무기'를 뺐다. 그리고 도미티아누스가 원로원 내부의 반대파 숙청에 앞잡이로 이용한 것이 바로 '델라토르'였다. 클린턴 대통령을 집요하게 물고늘어진 스타 특별검사가 의회의 공화당 간부들을 표적으로 삼았다면 어땠을까 상상해보면, 서기 90년대 이후 도미티아누스의 뜻을 받들어 움직이는 '델라토르'들과 원로원 내부의 반대파 사이에 존재했던 팽팽한 긴장관계를 쉽게 이해할 수 있을 것이다. 원로원 의원인 타키투스의 붓이 도미티아누스에 대한 증오감에 물든 것도 당연하다.

그리고 도미티아누스는 고귀한 태생도 아니었다. 인간은 왠지 고귀한 혈통을 타고난 사람한테는 너그럽고, 고귀한 혈통도 아니고 고귀하게 자라지도 않은 사람이 강권을 휘두르면 신경질적으로 반발하는 경향이 있다. 도미티아누스를 비난하는 타키투스의 언급 가운데 '고귀한 혈통도 죄로 간주되었다'는 말에는 깊은 의미가 담겨 있다. 고귀한 혈통도 아닌데 황제의 지위에까지 오른 사람은 티투스처럼 "좋은 일을 하나도 하지 않은 날은 하루를 손해본 듯한 기분이 든다"고 말할 만큼 착해야 하고, 베스파시아누스처럼 고향에 돌아가는 것은 좋아하지만 황제의 권력을 이용하여 그 작은 도시에 이익을 주는 일은 절대로 하지 않을 만큼 사심이 없어야 한다.

플라비우스 씨족은 전통의 명문 귀족인 율리우스나 클라우디우스 씨족과는 비교가 되지 않는다. 할아버지 대에는 무엇으로 생계를 꾸렸는지도 알 수 없는 지방 출신 가문에 불과하다. 그런 지방 출신이 종신 재무관에 취임하여 원로원을 완전히 지배하려는 의지를 분명히 했다. 원로원에는 최근 감소 추세가 뚜렷하긴 하지만 아직도 명문 귀족 출신 의원들이 건재했다.

게다가 도미티아누스는 토지가 한정되어 있는 도심의 팔라티노 언덕에 웅장한 궁전을 신축했을 뿐 아니라, 알바에는 산장을 짓고 치르체오에는 해변 별장을 짓고 있다. 토지에 제한이 없었기 때문인지, 치르체오 별장은 지금 남아 있는 유적으로 상상해보아도 유난히 규모가 컸다. 이 정도는 되어야 로마 황제의 휴식처로 어울린다는 느낌마저 든다. 별장이라기보다 궁전이라고 부르는 편이 적당할 만큼 웅장하고 화려하다. 이곳에 틀어박힐 때면 도미티아누스는 황제에게 아부하는 글조차도 신랄한 풍자로 톡 쏘는 맛을 내지 않고는 성이 풀리지 않는 풍자시인 마르티알리스를 데려가는 게 보통이었다. 티베리우스의 카프리 별장도 치르체오 별장에 비하면 초라해 보일 정도다. 이 '별장'보다 웅장하고 규모가 큰 황제 별장은 그로부터 40년 뒤에 하드리아누스 황제가 티볼리에 지은 '별장'뿐이다.

도미티아누스는 말할 것이다. 시민을 위한 공공사업은 하나도 게을리하지 않았다고. 사실이 그러했다. 하지만 공적 의무를 다한다고 해서 사적으로 무슨 짓을 하든 괜찮은 것은 아니다. 율리우스 카이사르는 도미티아누스보다 젊은 시절에 이미 이렇게 말하고 있다. "남들 위에 서는 사람은 밑에 있는 사람보다 언행의 자유가 제한된다"고.

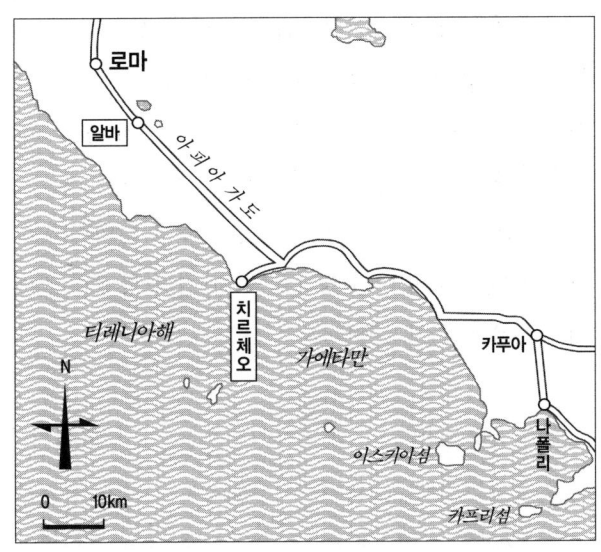

도미티아누스의 별장 소재지(□로 둘러싼 곳)

암살

서기 96년 9월 18일, 도미티아누스 황제는 암살되었다. 15년하고도 닷새 동안 나라를 다스린 뒤에 45세 생일을 한 달 앞두고 맞은 죽음이었다.

원로원 내부의 반대파가 음모를 꾸민 결과는 아니다.

네로 황제 말기에 갈리아 속주 총독 빈덱스가 황제를 규탄했을 때처럼 속주에서 불만이 터져나온 것도 아니다. 그런 불만의 목소리는 어디에도 없었다.

황제에 대한 군단의 충성도 확고했다. 네로 황제의 경우에는 군단병이 자기네 사령관을 황제로 추대한 것이 실각의 발단이 되었지만, 도미티아누스의 경우에는 7년 전에 딱 한 번 마인츠에서 그런 일이 있었을 뿐 그 후로는 전혀 그런 일이 일어나지 않았다.

안전과 식량은 보장되었고, '서커스'도 이따금 열리는 야간경기를 포함하여 충분히 제공되었기 때문에 일반 시민들도 불만이 없었다. '델라토르'를 이용한 원로원 탄압도 서민들에게는 강 건너 불이었다. 오늘날의 우리가 정치인들의 권력투쟁에 무관심한 것과 마찬가지다. 따라서 그것이 황제에게 불만을 품을 이유는 되지 않았다.

요컨대 원로원도 시민도 군단도 속주도 도미티아누스 암살에는 관여하지 않았다. 그렇다면 도대체 누가 현직 황제를 살해하는 대담무쌍한 계획을 세우고 결행했을까.

앞에서도 말했듯이, 도미티아누스는 아직 황제의 아들이었을 무렵 그와 동갑이거나 조금 나이가 많은 도미티아(네로 시대의 명장 코르불로의 딸)에게 반하여 이미 남편이 있었던 그 여인을 아내로 맞이하는 데 성공했다. 미모와 기품을 두루 갖춘 도미티아는 아내와 사별한 베스파시아누스 시대에도, 유대 공주에 대한 사랑을 체념한 뒤에는 독신을 고집한 티투스 시대에도 로마 궁정에서 가장 지위가 높은 사실상의 '퍼스트 레이디'였고, 도미티아누스가 30세에 제위에 오른 뒤에는 황후였다. 그녀만큼 완벽한 '퍼스트 레이디'는 당시에는 어디를 찾아보아도 없었을 것이다. 권력을 등에 업고 오만하게 굴지도 않고, 그렇다고 경박하게 서민 흉내를 내지도 않고, 지극히 자연스럽게 행동했을 뿐이다. 그야말로 '황후'(아우구스타)라는 존칭에 어울리는 세련되고 우아한 취미를 가진 완벽한 여인이었다. 도미티아누스도 이 아내를 진심으로 사랑했다. 둘 사이에 태어난 아들은 어릴 때 죽었지만, 그것도 두 사람의 사랑에 그늘을 드리우지는 못했다.

하지만 도미티아누스가 제위에 오른 지 3년에 최초의 '그늘'이 드리워지게 되었다. 당시 도미티아누스는 '게르마니아 방벽' 건설 때문에 라인강 전선에 머물 때가 많았고, 카티족과의 전투까지 겹치는 바람에 로마를 오래 비웠다. 그런데 오랜만에 돌아온 황제를 맞이한 것이 황후가

도미티아

율리아

바람을 피웠다는 소문이었다. 상대는 비극배우인 파리스라고 한다. 32세의 도미티아누스는 깊이 조사해보지도 않고 소문을 곧이들었다. 파리스는 살해되고, 황후는 이혼을 당하고 황궁을 떠났다. 역사가들의 말에 따르면 도미티아누스는 저녁식사를 끝내고 잠자리에 들 때까지 혼자 오랫동안 산책하기를 무엇보다 좋아했다고 하는데, 그가 이렇게 저녁시간을 보내는 버릇도 이 무렵 시작된 모양이다. 티베리우스가 죽은 뒤에는 카프리섬 절벽 위에 솟아 있는 별장을 찾아가는 황제가 하나도 없었지만, 도미티아누스만은 이따금 그곳에 가서 머물렀다고 주장하는 역사가도 있다. 그게 사실인지 어떤지는 확실치 않다. 하지만 고독이 젊은 황제의 반려가 된 것만은 확실했다. 그리고 고독을 벗삼아 지낼 수밖에 없었던 사람이 또 하나 있었다.

불과 2년밖에 통치하지 못하고 세상을 떠난 티투스에게는 율리아 플라비아라는 딸이 있었다. 도미티아누스에게는 조카딸이다. 율리아는 남편을 여의고 친정에 돌아와 있었다. 어머니도 세상을 떠났는지, 숙부인 도미티아누스가 사는 궁전에서 함께 살고 있었다.

이 숙부와 질녀의 관계가 언제부터 남녀 관계로 바뀌었는지는 알 수 없다. 하인들의 눈을 피할 수 없는 궁전에 살면서도 두 사람의 관계는 아무한테도 눈치채이지 않고 진행되었기 때문이다.

하지만 이대로 좋다고 생각지 않은 것은 도미티아누스 쪽이었다. 어떤 경위를 거쳤는지는 알 수 없지만, 1년도 지나기 전에 그는 이혼했던 황후와 재결합했다. 도미티아는 다시 궁정의 여주인 자리로 돌아왔다. 하지만 율리아도 궁전에 계속 살고 있었다. 마음만 먹으면 다른 남자와 재혼할 수도 있었을 텐데, 끝내 재혼도 하지 않았다.

이 율리아가 갑자기 죽었다. 이 돌연한 죽음을 계기로, 처첩이 한 집에 동거했다는 소문이 사람들 입에 오르내리게 되었다. 율리아가 임신하자 도미티아누스가 낙태를 강요했고, 그 때문에 율리아가 죽었다는 소문이 하인들의 입을 통해 퍼져 나갔다.

도미티아가 분노와 굴욕감을 씹으면서 남편의 연애를 그냥 참고 넘겼다면, 라이벌의 죽음으로 문제는 해소되었을 것이다. 율리아가 죽은 것은 서기 88년 무렵이니까, 도미티아누스가 피살된 96년보다 8년 전이다. 그 8년 동안 도미티아누스 주변에 아내 이외의 여자는 그림자도 보이지 않는다.

하지만 인간의 마음은 이치만으로는 설명할 수 없는 복잡성을 내포하고 있다. 라이벌이 살아 있으면 살아 있는 여자끼리의 문제지만, 한쪽이 죽으면 남자의 기억 속에 남아 있는 여자가 라이벌이 된다. 교양 있고 성격도 드세고 자존심도 강한 여자에게, 남자의 마음속에 살아 있는 라이벌만큼 힘든 상대는 없다. 그리고 이런 상태가 되었을 때 여자의 가슴속에 솟아나는 증오는 라이벌의 그림자를 아직도 마음에 품고 있는 남자에게 돌려지는 법이다. 게다가 율리아가 죽은 뒤로는 원래 내성적이었던 도미티아누스가 더욱 마음을 닫게 되었고, 별장에 갈 때에도 혼자 가는 경우가 많았다. 알바 산장에서는 호수를, 치르체오 별장에서는 바다를 바라보며 혼자 무슨 생각을 할까. 뒤에 남은 아내는 그런 생각을 하게 된다.

그런 남자 옆에서 사는 여자의 속마음은 고뇌와 증오가 뒤엉키면서 그대로 얼어붙는 것과 비슷하다. 그렇긴 하지만 그것은 어디까지나 그녀 혼자만의 생각에 불과했다. 그녀에게 충성스러운 측근들까지 납득시키기에는 근거가 너무 개인적이었다. 하지만 율리아가 죽은 지 7년이 지난 서기 95년에 측근들까지 동조하게 되는 사건이 일어났다. 다만 황후의 심중을 차지한 것은 고뇌와 증오였지만, 그녀의 측근들이 품은 것은 공포였다.

베스파시아누스 황제에게는 티투스와 도미티아누스라는 두 아들말고도 딸이 하나 있었다. 이름은 플라비아. 삼남매 가운데 맏이였던 모양이다. 플라비아가 누구와 결혼했는지는 알 수 없지만, 남편과의 사이에 역시 플라비아라는 딸을 두었다. 남편의 신원이 확실치 않은 것은 아버지 베스파시아누스가 황제가 되기 전에, 즉 제국의 방위를 담당하는 10명 내지 20명의 군단장 가운데 하나에 불과했을 때 결혼했기 때문일 것이다. 하지만 베스파시아누스가 제위에 오른 이상, 황제의 외손녀인 플라비아의 결혼 상대를 선택하는 문제는 그리 간단치 않았다. 결국 베스파시아누스의 형으로서 내전 기간에 피살된 사비누스의 손자인 클레멘스가 결혼 상대로 선택되었다. 불쌍하게 죽은 율리아도 클레멘스의 형과 결혼했으니까, 한 집안에서 근친결혼을 되풀이한 셈이다. 이것은 플라비우스 씨족이 제위를 계속 잇게 하겠다는 베스파시아누스 황제의 결심을 반영하는 게 분명하다.

플라비아와 클레멘스 사이에는 두 아들이 태어났다. 티투스는 아들을 남기지 않고 죽었다. 도미티아누스의 아들도 어릴 때 죽었다. 제위에 오른 뒤 도미티아누스는 조카딸의 두 아들을 후계자로 삼기로 결정하고 양자로 삼았다. 이름도 베스파시아누스와 도미티아누스로 바꾸고, 제국의 지도자 예비군을 위한 '교육과정'을 작성한 퀸틸리아누스에게 이 두 소년의 교육을 맡겼다.

그런데 문제가 생겼다. 두 젊은 제위계승자의 친부모인 클레멘스와 플라비아가 둘 다 어느 종교에 귀의해버린 것이다. 종교 문제에 관대한 당시 로마에는 종교가 수없이 많았지만, 그들이 귀의한 종교는 기독교였다는 게 초기 기독교 관계자들의 주장이다. 사실 여부는 알 수 없지만, 어쨌든 로마 제국의 국교였던 다신교가 아니라 오리엔트에서 건너온 일신교였던 것은 분명한 듯싶다.

초대 황제 아우구스투스를 본받아 '세기제'를 거행하고, 로마의 전통 종교를 진흥하여 제국 통합에 이바지하려 했던 도미티아누스 황제로서는 난데없이 발등에 불이 떨어진 기분이었을 것이다. 이교를 믿는 건 자유지만, 다음 황제가 될 사람의 친부모가 로마의 전통 종교를 버리고 이교를 선택했다면, 이는 그냥 내버려둘 수 있는 문제가 아니었다. 그것은 종교의 자유와는 별개 문제다.

서기 95년 가을로 접어들 무렵, 클레멘스와 플라비아 부부는 고발당했다. '델라토르'들이 증거를 굳히기 위해 활약한 결과임은 말할 나위도 없다. 정식 재판을 거쳐 클레멘스는 사형, 플라비아는 유배형을 선고받았다. 유배지는 판다타리아(오늘날의 벤토테네)섬이었다. 초대 황제 아우구스투스가 불륜을 저지른 딸 율리아를 귀양보내고, 제2대 황제 티베리우스가 역모를 꾸민 며느리 대(大)아그리피나를 귀양보낸 섬이다. 치르체오에서 남동쪽으로 50킬로미터 떨어져 있으니까, 망망대해에 떠 있는 외딴섬은 아니다. 또한 황족의 유배지가 된 뒤로는 물을 저장하는 저수조에서부터 물고기를 가두어두는 수족관까지 완비되어 있어서 생활에도 큰 불편이 없었다. 위험분자를 격리해두는 것치고는 좋은 대우였다.

하지만 황족인 클레멘스는 사형에 처해졌다. 플라비우스 씨족은 신흥계급에 속하기 때문에 일가붙이가 처형당하는 데 익숙해져 있지 않다. 게다가 죽인 사람도 죽은 사람도 같은 씨족의 일원이다. 플라비우스 씨족과 관련되어 있는 사람은 누구나 공포에 사로잡혔을 게 분명하다. 이 공포와 황후의 증오가 뒤섞인다면…… 테러 행위는 측근에 있는 사람이 결행할수록 성공할 확률이 높아진다.

침실에서 자고 있는 도미티아누스를 덮친 것은 도미티아 황후를 모시는 스테파누스라는 해방노예였다. 하지만 황제는 나이도 40대 중반이고, 게다가 건장한 체격의 소유자였다. 스테파누스 혼자 결행할 수는 없었을 것이고 당연히 동지가 있었을 테지만, 그들의 이름이나 수는 알려져 있지 않다. 암살자들이 침실에 침입하자마자 안쪽에서 빗장이 걸렸다.

황궁에는 수백 명이나 되는 하인과 호위병들이 있었을 텐데, 황제의 침실에서 사투가 벌어지는 동안 현장에 달려온 사람은 하나도 없었다. 무슨 곡절이 있었던 것일까. 더구나 무방비 상태에서 여러 명의 습격을 받았다면, 아무리 건장한 도미티아누스라도 힘이 빠지는 것은 시간문제였을 것이다.

일이 끝난 뒤에는 뒤처리도 빨랐다. 그제야 호위병들이 달려왔고, 그들은 암살자들을 현장에서 모조리 죽여버렸다. 그러고는 도미티아누스 황제와 함께 집정관을 지낸 적도 있는 원로원 의원 네르바에게 당장 사람을 보냈다.

도미티아누스가 살해되었다는 소식에 원로원은 횡재라도 한 기분이었을 것이다. 당장 회의가 소집되고, 그 자리에서 모든 대책이 결정되었다. 도미티아누스는 근위대만이 아니라 국경을 지키는 군단에도 인망이 있었기 때문에 일을 서두를 필요가 있었다.

누구의 의향에 따른 것인지는 알 수 없지만, 황제로 지명된 네르바에게는 즉석에서 황제에게 주어지는 모든 권한이 인정되었다. 공식으로 로마 황제의 지위에 오르려면 원로원의 승인이 필요하다. 원로원은 재빨리 네르바를 황제로 승인한 것이다. 게다가 죽은 도미티아누스 황제를 '기록말살형'에 처한다는 결의까지 해버렸다. 근위대나 군단의 움직임을 미리 봉쇄하자는 것이 '기록말살형'의 진짜 이유였을 것이다. 황제 암살의 주모자가 누구인지는 문제삼지도 않았다.

네로와 마찬가지로 '기록말살형'에 처해진 이상 도미티아누스를 황제묘에 장사지낼 수는 없다. 아무도 인수할 사람이 없는 시신을 인수하여 몰래 화장한 사람은 도미티아누스의 유모였다. 어머니 대신 도미티아누스를 키웠고, 그 후에도 바로 곁에서 온갖 시중을 들면서 보살펴준 여자 노예였다. 그런데 이 여인은 도미티아누스가 신격화된 아버지 베스파시아누스를 모시기 위해 세운 플라비우스 신전 한구석에 도미티아누스의 유해를 매장할 때 이상한 행동을 했다. 도미티아누스의 유해를 먼저 매장되어 있던 율리아의 유해와 섞어서 매장한 것이다. 도미티아누스는 '기록말살형'으로 묘비조차 세울 수 없게 되었지만, 무덤 속에서는 율리아와 함께 잠들 수 있었다.

이리하여 '율리우스-클라우디우스 왕조'에 이은 두 번째 세습 왕조인 '플라비우스 왕조'도 27년 만에 무너졌다. 베스파시아누스가 제위에 오른 뒤 도미티아누스가 죽을 때까지 27년을 세 황제가 다스린 셈이다. 로마 제국이 직면한 위기를 수습하고, 제국을 다시 궤도에 올려놓고, 게다가 '게르마니아 방벽' 건설을 비롯한 수많은 정책을 시행하여 제국의 활력을 되찾고, 로마 제국이 번영으로 나아갈 기반을 쌓은 것이 '플라비우스 왕조' 황제들의 최대 업적이라는 게 현대 역사가들의 공통된 평가다. 다만 이 평가는, 인간적인 약점을 가지고 왈가왈부하기보다 그 인물이 국가(Res publica)를 위해 무엇을 이룩했는지를 중시해야만 내릴 수 있는 평가다.

제8부

네르바 황제

〔재위: 서기 96년 9월 19일~98년 1월 27일〕

네르바 이후 다섯 명의 황제를 후세는 '오현제'(五賢帝)라고 부르게 된다. 따라서 네르바가 제위에 오른 서기 96년부터 마르쿠스 아우렐리우스 황제가 사망한 서기 180년까지를 로마 역사에서는 '오현제 시대'라 부른다.

'구원 투수'

마르쿠스 코케이우스 네르바(Marcus Cocceius Nerva)는 수도 로마에서 그리 멀지 않은 플라미니아 가도 연변의 나르니아(오늘날의 나르니)에서 태어났지만, 예부터 원로원 계급에 속하는 집안이다. 태어난 해는 티베리우스 황제 시대인 서기 26년. 43세 때 일어난 내전을 무사히 넘긴 뒤, 44세부터 53세까지는 베스파시아누스 치하에서 살았고, 그 후 티투스를 거쳐 55세부터 70세까지는 도미티아누스 치하에서 보낸 인물이다. 44세 때 베스파시아누스 황제와 함께 집정관을 지낸 경험이 있다. 서기 90년에는 도미티아누스 황제와 함께 두 번째로 집정관을 지냈다.

공화정 시대부터 내려온 원로원 귀족은 제정 이후 얼마 남지 않게 되었지만, 네르바는 그 원로원 귀족의 한 사람이었다. 도미티아누스에 대해서는 찬성파도 반대파도 아니었다. 균형감각이 풍부한 신사였지만, 야심가가 아니었기 때문인지 아니면 특출한 재능이 없었기 때문인지, 속주 총독을 지낸 경험도 없고 군단을 지휘해본 경험도 없다. 수도 로마의 상류층 중에서도 질좋은 요소로서 평생을 살아왔을 것이다.

왜, 그리고 누가 이 네르바를 황제로 추대했는지는 알려져 있지 않다. 네르바는 자진해서 나설 인물이 아니었다. 하지만 그를 황제로 추대한 것은 실로 적절한 선택이었다. 친도미티아누스파가 아니었으므로 반대파의 반발을 살 염려도 없고, 반도미티아누스파가 아니었으므로 친도미티아누스파를 자극할 염려도 없었다. 그리고 타키투스 같은 중류계급 지식인이 좋아하는 '고귀한 혈통'이기도 했다. 또한 '율리우스-클라우디우스 왕조'에 이어 '플라비우스 왕조'가 계속되면서 그 결함을 깨닫게 된 이들에게는 네르바에게 자식이 없다는 것, 70세의 나이로는 이제 자식을 낳을 수도 없다는 것이 무시할 수 없는 좋은 조건으로 여겨졌다.

원로원 의원인 네르바의 즉위를 원로원이 환영한 것은 당연하다. 하지만 도미티아누스파로 여겨지던 근위대도, 변경에 근무하는 군단도 새 황제 네르바에게 순순히 충성을 맹세했다. 일반 시민들은 흔히 있는 권력자의 교체로 받아들였다. 네르바는 황제 즉위를 시민과 함께 축하한다는 이유로 보너스를 지급하는 것도 잊지 않았다. 근위대와 변방의 군단과 시민들이 네르바를 적극적으로 지지한 것은 아니다. 사태의 추이를 관망했다고 표현하는 게 타당할 만큼 소극적인 지지를 보냈을 뿐이다.

27년 전의 일이라고는 하지만, 로마 군단끼리 맞붙어 싸운 내전의 기억은 아직도 사라지지 않았다. 그래서 변방의 군단들은 서로 행동을 조심했다. 따라서 도미티아누스가 암살된 직후의 제국은 표면상으로는 평온했다. 하지만 그것은 미묘한 상태에서의 평온에 불과했다. 네르바는 고령일 뿐 아니라 건강도 좋지 않았다. 많은 사람이 네르바를 '과도기에 잠깐 등장한 구원 투수' 정도로 생각했을 게 분명하다.

도미티아누스의 돌연한 퇴장으로 한숨 돌린 원로원파도 네르바를 '구원 투수'로 생각한 것은 마찬가지였다. 하지만 그들은 원로원 계급의 전형 같은 네르바의 즉위를 계기로 제국 통치의 주도권을 되찾으려 한 모양이다. 공화정 시대와 같은 형태의 원로원 체제로 돌아가려 한 것은 아니다. 황제의 권한이 계속 강력해지는 현상태를 바꾸어, 황제와 원로원이 병립하는 형태로 나아가려고 생각했을 것이다. 네르바 황제도 거기에 협력을 아끼지 않았다.

황제에 즉위한 뒤 처음 열린 원로원 회의에서 네르바는 원로원의 치외법권을 인정하는 법률을 성립시켰다. 원로원은 황제의 사법권 밖에 있다는 것이 이 법률의 요점이다. 이로써 원로원 의원들은 아무리 황제가 '델라토르'를 이용하여 법정에 끌어내도 처형당할 염려는 없어졌다. 다만 치외법권이라 해도, 그것은 황제의 사법권에 대해서만 효력을 발휘하는 '치외법권'이고, 그밖의 일반 형법이나 민법에서는 원로원 의원도 치외법권을 누릴 수 없었던 것은 말할 나위도 없다.

그리고 네르바는 실질적으로 '델라토르'의 힘을 줄이는 법률도 성립시켰다. 이 법의 제정으로 해방노예나 노예가 주인에게 불리한 증언을 하는 것이 금지되었다. 또한 도미티아누스가 '기록말살형'에 처해졌기 때문에, 그의 시대에 추방되거나 재산을 몰수당한 이들의 귀국이 허용되고 몰수 재산이 반환되었다. 하지만 이것말고는 네르바도 도미티아누스의 정책을 바꾸지 않고 그대로 계승했다.

이런 네르바에 대해 원로원도 전혀 불만을 제기하지 않았다. 인간은 재미있는 동물이라서, 살아 있을 때에는 죽이고 싶도록 미워하던 사람도 죽고 나면 더 이상 관심을 쏟지 않는 법이다. 도미티아누스의 경우도 마찬가지여서, 그가 살아 있을 때에는 그토록 반대했던 원로원 의원들이 그가 죽고 나자 그의 정책에 대해 아무런 이의를 제기하지 않았다.

균형감각을 가진 네르바는 친도미티아누스파에 대해 보복 조치를 취하지도 않았지만, 반도미티아누스파를 우대하지도 않았다. 그의 인사기준은 어디까지나 적재적소였다. 프론티누스는 수도청(水道廳) 장관과 비슷한 '쿠라토르 아콰룸'(curator aquarum)에 임명되었고, 이때의 경험은 『로마시의 수도에 관하여』(De aquae ductu urbis Romae)라는 저서로 열매를 맺는다. 소(小)플리니우스도 네르바에게 발탁된 인재 가운데 하나였다. 그는 국세청장이라 해도 좋은 자리에 임명되었는데, 부를 추구하지도 않았지만 경멸하지도 않은 그에게는 딱 알맞은 자리였을 것이다.

네르바는 운좋은 사람이기도 했다. 우선 베스파시아누스처럼 제국의 재정을 재건하느라 씨름할 필요가 없었다. 그렇게 많은 공사비와 군사비를 쓰고도 도미티아누스는 건전한 재정을 물려주었기 때문이다. 게다가 착공은 도미티아누스가 했지만 네르바가 제위에 오른 직후에 완공되었다는 이유만으로, 두 건축물이 그의 이름으로 역사에 남게 된다. 하나는 '네르바 포룸'이고 또 하나는 오스티아에서 테베레강을 거슬러 올라온 배가 접안하는 항구 근처에 세워진 '네르바 창고'였다.

그러나 소극적인 지지는 언제 반대로 돌아설지 모른다는 위험을 내포하고 있다. 그런 위험이 결정적으로 현실화하기 전에 손을 쓸 필요가 있었다. 네르바가 즉위한 지 1년이 지났을 때쯤에는 누구나 그 필요성을 공감하게 되었다. 도미티아누스에게 심취해 있던 근위대가 불온한 움직임을 보이기 시작했기 때문이다.

후계자는 원로원의 뜻에 따른 것이 아니라 네르바가 스스로 결정한 모양이다. 서기 97년 10월에 느닷없이 후계자가 발표되었을 때 사람들은 모두 깜짝 놀랐다. 후계자를 지명한 게 뜻밖이어서가 아니라, 지명된 제위계승자가 예상 밖의 인물이었기 때문이다.

트라야누스의 등장

입양(入養) 형식으로 후계자에 지명된 것은 마르쿠스 울피우스 트라야누스다. 이베리아반도 남부 출신이니까 말하자면 속주 출신이다. 그렇긴 하지만 아버지는 베스파시아누스 휘하에서 군단장을 지냈고, 황제가 된 베스파시아누스의 천거로 원로원에 들어갔을 뿐 아니라 귀족까지 되었으니까, 전통적인 명문 집안은 아니지만 사회 지도층에 속해 있었다. 서기 97년 당시 트라야누스의 지위는 '게르마니아 방벽'을 포함한 고지 게르마니아 방위군 사령관이었다. 나이는 44세. 사회적 지위도, 군사 경험도, 연륜도 흠잡을 데 없는 인물이었다. 아무리 완고한 공화주의자라 해도 불평할 이유가 없었다. 또한 원로원 색채가 짙은 네르바를 소극적으로 지지하던 변경의 군단들도 트라야누스라면 대환영이었다. 빈정대기 좋아하는 어느 역사가는 이렇게 말했다. 네르바가 오현제에 포함된 이유는 오로지 트라야누스를 후계자로 고른 한 가지 업적 때문이라고.

71세의 네르바는 44세의 트라야누스를 단순히 후계자로만 지명한 것이 아니었다. 지명과 동시에 트라야누스에게는 '임페라토르'라는 존칭이 주어졌고, 황제의 권한 가운데 하나인 '호민관 특권'도 부여되었다. 또한 이듬해 1월 1일 임기가 시작되는 서기 98년도 집정관에 네르바 황제와 함께 출마하기로 결정되었다. 집정관은 원로원에서 선출하지만, 황제와 함께 출마하면 그것만으로도 당선은 따놓은 거나 마찬가지다. 요컨대 네르바는 트라야누스를 후계자로 지명했을 뿐 아니라, 공동 통치자로도 지명한 것이다. 로마는 앞으로도 계속 제정으로 나아간다는 것, 황제는 죽어도 황제 통치의 제정은 계속된다는 것을 분명히 했다.

서기 98년 1월 27일, 네르바 황제가 세상을 떠났다. 자연사였다. 1년 4개월의 치세다. 유해는 아우구스투스를 비롯한 역대 황제들이 잠들어 있는 황제묘에 매장되었다.

네르바가 죽었을 때 트라야누스는 콜로니아(오늘날의 쾰른)에 있었다. 그런 그에게 소식을 전한 사람은 당시 22세였던 하드리아누스였다.

클라우디우스의 친척이기도 한 하드리아누스는 도나우강 연안에서 멀리 떨어진 콜로니아까지 말을 타고 달려가 그 소식을 전했다.

하지만 1월 1일 집정관에 취임할 때도 수도로 돌아가지 않은 트라야누스는 45세에 새 황제가 된 뒤에도 로마로 돌아가지 않았다. 도미티아누스 황제에게 발탁되어, 1개 군단을 지휘하는 군단장에서 3개 군단을 지휘하는 사령관으로 뛰어오른 트라야누스는 알고 있었다. 군인인 자기가 황제가 되면 가장 먼저 해야 할 일은 네르바가 한 일과는 다르다는 것, 그가 황제로서 맨 먼저 해야 할 일은 도미티아누스가 유일하게 못다 한 일, 아니 유일하게 하지 않은 일이라는 사실을 잘 알고 있었다. 트라야누스가 수도 로마로 돌아간 것은 제위에 오른 지 1년이 지난 서기 99년 여름이었다.

로마의 인사

성자필쇠(盛者必衰), 한번 성한 자는 반드시 쇠하게 마련이라는 것은 역사의 이치다. 로마인의 역사도 예외일 수는 없다. 하지만 로마인의 역사를 쓰노라면, 성자필쇠 앞에서 감상에 젖기보다는 다른 생각을 하게 된다. 로마 역사는 릴레이 경주와 비슷하다는 생각이다. 기성 지도층의 기능이 쇠퇴하면, 어김없이 새로운 인재가 배턴을 넘겨받기 위해 대기하고 있다는 느낌이 들기 때문이다.

권력자가 권력을 계속 유지하는 것은 그를 대신할 수 있는 인물이 없기 때문인 경우가 적지 않다. 선발 투수가 힘이 빠졌는데도 마땅한 구원 투수가 없기 때문에 어쩔 수 없이 계속 던지게 하는 경우와 마찬가지다. 바꿔 말하면 마땅한 후계자를 구하지 못한 구인난 덕분에, 기능 부조(不調)에 빠진 기존 지배층도 여전히 권력을 유지하는 상태다. 그 결과 공동체는 쇠퇴를 거듭한 끝에 결국 붕괴된다. 배턴을 넘겨받을 사람이 없어서 계속 달리다가 급기야 트랙에 쓰러져 죽는 것이나 마찬가지다.

그러나 로마 역사는 이와는 다른 길을 걸은 것 같다. 그렇긴 하지만, 국가를 운영하는 국정과 체력을 겨루는 릴레이 경주는 역시 다르다. 국정의 경우에는 지금 달리는 주자 자신이 다음 주자를 선택하지 않으면 안 된다. 권력에는 후계자 결정권도 포함되어 있기 때문이다. 로마 역사를 보면, 현재 권력을 가지고 있는 사람이 자신을 대신할 수 있는 사람을 적극적으로 등용하고 육성한 것을 알 수 있다.

베스파시아누스가 '티베리우스 문하생'으로 출발한 것은 이미 잘 알려진 사실이다. 트라야누스의 아버지는 베스파시아누스 황제에게 등용되었고, 트라야누스 자신은 도미티아누스 황제에게 발탁되었다. 율리우스 카이사르는 속주에서 널리 인재를 등용했고, 아우구스투스는 로마 사회의 제2계급인 기사계급을 제국 운영에 활용했다. 이들 모두가 자신의 뒤를 이을 만한 자질을 갖춘 인재를 등용하고 육성하여 지도자층을 충실하게 키웠다고 말할 수 있다. 말하자면 언제든지 자기를 대신해서 달릴 수 있는 릴레이 요원을 충분히 갖추어둔 셈이다.

당연한 일이지만, 그들이 새로운 인재를 등용하고 기회를 주어 육성한 것은 제국을 통치하는 데 협력자가 필요했기 때문이다. 하지만 자신을 위해서 한 일이 결국 공동체에 이익이 되는 것, 다시 말하면 사익과 공익이 부합하는 것이야말로 인간에게는 최고의 행운이다. 따라서 사익과 공익을 부합시키든, 아니면 문호를 개방한 클라우디우스 황제처럼 사익을 무시하고 공익을 우선하든, 문제는 동기가 아니라 결과다. 그리고 결과적으로 로마 지도자들은 차세대 지도자를 육성하는 데 성공했다고 말할 수밖에 없다.

어쨌든 이제 최초의 속주 출신 황제가 등장했다. 속주의 인재를 등용하는 데에는 누구보다 적극적이었던 율리우스 카이사르나 클라우디우스 황제가 이런 사실을 알았다면 뭐라고 했을까. 자못 궁금해진다.

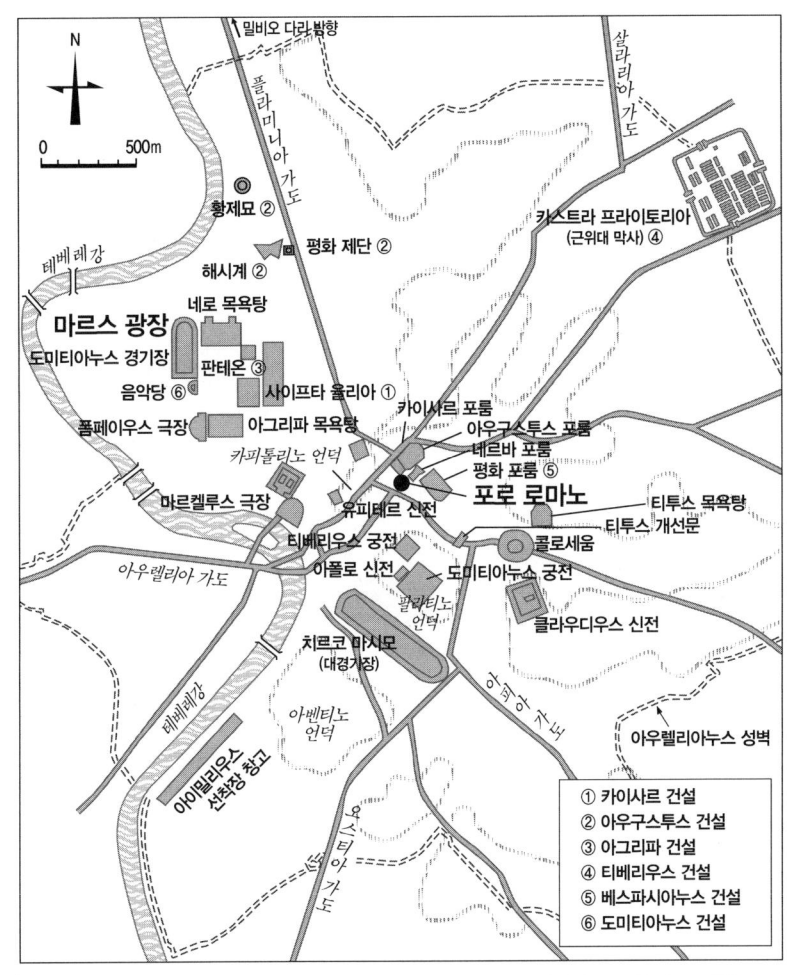

서기 98년 당시의 로마 시내 약도(편의상, 3세기에 건설될 아우렐리아누스 성벽도 포함)

□ 덧붙이는 글

한 시인의 삶과 죽음

　마르쿠스 발레리우스 마르티알리스(Marcus Valerius Martialis) —그는 서기 40년께 에스파냐 북부의 작은 도시 빌빌리스에서 태어났다. 빌빌리스는 사라고사와 톨레도 사이를 잇는 로마 가도 연변의 작은 도시로서, 사라고사에서 남서쪽으로 100킬로미터쯤 떨어져 있다. 역시 에스파냐 출신인 교육자 퀸틸리아누스가 태어난 칼라오라와도 100킬로미터밖에 떨어져 있지 않다. 마르티알리스는 거기서 초등교육과 중등교육을 받았다. 고등교육은 타라코넨시스 속주의 수도 타라고나에서 받았을지도 모른다. 이런 수준의 교육을 받을 수 있었을 정도니까, 유복하지는 않더라도 상당한 재력을 가진 집안에서 태어났음이 분명하다. 24세 때, 야심만만한 이 젊은이는 새로운 운명을 개척하기 위해 제국의 수도 로마로 떠난다.
　공화정 시대에는 키케로나 베르길리우스나 호라티우스 같은 이탈리아의 지방 출신들이 출세하기 위해 로마로 떠났지만, 제정 시대에는 이런 경향이 제국 전역으로 확산되어, 새로운 운명을 개척하고 싶은 사람은 초목이 바람에 휘듯 로마로 몰려들었다. 에스파냐 출신인 마르티알리스도 그중 한 사람에 불과했다. 그렇긴 하지만, 에스파냐 출신 문인으로는 눈부시게 빛나는 선배가 있었다. 바로 네로 시대의 세네카다.

'세계의 수도'에 나오긴 했지만, 세네카처럼 원로원 의원의 아들도 아니고, 놀고 먹을 수 있을 만큼 부자도 아닌 마르티알리스는 스스로 일을 해서 생계를 꾸려나가지 않으면 안 되었다. 교육은 받았으니까 마음만 먹으면 퀸틸리아누스처럼 교사가 될 수도 있고, 수요가 끊이지 않는 국가 공무원이 될 수도 있었을 것이다. 또는 타키투스나 소(小)플리니우스처럼 변호사가 될 수도 있었다. 하지만 마르티알리스에게는 '그럴 생각'이 없었다. 붓 하나로 입신출세할 작정이었기 때문이다. 그렇긴 하지만 고대에는 저작권이 인정되지 않았다. 팔리는 작품을 쓰면 출판사에서도 환영하고, 다음 작품을 발표하기도 쉬워진다는 이점은 기대할 수 있었지만, 책이 팔리는 만큼 수입도 늘어나는 것은 아니다. 그래서 시인은 '파트로네스'(후원자)를 찾기로 결심했다.

그러나 베르길리우스나 호라티우스를 계속 지원해준 마이케나스처럼 이해심 많은 후원자가 서기 1세기 후반에는 존재하지 않았다. 게다가 마르티알리스가 쓰는 작품은 권력자나 부유층이 후원자로 나서기를 꺼릴 만한 성질을 띠고 있었다. 아우구스투스 시대에 태어난 베르길리우스나 호라티우스는 웅장하고 장엄한 서사시나 축제에서 신들을 찬미하는 송가를 장기로 삼은 반면, 마르티알리스의 작품은 현세의 삶을 재치와 풍자와 유머로 도려내어 독자에게 제공하는 것이 특징이었기 때문이다. 베르길리우스나 호라티우스의 문학이 '중후'하다는 평을 받은 반면, 마르티알리스의 문학은 '경박'하다는 평을 받고 있었다.

문학사에서 마르티알리스는 '에피그램'(Epigram)의 달인으로 자리매겨져 있지만, 이 영어 낱말의 어원인 '에피그람마'(Epigramma)는 원래 '묘비명'에서 생겨난 문장 형식이다. '에피그램'이 묘비명을 뜻하지 않게 된 뒤에도(묘비명을 뜻하는 영어 낱말은 epigraph), 이 문장 형식은 단시(短詩)라는 의미로 살아남았다. 따라서 경구나 풍자시로 의역하는 사람이 많다. 분량은 대개 10행 이내로 이루어져 있다. 3행으로 끝나는 경우도 많다. 마르티알리스가 지은 '에피그램'을 몇 편 읽어보면, 로마 시대의 '에피그람마'가 무엇인지 이해할 수 있을 것이다.

― 변호사 네불루스에게 ―
 방청석이 소란스러울 때에만 그대는 목청을 높인다. 네불루스여, 그대는 변호사인가, 아니면 싸구려 약장수인가. 그 소란 속에서는 아무리 목청을 높여도, 그대가 변호사인지 약장수인지 아무도 판단할 수 없으련만.
 그런데 이제 방청석이 조용해졌으니, 네불루스여, 지금이야말로 말하게나. 그대의 본색을 알려주기 위해서라도.

― 비평가 라일리우스에게 ―
 제 작품은 발표하지 않고 내 작품만 비평하는 라일리우스여. 비평일랑 그만두게. 그보다 먼저 그대의 작품을 남들 앞에 내놓게나.

― 파블루스에게 ―
 정말 멋진 향수였네. 그대가 어젯밤 잔치에서 손님들한테 뿌려준 것은. 그런데 식사는 닭모이 정도였다고 말할 수밖에 없네.
 세련된 대접일세. 향수 냄새에 감싸여 허기를 참는다는 것은. 그렇긴 해도 나의 벗이여, 먹지 않고 향수 냄새만 킁킁거리며 맡는 것은 향료에 싸인 신선한 미라로밖에 여겨지지 않는다네.

― 돌팔이 의사에게 ―
 전에는 안과의사를 하더니, 지금은 검투사를 직업으로 삼고 있구나. 하기야 그대가 지금 경기장에서 하는 일은 과거에 진료실에서 했던 일인 것을.

이래서는 체면에 신경을 쓰는 상류층이 그의 후원자가 되지 않은 것도 당연하다. 로마에 나온 지 20년, 마르티알리스의 후원자가 된 것은 문학이 뭔지도 이해하지 못하는 벼락부자들이었던 모양이다. 이런 후원자들을 찾아다니며 생활과 창작에 필요한 양식을 얻었지만, 후원금도 빈약했는지, 공동주택 3층에서 셋방살이하는 생활은 좀처럼 나아지지 않았다. 인술라(섬이라는 뜻)라고 불린 이런 아파트는 위층으로 올라갈수록 집세가 쌌다. 그래도 마르티알리스의 창작욕은 시들지 않고, 이 '에피그람마'의 달인은 여전히 의기양양했다. 머나먼 브리타니아 땅에서도 그의 작품이 읽혔던 모양이다. 다음과 같은 글을 쓸 정도니까, 베스트셀러 작가라 해도 틀린 말은 아니다.

―플라쿠스에게―
많은 사람이 나에게 말한다. 사람들은 장엄하고 웅장하고 비장한 문학을 존경하고 칭찬하고 숭배한다고. 그건 나도 알고 있다. 하지만 내 문학은 무엇보다 먼저 많은 사람에게 널리 읽히고 있다.

이 마르티알리스의 후원자가 된 사람이 바로 도미티아누스 황제였다.

교육자인 퀸틸리아누스와 풍자시인인 마르티알리스는 앞에서도 말했듯이 에스파냐 북부에서 태어난 속주민이다. 나이는 퀸틸리아누스가 세 살쯤 위였으니까, 동년배라고 해도 좋다. 도미티아누스는 마르티알리스보다 열 살쯤 젊고, 퀸틸리아누스와는 열서너 살 차이였다.
퀸틸리아누스는 속주 출신이지만, 아버지가 교육자였다. 그래서 교사와 의사에게는 출신지에 관계없이 로마 시민권을 주는 율리우스 카이사르의 법에 따라 로마 시민권을 얻었다. 로마 시민권은 세습권이기 때문에, 아들인 퀸틸리아누스는 17세에 이미 로마 시민이었다. 요컨대 직접세를 면제받는 신분이었다.

한편 마르티알리스는 교육자의 아들도 아니고, 자신도 교사가 되기를 싫어했기 때문에, 로마에 나온 지 20년이 지나도록 여전히 속주민이었다. 아무리 생활이 어려워도 '소맥법'에 따라 하루 1킬로그램의 밀을 공짜로 배급받을 권리도 없고, 무료배급 증명서를 보여주면 자유롭게 들어갈 수 있는 콜로세움 같은 경기장에서 공짜로 경기를 즐길 수도 없다. 무료배급과 무료입장은 둘 다 로마 시민권 소유자만이 누릴 수 있는 사회복지였기 때문이다. 요컨대 마르티알리스는 오랫동안 로마 속의 이방인으로 남아 있었다.

도미티아누스 황제가 퀸틸리아누스에게 10만 세스테르티우스의 연봉을 지급하고, 변론술이나 수사학을 가르치는 교사용 교과과정인 『변론술 대전』을 써달라고 의뢰한 것은 앞에서도 말했지만, 마르티알리스에게 해준 대우는 이처럼 공적이고 진지한 것은 아니다. 황제와 풍자시인의 관계는 후원자와 예술가의 관계에 가까웠다. 마르티알리스는 베스트셀러 작가였기 때문에 작품을 펴내기 위해 고생할 필요는 없었지만, 황제가 열 살 위인 에스파냐 시인에게 요구한 것은 궁전에서 식사를 같이하거나 알바와 치르체오의 별장에 동행해달라는 것이었다.

같은 에스파냐 출신이라도 근엄한 교육자와 신랄한 풍자시인을 나름대로 다르게 활용한 것은 흥미롭다. 퀸틸리아누스에게는 제위계승자인 두 소년의 교육도 맡겼지만, 마르티알리스에게는 황제 자신의 말벗이 되어줄 것을 요구한 것이다. 풍자시인의 라틴어가 교육자의 라틴어에 비해 불완전했기 때문은 아니다. 마르티알리스의 라틴어는 완벽했다. 문제는 그 라틴어를 구사하여 표현하는 내용이었다. 마르티알리스 자신도 "내 책은 인간의 더러운 냄새를 풍긴다"는 것을 자랑으로 삼았다.

요컨대 마르티알리스는 인간의 '바람직한 모습'이 아니라 '있는 그대로의 모습'에 관심이 있었다.

황제가 풍자시인에게 연금을 주었다는 것을 증명하는 사료는 존재하지 않는다. 그러나 도미티아누스는 속주민에 불과한 마르티알리스에게 로마 시민권을 주었을 뿐 아니라, 단번에 기사계급에 넣어주었다. 로마 사회에서 원로원 계급에 버금가는 기사계급에 들어가려면 40만 세스테르티우스의 재산을 가지고 있어야 하지만, 임대 아파트에서 살고 있는 가난뱅이 시인에게 그런 재산이 있을 턱이 없으니까, 황제가 돈을 준 게 분명하다. 또한 이 무렵부터 마르티알리스는 작지만 정원까지 딸린 단독주택에서 살게 되었으니까, 이 집을 살 돈도 도미티아누스가 주었을지 모른다.

어쨌든 젊은 나이에 어울리지 않게 내성적인 성격으로 홀로 산책하기를 즐긴 도미티아누스가 촌철살인의 경구를 무기로 독자들에게 쓴웃음을 짓게 하는 '에피그람마' 작가와는 함께 지내기를 좋아했다. 시인은 황제에게 다음과 같은 풍자시를 써주었다.

―카이사르 도미티아누스에게―

황제여, 저의 다섯 권째 작품을 바칩니다. 여기서 저는 모든 대상을 풍자했지만, 저의 풍자 대상이 된 이들은 아무도 불평하지 않을 것입니다. 불평하기는커녕 오히려 기뻐할 것입니다. 제 글로 널리 알려지게 되고, 영원한 생명을 얻게 될 테니까요.

하지만 당신은 말씀하십니다. 많은 사람에게 읽히는 것은 알지만, 그것으로 얻는 수입은 얼마나 되느냐고.

돈벌이 따위는 아무래도 좋습니다. 저 자신이 만족할 만한 작품을 쓰고 있다면 말입니다.

이런 솔직함이 도미티아누스의 마음에 들었는지도 모른다. 시인은 황제에게 사소한 것을 조르기도 한다.

─카이사르 도미티아누스에게─

당신이 통치하고 계시는 이 로마 시내에 저는 작은 집을 하나 가지고 있습니다. 그런데 그 집은 좁은 골짜기에 면한 고지대에 있어서 언제나 물이 부족한 상태입니다. 근처를 지나는 마르키아 수도에는 콸콸 소리를 내며 많은 물이 흐르는데, 우리 집 정원은 물 한 방울도 없이 사막이나 마찬가집니다. 이런 형편이니, 제발 저의 누추한 오두막에도 물을 주십시오. 그렇게만 된다면 저에게는 유피테르 신이 내려주는 단비 같은 은총이 될 것입니다.

웬만한 집이라면 수도요금을 내고 물을 끌어다 쓰는 것이 허용되었기 때문에, 마르티알리스의 집에도 당장 수도국 기사가 찾아가서 수도관을 연결해주었을지 모른다. 더구나 좁은 골짜기에 면한 고지대이니까, 그 지형적 어려움을 해결하려면 상당한 전문기술을 동원해야 했을 것이다. 하지만 황제의 명령이다. 결과는 어떻게 되었을까. 이를 알려주는 사료는 남아 있지 않다.

─카이사르에게─

('임페라토르'는 병사들이 부르는 호칭이고, '아우구스투스'는 너무 장중하다는 이유로, '카이사르'를 황제의 호칭으로 사용하는 것이 일반적이었다.)

카이사르여, 가까이에 제 작품이 있다면 꼭 읽어주시기 바랍니다. 장담하건대, 세계 통치자의 엄격한 표정이 한결 부드럽게 누그러질 것입니다. 양미간에 깊이 새겨진 주름이 사라지리라는 것도 보장합니다. 개선식에도 농담은 허용되어 있습니다. 개선장군조차도 병사들의 놀림을 받는 것은 불명예가 아닙니다. 그러니 읽어주십시오. 제가 쓴 몇 구절을.

당신도 농담이나 유머까지 거절할 사람은 아닙니다. 검열(도미티아누스가 종신 독재관이 된 것과 관련되어 있다) 덕분에 저도 무해한 표현밖에 쓸 수 없게 되었지만 말입니다.

그렇습니다. 제 글은 추잡한 구절과 짓궂은 장난으로 가득 차 있을지 모릅니다. 하지만 제 작가혼(作家魂)은 건전합니다!

서기 96년 9월 18일 이후, 시인의 쾌적했던 생활은 완전히 달라졌다. 도미티아누스 황제가 암살되었기 때문이다. 후임 황제인 네르바는 보복행위를 금지했기 때문에, 선제(先帝)와 친했던 마르티알리스도 목숨이 위태로워진 것은 아니다. 그렇지만 생계 수단을 잃게 된 것은 분명하다.

그래서 시인은 네르바에게 빌붙으려고 했다. "도미티아누스와 함께 모든 공포는 사라지고, 자유와 행복과 도덕이 돌아왔다"는 시를 발표하여 네르바의 환심을 사서 후원을 받으려고 했지만 결과는 실패였다. 품격이 떨어진다는 평을 받던 '에피그람마' 작가의 후원자가 된다는 건 신사인 네르바에게는 생각조차 할 수 없는 일이었기 때문이다.

그럭저럭 하는 동안 네르바가 죽고 트라야누스가 제위에 오른다. 마르티알리스는 트라야누스한테도 같은 시도를 꾀했지만, 이 황제는 다키아 전쟁에 전념하느라 수도에는 돌아오지도 않는다. 그리고 트라야누스 황제는 시인이라는 족속 자체를 별로 좋아하지 않았다.

서기 98년이 되자 마르티알리스는 더 이상 희망이 없다는 것을 깨달은 모양이다. 나이도 환갑이 되어가고 있었다. 도미티아누스와의 관계가 너무나 유명했기 때문에 '기록말살형'에 처해진 인물과 친했던 시인의 후원자로 나설 사람은 아무도 없었다.

대도시 로마에서의 생활에 피로와 권태를 느낄 무렵, 후원자가 나타났다. 동향 출신의 돈푼깨나 있는 여성 애독자가 집과 생활비를 마련해줄 테니 고향으로 돌아오라고 제의를 해온 것이다. 이 제의를 마르티알리스는 받아들이기로 했다. 간단히 말하면, 줄곧 독신으로 살았던 '에피그램'의 달인도 드디어 결혼할 마음이 났다는 뜻이다.

34년 만에 고향으로 돌아가는 마르티알리스에게 여비라는 명목으로 얼마간의 돈을 쥐어준 것은 소플리니우스였다. 문인으로는 동업자이나 두 사람은 성격도 작풍도 태생도 경제 환경도 정반대라 해도 좋을 만큼 달랐다. 하지만 소플리니우스는 자기와 뜻이 다른 사람을 죄다 잘라버리는 타키투스와 달리 열린 마음의 소유자였고, 인품도 온화했다. 마르티알리스에 대해서도 사회적으로나 문학적으로나 편견을 갖지 않았을 것이다.

이렇게 해서 마르티알리스는 고향 에스파냐에서 평온한 생활을 누릴 수 있게 되었지만, 작가에게는 생명이나 다름없는 창작욕이 감퇴해버렸다. 마르티알리스에게 창작의 원천은 현실의 인생이었다. 잡다하고 혼란스러운 로마, 선도 악도 지나칠 만큼 충분한 국제 도시 로마를 그토록 조롱한 주제에, '내 작가혼은 건전하다'고 큰소리친 주제에, 로마를 떠난 뒤에는 창작욕이 깨끗이 사라져버렸다.

시골에서의 일상은 평온했을 것이다. 하지만 창조하는 자에게는 '독'(毒)이 필요하다. 이런 종류의 '독'은 시골에는 존재하지 않았다. 그것은 오로지 대도시만이 가지고 있는 '독'이었다. 그래도 소플리니우스의 권유를 받아들여 열두 권째의 『에피그람마』를 간행했지만, 로마 시절에 쓴 작품을 모아놓은 것에 불과했다. 서기 102년에 시인은 작가혼이 돌아오지 않은 채, 즉 로마에는 다시 돌아가지 않은 채, 그 로마가 자신에게 준 것을 잃어버린 현재를 한탄하면서 눈을 감았다. 도미티아누스가 죽은 지 6년 뒤였다.

이때쯤 마르티알리스는 수도에서도 잊힌 존재였을 것이다. 그런데도 그의 죽음을 우리가 알 수 있는 것은 소플리니우스가 친구에게 보낸 편지에 그 소식을 전해준 덕택이다. 편지에는 이렇게 적혀 있다.
"창의적이고 강렬하고 격렬하고 신랄하고, 짠맛과 쓴맛은 충분했지만 단맛은 약에 쓰려고 해도 없었던 것이 마르티알리스와 그의 에피그램이었다."

참으로 멋진 비평이다. 그런데 이런 경박한 작품은 금세 사라질 거라는 동시대 지식인들의 예상과 달리, 마르티알리스의 풍자시는 2천 년이 지난 오늘날에도 계속 간행되고 있다. 좋은 번역이 있다면, 한번 구해서 읽어보라고 권하고 싶다. 한때나마 엄격한 표정을 부드럽게 바꾸고, 양미간에 새겨진 주름을 지우기 위해서라도.

마지막으로 다시 한번 마르티알리스의 글을 인용하겠다.

── 포스투무스에게 ──

인생을 즐기는 것은 내일부터 하자고? 그러면 너무 늦는다네. 즐기는 것은 오늘부터 해야 해. 아니, 그보다 현명한 건 어제부터 이미 인생을 즐기고 있는 사람이라네.

연대	로마 제국			그밖의 세계
	본국	서방 속주	동방 속주	
서기 60년		네로, 갈바를 에스파냐 동북부의 타라코넨시스 속주 총독에 임명.		
62년			베스파시아누스, 아프리카 속주 총독에 임명.	
65년				이 무렵, 쿠샨 왕조의 쿠줄라 카드피세스가 인도 서북부에 침입.
66년			6월, 유대 장관 플로루스가 예루살렘 신전에서 17탈렌트의 금화를 몰수한 것이 발단이 되어 폭동이 일어남. 플로루스, 강제진압을 결행. 유대 급진파, 로마 수비대를 학살. 마사다 요새, 급진파의 손에 넘어감. 가을까지 반로마 폭동은 유대 서부와 남부로 확산. 각지에서 그리스계 주민과 유대계 주민의 대립이 격화. 11월, 시리아 총독 케스티우스가 이끄는 로마군이 예루살렘 공략에 실패하고 철수하다가 유대군에 참패. 네로, 유대 반란 진압 책임자로 베스파시아누스를 임명.	
67년		네로, 시리아 총독 코르불로를 그리스로 불러 자살을 명령하고, 후임에 무키아누스를 임명.	5월, 베스파시아누스, 진군을 개시. 7월, 요타파타 함락.	(중국) 낙양성 서쪽에 백마사 건립.
68년	원로원, 네로를 '국가의 적'으로 선언. 근위대, 갈바를 황제에 추대하기로 결의.	갈리아 속주 총독 빈덱스, 네로에 반대하여 봉기. 초여름, 타라코넨시스 속주 총독 갈바가 군단병들에게 황제	여름, 로마군이 동쪽·서쪽·북쪽의 세 방향에서 예루살렘을 포위. 네로의 죽음으로, 유대 반란을	

	6월 9일, 네로 자결. 향년 30세. 가을, 갈바, 오토와 함께 로마에 입성. 갈바, 심복인 비니우스를 이듬해의 동료 집정관으로 지명.	로 추대되다. 빈덱스, 갈바 지지를 선언. 루시타니아 속주의 오토도 갈바 지지를 선언. 고지 게르마니아군 사령관 루푸스, 갈바에게 해임되어 로마로 소환. 후임은 플라쿠스. 저지 게르마니아군 사령관에는 비텔리우스가 임명되어, 갈바에 반대하는 기운이 높아지다.	진압하던 로마군은 휴전 상태에 들어감. 베스파시아누스의 맏아들 티투스, 베스파시아누스와 시리아 총독 무키아누스의 충성 서약을 갈바에게 전달하기 위해 로마로 출발.	
69년	1월 1일, 갈바와 비니우스가 집정관에 취임. 1월 상순, 갈바, 피소를 후계자로 지명. 1월 15일, 오토의 명령으로 갈바가 암살되고 비니우스와 피소도 살해됨. **오토, 근위대의 지지를 얻어 황제가 되고 원로원도 이를 승인.** 오토, 게르마니아 군단의 남하를 저지하기 위해 비텔리우스에게 공동 황제를 제의하지만 거절당함. 3월 초순, 오토 황제, 카이키나를 맞아 싸우기 위해 1만 3천 병력을 보내고, 자신은 포강 남쪽의 요충인 피아첸차를 지키다. 카이키나, 포강 북쪽의 요충인 크레모나에 입성. 오토 진영, 포강 북쪽에서 카이키나 부대를 포위하지만 공략에 실패하여 카이키나와 발렌스의 합류를 허용. 4월 15일, 제1차 베드리아쿰 전투. 비텔리우스 진영이 오토 진영을 격파. 오토 자결. 향년 37세. **4월 16일, 원로원, 비텔리우스의 '제일인자' 취임을 승인.** 5월 15일, 새 황제 비텔리우스가 북이탈리아에 도착하여 오토파 근위병을 모두 해고하고 '라인 군단' 병사들을 기용. 오토파 군	1월 1일, 라인 방위선의 게르마니아 군단이 마인츠에서 갈바 황제에 대한 충성 서약을 거부하기로 결의. 1월 2일, 게르마니아 군단은 '제일인자' 인선을 원로원에 맡기로 한 전날의 결의를 철회하고, 비텔리우스를 옹립하기로 결의. 비텔리우스파 게르마니아 군단의 10만 대군이 3군으로 나뉘어 남하하기 시작. 카이키나·발렌스·비텔리우스가 각군을 지휘. 도나우 방위선의 7개 군단은 오토 지지를 선언. 카이키나와 발렌스의 합류를 저지하기 위해 남프랑스에서 발렌스 부대와 싸운 오토파 1개 군단 궤멸. 비텔리우스, 오토파 군단의 백인대장들을 처형하고, 오토파 병사들에게 크레모나의 원형경기장 건설을 명령. 여름, 율리우스 키빌리스가 이끄는 바타비족이 라인강 일대의 게르만족과 합세하여 로마에 반란을 일으키다. 키빌리스, 라인 함대를 접수. 9월, 안토니우스 프리무스가 이끄는 '도나우 군단'이 베스파시아누스 지지를 선언한 뒤, 무키아누스의 도착을 기다리지 않고	티투스, 그리스의 코린트에서 갈바의 죽음과 오토의 즉위, 비텔리우스의 봉기를 알고, 오토를 지지하는 사절을 로마로 보낸 뒤 자신은 오리엔트로 귀환. 6월, 시리아 속주 총독 무키아누스, '도나우 군단'의 추대를 거절하고 베스파시아누스를 황제로 추천. 6월 말, 베스파시아누스와 무키아누스 및 알렉산드로스가 베이루트에서 회담. 세 사람은 병사와 무기 및 군자금 확보를 추진. 파르티아와의 우호관계도 재확인. 제국 동방의 모든 군단과 동맹국이 비텔리우스에 대한 반대를 표명. 무키아누스는 병력을 이끌고 이탈리아로 떠나고, 베스파시아누스는 이집트에서 대기하고, 알렉산드로스는 유대 전쟁을 준비하기 위해 유대로 가는 티투스와 동행. 7월 초순, 이집트와 유대 및 시리아에 주둔해 있는 군단과 소아시아 속주의 주둔군이 베스파시아누스를 황제로 추대. 동맹국 왕들도 베스파시아누스의 즉위에 찬성의 뜻을 표명.	(중국) 후한의 왕경(王景), 황하에 대한 치수를 시행.

	단병들에게는 원래 근무지로 귀환하라고 명령. 5월 24일, 비텔리우스, 크레모나에 도착. 베드리아쿰 전쟁터 시찰. 7월 18일, 비텔리우스, 무장한 6만 명의 휘하 병력을 이끌고 로마에 입성. 10월 24일, 제2차 베드리아쿰 전투. 비텔리우스파의 '라인 군단'과 베스파시아누스파의 '도나우 군단'이 격돌. '라인 군단'이 도망쳐 들어간 크레모나 시내는 폐허로 변함. 비텔리우스파 병사들, 로마로 달아남. 프리무스가 이끄는 '도나우 군단'이 포강을 건너 아이밀리아 가도와 플라미니아 가도를 거쳐 수도 로마로 진군. 12월 15일, '도나우 군단'의 로마 접근을 저지하기 위해 북상한 비텔리우스파 병사들 항복. 12월 16일, 비텔리우스, 퇴위할 뜻을 밝힘. 12월 19일, 카피톨리노 언덕의 유피테르 신전이 비텔리우스파가 던진 횃불로 불타다. 12월 20일, 로마 시가전. 포로 로마노에서 비텔리우스 피살. 향년 54세. 12월 21일, 베스파시아누스의 통치가 실질적으로 시작되다. 12월 하순, 무키아누스, 로마에 입성. 비텔리우스의 동생 루키우스, 테라치나에서 로마군에 패하여 처형당함. 베스파시아누스 황제법 성립.	서쪽으로 진군. 도나우 군단의 이동을 틈타 다키아족이 도나우강을 건너 로마 영토를 침입했지만, 무키아누스가 격퇴. 무키아누스, 서쪽으로 진군을 재개. 카이키나, 병력을 이끌고 북상. 라벤나에서 비텔리우스에 반대하여 일어나도록 '라인 군단'을 설득했지만 실패하고 투옥됨 (나중에 베스파시아누스파에 의해 석방). 발렌스, 남프랑스에서 비텔리우스 진영의 재편을 시도하지만, 베스파시아누스파 갈리아인에게 붙잡힘(나중에 처형). 키빌리스, 로마 군단기지인 크산텐을 공격. 에스파냐와 브리타니아의 5개 군단이 베스파시아누스 지지를 선언. '라인 군단', 비텔리우스 진영이 패했다는 소식을 듣고 혼란에 빠지다. 사령관 플라쿠스를 살해. 라인강 동쪽의 게르만족이 마인츠의 군단기지를 습격했지만 격퇴당함. 키빌리스, 게르만족 및 게르만계 갈리아인 지도자들과 쾰른에서 회담을 열고 '갈리아 제국' 창설을 결의. 보쿠라, 포위된 크산텐을 구원하러 가지만 노이스에서 피살. 노이스 기지의 군단병, 키빌리스의 강요로 '갈리아 제국'에 충성을 맹세. 크산텐과 마인츠의 군단병들도 투항함으로써 라인강 연안의 모든 군단기지가 반란군 손에 넘어가다.		
70년	1월 1일, 원로원, 베스파시아누스를 '제일인자'로 승인. 무키아누스, '갈리아 제국'을 진	갈리아계 갈리아인, '갈리아 제국'에 불참하기로 결의. 봄, 로마군이 이탈리아·에스파	봄, 티투스가 지휘하는 로마군이 예루살렘 성벽 앞에 포진하여 예루살렘 공방전 시작.	

	압하기 위해 9개 군단을 투입하기로 결정. 무키아누스, 유피테르 신전 복구에 착수. 10월, 베스파시아누스, 이탈리아 남부의 브린디시에 상륙. 베스파시아누스, '평화 포룸' 건설에 착수.	나·브리타니아의 세 방향에서 라인강을 향해 진격을 개시. 켈리아리스가 이끄는 로마군이 트리어를 공략. 게르만계 갈리아인이 친로마로 돌아섬. 가을, 반란이 끝나다. '갈리아 제국' 붕괴.	8월 10일, 예루살렘 신전이 불타다. 9월 26일, 예루살렘 함락.	
71년	티투스, 유대 전쟁을 끝내고 개선, 근위대장에 취임. 베스파시아누스, 콜로세움 건설에 착수.			
73년	베스파시아누스와 티투스, 재무관에 취임하여 국세조사 실시. 세수입을 대폭 늘릴 수 있는 길을 열다.		마사다 요새 함락.	
74년				(중국) 반초 (班超)가 서역을 정복.
79년	6월 24일, 베스파시아누스 사망. 향년 70세. **티투스, 제위에 오르다.** 8월 24일, 베수비오 화산 폭발. 폼페이 등이 매몰되어 많은 인명 피해 발생. 대(大)플리니우스 사망. 티투스, 재해지역에 달려가 대책본부에서 진두 지휘.			
80년	로마 도심에서 대화재 발생. 베스파시아누스가 착공한 콜로세움 완공.			
81년	이탈리아 전역에서 전염병이 발생하여 많은 사망자를 내다. 티투스, 대책위원회를 설치. 9월 13일, 티투스 사망. 향년 40세. 9월 14일, 티투스의 동생 도미티아누스가 제위에 오르다.			

	도미티아누스, 그 후 15년 동안 도미티아누스 경기장을 비롯하여 많은 공공시설을 건설하고 사회간접자본을 정비하다.		
83년	가을, 도미티아누스, 재무관에 취임.	도미티아누스, 게르마니아 방벽 건설에 착수. 이에 반발하는 갈리아 지방의 카티족을 진압.	
84년		겨울, 7년 동안 브리타니아 제패를 추진한 아그리콜라가 귀국 명령을 받고, 스코틀랜드 제패가 잠시 중단되다.	
85년	봄, 도미티아누스, 종신 재무관에 취임.	늦가을, 다키아족이 도나우강을 건너 로마 영토에 침입. 반격에 나선 로마군이 참패하고, 지휘관인 모에시아 속주 총독 사비누스 전사.	
86년		도미티아누스, 근위대장 푸스쿠스를 데리고 도나우 전선으로 출발. 로마군은 다키아족과의 첫 전투에서 승리하여 다키아족을 다시 도나우강 북쪽으로 밀어내다. 도미티아누스, 로마로 귀환. 로마군, 두 번째 전투에서 참패하고 푸스쿠스는 전사.	
87년			아시아 속주 총독 켈리아리스, 도미티아누스에 대한 역모 혐의로 처형.
88년		로마군을 지휘한 율리아누스, 도나우강 북쪽에서 다키아족과 싸워 대승을 거두다.	
89년		고지 게르마니아군 사령관 사투르니누스가 반란을 일으켰지만 진압되다. 고지 게르마니아군 사령관에 스파냐의 제7군단장 트라야누스가 임명되다.	

91년		이 무렵, 도나우강 중류의 게르만계 세 부족이 로마에 반란을 일으킴. 로마, 다키아족과 평화협정 체결. 로마군, 세 부족에 압승을 거둠.		반초, 서역 도호(都護)가 되다.
95년	교육자 퀸틸리아누스, 도미티아누스의 의뢰를 받고 『인스티투티오 오라토리아』를 저술(이듬해 간행).			
96년	9월 18일, 도미티아누스 암살. 향년 44세. **원로원, 네르바를 황제로 승인** 원로원, 도미티아누스를 '기록말살형'에 처하기로 결의.			
97년	10월, 네르바, 트라야누스를 후계자로 지명.			반초, 감영(甘英)을 대진(大秦: 로마 제국)에 파견.
98년	트라야누스, 집정관에 취임. 1월 27일, 네르바 사망. 향년 71세. **트라야누스, 제위에 오르다.**			

참고문헌

제1차 사료
- 타키투스(Publius Cornelius Tacitus, 서기 56년경~120년경)

  『연대기』

  『역사』

  『게르마니아 아그리콜라』

  『변론집』

- 수에토니우스(Gaius Suetonius Tranquillus, 서기 69년경~122년 이후)

  『황제열전』

- 대(大)플리니우스(Gaius Plinius Secundus, 서기 23년~79년)

  『박물지』

- 소(小)플리니우스(Gaius Plinius Caecilius Secundus, 서기 61년~113년)

  『서간집』

  『송가』

- 퀸틸리아누스(Marcus Fabius Quintilianus, 서기 35년~96년 이후)

  『변론술 대전』

- 마르티알리스(Marcus Valerius Martialis, 서기 40년경~103년경)

  『풍자시집』

  『연극』

  『선물』

- 요세푸스 플라비우스(Josephus Flavius, 서기 37년~100년)

  『유대 전쟁기』

  『고대 유대』

  『아피온에 대한 반론』

『자서전』

●카시우스 디오(Cassius Dio, 서기 150년경~235년)

『로마사』

후세에 쓰인 역사서 및 연구서

Abbott, F.F. & Johnson, A.C., *Municipal Administration in the Roman Empire*, Princeton, N.J., 1926.

Alföldi, A., *The Moral Barrier on Rhine and Danube*, 『Third Congress of Roman Frontier Studies』, 1949.

Anderson, J.G.C., *The Road System of Eastern Asia Minor*, 『Journal of Hellenic Studies』 17, 1897.

Arias, P.E., *Domiziano: Saggi e ricerche No.9*, Catania: G. Crisafulli, 1945.

Bachrach, P. & Baratz, M.S., *Two Faces of Power*, 『American Political Science Review』 56, 1962.

Ballanti, A., *Documenti sull'opposizione degli intellettuali a Domiziano*, 『Ann. Fac. Lett. Napoli』 4, 1954.

van Berchem, D., *On Some Chapters of the Notitia Dignitatum Relating to the Defense of Gaul and Britain*, 『American Journal of Philology』 vol.76, no.302, 1955.

Beretta, I., *La romanizzazione della valle d'Aosta*, Milano-Varese, 1954.

Bersanetti, G.M., *Vespasiano*, Roma, 1941.

Birley, E.B., *The Brigantian Problem and the First Roman Contact with Scotland*, 『Roman Britain and the Roman Army』, Kendal, 1953.

Birley, E.B., *Britain after Agricola and the End of the Ninth Legion*, 『Roman Britain and the Roman Army』, Kendal, 1953.

Birley, E., *Britain under the Flavians: Agricola and His Predecessor*, 『Durham University Journal』, 1946.

Birley, E.B., *Britain under the Flavians: Agricola and His Predecessors*, 『Roman Britain and the Roman Army』, Kendal, 1953.

Birley, E., *The Congress of Roman Frontier Studies 1949* pp.41~54, Durham 1952.

Birley, E., *Senators in the Emperor's Service*, 『Proceedings of th British Academy』 39, 1953.

Blau, P., *Exchange and Power in Social Life*, New York: John Wiley, 1964.

Brand, C.E., *Roman Military Law*, Austin: University of Texas Press, 1968.

Breeze, D.J., *The Organization of the Legion: The First Cohort and the Equites Legionis*, 『Journal of Roman Studies』 59, 1969.

Brogan, O., *The Roman Limes in Germany*, 『Archaelogical Journal』 92, 1935.

Burn, A.R., *Agricola and Roman Britain*, London, 1953.

Burr, V., *Tiberius Iulius Alexander*, nella serie 『Antiquitas』 I, Bonn, 1955.

Bury, J.B., *A History of the Roman Empire from its Foundations to the death of Marcus Aurelius(27 a.C.~180 d.C.)*, London, 1913.

Butler, R.M., *The Roman Walls of Le Mans*, 『Journal of Roman Studies』 48, 1958.

Cagnat, R., *Les Frontières militaires de l'empire romain*, 『Journal des savants』, 1901.

Cagnat, R., *Le colonie romaine de Djemila*, 『Mus. B.』 27, 1923.

Cantarelli, L., *La Lex de imperio Vespasiani*, 『Studi Romani e Bizantini』, Roma, 1915.

Casson, L., *Ships and Seamanship in the Ancient World*, Princeton: Princeton University Press, 1971.

Cavaignac, E., *Les Effectifs de l'armée d'Auguste*, 『Revue des ètudes latines』 30, 1952.

Charlesworth, M.P., *Trade Routes and the Commerce of the Roman Empire*, Cambridge: University Press, 1926.

Chevallier, R., *Rome et la Germanie au 1er siècle: Problèmes de colonisation*, 『Latomus』 20, 1961.

Chilver, G.E.F., *The Army in Politics A.D. 68~70*, 『Journal of Roman Studies』 47, 1957.

Colini, A.M., *Stadium Domitiani*, Roma, 1943.

Collingwood, R.G., *The Archaeology of Roman Britain*, London, 1930.

Crook, J.A., *Consilium Principis*, Cambridge, 1955.

Fabricius, E., *Der obergermanisch-rätische Limes des Römerreiches*.

Forni, G., *Il reclutamento delle legioni da Augusto a Diocleziano*, Università di Pavia, Milano-Roma, 1953.

Forni, G., *Contributo alla storia della Dacia romana*, 「Athenaeum」 n.s., vol.36, 1958~59.

Forni, G., *Limes*, 「Dizionario Epigrafico」 vol.4.

Forni, G., *Estrazione etnica e sociale dei soldati delle legioni nei primi tre secoli dell'impero*, 「Aufstieg und Niedergang der Römischen Welt」 pt.2, vol.1.

Fortina, M., *Un generale romano del primo secolo dell'impero, C. Licinio Muciano*, Novara, 1955.

Fortina, M., *L'imperatore Tito*, Torino, 1955.

Frank, T., *An Economic History of Rome*, Baltimore, 1927.

Frere, S.S., *Britannia: A History of Roman Britain*, Londra, 1967.

Frova, A., *The Danubian Limes in Bulgaria and Excavations at Oescus*, 「Third Congress of Roman Frontier Studies」, 1949.

Garzetti, A., *L'Impero da Tiberio agli Antonini*, Istituto di studi romani, 「Storia di Roma」 vol.6, Bologna, 1960.

Grosso, F., *Tendenziosità dell'Agricola*, Genova, 1954.

Gsell, S., *Essai sur le règne de l'empereur Domitien*, Paris, 1894.

Hammond, M., *The Transmission of the Powers of the Roman Emperor from the Death of Nero in A.D. 68 to that of Alexander Severus in A.D. 235*, 「Memoirs of American Academy in Rome」 24, 1956.

Hammond, M., *Composition of the Senate, A.D. 68~235*, 「Journal of Roman Studies」 47, 1957.

Harmand, L., *L'Occident romain: Gaule, Espagne, Bretagne, Afrique du Nord(31 av. J.C. à 235 ap. J.C.)*, Parigi, 1960.

Harrer, A., *Studies in the History of the Roman province of Syria*, 「Dissertation, Princeton」, 1915.

Hatt, J.J., *Histoire de la Gaule romaine*, Parigi, 1966.

Haverfield, F., *Military Aspects of Roman Wales*, London, 1910.

Haverfield, F. & Macdonald, G., *The Roman Occupation of Britain*, Oxford, 1924.

Henderson, B.W., *Five Roman Emperors: Vespasian, Titus, Domitian, Nerva, Trajan, A.D. 69~117*, Cambridge, 1927.

Henderson, B.W., *Five Roman Emperors: Vespasian, Titus, Domitian, Nerva, Trajan A.D. 69~117*, New York: Barnes and Noble, 1969.

Hogarth, D.B. & Munro, J.A.R., *Modern and Ancient Roads in Eastern Asia Minor*, 『Supp. Papers of the Roy. Georg. Soc.』 3, 1893.

Homo, L., *Une leçon d'outre-tombe: Vespasien financier*, 『Revue des Études Anciennes』, 42, 1940.

Homo, L., *Vespasien, l'empereur du bon sens*, Paris, 1949.

Kahrstedt, U., *Domitians Politik zwischen Donau und Main*, 『Bonner Jahrbücher』, 145, 1940.

Klose, J., *Roms Klientel-Randstaaten am Rhein und an der Donau*, 『Historische Untersuchungen』 14, Breslau, 1934.

Kraft, K., *Zur Rekrutierung der Alen und Kohorten an Rhein und Donau*, Bern, 1951.

Krueger, P., *Codex Justinianus*, Berlin, 1915.

Lanciani, R., *Forma Urbis Romae*, Roma, 1989.

Last, H., *Lex de imperio Vespasiani*, 『Cambridge Ancient History』 11, 1936.

Laur-Belart, R., *The Late Limes from Basel to the Lake of Constance*, 『Third Congress of Roman Froniter Studies』, 1949.

Lemosse, M., *Le Régime des relationes internationales dans le haut-empire romain*, 『Publications de l'Institut de droit romain de l'Université de Paris』 vol.23, Parigi, 1967.

Levi, M.A., *La legge dell'iscrizione*, CIL, 6, 1930.

Levi, M.A., *La Politica estera di Roma antica*, Milano: Istituto per gli studi di politica internazionale, 1942.

Levi, M.A., *La clemenza di Tito*, 『Par. Pass.』 9, 1954.

Lugli, G., *La villa di Domiziano sui colli Albani*, 『Bull. Comm. Arch.』 45, 1918.

Lugli, G., *Nuove forme dell'architettura romana nell'età dei Flavi*, 「Atti 3° Convegno naz. di st. dell'Architett.」, Roma, 1939.

Macdonald, sir G., *The Roman Wall in Scotland*, Oxford, 1934.

Manfrè, G., *La crisi politica dell'anno 68~69 d.C.*, Bologna, 1947.

Mann, J.C., *A Note on the Numeri*, 「Hermes」 82, 1954.

Manni, E., *Lotta politica e guerra civile nel 68~69 d.C.*, 「Riv. Fil」 24, 1946.

Marsden, E.W., *Greek and Roman Artillery, Historical Development*, Oxford: Clarendon Press, 1969.

Mattingly, H. & Sydenham, E.A., *The Roman Imperial Coinage, vol.2*, London, 1926. Vol.3, London, 1930.

Mattingly, H., *British Museum Catalogue of the Coins of the Roman Empire, vol.2*, London, 1930. Vol.3, London, 1936.

Michel, A., *Tacite et le destin de l'Empire*, Paris, 1966.

Milne, J.G., *Catalogue of Alexandrian Coins in the Ashmolean Museum*, Oxford, 1932.

Momigliano, A., *Contributo alla storia degli studi classici*, Roma: Edizioni di Storia e Letteratura, 1955.

Momigliano, A., *Terzo Contributo alla storia degli studi classici e del mondo antico*, Roma: Edizioni di Storia e Letteratura, 1966.

Momigliano, A., *Ricerche sull'organizzazione della Giudea sotto il dominio romano(63 a.C.~70 d.C.)*, Amsterdam: A.M. Hakkert, 1967.

Momigliano, A., *Quarto Contributo alla storia degli studi classici e del mondo antico*, Roma: Edizioni di Storia e Letteratura, 1969.

Mommsen, Th., *Römisches Staatsrecht, vol.5*, Leipzig, 1887~88.

Munro, J.A.R., *Roads in Pontus, Royal and Roman*, 「Journal of Hellenic Studies」 21, 1901.

Newton, H.C., *The Epigraphical Evidence for the Reigns of Vespasian and Titus*, 「Cornell Studies in Classical Philology」 16, 1901.

Parker, H.M.D., *The Roman Legions*, Cambridge: W. Heffer and sons, 1958.

Passerini, A., *Le coortipretorie*, Roma, 1939.

Passerini, A., *Le Coorti Pretorie*, Roma, 1969.

Passerini, A., *Le due battaglie presso Betriacum*, 『St. Ant. Class. offerti a E. Ciaceri』, Roma, 1940.

Piganiol, A., *La Notion de Limes*, 『Quintus Congressus Internationalis Limitis Romani Studiosorum』.

Platner, S.B., *A Topographical Dictionary of Ancient Rome*, Oxford, 1929.

Rachet, M., *Rome et les Berbères: Un Problème militaire d'Auguste à Dioclétien*, 『Collection Latomus』 vol.110, Bruxelles: Latomus, 1970.

Ramsay, A.M., *The Speed of the Roman Imperial Post*, 『Journal of Roman Studies』 15, 1925.

Ritterling, E., *Zu den Germanenkreige Domitians am Rhein und an der Donau*, 『Jahreshefte』 7, 1904.

Romanelli, P., *La Cirenaica Romana 96 A.C.~642 D.C.*, Verbania: A. Airoldi, 1943.

Rostovtzeff, M., *Storia economica e sociale dell'Impero Romano*, Firenze, 1933.

Schleiermacher, W., *Römische Archäologie am Rhein 1940 bis 1950*, 『Historia』 2, 1953.

Schönberger, H., *The Roman Frontier in Germany: An Archaeological Survey*, 『Journal of Roman Studies』 59, 1969.

van Sickle, C.E., *The Repair of Roads in Spain*, 『Classical Philology』 24, 1929.

Solari, A., *La Crisi dell'impero romano*, Milano: Soc. Ed. Dante Alighieri, 1933.

Solari, A., *Il Rinnovamento dell'impero romano*, Milano: Soc. Ed. Dante Alighieri, 1938.

Starr, C.G. Jr., *The Roman Imperial Navy, 31 B.C.~A.D. 324*, 『Cornell Studies in Classical Philology』 vol.26, Ithaca: Cornell University Press, 1941.

Syme, R., *Rhine and Danube Legions under Domitian*, 『Journal of Roman Studies』 18, 1928.

Syme, R., *The Imperial Finances under Domitian, Nerva and Trajan*, 『Journal of Roman Studies』 20, 1930.

Syme, R., *Notes sur la légion* III *Augusta*, 「Revue des Études Anciennes」 38, 1936.

Syme, R., *The Roman Revolution*, Oxford: Clarendon Press, 1939.

Syme, R., *The Lower Danube under Trajan*, 「Journal of Roman Studies」 49, 1959.

Syme, R. *Tacitus*, Oxford: Clarendon Press, 1958.

Szilágyi, J., *Les Variations des centres de prépondérance militaire dans les provinces frontières de l'émpire romain*, 「Acta Antiqua Academiae Scientiarum Hungaricae」 2, 1953.

Thompson, E.A., *The Early Germans*, Oxford: Clarendon Press, 1965.

Toutain, J., *L'origine historique des grandes cités rhénanes*, 「Mémorial d'un voyage d'études en Rhénanie de la Societe Nationale des Antiquires de France」, Paris, 1953.

Treu, M., *M. Antonius Primus in der taciteischen Darstellung*, 「Würzburger Jahrbücher für die Altertumswiss」 3, 1948.

Turner, E.G., *Tiberius Iulius Alexander*, 「Journal of Roman Studies」 44, 1954.

Walton, C.S., *Oriental Senators in the Service of Rome*, 「Journal of Roman Studies」 19, 1929.

Watson, G.R., *The Pay of the Roman Army: The Auxiliary Forces*, 「Historia」 8, 1959.

Watson, G.R., *The Roman Soldier*, Londra: Thames and Hudson, 1969.

Webster, G., *The Roman Imperial Army of the First and Second Centuries A.D.*, Londra: Adam and Charles Black, 1969.

White, L.T., *The Transformation of the Roman World: Gibbon's Problems after Two Centuries*, Berkeley: University of California Press, 1966.

Wilkes, J.J., *Dalmatia: History of the Provinces of the Roman Empire*, Londra: Routledge and Kegan Paul, 1969.

Zancan, P., *La crisi del Principato nell'anno 69 D.C.*, Università di Padova, 「Pubblicazioni della Facoltà di Lettere e Filosofia」 vol.16, Padova, 1939.

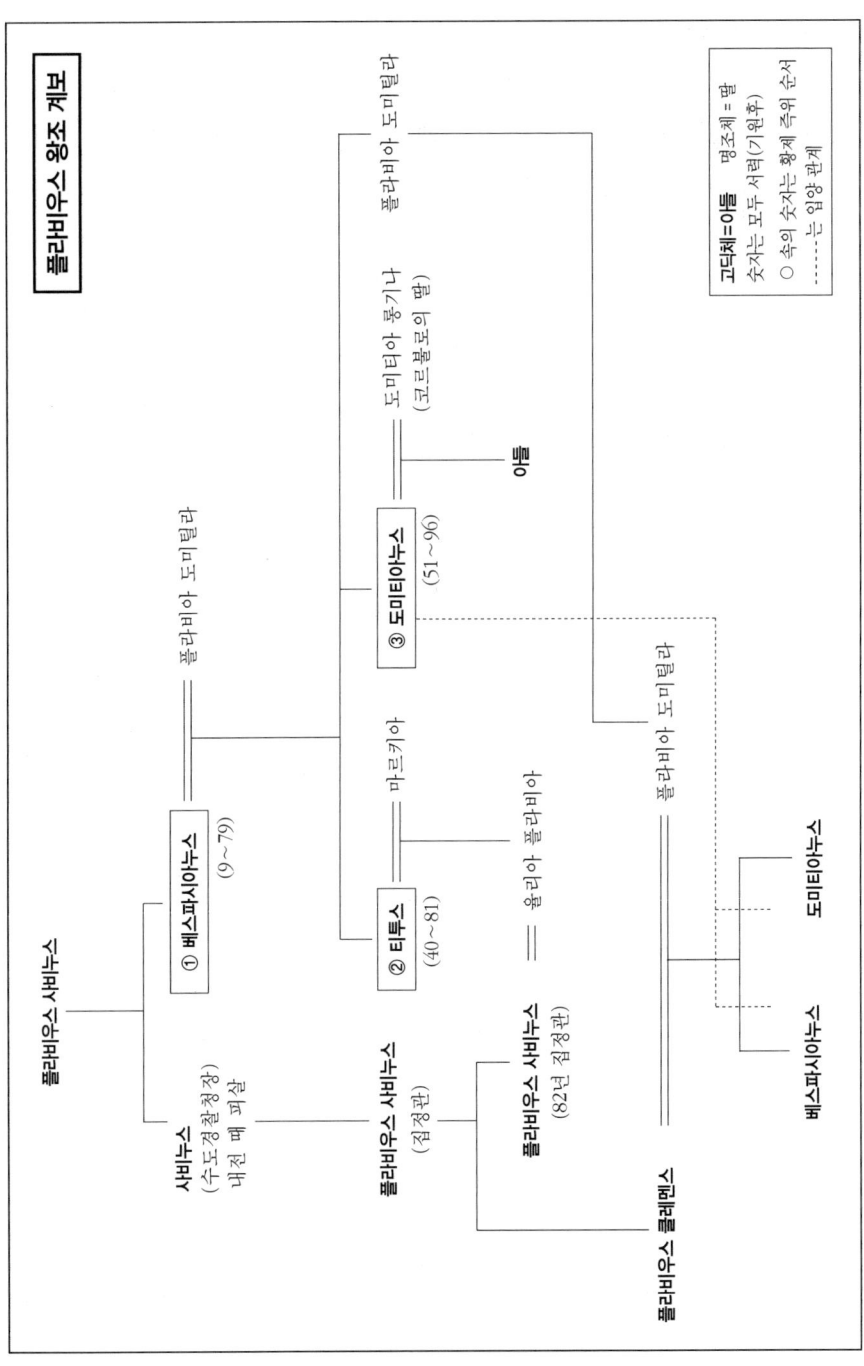

제정 초기 황제 일람

황 제	생몰년	재위기간
아우구스투스	전63~후14	전27~후14
티베리우스	전42~후37	후14~37
칼리굴라	후12~41	37~41
클라우디우스	전10~후54	41~54
네로	후37~68	54~68
갈바	전3~후69	68~69
오토	후32~69	69
비텔리우스	15~69	69
베스파시아누스	9~79	69~79
티투스	40~81	79~81
도미티아누스	51~96	81~96
네르바	26~98	96~98
트라야누스	53~117	98~117

* 특히 기원전·후 표시가 없는 것은 모두 기원후

로마인 이야기 8
위기와 극복

지은이 **시오노 나나미**
옮긴이 **김석희**
펴낸이 **김언호**
펴낸곳 **(주)도서출판 한길사**

등록 • 1976년 12월 24일 제74호
주소 • 10881 경기도 파주시 광인사길 37
www.hangilsa.co.kr
E-mail:hangilsa@hangilsa.co.kr
전화 • 031-955-2000~3
팩스 • 031-955-2005

ROMA-JIN NO MONOGATARI VIII
KIKI TO KOKUFUKU
by Nanami Shiono

Copyright © 1999 by Nanami Shiono

Original Japanese edition published by Shincho-Sha Co., Ltd.
Korean translation rights arranged with Nanami Shiono
through Japan Foreign-Rights Centre

제1판 제1쇄 1999년 11월 10일
제1판 제71쇄 2025년 3월 28일

Published by Hangilsa Publishing Co., Ltd., Korea

값 18,500원
ISBN 978-89-356-5209-9 04900

● 잘못 만들어진 책은 구입하신 서점에서 바꿔드립니다.